¡BRAVO! 1

¡BRAVO! 1

TRACY D. TERRELL

ELÍAS MIGUEL MUÑOZ

LINDA PAULUS

MARY B. ROGERS

BARBARA SNYDER

EDUARDO CABRERA

KATHLEEN L. KIRK

McDougal Littell/Houghton Mifflin · EVANSTON

Boston   Dallas   Phoenix

ISBN 0-8123-8700-7

3 4 5 6 7 8 9 10 – VJM – 99 98 97 96 95

Cover credit: Pablo Picasso, *Mandolin and Guitar*, 1924. Oil with sand on canvas, 55⅜ × 78⅞ in. Solomon R. Guggenheim Museum, New York. Photo: David Heald © Solomon R. Guggenheim Foundation, New York. © 1993 Artists Rights Society (ARS), New York/SPADEM, Paris.

Illustrators: Jennifer Bolton, Stan Fleming, Tuko Fujisaki, Lori Heckelman, Joe LeMonnier, Shelley Matheis, Redondo, Sally Richardson, Dorothea Sierra, Joel Snyder, Ron Zalme, and Jerry Zimmerman.

Grateful acknowledgment is made for use of the following:

Photographs: Unless noted otherwise below, Argentina, Costa Rica, Mexico, and Peru photographs taken by Stuart Cohen. Puerto Rico, Spain, and Venezuela photographs taken by Beryl Goldberg.

Page 65 © 1990 Foundation for Advancements in Science and Education; *99* © Frank Tapia; *109* © Owen Franken/Stock Boston; *111* (*left*) © UPI/Bettmann; (*center*) © David La Chappella; (*right*) © Carlos Somonte, WEA Latina; *113* © Rob Brown/Onyx; *123* Fernando Botero, *A Family*, 1989. Courtesy of Fondation Pierre Gianadda Martigny, Fernando Botero/VAGA, New York 1994; *159* © AP/Wide World Photos; *189* © NYT Pictures; *193* (*left*) © John Elk III, 1983/Stock Boston; (*right*) © Joe Sohm/Image Works; *194* (*top right*) © Everton/Image Works; (*bottom left*) © Granitsas/Image Works; (*bottom right*) © Lisa Law/Image Works; *208* (*bottom left*) © Odyssey/Frerck/Chicago; *209, 210* © Beryl Goldberg; *221* (*bottom*) © Comstock Inc./Stuart Cohen; *228* © Duomo, 1991; *244* © BMG International; *252* © R. Sanevine Hi/DDB Stock Boston; *259* (*top left*) © Odyssey/Frerck/Chicago; (*top right*) © Kal Muller/Woodfin Camp and Associates, Inc.; (*bottom left*) © Suzanne Murphy/DDB Stock Photo; (*bottom right*) © Secretaría Municipal de Turismo, San Carlos de Bariloche, Provincia de Río Negro, Argentina; *260* © Beryl Goldberg; *271* (*left*) © Duomo, Inc.; (*center*) © Bob Martin/Allsport; (*right*) © Al Tielemans, Duomo, 1992; *273* (*top*) © Vandystadt, Agence de Presse/Roland Garros; (*bottom*) © Max and Bea Hunn; *282* Pablo Picasso, *El Paseo de Colón* © Museo Picasso; *293* (*bottom*) © Stuart Cohen; *300, 301* © Beryl Goldberg; *335* (*top left*) Frida Kahlo, *Self Portrait with Monkey*, 1938. Oil on masonite. 16 × 12″, © Albright-Knox Art Gallery, Buffalo, New York, Bequest of A. Conger Goodyear, 1966; (*bottom left*) Diego Velázquez, *Don Gaspar de Guzmán, Conde Duque de Olivares*, 1624. Oil on canvas. © The Granger Collection; (*right*) Francisco de Goya, *La Duquesa de Alba* © The Granger Collection;

(*continued on page 600*)

ABOUT THE AUTHORS

Before his death, **Tracy D. Terrell** was a Professor of Spanish at the University of California, San Diego. He received his Ph.D. in Spanish Linguistics from the University of Texas at Austin and published extensively in the area of Spanish dialectology. Dr. Terrell's publications on second-language acquisition and the Natural Approach are widely known in the United States and abroad, as are his Natural Approach college-level textbooks, including *Dos mundos*, *Deux mondes*, and *Kontakte*.

Elías Miguel Muñoz has a Ph.D. in Spanish from the University of California, Irvine, where he studied under and worked with Tracy Terrell. He is a widely published Cuban-American poet, fiction author, and literary critic as well as a co-author, with Terrell, of the college-level Natural Approach text *Dos mundos*. Dr. Muñoz has taught Spanish and Latin American literature at the university level.

Linda Paulus received her B.A. in Spanish, with a concentration in Teaching ESL/Foreign Languages, from the University of California, Irvine, where she studied under Tracy Terrell. She has taught English as a Second Language, English as a Foreign Language, elementary bilingual courses, and high school Spanish; she is currently teaching Spanish at Mundelein High School. Ms. Paulus has given numerous presentations at national, regional, and state conferences, and she is currently working on an M.A. in Latin American Studies.

Mary B. Rogers holds an A.B. and M.A.T. in French from Vanderbilt University. She teaches French and second-language pedagogy and supervises student teachers at Friends University (Kansas) and is a coauthor, with Terrell, of the college-level Natural Approach text *Deux mondes*. Ms. Rogers has been a certified tester for the ACTFL oral proficiency interview and has given numerous workshops and presentations in the area of foreign language teaching.

Barbara Snyder received her Ph.D. in Foreign Language Education from The Ohio State University. She taught for many years at the junior and senior high school levels, and she taught recently as a lecturer at The Ohio State University (Spanish and Methods) and at Cleveland State University (Spanish and Student Teacher Supervision). Dr. Snyder has written numerous publications, is a nationally known workshop director, and is a past president of the AATSP.

Eduardo Cabrera is a writer and artist living in Berkeley, California. A native of Uruguay, he studied at the **Facultad de Humanidades** (Literature) and the **Escuela de Bellas Artes** (Fine Arts) at the **Universidad del Uruguay**. Mr. Cabrera has written articles for Hispanic publications, and he is a contributing writer for several magazines published for use in high school Spanish classrooms.

Kathleen L. Kirk received her M.A. and Ph.D. in Spanish language and literature from the University of Kentucky. She was a Peace Corps Volunteer in Latin America, and she has taught Spanish at the university and high school levels. Ms. Kirk is a contributing editor of several Spanish dictionaries.

CONTRIBUTORS

Contributing Writers

Arnhilda Badía received her Ph.D. in Romance Languages and Linguistics from the University of North Carolina at Chapel Hill. She is currently an Associate Professor in Modern Language Education at Florida International University.

Anita Aragon Bowers received her M.A. in Spanish from Case Western Reserve University. She has taught Spanish at the college and high school levels and is currently teaching ESL and History at Oakland High School.

María J. Fierro-Treviño holds an M.A. in Spanish from the University of Texas, San Antonio. She is Supervisor for International Languages for the Northside Independent School District in San Antonio.

Carol L. McKay has a Ph.D. in Foreign Language Education from The Ohio State University in Columbus. She currently teaches Spanish at Muskingum College in New Concord, Ohio.

Luz Elena Nieto received a B.A. in Spanish, English, and secondary instruction in ESOL and an M.A. in counseling and guidance from the University of Texas, El Paso. She is an Instructional Facilitator of Foreign Languages and Parental Involvement for the El Paso Independent School District.

Language and Content Consultants

Jorge Martínez has a Ph.D. in Contemporary Latin American and Spanish Narrative from the University of California, Irvine. He is a Lecturer in Spanish at the California State Polytechnic University and also teaches A.P. Spanish and Spanish for Native Speakers at the Hollywood High Magnet School.

Richard V. Teschner holds a Ph.D. in Spanish Linguistics from the University of Wisconsin, Madison. He is Professor of Language and Linguistics at the University of Texas, El Paso.

TEACHER REVIEWERS

Kathleen D. Alexander
Robertsville Jr.
High School
Oak Ridge, TN

Susan Allen
Grant Community
High School
Fox Lake, IL

Thomas W. Alsop
Ben Davis High School
Indianapolis, IN

Dena Bachman
Lafayette High School
St. Joseph, MO

Rosaline Barker
Skyline High School
Dallas, TX

O. Lynn Bolton
Nathan Hale High School
West Allis, WI

Marianne Brown
St. Mark's High School
Wilmington, DE

Bruce Caldwell
Southwest Sr. High
School
Minneapolis, MN

Ruth D. Campopiano
Retired
West Morris Regional
High School District
Chester, NJ

Leslie Caye
Champlin High School
Champlin, MN

Flora María Ciccone
Holly High School
Holly, MI

James Cooper
Parkway South
High School
Ballwin, MO

Robert D. Giosh
Latin School of Chicago
Chicago, IL

Robert A. Hawkins
Upper Arlington
High School
Columbus, OH

Olga Henderson
Saddleback High School
Santa Ana, CA

Virginia L. Lopston
Ewing High School
Trenton, NJ

Joanna Lowe
Apopka High School
Apopka, FL

Cenobio Macías
Tacoma Public Schools
Tacoma, WA

Joseph Moore
Columbian High School
Tiffin, OH

Linda D. Moyer
Upper Perkiomen
High School
Pennsburg, PA

Tomacita Olivares
Corpus Christi
Independent
School District
Corpus Christi, TX

Laura M. Rodríguez
Cromwell High School
Cromwell, CT

Robert Schwartz
Prospect Heights
High School
Brooklyn, NY

Emily Serafa-Manschot
Northville High School
Northville, MI

Colleen Sexton-Lahr
Ben Davis High School
Indianapolis, IN

Pete Shaver
Oquirrh Hills
Middle School
Riverton, UT

Susan Spivey
Hartford High School
Hartford, MI

Terri Tortomasi
San Gabriel High School
San Gabriel, CA

Luisa Valcárcel
Apopka High School
Apopka, FL

Barbara Welch
Allen High School
Allen, TX

PILOT TEACHERS

John D'Arcey
Conard High School
West Hartford, CT

María del Carmen Martín
Green Fields Country Day School
Tucson, AZ

Peggy Linton
Johnson High School
Columbia, SC

Shirley Persutti
North High School
Akron, OH

Irma Rosas
Coronado High School
El Paso, TX

¡BRAVO!

at a glance . . .

In these first units of ¡Bravo! you will begin to speak Spanish! Soon you will be able to greet others and introduce yourself in Spanish, tell what day it is, and tell time. You will also begin to develop your ability to understand spoken Spanish.

¡Bravo! contains three issues of the magazine Novedades. Each issue includes a comic strip, an advice column, and a brief article of interest to you.

In the nine main units of ¡Bravo! you'll talk about topics and situations that are of interest to you and your friends.

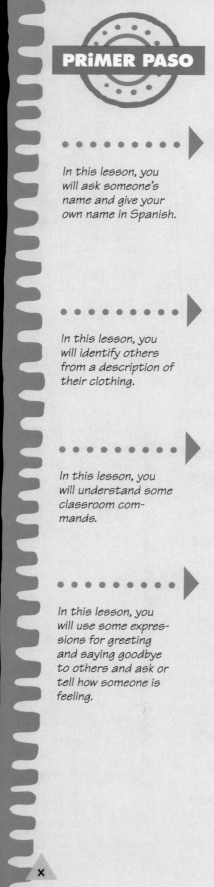

¿CÓMO ESTÁS?

In this lesson, you will learn more ways to say hello and goodbye, learn to address other people in Spanish, and tell how someone feels.

In this lesson, you will count to 39 and identify days of the week.

In this lesson, you will tell what you are wearing and describe people and things.

In this lesson, you will ask and tell time and learn useful classroom expressions.

LAS CLASES

¿CÓMO SOMOS?

UNIDAD 2

In this lesson, you will describe your friends in terms of their physical characteristics.

In this lesson, you will give personal information such as your age, your address, and your telephone number.

In this lesson, you will describe your family and talk about family relationships and your belongings and those of others.

EN LA ESCUELA

In this lesson, you will name some of your favorite foods and talk about eating habits.

In this lesson, you will name some places in your school, tell where someone or something is located, and ask and say where people are going.

In this lesson, you will describe what you do in school each day and express when and how often school activities occur.

LAS DIVERSIONES Y LOS PASATIEMPOS

In this lesson, you will talk about sports and your favorite leisure-time activities and say what you and others like and don't like to do.

In this lesson, you will talk about future plans, especially weekend activities, and use adjectives to point out people and things.

In this lesson, you will talk about the weather and activities for different seasons.

UNIDAD 5

VAMOS A SALIR

LA VIDA PERSONAL

In this lesson, you will talk about your daily routine and personal care.

In this lesson, you will describe health-related situations and how to stay fit.

In this lesson, you will talk about feelings and family relationships.

FIESTAS Y CELEBRACIONES

MI CASA ES TU CASA

UNIDAD 8

In this lesson, you will learn names for rooms and parts of a house, talk about activities that take place at home, and talk about activities going on right now.

In this lesson, you will talk about furniture and appliances in a house, make comparisons, and use adjectives to point out people and things.

In this lesson, you will talk about what you and your friends did recently and express negative reactions.

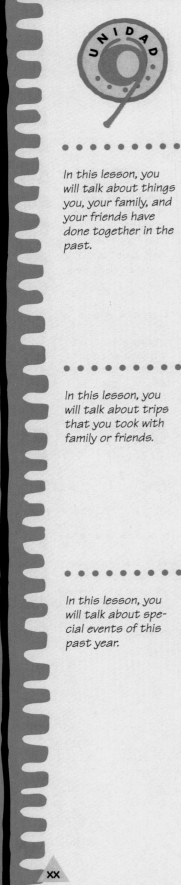

UNIDAD 9

EXPERIENCIAS Y RECUERDOS

MATERIALES DE CONSULTA

¡BIENVENIDOS!

¡Hola! (Hi!) My name is David Tracy, and I'm a college freshman now. I'm here to welcome you to señorita García's first-year Spanish class. Her students and I will be appearing in this text throughout the year to guide you through the exciting experience of learning a new language.

I had señorita García for four years of high school Spanish, and they were some of the most useful classes I've ever taken. You're going to see what I mean because you'll be studying Spanish the same way I did! You'll also get to meet señorita García and her current students and follow their progress in Spanish I. Like you, they're mostly students new to the language. You'll come to know them well through the text and the audiocassette program. I'll pop in from time to time to lend a helping hand . . . and practice my Spanish! First, though, let me tell you a bit about what's in store for you this year.

The course you're about to begin will give you the opportunity to understand and speak "everyday" Spanish. You're also going to learn to read and write Spanish. Sound too good to be true? Keep reading and you'll understand how it happens.

Two kinds of processes will help you develop those language skills: acquisition and learning.

Have you ever heard someone say about something in English, "That doesn't sound right" or "That doesn't feel right to me"? Acquired knowledge is the "feel" for a language that develops from listening to and using the language in real situations. Sometimes people call this process "picking up" the language.

Learned knowledge comes from studying. For example, in English class you learn from class discussion and your textbook about both the rules of English—its grammar—and literature.

As you study Spanish, you'll both acquire and learn. In the class you're in now, you'll have opportunities to participate in real conversations (for acquisition) as well as learn factual information about the Spanish language and the Spanish-speaking world. Oh, and another thing: One of the side benefits I found from taking Spanish was that I learned a lot about English as well!

Here are a couple of things you should expect from your Spanish class. Be prepared to concentrate pretty hard at developing your listening skills because your teacher is going to speak a lot of Spanish. Many of us groaned and complained when señorita García started speaking Spanish on the very first day. I know I panicked. But even though I had to push myself to learn how to listen, I soon found that I was understanding most of what my teacher and others were saying.

After a short time in the class, I was amazed at how much I could understand! Finally, I took it for granted that I could communicate with my teacher and friends in another language.

Now let's meet some of the people in *¡Bravo!* First are several students from señorita García's 9:00 class:

- Ernie Mackenzie (Ernesto)
- Anne Grant (Ana Alicia)
- Steve Garrett (Esteban)
- Víctor Cárdenas (Víctor)
- Marcela Ramírez (Chela)
- Brenda Jordan (Beatriz)
- Juana Inés Muñoz Villela (Juana)
- Patricia Galetti (Patricia)
- Janice Nguyen (Felicia)
- Frank Reynolds (Paco)
- Bob Reynolds (Roberto)

Víctor, Chela, and Juana all come from Hispanic (Latino) families and have Spanish names. Most of the other students use the Spanish version of their names in the class. The students whose names don't have an exact Spanish equivalent use a name that they like.

Señorita Isabel García is a Mexican-American who grew up speaking both English and Spanish. So did her friend, Daniel Álvarez, a math teacher at Central High.

You will also meet my old friend, Joe (José) Campos, the owner of Super Joe's, a diner near Central High. When I was a

Joe (José) Campos

student in señorita García's class, Joe helped me practice Spanish, something I appreciate more now than I did then. Learning a second language has not only helped me understand more about Spain and Latin America, it has also been very helpful in my social life. After all, Spanish these days is not really a foreign language but a widely used language in our country.

Since then, Joe has lost a bit more hair and his paunch has grown a little bigger, but his place is still a popular hangout for Central High students. And Joe still enjoys helping students practice the language he learned from his Puerto Rican parents.

And now that you've met everyone, let's get started. I know you're going to have a good time this year. ¡Buena suerte! (Good luck!)

CENTRAL HIGH SCHOOL

señorita García   señor Álvarez

ANTES DE EMPEZAR

¿CÓMO TE LLAMAS? What's your name?

Many Spanish students like to use a Spanish name in class. Some prefer the Spanish version of their name and others like to choose a new name.

Can you guess the English equivalent of the following Spanish names?

NOMBRES DE MUCHACHOS

Alejandro	Juan
Andrés	Leonardo
Arturo	Luis
Benjamín	Marcos
Daniel	Mateo
David	Miguel
Eduardo	Patricio
Federico	Ramón
Felipe	Ricardo
Francisco	Roberto
Geraldo	Teodoro
Gilberto	Timoteo
Gregorio	Tomás
José	Vicente

NOMBRES DE MUCHACHAS

Alicia	Julia
Ana	Luisa
Andrea	Margarita
Beatriz	María
Carolina	Mariana
Claudia	Marta
Constanza	Micaela
Cristina	Mónica
Diana	Natalia
Dorotea	Raquel
Emilia	Rosana
Estela	Susana
Eva	Teresa
Graciela	Victoria

Note that many masculine names in the preceding list end in the letter **-o** (**Antonio, Julio**) and that many feminine names end in the letter **-a** (**Ángela, Gloria**). Some Spanish names don't match their English equivalents as closely as those in the preceding list. Here are a few of them, with their English counterparts.

Adán	Adam	Alegra	Joyce
Carlos	Charles	Amada	Amy
Cristóbal	Christopher	Carlota	Charlotte
Enrique	Henry	Elena	Ellen, Helen
Esteban	Steven	Estefanía	Stephanie
Guillermo	William	Felisa	Phyllis
Jaime	James	Francisca	Frances
Jorge	George	Isabel	Elizabeth
Pablo	Paul	Juana	Jane, Joan
Pedro	Peter	Noemí	Naomi
Rafael	Ralph	Sofía	Sophie

¿QUÉ ES ESTO? What is this?

Many words in Spanish and English are identical or very similar. These words are called *cognates*. Cognates look alike and mean the same or nearly the same thing in both Spanish and English. However, they usually don't sound alike, so at first it will be easier to recognize cognates when you see them than when you hear them.

As you become more familiar with Spanish pronunciation, you will recognize spoken cognates more and more easily.

Can you guess what the following words mean? Pay attention to the category to which they belong. You can also try to guess what the category means based on the items it contains.

ANIMALES
elefante
insecto
serpiente
tigre

OBJETOS
bicicleta
computadora
estéreo
fotos

CLASES
arte
biología
historia
matemáticas

DEPORTES
básquetbol
gimnasia
tenis
voleibol

DEMOCRACIA
congreso
justicia
libertad
presidente

INSTRUMENTOS MUSICALES
guitarra
piano
saxofón
violín

ACCIONES
celebrar   imaginar
describir   practicar
entrar   preparar
examinar   responder
invitar   visitar

Now say the following words to yourself. These words are cognates that don't look very much like English, but they do sound similar to the English words.

béisbol
chaqueta
esquís
oeste
suéter

Another kind of cognate is the false cognate, which looks very similar to an English word but does not mean the same thing. Here are some examples of false cognates.

colegio   = high school   (not college)
librería = bookstore   (not library)
pariente = relative   (not parent)
ropa   = clothing   (not rope)
sopa   = soup   (not soap)

Most cognates can be trusted; just keep in mind that a new cognate might not mean exactly what it seems to mean.

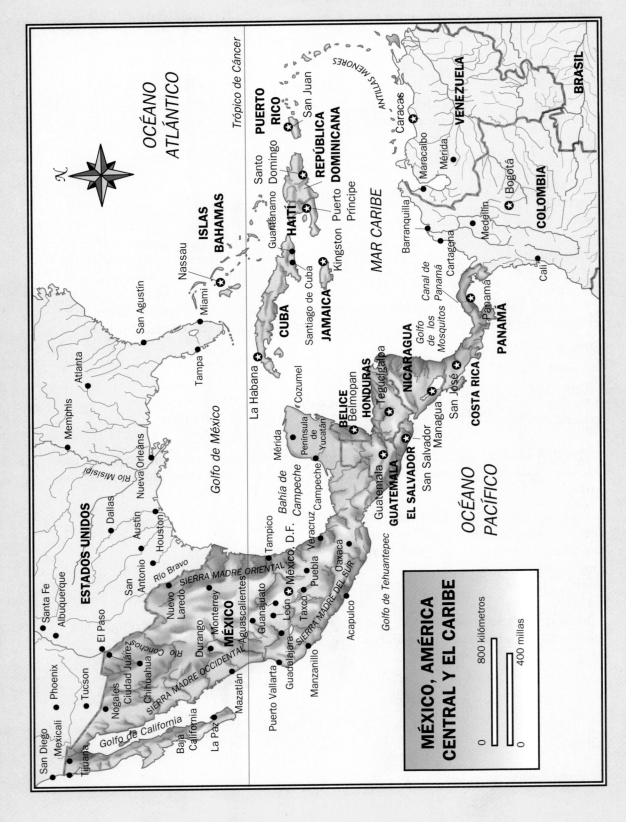

MÉXICO, AMÉRICA CENTRAL Y EL CARIBE

MAR CARIBE

OCÉANO ATLÁNTICO

Barranquilla
Maracaibo
Caracas
PANAMÁ
VENEZUELA
GUYANA
Panamá
Medellín
Georgetown
Paramaribo
Río Orinoco
Cayena
Bogotá
SURINAME
GUYANA FRANCESA
Cali
COLOMBIA
Quito
Ecuador
ECUADOR
Río Amazonas
Belém
Guayaquil
Manaus
PERÚ
BRASIL
CORDILLERA DE LOS ANDES
Recife
Cuzco
Lima
La Paz
Brasília
Arequipa
BOLIVIA
Sucre
PARAGUAY
Antofagasta
Rio de Janeiro
Asunción
Trópico de Capricornio
CHILE
San Miguel de Tucumán
São Paulo
OCÉANO PACÍFICO
La Serena
OCÉANO ATLÁNTICO
Córdoba
Rosario
Valparaíso
URUGUAY
Santiago
ARGENTINA
Montevideo
Concepción
Buenos Aires
Río de la Plata
Bahía Blanca
Puerto Montt
Bariloche
Chiloé

Islas Malvinas

AMÉRICA DEL SUR

0   1500 kilómetros

0   1000 millas

Estrecho de Magallanes
Punta Arenas
Tierra del Fuego
Cabo de Hornos

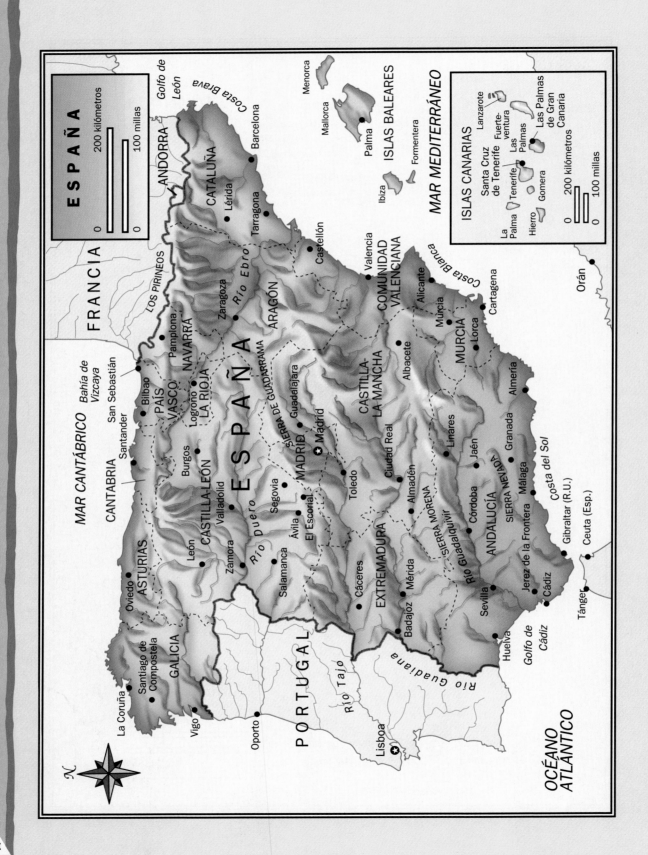

ESPAÑA

OCÉANO
ATLÁNTICO

FRANCIA

ANDORRA

Golfo de
León

Costa Brava

MAR CANTÁBRICO

Bahía de
Vizcaya

LOS PIRINEOS

CATALUÑA

Barcelona

Menorca

Mallorca

ISLAS BALEARES

Palma

Formentera

Ibiza

MAR MEDITERRÁNEO

ISLAS CANARIAS

Lanzarote
Santa Cruz   Fuerte-
de Tenerife ventura
Tenerife   Las
La   Palmas
Palma Gomera
Hierro

Las Palmas
de Gran
Canaria

0   200 kilómetros
0   100 millas

San Sebastián
Santander

CANTABRIA

ASTURIAS

Oviedo

GALICIA

La Coruña

Santiago de
Compostela

Vigo

Oporto

PORTUGAL

Lisboa

Río Tajo

Río Guadiana

Golfo de
Cádiz

Huelva

Tánger

Ceuta (Esp.)

Cádiz

Jerez de la Frontera

Gibraltar (R.U.)

Costa del Sol

Sevilla

Badajoz

Mérida

Cáceres

EXTREMADURA

Salamanca

Ávila

El Escorial

Zamora

León

Valladolid

Burgos

CASTILLA-LEÓN

Río Duero

Segovia

SIERRA DE GUADARRAMA

MADRID

Madrid

Toledo

Ciudad Real

CASTILLA-
LA-MANCHA

SIERRA MORENA

Almadén

Río Guadalquivir

Córdoba

ANDALUCÍA

SIERRA NEVADA

Jaén

Linares

Granada

Málaga

Almería

Lorca

MURCIA

Murcia

Albacete

Cartagena

Orán

Alicante

Costa Blanca

COMUNIDAD
VALENCIANA

Valencia

Castellón

ARAGÓN

Zaragoza

Río Ebro

Tarragona

Lérida

Guadalajara

Bilbao

PAÍS
VASCO

Logroño LA RIOJA

Pamplona

NAVARRA

PAÍS VASCO

Bahía de
Vizcaya

E S P A Ñ A

200 kilómetros

100 millas

0

0

N

PRIMER PASO

¡HOLA!

Caracas, Venezuela.

Ciudad de México, México.

Lima, Perú.

Madrid, España.

LECCIÓN 1

LOS NOMBRES DE LOS COMPAÑEROS DE CLASE

In this lesson you will:

- **ask someone's name and give your own name in Spanish**

LECCIÓN 2

LA ROPA Y LOS COLORES

In this lesson you will:

- **identify others from a description of their clothing**

LECCIÓN 3

LOS MANDATOS EN LA CLASE DE ESPAÑOL

In this lesson you will:

- **understand some classroom commands**

LECCIÓN 4

LOS SALUDOS Y LAS DESPEDIDAS

In this lesson you will:

- **use some expressions for greeting and saying goodbye to others**

- **ask or tell how someone is feeling**

LOS NOMBRES DE LOS COMPAÑEROS DE CLASE

Así se Dice...

VOCABULARIO

Víctor   Beatriz   Paco   Patricia   Esteban   Felicia

Y TÚ, ¿QUÉ DICES?

Conexión gramatical
Estudia las páginas 6–8 en
¿Por qué lo decimos así?

ACTIVIDADES ORALES

1 • DIÁLOGO   **En la clase de la señorita García**

▶ Busca el diálogo apropiado para cada dibujo.

Match the dialogues with the drawings.

1.   **2.**   **3.**

a. —¿Cómo te llamas?
   —Ernesto. ¿Y tú?
   —Me llamo Ana Alicia.

b. —Hola. ¿Cómo te llamas?
   —Me llamo Beatriz. Y tú, te
   llamas Ana Alicia, ¿no?
   —¡No! Me llamo Patricia.

c. —Perdón. Te llamas Víctor,
   ¿verdad?
   —Sí. ¿Cuál es tu nombre?
   —Mi nombre es Felicia.

2 • DIÁLOGO   **¿Cómo te llamas?**

▶ Completa los diálogos con un compañero o una compañera de clase.

Complete the dialogues.

1. —Hola. ¿Cómo te llamas?
   —Me llamo _____. ¿Y tú?
   —Yo me llamo _____.

2. —¿Cuál es tu nombre?
   —Mi nombre es _____.
   Y tú, ¿cómo te llamas?
   —_____.

3 • DEL MUNDO HISPANO   **Anuncios de nacimientos**

▶ Busca la información en los anuncios.   *Find the missing information.*

1. El bebé de Puerto Rico se llama _____.

2. El bebé de Nueva York se llama _____.

3. Mercedes es la mamá de _____.

4. Adolfo y Gladys son los papás de _____.

5. Rafael es el papá de _____.

ME LLAMO:
Rafael Edwin Castillo Gonzales
NACÍ:
el 1 de enero de 1994
en San Juan, Puerto Rico
MIS PAPÁS SON:
Rafael Castillo
y Mercedes Gonzales

ME LLAMO:
Micaela Aponte Martínez
NACÍ:
el 9 de mayo de 1993
en Nueva York, EE.UU.
MIS PAPÁS SON:
Adolfo Aponte
y Gladys Martínez

¿POR QUÉ LO DECIMOS ASÍ?

GRAMÁTICA

WHAT'S YOUR NAME?
The Verb *llamar*

ORIENTACIÓN

A *verb* (**verbo**) describes actions (to run, to write, to sing), conditions (to ache, to feel), or states of being (to be, to live).

A You can use the verb **llamar** to find out someone's name in Spanish. Just use **¿Cómo... ?** with **te llamas**.

— ¿Cómo te llamas?   —*What's your name?*
— Víctor.   —*Víctor.*

> ¿Cómo te llamas? = What's your name?

If someone else asks you this question, you can give just your name, as shown above, or use the phrase **me llamo** before your name.

— ¿Cómo te llamas?   —*What's your name?*
— **Me llamo** Víctor.   —*My name is Víctor.*

> Me llamo... = My name is . . .

Have you noticed that Spanish uses an upside-down question mark (¿) at the beginning of a question? This tells you in advance that what follows is going to be a question.

> ¿ tells you that what follows is a question.

B To ask someone else's name, use the phrase **¿Cómo se llama... ?** + **él** (masculine) or **ella** (feminine). To answer, give just the person's name or use **se llama** plus the name.

> ¿Cómo se llama él/ella? = What's his/her name?

— ¿Cómo se llama él?   —*What's his name?*
— (Se llama) Roberto.   —*(His name is) Roberto.*

> Se llama... = His/Her name is . . .

— ¿Cómo se llama ella?   —*What's her name?*
— (Se llama) Ana Alicia.   —*(Her name is) Ana Alicia.*

¿Él o ella?

▶ Un nuevo profesor pregunta los nombres de los estudiantes.
Escoge la pregunta del nuevo profesor.

Pick the correct question.

¿Cómo se llama él?   **¿Cómo se llama ella?**

MODELO:

TÚ: *¿Cómo se llama ella?*
COMPAÑERO/A: *Beatriz.*

Beatriz

4. Beatriz   6. Roberto

1. Víctor   2. Juana   3. Felicia   5. Esteban

EJERCICIO 2   **¿Cómo te llamas?**

▶ Escoge la pregunta correcta.

Pick the correct question.

¿Cómo te llamas?   **¿Cómo se llama él?**   **¿Cómo se llama ella?**

MODELO: —¿_____?
—Me llamo Felicia. →

—*¿Cómo te llamas?*
—Me llamo Felicia.

¿Cómo te llamas? = What's your name?

1. —¿_____?
—Me llamo Felicia.

2. —¿_____?
—Se llama Ana Alicia.

3. —¿_____?
—Se llama Esteban.

4. —¿_____?
—Me llamo Paco.

5. —¿_____?
—Se llama Isabel García.

HOW DO YOU WRITE . . . ?
The Spanish Alphabet

There are 30 letters in the Spanish alphabet. Can you spot the 4 that are different from the letters in the English alphabet?

EL ALFABETO ESPAÑOL

LETTER	NAME	EXAMPLES	
a	a	Ana	Arturo
b	be (be grande)	Bárbara	Benito
c	ce	Celia	Carlos
ch	che	Chela	Pancho
d	de	Dorotea	Daniel
e	e	Eva	Ernesto
f	efe	Felicia	Francisco
g	ge	Gabriela	Gerardo
h	hache	Hortensia	Horacio
i	i	Isabel	Ignacio
j	jota	Julia	Juan
k	ka	Kati	Karl
l	ele	Laura	Lorenzo
ll	elle	Guillermina	Guillermo
m	eme	Maripepa	Miguel
n	ene	Nora	Narciso
ñ	eñe	Begoña	Íñigo
o	o	Olga	Óscar
p	pe	Paula	Pedro
q	cu	Raquel	Quintín
r	ere	Sara	Mario
rr	erre, doble ere	Monserrat	Curro
s	ese	Soledad	Sergio
t	te	Teresa	Tomás
u	u	Úrsula	Ulises
v	ve (ve chica), uve	Victoria	Vicente
w	doble ve, uve doble, doble u	Wilma	Walter
x	equis	Ximena	Xavier
y	i griega	Yolanda	Pelayo
z	zeta	Zulema	Zacarías

In a Spanish dictionary, **ch**, **ll**, and **ñ** appear as separate letters of the alphabet but **rr** does not because no word begins with **rr**.

Learn to spell your own name! That is what you will be asked to spell most often.

PRONUNCIACIÓN

SPANISH LETTERS

Spanish and English use the same letters to write with. But be careful! The same letter might represent a different sound in Spanish than it does in English. For example, the letter **j** (**jota**) in Spanish sounds like the English *h* in *ha ha*, but the Spanish **h** is always a silent letter, like the silent *h* of *honest*. Another example is the Spanish letter **z**, which is pronounced like the English *s* in *so* or *miss*. You probably noticed some others as you practiced the Spanish alphabet. Can you remember more examples?

No Spanish letter stands for many different sounds, as letters often do in English. Once you learn their sounds, you can count on letters in Spanish to be consistent. Remember to use the *Spanish* sound for each letter whenever you read or study Spanish, so that you develop authentic-sounding pronunciation.

PRÁCTICA Listen to your teacher, then pronounce these sentences.

Es el halo del ángel honesto.

Juanita la jueza es jinete los jueves.

¡El zumo del sapo sabe sabroso!

DOMINGOS Y FESTIVOS
ABIERTO
de 12 de la MAÑANA a 8 de la TARDE

Te doy el oxígeno que tu respiras. Cuídame.

VOCABULARIO PALABRAS NUEVAS

Los nombres (Names)
¿Cómo te llamas?
¿Cuál es tu nombre?
¿Cómo se llama él/ella?
¿Y tú?

(Yo) Me llamo...
Mi nombre es...
Te llamas...
(Él/Ella) Se llama...

Las personas (People)
la clase
el compañero / la compañera
  de clase
el estudiante / la estudiante
el profesor / la profesora
el señor
la señorita

Los verbos (Verbs)
es
son

pregunta

Palabras útiles (Useful Words)
con
de
en
¡Hola!
no
¿no?
o
para
perdón
¿qué?
sí
¿verdad?
y

Palabras del texto (Words from the Text)
Así se dice
Del mundo hispano
¿Por qué lo decimos así?
Y tú, ¿qué dices?

el alfabeto
el anuncio

el diálogo
el dibujo
el ejercicio
la lección
el modelo
el nombre
la orientación
la página
el paso
la pregunta
la pronunciación
el vocabulario

busca
completa
escoge
estudia

apropiado/apropiada
cada
correcto/correcta
nuevo/nueva
primer/primero/primera
útil

LA ROPA Y LOS COLORES

Así se Dice...

VOCABULARIO

Español 1
Srta. Isabel García

un vestido verde

una blusa roja

una camisa azul

un suéter negro

una falda blanca

pantalones

zapatos de color café

zapatos amarillos

Conexión gramatical
Estudia las páginas 14–16 en
¿Por qué lo decimos así?

Y TÚ, ¿QUÉ DICES?

ACTIVIDADES ORALES

1 • PIÉNSALO TÚ   La ropa de los estudiantes

Say who is wearing these items.

▶ En la clase de la señorita García, ¿quién lleva... ?

1. una falda negra
2. zapatos verdes
3. pantalones blancos
4. una blusa azul y amarilla

5. una blusa de color café
6. una blusa verde
7. pantalones azules
8. una blusa blanca

2 • PIÉNSALO TÚ   Los colores del mundo normal

Pick a logical color for each item.

▶ En el mundo normal, ¿de qué color es... ?

1. una manzana

2. una planta

3. un tigre

4. la bandera de los Estados Unidos

5. un pingüino

6. ¿ ?

VOCABULARIO ÚTIL

| amarillo y negro | blanco y negro | de color café |
| rojo | rojo, blanco y azul | verde |

Los colores del mundo loco

▶ En el mundo loco, ¿de qué color es... ?

1. el chocolate

2. un elefante

3. una banana

4. un sandwich

5. un dólar

6. ¿ ?

Pick a crazy
color for each
item.

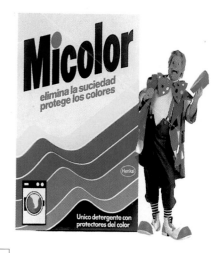

VOCABULARIO ÚTIL

amarillo	azul	blanco	de color café
gris	negro	rojo	verde

 RONUNCIACIÓN

SPANISH VOWELS

The Spanish vowels are **a**, **e**, **i**, **o**, **u**. The first four always sound like the vowels in the notes of the musical scale, but they are shorter and crisper in Spanish.

    a: fa, la   e: re   i: mi, ti   o: do, sol

The **u** sounds like *u* in the name *Lulu*. Remember "short and crisp" for Spanish vowels.

PRÁCTICA Listen to your teacher say this common rhyme that Hispanic children learn in school when they study the vowels.

A – E – I – O – U
¡El burro sabe
más que tú!

Now it's your turn. Pronounce the vowels clearly as you repeat the rhyme. (Don't forget to point emphatically at a classmate when you say the word **tú**.)

    Here is another popular nonsense rhyme, the Hispanic version of "Eeny, meeny, miney, moe." Use it in class when you need to pick someone for a game or group activity. See how well you can say it. (The person who corresponds to **fue** is "it.")

    Pin, marín
de don Pingüé
cúcara, mácara
títere, fue.

GRAMÁTICA

NAMING THINGS
Grammatical Gender and Singular Articles

> **ORIENTACIÓN**
> A *noun* (**sustantivo**) represents a person or animal (man, sister, president, dog), a thing (shirt, book, table, apple), a place (city, yard, classroom, office), or an idea (love, truth, democracy).

A All Spanish nouns have *gender*; that is, they are either masculine or feminine. But these are only grammatical distinctions and generally don't mean that something has "male" or "female" characteristics.

B Most nouns that end in **–o** are masculine, and most nouns that end in **–a** are feminine.

> *Usually, nouns ending in –o are masculine –a are feminine*

zapat**o** (*shoe*)	masculine gender
camis**a** (*shirt*)	feminine gender

C Nouns ending in letters other than **–o** or **–a** do not automatically tell you their gender. The gender of these nouns is learned through practice.

suéter (*sweater*)	masculine gender
clase (*class*)	feminine gender

D Most nouns that refer to males are masculine and most nouns that refer to females are feminine, regardless of how the noun ends.

profesor Álvarez   profesora García

E The singular indefinite article in English is *a* or *an* (*a book, an apple*). Spanish has two singular indefinite articles: **un** (for masculine nouns) and **una** (for feminine nouns).

> *un and una = a*

MASCULINE		FEMININE	
un zapato	*a shoe*	**una** camisa	*a shirt*
un suéter	*a sweater*	**una** clase	*a class*

F The English definite article is *the* (*the book, the apple*). Spanish has two singular definite articles: **el** (for masculine nouns) and **la** (for feminine nouns).

el and la = the

MASCULINE		FEMININE	
el zapato	*the shoe*	**la** camisa	*the shirt*
el suéter	*the sweater*	**la** clase	*the class*

EJERCICIO 1   La ropa de hoy

▶ ¿Qué ropa llevan hoy los estudiantes de la Escuela Central? Completa las preguntas con **un** o **una** y contesta según el dibujo.

Complete the questions with un or una.

Study Hint

▶ Here's a hint about remembering the gender of nouns. Whenever you learn a new noun, learn the article with it—either **el** or **la**. This will help you remember what gender it is. Don't practice just the name alone: **suéter**... **suéter**... Practice saying **el suéter**... **el suéter**...

MODELO: blusa roja →

TÚ: ¿Quién lleva *una blusa roja*?
COMPAÑERO/A: *Beatriz.*

un = a, an (masculine)
una = a, an (feminine)

¿Quién lleva... ?

1. blusa roja

2. suéter azul y verde

3. camisa verde

4. falda verde

5. suéter amarillo y verde con pantalones negros

6. zapato negro y... zapato de color café

Answer the question using el or la.

el = the (masculine)
la = the (feminine)

▶ La señorita García describe dibujos en la clase de español. Indica con **el** o **la** los dibujos que describe.

¿Qué es de color... ?

1. rojo
2. gris
3. amarillo
4. café
5. negro
6. verde
7. azul
8. blanco

MODELO: ¿Qué es de color *rojo*? → *la manzana*

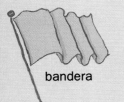

bandera

manzana

vestido

suéter

zapato

bicicleta

camisa

planta

VOCABULARIO 2 PALABRAS NUEVAS

La ropa (Clothing)
la blusa
la camisa
la falda
los pantalones
el suéter
el vestido
el zapato

Los colores (Colors)
amarillo/amarilla
azul
blanco/blanca
(de) color café
gris
negro/negra
rojo/roja
verde

Los lugares (Places)
la clase de español
la escuela
los Estados Unidos
el mundo

Las cosas (Things)
la bandera
la manzana
la planta

Los verbos (Verbs)
lleva
llevan

Palabras útiles (Useful Words)
¿de qué color es... ?
hoy
¿quién?

Palabras del texto (Words from the Text)
Piénsalo tú

el sustantivo

contesta
indica

loco/loca
normal

según

LECCIÓN 3
LOS MANDATOS EN LA CLASE DE ESPAÑOL

Así se Dice...
VOCABULARIO

Escuchen la música.

Siéntense.

Lean las instrucciones.

Escriban los números.

Miren la pizarra.

Abran los libros.

Cierren los libros.

Levanten la mano.

Saquen un lápiz.

Señalen la puerta

Denme la tarea

Conexión gramatical
Estudia las páginas 20–21 en
¿Por qué lo decimos así?

Y TÚ, ¿QUÉ DICES?

ACTIVIDADES ORALES

1 • PIÉNSALO TÚ   **En la clase de la señorita García**

Choose the correct command.

▶ Escoge el mandato apropiado para cada dibujo.

1. a. Lean el libro.
   b. Escuchen la música.
   c. Miren la pizarra.

2. a. Escriba su nombre en la pizarra.
   b. Cierre el libro.
   c. Abra la puerta.

3. a. Déme la tarea.
   b. Saque un lápiz.
   c. Levante la mano.

4. a. Señale la puerta.
   b. Abra el libro.
   c. Levante el lápiz.

Los mandatos del director de la banda

▶ Busca el dibujo apropiado para cada mandato.

Pick the correct drawing.

1. ¡Corran!
2. ¡Pónganse de pie!
3. ¡Miren a la derecha!
4. ¡Miren a la izquierda!

5. ¡Den una vuelta!
6. ¡Caminen a la derecha!
7. ¡Salten!

PRONUNCIACIÓN

ch, f, m, n, AND s

Five Spanish consonants that sound nearly identical to English are **ch**, **f**, **m**, **n**, and **s**. Several others are very similar but not quite as close.

PRÁCTICA Listen to your teacher, then pronounce these sentences.

El **ch**arro **Ch**ávez lleva una **ch**amarra de color **ch**ocolate.

Mi mamá me ama.

Nueve **n**e**n**es **n**ada**n**.

«¡Qué **f**igura **f**laca!», dice **F**lora **F**uentes.

Su**s**ana **s**iempre **s**ueña **s**ueños con elefante**s** ro**s**ado**s** y gri**s**es.

INSTRUCTIONS IN THE CLASSROOM
TPR with *usted/ustedes*

> **ORIENTACIÓN**
> A *command* (**mandato**) is used to ask or tell someone to do
> something: *Look! Listen! Stand up!*

A In Spanish, the ending of every verb form gives you information
about whom the verb refers to. In the case of commands, the
ending tells you whether the speaker is addressing one person or
more than one person.

A command to one person ends in –a or –e.

B Commands that are given to one person usually end in the letter
a or **e**.

Señor Álvarez, **cierre** la
puerta, por favor.

*Mr. Álvarez, close the door,
please.*

Paco, **abra** la puerta.

Paco, open the door.

A command to more than one person ends in –an or –en.

C Commands that are given to more than one person end in **–an**
or **–en**.

Note that these are "polite" commands. You will hear them in the classroom during TPR practice. The instructions in the textbook use "informal" commands.

Roberto y Patricia,
escuchen, por favor.

*Roberto and Patricia, listen,
please.*

Ernesto y Chela, **lean** el
ejercicio.

*Ernesto and Chela, read the
exercise.*

*Una escuela en
Sevilla, España.*

La banda

▶ ¿Con quién habla el director de la banda?

Who is the band-leader talking to?

Con Esteban.   Con todos los estudiantes.

MODELOS: ¡Camine! → *Con Esteban.*

¡Miren a la izquierda! → *Con todos los estudiantes.*

1. ¡Camine!
2. ¡Miren a la izquierda!
3. ¡Den una vuelta!
4. ¡Salte!

5. ¡Mire a la izquierda!
6. ¡Corran!
7. ¡Miren a la derecha!
8. ¡Caminen!

VOCABULARIO 3 PALABRAS NUEVAS

Los mandatos (Commands)
abra(n)
camine(n)
cierre(n)
corra(n)
déme / denme
dé / den una vuelta
escriba(n)
escuche(n)
estudie(n)
levante(n)
   la mano
lea(n)
mire(n)
   a la derecha
   a la izquierda
póngase / pónganse de pie

salte(n)
saque(n)
señale(n)
siéntese / siéntense

Las personas (People)
la banda
el director / la directora

Las cosas (Things)
el examen
las instrucciones
el lápiz
el libro
la música
el número
la pizarra

la puerta
la tarea

Los verbos (Verbs)
habla

Palabras útiles (Useful Words)
a
su/sus
todos

Palabras del texto (Words from the Text)
decide
mira

LOS SALUDOS Y LAS DESPEDIDAS

Así se dice...

VOCABULARIO

LOS SALUDOS

LAS DESPEDIDAS

Y TÚ, ¿QUÉ DICES?

Conexión gramatical
Estudia las páginas 24–25 en
¿Por qué lo decimos así?

ACTIVIDADES ORALES

1 • PIÉNSALO TÚ — Diálogos en la clase de español

▶ Busca el diálogo apropiado para cada dibujo.

Choose the correct dialogue.

1. a. —Buenos días, señorita García.
   —Buenos días, Felicia.

   b. —Buenas tardes, Patricia.
   —No, profesora. Me llamo Felicia.
   —Ah, perdón. Buenas tardes, Felicia.

2. a. —¡Hola, Víctor!
   —¡Hola, Chela! ¿Cómo estás?
   —Bien, gracias. ¿Y tú?
   —Estoy muy bien.

   b. —Adiós, Chela. Hasta luego.
   —Chau, Víctor. Nos vemos.

3. a. —Adiós, Ernesto. Hasta luego.
   —Hasta mañana, señorita.

   b. —Buenas tardes, Ernesto. ¿Qué tal?
   —Muy bien, profesora. Gracias.

¡A charlar!

▶ Use the phrase **¿Cómo estás?** to ask how someone your own age is feeling. To ask someone older than you, use this phrase: **¿Cómo está usted?** You will find out more about addressing people older than you in **Segundo paso.**

2 • DIÁLOGO — ¡Nos vemos!

▶ Completa los diálogos con un compañero o una compañera de clase.

Complete the dialogues with your partner.

1. —Buenas tardes, _____.
   —Buenas _____, _____.

2. —Buenos días, _____.
   —¡Hola, _____! ¿Qué tal?
   —_____. ¿Y tú?   (Muy) Bien / Más o menos / ¡Súper!
   —Estoy _____.

3. —Adiós, _____. Hasta mañana.
   —Chau, _____, _____.   Hasta luego / Nos vemos

GRAMÁTICA

HOW ARE YOU?
The Verb *estar* (Part 1)

estar = to be (feeling)

A The verb **estar** (*to be*) is used to ask or tell how someone is feeling.

—Hola, Paco. ¿Cómo **estás**?   —Hi, Paco. How are you?
—**Estoy** bien, gracias.   —I'm fine, thanks.

B As with commands, the endings of the different forms of **estar** give you information about whom the verb refers to.

yo	est**oy**	*I am*
tú	est**ás**	*you are*
él	est**á**	*he is*
ella	est**á**	*she is*

 RONUNCIACIÓN

MORE ABOUT VOWELS

In Spanish, every vowel in a word is pronounced fully, never as *uh*, the way many vowels in English are pronounced. Develop the habit of saying each vowel clearly as you practice speaking Spanish. **¡OJO!** Be especially careful with the letter **a** at the end of words.

PRÁCTICA Have some fun by turning this whimsical song into a nonsensical verse. First, "sing" it the way it is written to the tune of "The Bear Went over the Mountain":

La mar estaba serena,
la mar estaba serena,
la mar estaba serena,
serena estaba la mar.

Now let's see what it sounds like when you replace all the vowels with a single vowel. Begin with the vowel **e**.

Le mer estebe serene,
le mer estebe serene,
le mer estebe serene,
serene estebe le mer.

If you were able to "sing" it that way, continue by substituting the other vowels.

Li mir istibi sirini...
Lo mor ostobo sorono...
Lu mur ustubu surunu...

EJERCICIO 1 ¡Saludos!

Complete the dialogue.

▶ Ana Alicia habla con los estudiantes de la clase de español. Completa el diálogo con **estoy, estás** y **está**.

ANA ALICIA: ¡Hola, Paco! ¿Qué tal?

PACO: Más o menos, chica. Y tú, ¿cómo _____[1]?

ANA ALICIA: Bien, bien. Chela, ¿cómo _____[2]?

CHELA: ¿Yo? ¡ _____[3] súper, chica!

ANA ALICIA: Y la señorita García, ¿cómo _____[4]?

CHELA: Ah, ella _____[5] muy bien.

yo estoy = I am
tú estás = you are
él está = he is
ella está = she is

EJERCICIO 2 Más saludos

Pick the correct answer.

▶ Un estudiante habla con sus compañeros de la clase de español. Escoge la respuesta correcta.

1. —¿Cómo estás, Beatriz?
   a. —Estoy muy bien, gracias.
   b. —Él está muy bien, ¿no?

2. —¿Y cómo está Víctor?
   a. —Yo estoy más o menos.
   b. —¿Él? Más o menos.

3. —¿Estás bien, Juana?
   a. —Sí, estoy muy bien, gracias.
   b. —Sí, ella está bien.

4. —¡Yo estoy súper! ¿Y tú?
   a. —Estoy más o menos.
   b. —¿Ella? Está más o menos.

VOCABULARIO PALABRAS NUEVAS

Los saludos y las despedidas (Greetings and Leave-Takings)
Buenos días.
Buenas tardes.
¿Qué tal?

¿Cómo estás?
¿Cómo está él/ella?

Más o menos.
(Muy) Bien, gracias.

¡Muy bien!
¡Súper!
(Yo) Estoy muy bien.

Adiós.
Chau.
Hasta luego.
Hasta mañana.
Nos vemos.

Palabra de repaso: ¡Hola!

Palabras útiles (Useful Words)
gracias
más

Palabras del texto (Words from the Text)
¡A charlar!
¡Ojo!

San Juan, Puerto Rico.

San Juan, Puerto Rico.

San Juan, Puerto Rico.

San Juan, Puerto Rico.

LECCIÓN

MÁS SALUDOS
In this lesson you will:

- learn more ways to say hello and goodbye
- learn to address other people in Spanish
- tell how someone feels

LECCIÓN

LOS DÍAS DE LA SEMANA Y LOS NÚMEROS DEL 0 AL 39
In this lesson you will:

- count to 39
- identify days of the week

LECCIÓN

¿QUÉ ROPA LLEVAS HOY?
In this lesson you will:

- tell what you are wearing
- describe people and things

LECCIÓN

¿QUÉ HORA ES, POR FAVOR?
In this lesson you will:

- ask and tell time
- learn useful classroom expressions

MÁS SALUDOS

Así se dice...

VOCABULARIO

—Buenas tardes, Esteban. ¿Cómo estás?
—¡Muy bien! ¿Y tú?
—Más o menos.

—Buenos días, señorita García.
¿Cómo está usted?
—Bien, gracias. ¿Y **usted**, Chela?
—Estoy **un poco enferma** hoy.
—**¡Qué lástima!**

—Buenas tardes, José. ¿Cómo está usted?
—Bien, **pero** estoy muy **ocupado**. ¿Y usted?
—Estoy **bastante** bien, gracias.

—**Buenas noches**, Daniel. ¿Cómo estás?
—Estoy bien, gracias. ¿Y tú?
—**Regular. Un poco cansada**...
—¡Yo **también**!

Y TÚ, ¿QUÉ DICES?

Conexión gramatical
Estudia las páginas 32–35 en
¿Por qué lo decimos así?

ACTIVIDADES ORALES

1 • PIÉNSALO TÚ   **Saludos y despedidas**

▶ Busca las oraciones apropiadas para cada dibujo. **¡OJO!** Hay varias respuestas posibles.

Pick the correct sentences.

a. Buenas tardes.
b. ¿Cómo está usted?
c. Hasta luego.
d. Buenas noches.

e. Estoy un poco enfermo.
f. ¿Cómo estás?
g. Estoy ocupada.
h. Hasta mañana.

1.

Víctor   señor Álvarez

2.

Paco   Roberto

3.

Beatriz   José

4.

Ernesto   Felicia

5.

señor Álvarez   señorita García

6.

Ana Alicia   Esteban

¡A charlar!

▶ Here is an easy way to introduce a friend to another person.

LUIS: Pancho, ésta es mi amiga Ángela. Ángela, éste es mi amigo Pancho.
PANCHO: Mucho gusto.
ÁNGELA: Igualmente, Pancho.

Un estudiante travieso

Read the dialogue.

▶ Ernesto practica español con el señor Álvarez, su profesor de matemáticas y el amigo de la señorita García.

ERNESTO:	Buenas tardes, señor Álvarez. ¿Cómo está usted?
SEÑOR ÁLVAREZ:	Muy bien, gracias. ¡Qué bueno es su español!
ERNESTO:	Muchas gracias. Y... ¿cómo está la señorita García?
SEÑOR ÁLVAREZ:	Ernesto, ¡abra su libro en la página ocho!

Y AHORA, ¡CON TU PROFESOR(A)!

Ask your teacher how he or she is feeling.

▶ Pregúntale a tu profesor o profesora cómo está.

Conversaciones

Make up dialogues for each situation.

▶ Con tu compañero o compañera, inventa diálogos para cada situación.

1. Dos muchachos/muchachas hablan por teléfono por la noche.

2. Un profesor y un estudiante hablan en la escuela por la mañana.

3. Dos estudiantes hablan en la cafetería por la tarde.

MODELO: Dos muchachos (muchachas) hablan por teléfono por
la noche. →

TÚ: Buenas noches. ¿Qué tal?
COMPAÑERO/A: Más o menos. ¿Cómo estás tú?
TÚ: Muy bien.
COMPAÑERO/A: ¡Qué bueno!

Buenos días.	¿Cómo estás?	(Muy) Bien, gracias.	¡Qué bueno!
Buenas tardes.	¿Qué tal?	(Muy) Mal.	¡Qué barbaridad!
Buenas noches.	¿Cómo está usted?	Regular.	¡Qué lástima!
¡Hola!		Más o menos.	
		Estoy (un poco) enfermo/enferma.	
		Estoy contento/contenta.	
		Estoy cansado/cansada.	

^aMñsdía... Buenos días.
^bA... *There's always a feeling of family resemblance in the air at this hour.*

Caracas, Venezuela: Raúl Galván está un poco cansado hoy.

Buenos Aires, Argentina: Marisa Bolini está un poco enferma hoy.

¿POR QUÉ LO DECIMOS ASÍ?

GRAMÁTICA

TALKING TO OTHER PEOPLE
You (*tú* and *usted*)

ORIENTACIÓN

A *personal pronoun* (**pronombre personal**) represents a person (I, you, he, she) or persons (we, you, they). In English, the pronoun *you* refers to the person you are addressing.

A In Spanish, the words **tú** and **usted** correspond to English *you*. **Tú** (informal *you*) is used with a friend or other young person, that is, someone you usually address by first name.

Both tú and usted = you (singular)

¿Cómo estás **tú**, Paco?	*How are you, Paco?*

Usted (polite *you*) is used to show respect to an adult, especially one you don't know well, that is, a person you would address as Mr. (Mrs., Dr., and so on).

Usted is abbreviated as Ud.

¿Cómo está **usted**, señorita García?	*How are you, Miss García?*

In Spanish class, you can use **tú** with a classmate, but your teacher may ask you to address her or him as **usted**. If you speak Spanish with another adult at your school, you should use **usted**.

tú → a friend or child
usted → an adult

B In conversation, the pronoun **tú** is often omitted but **usted** is generally used. Notice the difference between the following greetings.

Note that Miss García addressed her students as usted at first; but later, when she knew them better, she used tú.

¿Cómo estás, Juana?	*How are you, Juana?*
¿Cómo está **usted**, señor Álvarez?	*How are you, Mr. Álvarez?*

32 *treinta y dos*

▶ Imagínate que hablas con estas personas. ¿Cuál es la pregunta apropiada?

¿Cómo estás?　　　　　**¿Cómo está usted?**

MODELOS:　un compañero de tu clase de español → *¿Cómo estás?*
　　　　　una doctora mexicana → *¿Cómo está usted?*

1. un compañero de tu clase de español

2. una doctora mexicana

3. tu profesor o profesora de español

4. una estudiante de Puerto Rico

5. una amiga de Venezuela

6. un dentista español

Caracas, Venezuela.

Study Hint

▶ You have just learned two Spanish words for *you*: **tú** and **usted**. It is important to use them properly, so that you don't unintentionally sound disrespectful. If you are not sure which one to use, just remember that **tú** is for a family member, friend, or other informal acquaintance. **Usted** is more polite. That's why it is better to use **usted** with a friend's parent, an adult neighbor, or a person you don't know, such as a receptionist, salesperson, and so on. When in doubt, use **usted**. If **tú** is more appropriate, the person you are speaking with will let you know!

HOW ARE YOU?
The Verb *estar* (Part 2)

> **ORIENTACIÓN**
>
> The *subject* of a sentence tells you who or what the sentence is about. The subject can be a proper name (*Ms. Smith* is busy), a noun (*The teacher* is busy), or a pronoun (*She* is busy).

A Here are the five Spanish subject pronouns you have used so far along with the forms of **estar** (*to be*) that go with them. As you saw in **Primer paso**, different verb endings correspond to different subjects. Notice that three of the pronouns use the same verb form.

yo = I
tú/usted = you
él/ella = he/she

Singular Forms of **estar**		
yo	esto**y**	*I am*
tú	est**ás**	*you* (informal) *are*
usted	est**á**	*you* (polite) *are*
él	est**á**	*he is*
ella	est**á**	*she is*

estar = to be
(feeling)

B In **Primer paso** you learned to use the verb **estar** to ask or tell how someone is feeling.

—¿Cómo **está** usted, señorita García?
—**Estoy** bastante bien, gracias.

—*How are you, Miss García?*
—*I'm quite well, thanks.*

—¿Cómo **está** el señor Álvarez?
—**Él está** muy ocupado hoy.

—*How is Mr. Álvarez?*
—*He's very busy today.*

—Y **tú**, Felicia, ¿cómo **estás**?
—**Estoy** bien, gracias.

—*And you, Felicia, how are you?*
—*I'm fine, thanks.*

C You have used several words and phrases with **estar** to describe how you are or how others feel. Some of those words end in **–o** when they describe a male and in **–a** when they describe a female.

Some descriptive words end in –o when they describe a male, –a when they describe a female.

Paco está ocupad**o** hoy.
Patricia está ocupad**a** hoy.

Paco is busy today.
Patricia is busy today.

MASCULINE	FEMININE	
cansado	cansada	*tired*
contento	contenta	*happy, content*
enfermo	enferma	*sick, ill*
ocupado	ocupada	*busy*

En la escuela

▶ Víctor habla en español con varias personas hoy. Completa los diálogos con **estoy**, **estás** o **está**.

Complete the dialogues.

1. Víctor habla con el señor Álvarez.

VÍCTOR:	¿Cómo _____¹ usted, señor Álvarez?
SEÑOR ÁLVAREZ:	Bastante bien, gracias. ¿Y usted?
VÍCTOR:	Pues, más o menos. Y... ¿cómo _____² la señorita García?
SEÑOR ÁLVAREZ:	No sé. Probablemente _____³ ocupada.

2. Víctor habla con Patricia.

VÍCTOR:	¿Cómo _____¹ Esteban hoy? ¿Y Ana Alicia?
PATRICIA:	Ella _____² bien, pero él _____³ muy ocupado. ¡Ay! Esa clase de matemáticas...
VÍCTOR:	Y tú, ¿cómo _____⁴?
PATRICIA:	Yo _____⁵ muy ocupada... ¡también con matemáticas!
VÍCTOR:	Y, ¿cómo _____⁶ el señor Álvarez?
PATRICIA:	¡Él _____⁷ muy contento, claro!

¡Qué horror!

▶ Hay un examen de matemáticas hoy. ¿Cómo están los estudiantes? Mira los dibujos y completa las descripciones con las palabras apropiadas.

How does each student feel before the exam?

1. Esteban está muy _____ .

2. Felicia está bastante _____ .

3. Paco está _____ , probablemente.

4. Ernesto está un poco _____ .

5. Beatriz no está _____ . Está _____ . ¡Es muy buena estudiante!

VOCABULARIO ÚTIL

| cansado/cansada | contento/contenta | enfermo/enferma |
| nervioso/nerviosa | ocupado/ocupada | |

VOCABULARIO PALABRAS NUEVAS

Los saludos (Greetings)
Buenas noches.

¿Cómo está usted?
¿Y usted?

Bastante bien.
Regular.

Estoy...
   cansado/cansada
   contento/contenta
   enfermo/enferma
   nervioso/nerviosa
   ocupado/ocupada

Palabras de repaso: buenos
días, buenas tardes, ¿cómo
estás?, más o menos, muy bien

¡A charlar! (Let's Talk)
Ésta es mi amiga...
Éste es mi amigo...
Mucho gusto.
Igualmente.

Las clases (Classes)
el español
las matemáticas

El lugar (Place)
la cafetería

Palabra de repaso: la escuela

Las personas (People)
el amigo / la amiga
el muchacho / la muchacha

Los verbos (Verbs)
estar
   estoy
   estás
   está

hablas
hablan

practica

Los adjetivos (Adjectives)
bueno/buena
mexicano/mexicana
travieso/traviesa

Palabras útiles (Useful Words)
bastante
¡claro!
¿cuál?
hay
mi
No sé.

pero
por la mañana
por la noche
por la tarde
por teléfono
probablemente
pues
¡Qué barbaridad!
¡Qué bueno!
¡Qué lástima!
también
tu/tus
un poco

Palabras del texto (Words from the Text)
Y ahora, ¡con tu profesor(a)!

la conversación
la descripción
la interacción
la lista
la oración
la respuesta
la situación

imagínate
inventa
pregúntale

estos/estas
segundo/segunda
varios/varias

LOS DÍAS DE LA SEMANA Y LOS NÚMEROS DEL 0 AL 39

* * * * * octubre * * * * *

LUNES	MARTES	MIÉRCOLES	JUEVES	VIERNES	SÁBADO	DOMINGO
	1	2	3	4	5	6
7	8	9	10	11	12	13
14	15	16	17	18	19	20
21	22	23	24	25	26	27
28	29	30	31			

Así se Dice...

VOCABULARIO

0 cero	10 diez	20 veinte	30 treinta
1 uno	11 once	21 veintiuno	31 treinta y uno
2 dos	12 doce	22 veintidós	32 treinta y dos
3 tres	13 trece	23 veintitrés	33 treinta y tres
4 cuatro	14 catorce	24 veinticuatro	34 treinta y cuatro
5 cinco	15 quince	25 veinticinco	35 treinta y cinco
6 seis	16 dieciséis	26 veintiséis	36 treinta y seis
7 siete	17 diecisiete	27 veintisiete	37 treinta y siete
8 ocho	18 dieciocho	28 veintiocho	38 treinta y ocho
9 nueve	19 diecinueve	29 veintinueve	39 treinta y nueve

Conexión gramatical
Estudia las páginas 40–42 en
¿Por qué lo decimos así?

ACTIVIDADES ORALES

1 • PIÉNSALO TÚ   **¿Cuántos llevan… ?**

Say how many are wearing these items.

▶ Cuenta los estudiantes de la clase que llevan…

_____ pantalones   _____ falda

_____ camisa   _____ suéter

Now say how many are wearing these items.

▶ Y ahora, cuenta los estudiantes de la clase que llevan…

_____ pantalones azules   _____ un vestido verde

_____ una falda blanca   _____ una blusa amarilla

_____ un suéter rojo   _____ una camisa azul

_____ zapatos negros

2 • INTERACCIÓN   **En el calendario hispano**

With your partner, ask and answer questions about the calendar.

▶ Con tu compañero o compañera, inventa preguntas y respuestas según el calendario. Sigue los modelos.

¿Qué días son… ?

MODELO: lunes (L) →

L	M	M	J	V	S	D
		1	2	3	4	5
6	7	8	9	10	11	12
13	14	15	16	17	18	19
20	21	22	23	24	25	26
27	28	29	30	31		

TÚ: ¿Qué días son *lunes*?
COMPAÑERO/A: *El 6, el 13, el 20 y el 27.*

1. lunes (L)   3. domingo (D)   5. sábado (S)

2. viernes (V)   4. jueves (J)

¿Qué día de la semana es... ?

MODELO: el 31 →

TÚ: ¿Qué día de la semana es *el 31*?
COMPAÑERO/A: Es *viernes*.

6. el 27 8. el 28 10. el 15
7. el 16 9. el 24

Y AHORA, ¿QUÉ DICES TÚ?

▶ ¿Qué día de la semana es hoy?

Tell what day of the week it is today.

PRONUNCIACIÓN

DIPHTHONGS

The Spanish vowels **i** and **u** often combine with other vowels to form diphthongs, sounds in which the two vowels seem to glide together. When this happens, the other vowel (**a**, **e**, or **o**) is emphasized slightly more than the **i** or **u**. The common diphthongs with **i** are **ie** and **ia**, as in **siete** and **gracias**; two with **u** are **ue** and **ua**, as in **nueve** and **cuatro**. ¡OJO! If there is an accent mark on the **i** or the **u** (as in **día**), the vowels are pronounced separately.

PRÁCTICA Listen to your teacher, and then see how well you can pronounce these sentences.

¡Los siete valientes llevan faldas de hierba!

Bienvenido a la clase de ciencias.

Now, see how you do with this tongue twister. First work on good pronunciation; then see if you can pick up your speed!

Cuando cuentes cuentos,
cuenta cuántos cuentos cuentas
cuando cuentas cuentos.

When you tell stories,
count how many stories you tell
when you tell stories.

Finally, try this famous saying in Spanish. Use it to tease a friend who comes back after an absence.

¡Hierba mala nunca muere!

Weeds never die!

GRAMÁTICA

NAMING THINGS
Plural Nouns and Articles

ORIENTACIÓN

The term *singular* means "one." These nouns are singular: shirt, teacher, class, color. The term *plural* means more than one. These nouns are plural: shirts, teachers, classes, colors.

A In Spanish, most nouns have both singular and plural forms.

SINGULAR	PLURAL
el zapato *the shoe* la camisa *the shirt*	los zapatos *the shoes* las camisas *the shirts*

los/las = the (plural)

B Note that Spanish also has plural forms of the word *the*. The plural of the masculine article **el** is **los**, and the plural of the feminine article **la** is **las**.

	SINGULAR		PLURAL
MASCULINE	**el** { libro número diálogo	→	**los** { libros números diálogos
FEMININE	**la** { planta pregunta actividad	→	**las** { plantas preguntas actividades

C Here are three simple rules for making Spanish nouns plural.

If the noun ends in a vowel, add **–s**.

To form plurals of words ending in vowels, add –s.

el libro → los libros   *the books*
la blusa → las blusas   *the blouses*
la clase → las clases   *the classes*

If the noun ends in a consonant, add –es.

el señor	→ los señor**es**	the men
el suéter	→ los suéter**es**	the sweaters
el examen	→ los exámen**es**	the tests
la flor	→ las flor**es**	the flowers

To form plurals of words ending in consonants, add -es.

If the noun ends in –**z**, change the **z** to **c** before you add –**es**.

el lápiz → los lápi**ces**   the pencils

To form plurals of words ending in z, change z to c and add -es.

EJERCICIO 1   ¿Uno o más?

▶ Mira los dibujos y escoge la frase apropiada.

Pick the correct phrase.

MODELO:

a. el elefante
b. los elefantes → *b. los elefantes*

él/la = the (singular)
los/las = the (plural)

1.

a. el zapato
b. los zapatos

2.

a. la planta
b. las plantas

3.

a. el vestido
b. los vestidos

4.

a. el suéter
b. los suéteres

5.

a. el director
b. los directores

6.

a. la profesora
b. las profesoras

7.

a. la camisa
b. las camisas

8.

a. el examen
b. los exámenes

Make up eight commands.

▶ Inventa ocho mandatos para los estudiantes de la señorita García.

MODELO: Escriban... → Escriban *la tarea, por favor.*

Escriban...	el	libros
Lean...	la	puerta
Cierren...	los	pizarra
Señalen...	las	números
Cuenten...		calendario
Denme...		tarea
Miren		plantas
		camisetas
		instrucciones
		examen
		estudiantes
		ejercicio

VOCABULARIO ② PALABRAS NUEVAS

Los días de la semana (Days of the Week)

el calendario
el día
la semana

lunes
martes
miércoles
jueves
viernes
sábado
domingo

octubre

Los números (Numbers)

cero	once
uno	doce
dos	trece
tres	catorce
cuatro	quince
cinco	dieciséis
seis	diecisiete
siete	dieciocho
ocho	diecinueve
nueve	veinte
diez	treinta

El mandato (Command)
cuente(n)

El adjetivo (Adjective)
hispano/hispana

Palabras útiles (Useful Words)
¿cuántos?
que

Palabras del texto (Words from the Text)
Y ahora, ¿qué dices tú?
la frase

cuenta
sigue

¿QUÉ ROPA LLEVAS HOY?

Así se Dice...

VOCABULARIO

un sombrero negro

un sombrero rosado

lentes de sol

una sudadera rosada

una corbata azul

un traje anaranjado

una bolsa gris

una flor anaranjada

un vestido morado

una mochila verde

tenis morados

calcetines amarillos

Conexión gramatical
Estudia las páginas 47–51 en
¿Por qué lo decimos así?

Y TÚ, ¿QUÉ DICES?

ACTIVIDADES ORALES

1 • PIÉNSALO TÚ

¿Quién lleva… ?

Say who is wearing these items today.

▶ Contesta con el nombre de un compañero o de una compañera de la clase.

¿Quién en la clase lleva… ?

1. ropa azul
2. jeans azules
3. una camiseta blanca
4. una sudadera gris
5. calcetines rosados

6. una corbata
7. ropa morada
8. una chaqueta roja
9. tenis negros
10. lentes

VOCABULARIO ÚTIL
nadie

2 • INTERACCIÓN

¿Qué ropa llevan?

Ask as many questions about the clothing as you can.

▶ Con tu compañero o compañera, inventa preguntas y respuestas según el dibujo.

José Campos

señorita García

señor Álvarez

MODELO:

TÚ:	¿Lleva José *un traje?*
COMPAÑERO/A:	*No.* José lleva *camiseta y pantalones.*
TÚ:	¿Lleva la señorita García *una falda azul?*
COMPAÑERO/A:	*Sí.*

Busca las siete diferencias entre los dos dibujos.

Find the differences.

MODELO: En el dibujo A hay un vestido azul y blanco, pero en el dibujo B hay un vestido morado y blanco.

PRONUNCIACIÓN

ll AND y

At the beginning and in the middle of words, **ll** and **y** both sound like *y* in English *yes* (**me *llamo*, *yo*, amarillo, mayo**).

By itself, or at the end of a word, **y** is pronounced like Spanish **i** (*y*, **muy**).

PRÁCTICA Listen to your teacher and see how well you can pronounce the following sentences.

Es el yoyó de Yolanda y Yuri.

La yema es amarilla.

¿Cómo se llama la llama llorona?

GRAMÁTICA

WHAT ARE YOU WEARING?
The Verb *llevar*

Here are the three forms of the verb **llevar** (*to wear*) that correspond to the five Spanish subject pronouns you have used so far. Note that, as with **estar**, the same verb form is used with three of the pronouns.

llevar = to wear

Singular Forms of **llevar**		
yo	**llevo**	*I wear; I am wearing*
tú	**llevas**	*you* (informal) *wear; you are wearing*
usted	**lleva**	*you* (polite) *wear; you are wearing*
él	**lleva**	*he wears; he is wearing*
ella	**lleva**	*she wears; she is wearing*

Hoy yo **llevo** pantalones grises y Paco **lleva** pantalones negros.

Today I'm wearing gray pants, and Paco is wearing black pants.

EJERCICIO 1 — Por teléfono

Complete the conversation.

▶ Chela y Felicia practican español por teléfono. Completa la conversación con **llevo, llevas** o **lleva.**

CHELA: Felicia, ¿qué _____¹ hoy?

FELICIA: ¿Yo? _____² una camiseta roja y pantalones grises.

CHELA: ¿Y qué _____³ Patricia?

FELICIA: ¿Ella? _____⁴ una camiseta roja y pantalones blancos. Y tú, ¿qué _____⁵?

CHELA: ¡Qué coincidencia! ¡_____⁶ una camiseta roja también!

yo llevo = I'm wearing
tú llevas = you're wearing
él/ella lleva = he's/she's wearing

Complete the statement, then express your opinion.

▶ Con tu compañero o compañera, completa las oraciones con **llevo, llevas** o **lleva.** Luego usa **Es correcto, No es correcto** o **¡Es ridículo!** para expresar tu opinión.

MODELO: El policía _____ un uniforme amarillo y una corbata morada. →

           TÚ: El policía *lleva* un uniforme amarillo y una corbata morada.

           COMPAÑERO/A: *¡Es ridículo!*

1. Yo _____ un sombrero anaranjado.

2. Tú _____ jeans y camiseta.

3. El director / La directora de la escuela _____ un traje y una camisa blanca.

4. Tú _____ pantalones verdes y una sudadera morada.

5. El profesor / La profesora de la clase de español _____ jeans y un suéter blanco.

6. Yo _____ una falda y una corbata.

7. Un pingüino _____ un traje rojo y una camisa amarilla.

8. Ernesto _____ tenis amarillos.

DESCRIBING PEOPLE AND THINGS
Adjective-Noun Agreement

> ### ORIENTACIÓN
> An *adjective* (**adjetivo**) modifies (or describes) a noun or pronoun: large (dog), important (idea), blue (shoes), (I am) smart, (you are) nice.

A In Spanish, an adjective that modifies a singular noun or pronoun is also singular. When the adjective modifies a plural noun or pronoun, it is likewise plural. This is called *agreement*. Adjectives also agree with the gender (masculine/feminine) of the nouns or pronouns they modify.

- *masculine singular: –o*
- *feminine singular: –a*
- *masculine plural: –os*
- *feminine plural: –as*

	SINGULAR	PLURAL
MASCULINE FEMININE	el libro **rojo** la falda **roja**	los libros **rojos** las faldas **rojas**

B Here are three easy rules for using adjectives.

Adjectives that end in **–o** describe masculine nouns or males.

El sombrero es **negro**.	*The hat is black.*
Ernesto es un poco **loco**.	*Ernesto is a bit crazy.*

The same adjectives end in **–a** when they describe feminine nouns or females.

La chaqueta es **negra**.	*The jacket is black.*
Juana es un poco **loca**.	*Juana is a bit crazy.*

Most adjectives that end in a consonant or in **–e** describe both masculine and feminine nouns as well as males and females.

La camisa es **azul**.	*The shirt is blue.*
El traje es **azul**.	*The suit is blue.*
El libro es **verde**.	*The book is green.*
La planta es **verde**.	*The plant is green.*
Beatriz es **inteligente**.	*Beatriz is intelligent.*
Roberto es **inteligente**.	*Roberto is intelligent.*

C The rules for making adjectives agree with plural nouns or pronouns are identical to the rules for making nouns plural.

If the adjective ends in a vowel, add **–s**.

rojo → rojo**s**
verde → verde**s**
morada → morada**s**

If the adjective ends in a consonant, add **–es**.

azul → azul**es**
gris → gris**es**

D As in English, an adjective can precede or follow the noun it modifies or be separated from it by a verb. The second example uses adjectives with the verb forms **es** (*is*) and **son** (*are*) to describe things.

Roberto lleva una **camiseta blanca** y **zapatos negros**.	*Roberto is wearing a white T-shirt and black shoes.*
La **camiseta** es **blanca** y los **zapatos** son **negros**.	*The T-shirt is white and the shoes are black.*

> *In Spanish, adjectives usually follow the nouns they describe:*
> * *un vestido negro*
> * *una casa blanca*
> * *pantalones grises*

▶ Las fotos del anuario de la escuela son en blanco y negro. Pero, ¿de qué color es realmente la ropa que llevan los estudiantes? Contesta las preguntas con el adjetivo apropiado.

MODELO:

Study Hint

▶ By now, you may think you'll *never* really learn how Spanish adjectives and nouns work! Don't be discouraged. The system is pretty simple once you get the hang of it, and in time you'll develop a feel for agreement. Your teacher doesn't expect you to make your adjectives and nouns match perfectly right away. Try not to worry about the rules when you are speaking, but do keep them in mind when you check your writing.

| ¿Qué llevan Paco y Roberto en la foto? | camisas pantalones | negros moradas → |

TÚ: ¿Qué llevan Paco y Roberto en la foto?
COMPAÑERO/A: *Camisas moradas y pantalones negros.*

1. ¿Qué llevan Felicia y Patricia?	vestidos chaquetas	rojas amarillos
2. ¿Qué llevan Ernesto y Víctor?	sombreros corbatas	azules blancos
3. ¿Qué lleva Juana?	un suéter una falda calcetines	blancos gris anaranjada
4. ¿Qué lleva Ana Alicia?	una blusa zapatos un traje	rosada blanco azules
5. ¿Qué lleva Esteban?	una camisa un suéter zapatos	amarillo grises verde

▶ ¿De qué color son estas cosas?

MODELO: La bandera de los Estados Unidos es ____ , ____ y ____ . →

La bandera de los Estados Unidos es *roja*, *blanca* y *azul*.

Pick logical colors for these items.

1. La bandera de los Estados Unidos es ____ , ____ y ____ .

2. Los elefantes son ____ .

3. El océano es ____ o ____ .

4. Un piano es ____ y ____ .

5. Los tomates son ____ o ____ .

6. Las bananas son ____ .

7. Una rosa es ____ o ____ o ____ .

8. Una jirafa es ____ y ____ .

9. Los rubíes son ____ y las esmeraldas son ____ .

¡OJO! Be sure the color adjectives agree with the nouns.

VOCABULARIO ▲ PALABRAS NUEVAS

La ropa (Clothing)
la bolsa
el calcetín
la camiseta
la corbata
la chaqueta
los jeans
los lentes de sol
la mochila
el sombrero
la sudadera
los tenis
el traje

Palabras de repaso: la falda, los pantalones, el vestido

Los colores (Colors)
anaranjado/anaranjada
morado/morada
rosado/rosada

Palabras de repaso: amarillo/amarilla, azul, blanco/blanca, gris, negro/negra, rojo/roja, verde

Las cosas (Things)
el anuario
la flor
la foto

Otros sustantivos (Other Nouns)
la diferencia
la opinión

Palabras útiles (Useful Words)
entre
nadie
¡Qué coincidencia!
realmente
si

Los verbos (Verbs)
llevar
  llevo
  llevas
  lleva
practican

Palabras del texto (Words from the Text)
correcto/correcta
siguiente/siguientes

¿QUÉ HORA ES, POR FAVOR?

Y TÚ, ¿QUÉ DICES?

Conexión gramatical
Estudia las páginas 56–57 en
¿Por qué lo decimos así?

ACTIVIDADES ORALES

1 • PIÉNSALO TÚ   **¿Qué hora es?**

▶ Busca la hora que corresponde a cada reloj.

Pick the correct time.

1. Son las cinco y diez.

2. Es la una.

3. Son las seis y veinte.

4. Son las nueve y cinco.

5. Son las cuatro.

a.

b.

c.

d.

e.

A.

B.

C.

D.

ABRA EL LIBRO, POR FAVOR

¡A charlar!

▶ Here are some expressions you may find useful in class. Can you match each Spanish expression with the appropriate drawing shown at the left?

1. **No comprendo. Repita, por favor.**
2. **¡Yo sé! (¡Yo lo sé!)**
3. **—¿Cómo se dice esto en español?**
   —Se dice «lápiz».
4. **Perdón, profesora...**

Pick the correct expression.

▶ Escoge la expresión apropiada para cada situación.

1.

   a. Perdón.
   b. ¿Cómo se dice esto en español?

2.

   a. ¡Por favor!
   b. ¿Qué hora es?

3.

   a. ¡Ay, no comprendo!
   b. Con permiso.

4.

   a. ¿Cómo se escribe tu nombre?
   b. Muchas gracias.

▶ Adivina el nombre del programa de radio según el día y la hora.

Guess the name of the program.

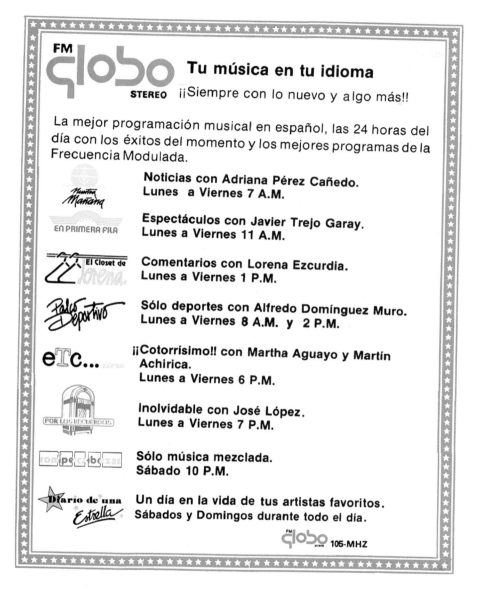

FM globo STEREO **Tu música en tu idioma**

¡¡Siempre con lo nuevo y algo más!!

La mejor programación musical en español, las 24 horas del día con los éxitos del momento y los mejores programas de la Frecuencia Modulada.

Nuestra Mañana
Noticias con Adriana Pérez Cañedo.
Lunes a Viernes 7 A.M.

EN PRIMERA FILA
Espectáculos con Javier Trejo Garay.
Lunes a Viernes 11 A.M.

El Closet de Lorena
Comentarios con Lorena Ezcurdia.
Lunes a Viernes 1 P.M.

Radio Deportivo
Sólo deportes con Alfredo Domínguez Muro.
Lunes a Viernes 8 A.M. y 2 P.M.

eTc...
¡¡Cotorrísimo!! con Martha Aguayo y Martín Achirica.
Lunes a Viernes 6 P.M.

POR LOS RECUERDOS
Inolvidable con José López.
Lunes a Viernes 7 P.M.

rompecabezas
Sólo música mezclada.
Sábado 10 P.M.

Diario de una Estrella
Un día en la vida de tus artistas favoritos.
Sábados y Domingos durante todo el día.

globo 105-MHZ

¡A charlar!

▶ Here are some Spanish expressions used to distinguish between A.M. and P.M. hours.

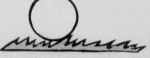

Son las ocho **de la mañana**.   *It's 8:00 A.M. (in the morning).*

Es la una y veinte **de la tarde**.   *It's 1:20 P.M. (in the afternoon).*

Son las nueve y diez **de la noche**.   *It's 9:10 P.M. (in the evening).*

MODELO: Es lunes y son las once de la mañana. →
El programa se llama *En primera fila.*

1. Es miércoles y es la una de la tarde.

2. Es jueves y son las siete de la noche.

3. Es domingo y son las dos de la tarde.

4. Es sábado. Son las diez de la noche y es un programa de música.

GRAMÁTICA

WHAT TIME IS IT?
Telling Time (Part 1)

A To ask what time it is in Spanish, use this question.

¿Qué hora es?   *What time is it?*

B To answer the question, use **Son las** + the hour.

Son las cinco.   *It's five (o'clock).*

For one o'clock, use **Es la** instead of **Son las** in the answer.

Es la una.   *It's one (o'clock).*

> y = and
> y + minutes =
> minutes past the
> hour

C To give minutes past the hour, use **y** (*and*) + the number of minutes.

Son las ocho **y** diez.   *It's eight-ten (8:10).*
Es la una **y** veinte.   *It's one-twenty (1:20).*

EJERCICIO 1   **Una clase aburrida**

> Ask the time and
> give the correct
> answer.

▶ Hoy Ernesto no lleva reloj. Le pregunta a Víctor qué hora es. Inventa la conversación con tu compañero o compañera.

MODELO: →

TÚ: ¿Qué hora es ahora?
COMPAÑERO/A: *Son las diez.*

> son las + the
> hour = it's (the
> hour) o'clock
> es la una = it's
> one o'clock
> y + minutes =
> minutes past the
> hour

▶ Di la hora con tu compañero o compañera.   *Tell the time.*

TÚ: ¿Qué hora es?

COMPAÑERO/A: _____ .

1.

2.

3.

4.

5.

6.

VOCABULARIO 🔆 PALABRAS NUEVAS

¿Qué hora es? (What Time Is It?)
la hora
el reloj

es la una
son las...

de la mañana
de la tarde
de la noche

**Expresiones de cortesía
(Expressions of Courtesy)**
Con permiso.
De nada.
¡Perdón!
Por favor.

Palabra de repaso: gracias

¡A charlar! (Let's Talk)
¿Cómo se dice esto en
    español?
Se dice...

¿Cómo se escribe... ?

No comprendo.
¡Yo (lo) sé!

La clase (Class)
la historia

Los sustantivos (Nouns)
el idioma
el programa

El mandato (Command)
repita(n)

Los adjetivos (Adjectives)
aburrido/aburrida

**Palabras del texto (Words from
the Text)**
corresponde

adivina

di

LAS CLASES

UNIDAD 1

¿QUÉ PODEMOS DECIR?

Mira las fotografías. ¿Qué fotos asocias con las siguientes descripciones?

- Un grupo de estudiantes. ¿Cuántas estudiantes hay? ¿Hay un profesor en la clase? ¿Cómo están las estudiantes? ¿contentas? ¿ocupadas? ¿Qué ropa llevan?

- Unos muchachos que practican fútbol. ¿Cuál es más popular en tu escuela, el fútbol o el béisbol?

- Una muchacha en la escuela. ¿Qué ropa lleva?

Lima, Perú.

2

Lima, Perú.

LECCIÓN

EN EL SALÓN DE CLASE
In this lesson you will:

- describe your classroom and the objects in it
- use numbers up to 100
- ask and talk about quantity (how many?)
- learn one way to say no in Spanish

LECCIÓN

EL HORARIO DE CLASES
In this lesson you will:

- talk about your school schedule
- talk about what classes you have
- learn more about telling time

LECCIÓN

MIS ACTIVIDADES FAVORITAS
In this lesson you will:

- say what you like and don't like to do
- talk about the activities you associate with the months of the year

San José, Costa Rica.

59

1 EN EL SALÓN DE CLASE

Hay muchas cosas en la mochila de Felipe, ¿verdad?
Hay un libro, tres lápices, un cassette, una foto (¿de su
novia?) y... ¡sus tenis!

Sevilla,
España.

En la escuela de Marisa
Bolini, todas las estudiantes
llevan uniforme.

Buenos Aires, Argentina.

UNIDAD 1

LUIS: ¿Cuántos estudiantes hay en tu clase de historia?

ÁNGELA: No muchos, ocho muchachos y diez muchachas.

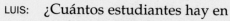

Ciudad de México, México.

Caracas, Venezuela: Una tienda para textos y otros artículos escolares.

ACADEMIAS COLON

TE OFRECEN

▶ GRUPOS REDUCIDOS
▶ VARIOS NIVELES
▶ PROFESORES NATIVOS
▶ HORARIOS DE MAÑANA, TARDE Y NOCHE Y ESPECIALES DE VIERNES O SABADOS
▶ CURSOS INDIVIDUALES INTENSIVOS

▶ VIDEO y T.V.
▶ PREPARACION ESCUELA OFICIAL DE IDIOMAS
▶ PREPARACION PARA CERTIFICADOS DE CAMBRIDGE Y TOELF
▶ CURSOS DE VERANO EN INGLATERRA, EE.UU., IRLANDA, FRANCIA, ALEMANIA E ITALIA

VOCABULARIO

¿QUÉ HAY EN EL SALÓN DE CLASE?

Y TÚ, ¿QUÉ DICES?

Conexión gramatical
Estudia las páginas 69–74 en
¿Por qué lo decimos así?

ACTIVIDADES ORALES Y LECTURAS

1 • INTERACCIÓN   ¿Cuántos hay?

Tell how many objects there are.

Paso 1. En tu salón de clase, cuenta...

MODELO: los pupitres →

TÚ: ¿Cuántos *pupitres* hay?
COMPAÑERO/A: Hay (*veintiséis*).

los pupitres	los carteles	los mapas
los borradores	los cuadernos	¿ ?

Paso 2. En tu salón de clase, cuenta...

MODELO: las mesas →

TÚ: ¿Cuántas *mesas* hay?
COMPAÑERO/A: Hay (*tres*).

las pizarras	las sillas	las banderas
las ventanas	las puertas	¿ ?

2 • PIÉNSALO TÚ   ¿Cuántos estudiantes de español hay?

Say how many students are in each level.

▶ Hay cuatro niveles de español en la Escuela Central. ¿Cuántos estudiantes hay en cada nivel? Inventa preguntas y respuestas según la tabla.

NIVEL	CHICOS	CHICAS	TOTAL
Español 1	59	37	96
Español 2	46	39	85
Español 3	32	35	67
Español 4	21	27	48

MODELO:

TÚ: ¿Cuántos *estudiantes* hay en total en *Español 2*?
COMPAÑERO/A: Hay *ochenta y cinco*.

TÚ: ¿Cuántas *chicas* hay en *Español 1*?
COMPAÑERO/A: Hay *treinta y siete*.

Talk about the drawing with your partner.

▶ ¿Qué hay en la clase de la señorita García? Mira el dibujo y di si hay o no hay estas cosas.

MODELOS: un calendario viejo →

TÚ: ¿Hay *un calendario viejo*?
COMPAÑERO/A: *Sí hay.*

una planta grande →

TÚ: ¿Hay *una planta grande*?
COMPAÑERO/A: *No, no hay.*

1. una bandera de los Estados Unidos

2. una silla roja

3. carteles grandes

4. una pizarra negra

5. un gato blanco

6. pupitres nuevos

7. mochilas verdes

8. un reloj pequeño

9. ¿ ?

RETRATO CULTURAL

JAIME ESCALANTE

El profesor de matemáticas Jaime Escalante es el conductor de la
serie de televisión «*Futures*». El profesor Escalante enseña°
matemáticas y principios científicos de manera divertida. Luego,
muestra° su aplicación en situaciones reales como los laboratorios de
NASA. Invitados° especiales como Arnold Schwarzenegger, Kareem
Abdul-Jabbar y Jackie Joyner-Kersee explican cómo las matemáticas
les ayudaron en sus carreras.° Esta serie de la televisión pública es
interesante... ¡y realmente divertida!

teaches

he shows

Guests

les... helped them in their careers

TRY TO READ "IN SPANISH" AND RELAX!

Reading in Spanish is a bit challenging, but it's also fun to discover how much you really do understand if you give yourself a chance. There's no need to run to a dictionary as soon as you see written Spanish. The Reading Tips throughout this book will show you how to use what you already know and how to develop strategies for understanding words you don't recognize.

A reading is like a jigsaw puzzle. First you check it out and put together all the pieces you can to get a general picture. Then you use those clues to help fit the rest of the pieces into place.

As you begin a new selection, read it through once without using the dictionary. See what general idea you have when you finish. Then read the selection again; you will be surprised to see that you understand more than you thought. Try this strategy with the reading that follows.

¡TE INVITAMOS A LEER!

LOS TRES ZAPATOS

PERO ANTES... Juana Muñoz tiene° un problema. Su cuarto° está muy desordenado.° Hay cosas por todas partes. Y tú, ¿tienes este problema también? ¿Hay muchas cosas en tu cuarto? ¿Qué cosas hay?

has
room / messy

Find out about Juana's room.

Son las cuatro de la tarde. Juana Muñoz, una estudiante de la señorita García, está en su cuarto. Ella es una muchacha alegre,° pero hoy no está contenta porque... ¡su cuarto es un desastre!

contenta

En su escritorio hay bolígrafos azules, amarillos, rojos, negros, verdes, morados, ¡de todos los colores! Hay papeles, muchos lápices y nueve cuadernos. Y también hay novelas, libros de español, de arte y de historia. Además° hay dos plantas, un reloj,

In addition

un calendario, treinta cassettes de música, varios zapatos, dos manzanas y muchas otras cosas.

A las cuatro de la tarde, la mamá de Juana entra al° cuarto y...

entra... comes into the

JUANA: ¡Hola, mamá!
MAMÁ: ¡Hola, hija! ¿Cómo estás?
JUANA: Más o menos, mamá. ¿Y tú?
MAMÁ: Bien, gracias. ¿Sabes° qué hora es?   *Do you know*
JUANA: Mamá, hay un reloj en mi cuarto. Mira, son las...
MAMÁ: ¡Ay, Juana! Tu escritorio es... ¡un desastre!
JUANA: Sí, es verdad, pero estoy muy ocupada y...
MAMÁ: Pero, Juana, mira... ¡Hay un zapato en tu escritorio!
JUANA: Este...° No, mamá... Hay tres zapatos...   *Well, uh . . .*
MAMÁ: Ay, hija. ¡Qué barbaridad!

¿QUÉ IDEAS CAPTASTE? Completa cada oración con la respuesta correcta.

MODELO: Juana es (la mamá / una estudiante) de la señorita García. →
Juana es *una estudiante* de la señorita García.

1. Juana está en (casa / la escuela).
2. ¿Cómo está el cuarto de Juana? Está (ordenado / desordenado).
3. En el escritorio hay libros de (música / arte).
4. También hay (lápices / bolígrafos) de muchos colores.
5. La mamá de Juana dice que hay (un reloj / un zapato) en el escritorio.

PRONUNCIACIÓN

s AND z

Most Spanish speakers pronounce the letters **s** and **z** just alike, always with the hissing sound of **s**, not with a buzzing sound.*

PRÁCTICA Listen to your teacher pronounce this little rhyme that Hispanic children sing on the playground during recess.

Estos ojitos tan azulitos
    se duermen bien.
¡Te-rén-ten-ten!

These little blue eyes
    fall right asleep.
Tee-reep-teep-teep!

*In parts of Spain, the letter **z** is distinguished from the letter **s** and pronounced with a *th* sound as in the English *thin*.

Madrid, España

¿POR QUÉ LO DECIMOS ASÍ?

TELLING WHAT THERE IS
The Verb Form *hay*

A The word **hay** corresponds to the English phrases *there is* and *there are*.

Hay una planta en la ventana.	*There is a plant in the window.*
Hay veintidós estudiantes en la clase.	*There are twenty-two students in class.*

hay = there is /
there are

B To ask *What is (there) . . . ?* or *What are (there) . . . ?*, use the question **¿Qué hay... ?**

—**¿Qué hay** en el pupitre?	*—What is (there) on the desk?*
—Hay un lápiz.	*—There's a pencil.*
—**¿Qué hay** en la mesa?	*—What is (there) on the table?*
—Hay quince libros.	*—There are fifteen books.*

¿Qué hay? =
What is there? /
What are there?

C To ask *How many are there?*, use **¿Cuántos hay?** (for masculine nouns) or **¿Cuántas hay?** (for feminine nouns).

—¿Qué hay en el lóquer?	*—What is (there) in the locker?*
—Hay chaquetas.	*—There are jackets.*
—**¿Cuántas hay?**	*—How many are there?*
—Hay dos.	*—There are two.*

¿Cuántos/
¿Cuántas hay?
= *How many are*
there?

To ask how many of a particular thing there are, use
¿Cuántos/¿Cuántas + a plural noun + **hay?**

—**¿Cuántos** pupitres **hay?**	*—How many desks are there?*
—Hay veintitrés.	*—There are twenty-three.*
—Y **¿cuántas** sillas **hay**?	*—And how many chairs are there?*
—(Hay) Trece.	*—(There are) Thirteen.*

D To answer that there is only one of something, use **uno** (for masculine nouns) or **una** (for feminine nouns).

—¿Cuántos escritorios hay?	—*How many desks are there?*
—(Hay) **Uno**.	—*(There is) One.*
—Y ¿cuántas banderas hay?	—*And how many flags are there?*
—(Hay) **Una**.	—*(There is) One.*

To answer that there are a lot (or lots) of something, you say **muchos** for masculine nouns or **muchas** for feminine nouns.

Hay **muchos** (cuadernos).	*There are a lot (of notebooks).*
Hay **muchas** (sillas).	*There are lots (of chairs).*

To answer that there are none, say **No hay** + a plural noun.

—¿Cuántos calendarios hay?	—*How many calendars are there?*
—**No hay** calendarios.	—*There aren't any calendars.*

EJERCICIO 1   **En una tienda de ropa**

▶ Con tu compañero/a, inventa preguntas con **¿cuántos?** o **¿cuántas?** Contesta con **muchos** o **muchas** según el caso.

MODELOS: trajes →

TÚ:	¿*Cuántos* trajes hay (en una tienda de ropa)?
COMPAÑERO/A:	Hay *muchos*.

banderas →

TÚ:	¿*Cuántas* banderas hay?
COMPAÑERO/A:	¡No hay banderas en una tienda de ropa!

1. trajes	7. pupitres
2. banderas	8. camisetas
3. bolsas	9. vestidos
4. sombreros	10. carteles
5. cuadernos	11. calcetines
6. mochilas	12. ¿ ?

▶ ¿Qué hay en el cuarto de Roberto? Con tu compañero/a, inventa preguntas con **¿cuántos?** o **¿cuántas?** Contesta con un número. Usa **uno** o **una** según el dibujo.

Ask how many of each item there are, and answer with a number.

MODELO: bolígrafos →

TÚ: ¿Cuántos *bolígrafos* hay?
COMPAÑERO/A: Hay *uno*.

1. bolígrafos
2. mochilas
3. libros
4. sillas
5. relojes

6. manzanas
7. cuadernos
8. lápices
9. calendarios
10. ¿ ?

ANSWERING IN THE NEGATIVE
The Word *no*

A You have already used the word **no** to answer questions negatively. Here are three contexts in which you have used **no**.

—Te llamas Paco, ¿verdad?
—**No**. Me llamo Ernesto.

—¿Lleva Paco traje?
—**No**. Lleva chaqueta.

—Ana Alicia, ¿qué hora es?
—**No** comprendo, señorita.

no = no, not, don't, doesn't, isn't, etc.

B In Spanish, **no** can express *no, not, don't, doesn't, isn't,* and so on. Note the English equivalents of Spanish **no** in the following sentences.

—Esteban, ¿llevas una camiseta azul?
—**No**, **no** llevo una camiseta azul.

—Esteban, are you wearing a blue T-shirt?
—*No, I'm **not** wearing a blue T-shirt.*

—¿Hay una planta en el salón de clase?
—**No**, **no** hay.

—Is there a plant in the classroom?
—*No, there isn**'t**.*

—¿Comprendes, Beatriz?
—**No**, **no** comprendo.

—Do you understand, Beatriz?
—*No, I do**n't** understand.*

In Spanish, subject + no + verb.

C In Spanish, **no** usually comes just before the verb.

Yo **no llevo** corbata hoy.

I'm not wearing a tie today.

Paco **no está** muy contento.

Paco isn't very happy.

No hay tiza para la pizarra.

There isn't any chalk for the chalkboard.

San Juan, Puerto Rico: Señales de tránsito.

> Con tu compañero/a, di que **no** y corrige la información según el dibujo.

MODELO: Paco lleva una camiseta verde. →

TÚ: Paco lleva una camiseta verde.

COMPAÑERO/A: *No*, Paco *no lleva* una camiseta verde. *Lleva una camiseta azul.*

1. Paco lleva una camiseta verde.

2. Patricia está contenta.

3. Chela está bien.

4. Son las nueve.

5. Juana lleva una falda roja.

6. Hay 30 días en octubre.

7. Hay una papelera pequeña.

8. Hay una bandera grande.

Una tienda de ropa en Caracas, Venezuela.

Can you give the
correct answer?

▶ ¿Cuál es la respuesta correcta?

MODELO: ¿Hay 40 estados en los Estados Unidos? →
          No, no hay cuarenta estados. Hay cincuenta.

VOCABULARIO ÚTIL
la estrella

una pulgada

el equipo

1. ¿Hay 40 estados en los Estados Unidos?

2. ¿Hay 42 estrellas en la bandera de los Estados Unidos?

3. ¿Hay 12 minutos en una hora?

4. ¿Hay 16 horas en un día?

5. ¿Hay 17 días en una semana?

6. ¿Hay 27 días en septiembre?

7. ¿Hay 15 cosas en una docena?

8. ¿Hay 32 pulgadas en una yarda?

9. ¿Hay 9 personas en un equipo de fútbol americano?

10. ¿ ?

VOCABULARIO PALABRAS NUEVAS

En el salón de clase
el bolígrafo
el borrador
el cartel
el cuaderno
el escritorio
la mesa
el papel
la papelera
el pupitre
el sacapuntas
la silla
la tiza

Palabras semejantes: **el mapa, el uniforme**

Palabras de repaso: la bandera, el calendario, el lápiz, el libro, la pizarra, la puerta, el reloj, la ventana

Los números
cuarenta
cincuenta

sesenta
setenta
ochenta
noventa
cien

Las personas
el chico / la chica
el novio / la novia

Palabra de repaso: el/la estudiante

Los lugares
la casa
el cuarto
la tienda de ropa

Los verbos
dice
tiene

Los adjetivos
grande
mucho/a

muchos/as
otro/a
pequeño/a
viejo/a

Palabras útiles
de
en total
hasta

Palabras de repaso: ¿cuántos/as?, muy

Palabras del texto
Pero antes...
¿Qué ideas captaste?
¡Te invitamos a leer!

el nivel
el retrato
la tabla

corrige
usa

Palabra semejante: **cultural**

LECCIÓN 2

EL HORARIO DE CLASES

LETICIA:	¿Cuántas clases tienes?
FRANCISCO:	Catorce.
LETICIA:	¿Catorce? ¡Es mucho!

Ciudad de México, México.

HUMBERTO:	¿Qué clase tienes a las diez y quince?
CAROLINA:	Literatura, con el profesor Rivero.
HUMBERTO:	¡Súper! ¡Yo también!

San Juan, Puerto Rico.

Madrid, España.

Alicia Vargas Dols tiene clase de historia los lunes, miércoles y viernes. ¡Es su clase más interesante!

Madrid, España: Ejemplos de textos que usan los estudiantes en la escuela secundaria.

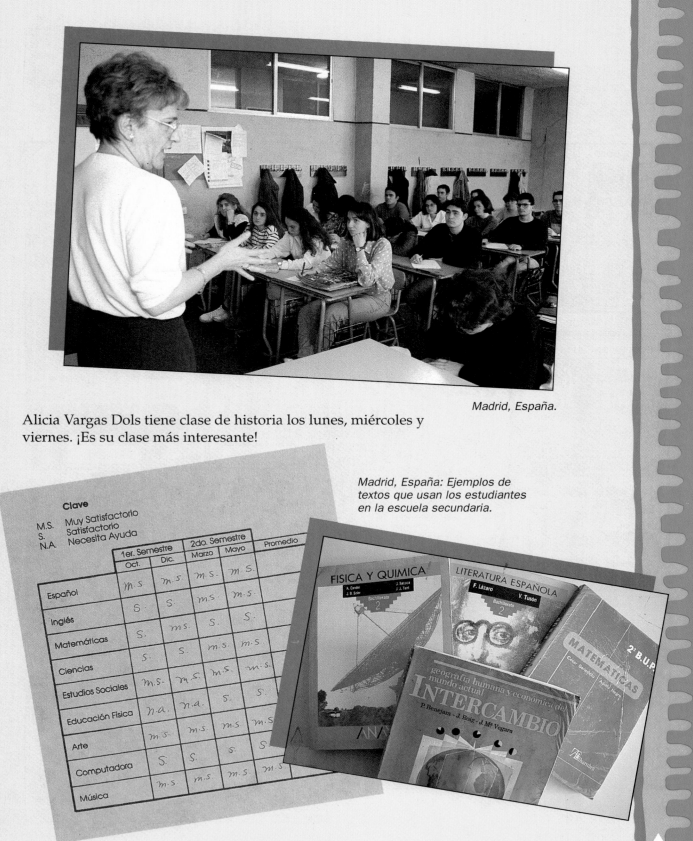

Clave

M.S. Muy Satisfactorio
S.   Satisfactorio
N.A. Necesita Ayuda

| | 1er. Semestre | | 2do. Semestre | | Promedio |
	Oct.	Dic.	Marzo	Mayo	
Español	m.s.	m.s.	m.s.	m.s.	
Inglés	S.	S.	m.s.	m.s.	
Matemáticas	S.	m.s.	S.	S.	
Ciencias	S.	S.	m.s.	m.s.	
Estudios Sociales	m.s.	m.s.	m.s.	m.s.	
Educación Física	n.a.	n.a.	S.	S.	
Arte	m.s.	m.s.	m.s.	m.s.	
Computadora	S.	S.			
Música		m.s.	m.s.	m.s.	

Así se dice...

VOCABULARIO

álgebra — Víctor

español — Juana

inglés — Ana Alicia

historia — Ernesto

educación física — Esteban

arte — Patricia

música — Beatriz

ciencias — Chela

ERNESTO: **¿A qué hora tienes** la clase de música?

BEATRIZ: **A la** una **y media.** Y tú, ¿a qué hora tienes historia?

ERNESTO: **A las** once **menos** diez.

Y TÚ, ¿QUÉ DICES?

Conexión gramatical
Estudia las páginas 86–90 en
¿Por qué lo decimos así?

ACTIVIDADES ORALES Y LECTURAS

1 • INTERACCIÓN   Las clases

▶ Con tu compañero/a, pregunta y contesta según la tabla. Sigue
el modelo.

*Ask and answer
questions about
the chart.*

MODELOS:

TÚ:	¿Quién tiene una clase de *arte* (*muy*) *difícil*?
COMPAÑERO/A:	*Roberto*.

TÚ:	¿Cómo es la clase de *álgebra*?
COMPAÑERO/A:	Es (*bastante*) *aburrida*.

	INTERESANTE	DIFÍCIL	ABURRIDA	BUENA
PATRICIA ROBERTO ANA ALICIA ESTEBAN	arte historia música educación física	computación arte inglés química	geografía álgebra historia arte	inglés comercio biología español

VOCABULARIO ÚTIL

muy
bastante } + (adjetivo)
un poco

*Textos de química,
biología y geografía
que usan los
estudiantes en
Caracas, Venezuela.*

Talk about your subjects in school.

▶ Conversa con tu compañero/a sobre las materias que tienes este año.

MODELOS:

TÚ:	¿Qué materias tienes este año?
COMPAÑERO/A:	Tengo _____, _____, _____ ...
TÚ:	¿Cuál es tu materia favorita?
COMPAÑERO/A:	_____ .
TÚ:	¿Cómo es tu clase de _____?
COMPAÑERO/A:	Es _____ᵃ _____.ᵇ a. un poco / bastante / muy
	b. fácil / buena / difícil / interesante / aburrida

TÚ:	¿Qué materias tienes este año?
COMPAÑERO/A:	Tengo *música, álgebra, inglés y geografía.*
TÚ:	¿Cuál es tu materia favorita?
COMPAÑERO/A:	*Música.*
TÚ:	¿Cómo es tu clase de *álgebra*?
COMPAÑERO/A:	Es *muy interesante.*

3 • INTERACCIÓN   El horario de Ana Alicia

Talk about Ana Alicia's class schedule with your partner.

▶ Conversa con tu compañero/a sobre el horario de Ana Alicia.

Hora	Clase	Salón	Profesor(a)	Comentario
8:05 a 8:55	Historia universal	10	DaSilva	un poco aburrida
9:00 a 9:50	Español 1	7	García	¡fantástica!
9:55 a 10:45	Inglés 2	50 B	Williams	un poco difícil
10:50 a 11:40	Álgebra 2	40 B	Álvarez	muy buena
11:45 a 12:30	Almuerzo	cafetería		¡necesario!
12:35 a 1:25	Biología	100	Anderson	muy interesante
1:30 a 2:20	Música	103	Thomas	✓excelente
2:25 a 3:15	Educación física	gimnasio	Jaeger	divertida

TÚ: ¿Qué materia tiene Ana Alicia a *las once menos diez de la mañana*?

COMPAÑERO/A: Tiene *álgebra*.

TÚ: ¿Cómo es, según ella?

COMPAÑERO/A: Es *muy buena*.

TÚ: ¿A qué hora tiene *música*?

COMPAÑERO/A: A *la una y media de la tarde*.

4 • DIÁLOGO   Dos bromistas

► Chela y Ernesto practican español con José y hablan de la escuela.

Find out about Ernesto's favorite class.

JOSÉ: ¿Cuántas materias tienen este año?

CHELA: Yo tengo siete.

ERNESTO: Y yo tengo seis y la hora de estudio.

JOSÉ: ¿Son muy difíciles?

CHELA: Solamente álgebra es difícil. Las otras materias son bastante fáciles, pero... ¡siempre tengo mucha tarea!

ERNESTO: No tengo clase de álgebra pero sí tengo geometría. La clase es difícil pero interesante. Pero mi clase favorita es...

CHELA Y JOSÉ: ¡La hora de estudio!, ¿no? ¡Ja! ¡Ja! ¡Ja!

Y AHORA, ¿QUÉ DICES TÚ?

1. ¿Cuántas materias tienes este año?

2. ¿Qué materia es muy difícil?

3. ¿Tienes hora de estudio? ¿A qué hora es?

Read the TV guide and complete the sentences.

Paso 1. Lee rápidamente esta guía de programas de televisión de España. Presta atención a la hora y al nombre de los programas. Luego, completa cada oración con una frase correcta.

1. La guía de programas es para...
   a. el domingo.   b. el jueves.   c. el sábado.

2. Esta sección de la guía es para los programas...
   a. de la mañana.   b. de la mañana y   c. de la noche.
                           de la tarde.

3. En esta guía hay...
   a. un canal.   b. dos canales.   c. muchos canales.

Give the name and time of these programs.

Paso 2. Busca los siguientes programas y di cómo se llaman y a qué hora son.
   a. una película muy vieja   c. un programa para niños
   b. un programa de música   d. un programa de deportes

Y AHORA, ¡CON TU PROFESOR(A)!

1. ¿Cuál es su programa de televisión favorito?

2. ¿Qué día es? ¿A qué hora es?

VISTAZO CULTURAL

UNIFORMES ¿SÍ O NO?

¿Qué opinión tienen los estudiantes de los uniformes? Les preguntamos a varios estudiantes de España e Hispanoamérica sobre ello. ¡Y éstas son sus respuestas!

«Llevar uniforme es muy práctico», dicen estas estudiantes de una escuela secundaria en Madrid, España.

Buenos Aires, Argentina: «En mi escuela, como en muchas escuelas de la Argentina, las chicas llevan guardapolvos° blancos. ¡A mí me gustaría° llevar jeans y camiseta!», dice una estudiante de sexto (6°) grado.

smocks
A mí... I would like

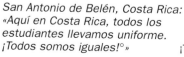

San Antonio de Belén, Costa Rica: «Aquí en Costa Rica, todos los estudiantes llevamos uniforme. ¡Todos somos iguales!°»

¡Todos... We are all the same!

«Siempre llevamos uniforme cuando practicamos deportes», dicen estos estudiantes en San Juan, Puerto Rico. «¡Así jugamos mejor!°»

«¡Así... We play better that way!

USE WHAT YOU KNOW FROM ENGLISH!

As you learned earlier, many Spanish words are similar to words in English, such as **cómico** (*comical*) or **teléfono** (*telephone*). Do you recall the term for these words? They are *cognates* (**cognados**). A cognate is kind of a "freebie," a word you get as a gift because you don't have to work too hard to learn it.

Before you begin a reading, scan it quickly to find all the cognates you can. Some, such as **estudiante** or **física**, are harder to spot than others, but try to develop an eye for them. Frequently this step gives you an idea of what the reading is about, and you are able to understand more when you read through the first time.

In the reading that follows, how many cognates for school subjects can you find?

¡TE INVITAMOS A LEER!

¿QUIÉN ES EL GENIO°?

genius

Compare an American and a Mexican class schedule.

PERO ANTES… ¿Cuántas materias tienes este año? ¿Cuántas materias son obligatorias? ¿Cuántas son optativas°?

elective

Ernesto Mackenzie es de los Estados Unidos. Ernesto estudia en la Escuela Central y tiene seis materias todos los días: geometría, español, inglés, biología, historia mundial y educación física. Ernesto es inteligente y tiene buenas notas.°

grades
Escuela

Luis Fernández es de México. Estudia en el Colegio° Madrid y este año tiene diez materias: historia nacional, matemáticas, ciencias naturales, química, literatura, música, geografía, inglés, sicología y educación física. Y no son optativas. ¡Todas son obligatorias!

¿Tú crees° que Luis es un genio? ¡Claro que no! Es inteligente, pero no es un genio. Tiene muchas materias porque° en Hispanoamérica y España, los estudiantes no tienen las mismas° materias todos los días.

¿Tú... Do you think
because
same

Una escuela secundaria en la Ciudad de México, México. Todos los estudiantes, muchachos y muchachas, llevan uniforme como en muchas escuelas del mundo hispano.

¿QUÉ IDEAS CAPTASTE? Según la lectura, ¿quién diría lo siguiente, Ernesto, Luis o los dos?

Tell which student would make each statement.

1. Tengo diez materias este año.

2. Tengo inglés y educación física.

3. Tengo las mismas materias todos los días.

4. Soy un muchacho inteligente.

5. Tengo un horario diferente todos los días.

6. Mi profesora de español se llama Isabel García.

¿POR QUÉ LO DECIMOS ASÍ?

GRAMÁTICA

TALKING ABOUT WHAT YOU HAVE
The Verb *tener*

tener = to have

To talk about what you or others have, use the verb **tener** (*to have*). Here are the three forms of **tener** that correspond to the subject pronouns you have used so far.

Present Tense of **tener** (*Singular Forms*)		
yo	**tengo**	*I have*
tú	**tienes**	*you (informal) have*
usted	**tiene**	*you (polite) have*
él/ella	**tiene**	*he/she has*

—Señorita García, ¿**tiene** usted un bolígrafo?
—Sí, aquí **tengo** uno.

—Víctor, ¿cuántas clases **tienes**?
—**Tengo** ocho.

—Miss García, do you have a pen?
—Yes, I have one right here.

—Víctor, how many classes do you have?
—I have eight.

EJERCICIO 1 — El nuevo semestre

Complete the dialogue.

**yo tengo = I have
tú tienes = you (informal) have
él/ella tiene = he/she has**

▶ Ernesto y Patricia hablan del nuevo semestre. Completa el diálogo con **tengo, tienes** o **tiene**.

ERNESTO: Hola, Patricia. ¿Cómo estás?
PATRICIA: Muy ocupada. _____[1] ocho materias este semestre.
ERNESTO: ¡Qué barbaridad! Yo solamente _____[2] seis. _____[3] un semestre muy fácil.
PATRICIA: Y Juana, ¿cuántas materias _____[4] ella?
ERNESTO: Seis también, pero ella _____[5] mucha tarea. Y tú, ¿_____[6] mucha tarea también?
PATRICIA: ¿Con ocho clases? ¡Claro que sí!

▶ Con tu compañero/a, inventa preguntas y respuestas.

In pairs, make up
questions and
answers.

MODELOS: En tu cuarto... fotos de tu novio/a →

TÚ: ¿Tienes fotos de tu novio/a?
COMPAÑERO/A: *Sí, tengo muchas.*
(Sí, tengo una.)
(No, no tengo.)

En tu lóquer... libros →

TÚ: ¿Tienes libros?
COMPAÑERO/A: *Sí, tengo muchos.*
(Sí, tengo uno.)
(No, no tengo.)

Remember: **la foto**

¿tienes? = do you have?
tengo = I (do) have
no tengo = I don't have

En tu cuarto...

1. fotos de tu novio/a
2. un cuaderno amarillo
3. carteles

4. una computadora nueva
5. un gato o un perro
6. ¿ ?

En tu lóquer...

1. libros
2. una pequeña bandera
3. una mochila vieja

4. un cartel interesante
5. un diccionario de español
6. ¿ ?

ARCHIE

Todos estos años enseñando y nunca he podido saber...

...¡Por qué le llaman a esto sala de estudio!

4-7

WHAT TIME IS IT?
Telling Time (Part 2)

A To tell how many minutes it is before the hour, use the word **menos** (*minus*).

Son las nueve **menos** cinco.   *It's five to nine.*
Es la una **menos** diez.   *It's ten to one.*

Note that you use **es** with one o'clock and **son** with the other hours.

B To express the quarter hour and half hour in Spanish, use the words **cuarto** and **media**.

Es la una **y cuarto**.   *It's a quarter past one.*
Son las ocho **menos cuarto**.   *It's a quarter to eight.*

Es la una **y media**.   *It's one-thirty.*
Son las diez **y media**.   *It's ten-thirty.*

C To ask (at) what time something takes place, use the phrase **¿A qué hora?** The word **a** is also used in the answer.

—**¿A qué hora** tienes la clase de biología?   —*(At) What time do you have biology class?*
—**A** las ocho.   —*(At) Eight (o'clock).*
—¿**Y** la clase de inglés?   —*And English class?*
—**A** la una.   —*(At) One (o'clock).*

¿Recuerdas?

In **Segundo paso**, you learned to ask and tell the time. You used **es** to talk about one o'clock and **son** for the other hours.

—¿Qué hora es?
—*What time is it?*
—Es la una.
—*It's one o'clock.*

—¿Qué hora es?
—*What time is it?*
—**Son** las cinco.
—*It's five o'clock.*

To talk about minutes past the hour, use **y** (*and*).

Son las cuatro **y** diez.
It's 4:10.
Es la una **y** veinte.
It's 1:20.

*Caracas, Venezuela:
¿Qué hora es?*

Una mañana sin reloj

▶ El señor Álvarez les pregunta a los estudiantes qué hora es. Inventa las conversaciones con tu compañero/a. Usa oraciones de la lista y complétalas con **y** o **menos** según el contexto.

Ask the time and give the correct answer.

MODELO: Víctor / 8:20 →

TÚ: *Víctor, ¿qué hora es?*
COMPAÑERO/A: *Son las ocho y veinte.*

1. Víctor / 8:20
2. Patricia / 8:45
3. Paco / 9:55
4. Juana / 10:25
5. Ernesto / 10:40
6. Roberto / 11:05
7. Chela / 12:15
8. Esteban / 12:50
9. Ana Alicia / 1:30

a. Son las diez _____ veinticinco.
b. Son las once _____ veinte.
c. Es la una _____ media.
d. Son las ocho _____ veinte.
e. Son las diez _____ cinco.
f. Son las doce _____ cuarto.
g. Son las once _____ cinco.
h. Es la una _____ diez.
i. Son las nueve _____ cuarto.

¿Qué hora es en Barcelona?

▶ Imagínate que hoy la clase de geografía habla de la hora en el mundo. Pregúntale a tu compañero/a qué hora es en estas ciudades. Consulta la lista para contestar.

Tell the time in the first city and ask the time in the second. Use the chart.

MODELO: San Francisco: 12:15 / Nueva York: ¿ ? →

TÚ: *Son las doce y cuarto* en *San Francisco.*
¿Qué hora es en Nueva York?
COMPAÑERO/A: *Son las tres y cuarto.*

San Francisco	Los Ángeles	12:15	2:30	4:55	6:25
Albuquerque	Denver	1:15	3:30	5:55	7:25
San Antonio	Wichita	2:15	4:30	6:55	8:25
Nueva York	Miami	3:15	5:30	7:55	9:25
Buenos Aires	Montevideo	4:15	6:30	8:55	10:25
Barcelona	Madrid	10:15	12:30	2:55	4:25

1. San Francisco: 12:15 / Nueva York: ¿ ?
2. Montevideo: 10:25 / Denver: ¿ ?
3. San Antonio: 2:15 / Barcelona: ¿ ?
4. Los Ángeles: 4:55 / Buenos Aires: ¿ ?
5. Miami: 5:30 / Wichita: ¿ ?
6. Barcelona: 2:55 / Albuquerque: ¿ ?
7. Nueva York: 9:25 / Madrid: ¿ ?
8. Wichita: 6:55 / San Francisco: ¿ ?

EJERCICIO 5 Los viernes de Patricia

Talk with your partner about Patricia's schedule.

***empieza** = begins, starts*
***termina** = ends, is over*

Patricia está muy ocupada los viernes. Conversa con tu compañero/a sobre el horario de Patricia.

MODELOS: clase de arte →

TÚ: ¿A qué hora empieza *la clase de arte*?
COMPAÑERO/A: *A la una menos veinticinco de la tarde.*

concierto →

TÚ: ¿A qué hora termina el concierto?
COMPAÑERO/A: *A las nueve y media de la noche.*

①	clase de arte	12:35 - 1:25
②	clase de computación	1:30 - 2:20
③	clase de ciencias	2:25 - 3:15
④	club de fotografía	4:15 - 5:15
⑤	lección de violín	6:15 - 6:45
⑥	concierto	8:00 - 9:30

¡A charlar!

Use the verb forms **empieza** (*begins*) and **termina** (**ends**) to ask or tell at what time something starts and is over.

—¿A qué hora **empieza** la clase de matemáticas?
—*What time does math class start?*
—**Empieza** a las nueve y **termina** a las diez menos diez.
—*It starts at 9:00 and ends at 9:50.*

VOCABULARIO PALABRAS NUEVAS

Las clases
la hora de estudio
el horario de clases
la materia
el semestre

las ciencias
el comercio
la computación
la educación física
la historia universal
el inglés

Palabras semejantes: **el álgebra, el arte, la biología, la geografía, la geometría, la literatura**

Palabras de repaso: el español, la historia, las matemáticas, la música

¿A qué hora?
¿A qué hora es... ?
a la(s)...
   y cuarto
   y media
   menos

La persona
el niño / la niña

Los lugares
el gimnasio
el lóquer

Palabras de repaso: la cafetería, la escuela

Los sustantivos
el almuerzo
el año
el/la bromista
el canal
la ciudad
la computadora
el deporte
el gato
la guía
el perro

Palabras semejantes: **el programa, la televisión**

¡A charlar!
empieza
termina

Los verbos
tener
   tengo
   tienes

Los adjetivos
aburrido/a
difícil
divertido/a
fácil

Palabras semejantes: **curioso/a, excelente, fantástico/a, favorito/a, necesario/a**

Palabras de repaso: bueno/a, interesante

Palabras útiles
bastante
¿Cómo es... ?
sin
solamente
todos los días

Palabras del texto
conversa
hazle estas preguntas a...
la lectura
presta atención
¿Quién diría... ?
¿Recuerdas?
sobre
el vistazo

Palabra semejante: **el contexto**

3 MIS ACTIVIDADES FAVORITAS

San Juan, Puerto Rico.

A Eduardo le gusta escuchar salsa y música rock. ¡Es un rockero!

A Luis le gusta charlar. Tiene muchos amigos.

Ciudad de México, México.

Buenos Aires, Argentina.

Y la actividad favorita de
Marisa es... ¡hablar por teléfono!

Un quiosco en
Buenos Aires, Argentina.

SEPTIEMBRE
OCTUBRE
NOVIEMBRE

Me gusta leer revistas.

Me gusta jugar al **fútbol** en el parque.

DICIEMBRE
ENERO
FEBRERO

¡Me gusta tomar helado de chocolate!

JUNIO
JULIO
AGOSTO

A Ana Alicia **le gusta patinar** en el lago.

Me gusta nadar en el mar.

MARZO
ABRIL
MAYO

A José Campos **le gusta mirar** la televisión.

Me gusta andar en bicicleta.

Me gusta **correr** en el parque.

Y TÚ, ¿QUÉ DICES?

ACTIVIDADES ORALES Y LECTURAS

Conexión gramatical
Estudia las páginas 103–104
en **¿Por qué lo decimos así?**

1 • OPCIONES   Mis gustos

▶ Di **sí** o **no**. Luego comparte tus respuestas con tus compañeros.

1. Los viernes por la noche me gusta...
   a. mirar la televisión.
   b. escuchar música clásica.
   c. comer pizza en casa.
   d. ¿ ?

2. Los sábados por la mañana me gusta...
   a. hablar por teléfono con mi novio/a.
   b. jugar al tenis.
   c. leer el periódico.
   d. ¿ ?

3. Los domingos me gusta...
   a. descansar todo el día.
   b. ir al cine con mis amigos.
   c. ver dibujos animados.
   d. ¿ ?

4. En julio me gusta...
   a. correr.
   b. nadar en la piscina.
   c. visitar a mis amigos.
   d. ¿ ?

5. En diciembre me gusta...
   a. ir de compras.
   b. esquiar.
   c. patinar.
   d. ¿ ?

Indicate whether you like or don't like these activities.

¡A charlar!

▶ To say that something takes place on a particular day, use **el** + day of the week.

> No hay clase **el jueves.**
> *There's no class on Thursday.*

To say that something happens every week on a particular day, use **los** + day of the week. Remember to add **-s** if the day is **sábado** or **domingo.**

> **Los viernes** y **los sábados** me gusta ir al cine.
> *On Fridays and Saturdays I like to go to the movies.*

Un centro de videojuegos en Buenos Aires, Argentina.

Las actividades favoritas

▶ Conversa con tu compañero/a sobre las actividades de estos estudiantes.

¡A charlar!

▶ To ask your teacher or anyone you address as **usted** what he or she likes to do, use the phrase **¿le gusta... ?**

—Señorita García, **¿le gusta** salir con sus amigos los fines de semana?
—Sí, me gusta mucho.
—**¿Le gusta** salir con un amigo en particular?
—Este... Pues...

Note that **le gusta...** is the phrase you use to describe what others like to do.

Creo que a la señorita García **le gusta** salir con el señor Álvarez.

	Le gusta...	No le gusta...
Paco	jugar con videojuegos	ir de compras
Esteban	jugar al fútbol americano	ir al dentista
Chela	salir con amigas	hacer la tarea
Beatriz	comer en restaurantes	comer en la cafetería
Felicia	ver videos musicales	trabajar en casa

MODELOS:

TÚ: ¿Qué le gusta hacer a *Paco*?
COMPAÑERO/A: Le gusta *jugar con videojuegos*.

TÚ: ¿A quién le gusta *jugar al fútbol americano*?
COMPAÑERO/A: A *Esteban*.

Una piscina en San José, Costa Rica.

Las actividades del fin de semana

▶ Conversa con tu compañero/a sobre los planes del fin de semana.

Talk about your weekend activities.

MODELO:

TÚ:	¿Qué te gusta hacer los fines de semana?
COMPAÑERO/A:	Los sábados me gusta _____ y _____. Los domingos me gusta _____. No me gusta _____ los fines de semana.
TÚ:	Pues a mí me gusta _____ también, pero me gusta más _____.
COMPAÑERO/A:	¡Qué _____! (bueno / lástima / raro / divertido / barbaridad / interesante / ridículo)

Planes para el fin de semana

bailar en fiestas	ir al cine
comer en restaurantes	ir de compras
cuidar niños	jugar con videojuegos
escribir cartas	leer novelas
estudiar para un examen	mirar la televisión
hablar por teléfono	trabajar
hacer la tarea	visitar a mis amigos
hacer ejercicio	¿ ?

¡A charlar!

▶ Here are some additional ways to express what you like and don't like to do, or what you don't really have much interest in at all.

¿Te gusta... ?

Sí, ¡me gusta muchísimo!
Yes, I like it a lot!

Me gusta más...
I like . . . more.

Me da igual.
It's all the same to me.

¡No me gusta nada!
I don't like it at all!

Y AHORA, ¡CON TU PROFESOR(A)!

1. ¿Qué le gusta hacer los sábados por la noche?
2. ¿Qué le gusta hacer los domingos por la tarde?
3. ¿Qué *no* le gusta hacer los fines de semana?

Los meses y las actividades

Talk about the activities with your partner.

▶ Habla con tu compañero/a sobre las actividades en la tabla.

MODELO:

TÚ: ¿Qué le gusta hacer a *Marisa en enero*?

COMPAÑERO/A: Le gusta *nadar en el mar*.

TÚ: ¿Qué te gusta hacer *en enero*?

COMPAÑERO/A: Me gusta _____ .

	MARISA	FELICIA	MI COMPAÑERO/A
OCTUBRE	jugar al tenis	hacer ejercicio	¿ ?
ENERO	nadar en el mar	patinar en el lago	¿ ?
MARZO	ir de compras	ver videos musicales	¿ ?
MAYO	bailar con amigos	andar en bicicleta	¿ ?
JULIO	esquiar	tomar helado	¿ ?

Super-Fotos 10

Read the ad on p. 99 and pick the correct answer.

▶ Lee el anuncio en la página 99 y escoge una palabra o frase apropiada para completar cada oración.

1. *Super-Fotos 10* es una edición especial de la revista...
   a. *GeoMundo.*
   b. *Coqueta.*
   c. *Mecánica popular.*

2. *Super-Fotos 10* es excelente si te gusta...
   a. escuchar música clásica.
   b. estudiar matemáticas.
   c. leer de los «famosos».

3. En *Super-Fotos 10*...
   a. no hay fotos.
   b. hay fotos en colores.
   c. hay fotos en blanco y negro solamente.

4. **Afiches** es un sinónimo de...
   a. zapatos.
   b. plantas.
   c. carteles.

5. Una definición posible de **ídolo** es...
   a. una persona admirada.
   b. una persona aburrida.
   c. una persona ocupada.

YA ESTÁ AQUÍ

SUPER-FOTOS ⭐ 10

A TODO COLOR

¡UNA VERDADERA

EXPLOSIÓN

DE FAMOSOS!

27 electrizantes
afiches de
tus ídolos favoritos

- MADONNA
- MICHAEL JACKSON
- MECANO
- GEORGE MICHAEL
- LUIS MIGUEL
- KARINA
- Y MUCHAS OTRAS
  ESTRELLAS

¡Corre a comprar tu ejemplar antes que se agote!

SUPER-FOTOS 10

Edición especial de **COQUETA**

SORPRESA CULTURAL

¿«SPANISH PEOPLE» POR TODAS PARTES?

Miss García likes to tell her class stories about how people from other countries react to our culture. One day she told her students about a **sorpresa cultural** that some of her Spanish-speaking friends had. See if you can figure out what happened.

ISABEL, EVERYONE HERE CALLS ME "SPANISH," BUT I'M FROM MEXICO!

TODOS ME LLAMAN "SPANISH" TAMBIÉN, Y SOY DEL URUGUAY. ES CURIOSO, ¿NO?

WELL, IT DOESN'T BOTHER ME IF PEOPLE CALL ME "SPANISH."

YES, MARI, BUT YOU ARE FROM SPAIN.

Thinking About Culture

▶ What word or words do you use to describe your nationality and your racial or ethnic background? Would it be all right if someone called you "English" because you speak English?

What did Miss García's friends notice about the way some people in the United States refer to them?

a. Some people think everyone who speaks Spanish is from Uruguay.

b. Some people think everyone who speaks Spanish is from Spain.

Of course, the answer is (b). So, when *do* you use the term "Spanish"? It depends. If a person is from Spain, she or he is naturally called Spanish. But a person from Chile is Chilean, a person from Mexico is Mexican, and so on.

"Spanish" also refers to the principal language spoken in almost all Latin American countries and Spain. As you already know, it is the first or second language of many communities in the United States too.

CARTA DE UNA AMIGA MEXICANA

PERO ANTES... ¿Te gusta recibir cartas? Y, ¿te gusta escribir cartas? En esta carta, María Luisa Torres describe sus clases y actividades favoritas. ¿De qué país° es ella? ¿Crees que ella también tiene muchas clases?

country

Find out about María Luisa's classes and favorite activities.

Me gusta tocar la guitarra y cantar con mis amigos.

Ciudad de México

¡Hola, amigos!

¿Qué tal? ¡Saludos desde México! Mi nombre es María Luisa Torres y soy de° la Ciudad de México. Tengo 14 años° y estudio en el Colegio Madrid.

Este año tengo clases interesantes. Me gustan mucho las clases de historia mexicana, geografía, matemáticas, literatura, inglés y arte. Pero también tengo clases muy aburridas, especialmente computación y ética.°

Mis actividades favoritas son leer novelas, hablar con mis amigos y tocar° la guitarra. En las vacaciones de julio y agosto me gusta ir a la playa° de Mocambo, en Veracruz. Claro que me encanta° nadar. ¡Y también me encanta bailar! Me gustaría° tener amigos en los Estados Unidos de 14 a 17 años de edad. Por favor, escriban en español. Mi inglés es bueno, pero no para escribir cartas... ¡todavía°!

Adiós, amigos. Hasta pronto.

María Luisa Torres

soy... I'm from / Tengo... I'm 14 years old

ethics (philosophy course)

playing (a musical instrument) beach / me... me gusta mucho Me... I would like

yet

¿QUÉ IDEAS CAPTASTE? Imagínate que eres María Luisa Torres. Un(a) estudiante de los Estados Unidos te hace estas preguntas. Contesta las preguntas, según la lectura.

> MODELO: ¿Cómo te llamas? → *María Luisa Torres.*

1. ¿Cuál es el nombre de tu escuela?

2. ¿Cuáles son tus actividades favoritas?

3. ¿Qué clases te gustan?

4. ¿Tienes clases aburridas? ¿Cuáles son?

5. ¿En qué meses tienes vacaciones?

6. ¿Qué te gusta más, escribir en inglés o escribir en español?

Y AHORA, ¿QUÉ DICES TÚ?

1. ¿Qué te gusta más, escribir cartas o recibir cartas?

2. ¿Cuáles son tus actividades favoritas?

PRONUNCIACIÓN

h AND *j*

The letter **h** is always silent in Spanish. You cannot hear it, and of course you do not pronounce it when you see it. Instead, the letter **j** is your cue for a sound very much like the English *h* in *house.*

PRÁCTICA Listen to your teacher pronounce this version of a "magic spell" that Mexican-American children say when they bump or jam their finger while playing.

Cojito,° sí;   *Lame, Wobbly*
cojito, no;
así cojito
lo hallo yo.°   *lo... I find it*

¿POR QUÉ LO DECIMOS ASÍ?

GRAMÁTICA

EXPRESSING LIKES AND DISLIKES
Me gusta / te gusta / le gusta + Infinitive

A Use the verb **gustar** to tell what you like or don't like to do and to ask others what they like or dislike. To ask just one close friend whether he or she likes to do something, use **te gusta** + an infinitive.

Gustar expresses likes and dislikes.

Chela, ¿**te gusta** esquiar?	*Chela, do you like to ski?*

To answer, use **me gusta** or **no me gusta**.

Sí, **me gusta**.	*Yes, I do (like it).*
No, **no me gusta**.	*No, I don't (like it).*

Although gustar = to like, it literally means to please or to be pleasing to. Literally, then, Me gusta nadar = Swimming is pleasing to me.

You can easily add on to these phrases. Here are some examples.

—Paco, ¿**te gusta** nadar?	*—Paco, do you like to swim?*
—Sí, **me gusta** mucho.	*—Yes, I like it (to swim) a lot.*
—¿También **te gusta** correr?	*—Do you also like to run?*
—No, **no me gusta**.	*—No, I don't (like it).*

B Use the phrase **le gusta** to ask or tell what someone else likes or doesn't like to do.

—¿A Paco **le gusta** escuchar música?	*—Does Paco like to listen to music?*
—Sí, **le gusta** mucho.	*—Yes, he likes it a lot.*
—A Chela **le gusta** escuchar música también, ¿no?	*—Chela likes to listen to music, too, doesn't she?*
—No, **no le gusta**.	*—No, she doesn't.*

Using gustar:
me gusta... for what you like to do
te gusta... for what a friend likes to do
le gusta... for what someone else likes to do

Look again at the two sentences where **le gusta** is used with the word **a** + a proper name: **¿A Paco le gusta... ?, ¿A Chela le gusta... ?** When you want to indicate a specific person, use **a** + her or his name.

A Paco le gusta nadar y **a Chela** le gusta esquiar.	*Paco likes to swim and Chela likes to ski.*

If the context (the rest of the conversation or text) tells you to whom the **le** refers, you don't have to mention the person by name.

¿A quién le gusta?

Use the pictures to ask and answer questions.

Con tu compañero/a, inventa preguntas y respuestas con **a** y el nombre apropiado.

Paco

Chela

señorita García

MODELO: escribir cartas →

TÚ: ¿A quién le gusta *escribir cartas*?
COMPAÑERO/A: *A la señorita García.*

¿A quién le gusta... ? = Who likes . . . ?

1. escribir cartas
2. descansar
3. hablar por teléfono
4. hacer ejercicio
5. ir al cine

6. jugar al tenis
7. bailar salsa
8. escuchar música rap
9. nadar
10. leer novelas románticas

¡Me gusta hacer de todo!

Complete the dialogue.

Esteban y Roberto hablan de sus actividades favoritas. Completa la conversación con **me gusta**, **te gusta** o **le gusta**.

me gusta... = I like . . .
te gusta... = you (informal) like . . .
le gusta... = he/she likes . . .

ESTEBAN: Roberto, ¿qué ____[1] más, escuchar música o mirar la televisión?

ROBERTO: Pues... ____[2] mirar la televisión, pero... ____[3] más escuchar música.

ESTEBAN: Y ¿qué ____[4] hacer a Paco?

ROBERTO: A Paco ____[5] jugar al fútbol. ¿Y tú? ¿Cuáles son tus actividades favoritas?

ESTEBAN: Pues... ____[6] escuchar música. Y ____[7] mirar la televisión. Y también ____[8] jugar al fútbol... y jugar con videojuegos... ¡Creo que ____[9] hacer de todo!

ROBERTO: ¿También ____[10] hacer la tarea?

ESTEBAN: Mmmm... Pues... ¡creo que ____[11] hacer casi todo!

VOCABULARIO PALABRAS NUEVAS

Las actividades favoritas
andar en bicicleta
bailar
comer
correr
cuidar niños
descansar
escribir
escuchar
esquiar
estudiar
hablar (por teléfono)
hacer (ejercicio)
ir
   al cine
   al dentista
   de compras
jugar
leer
mirar (la televisión)
nadar
patinar
salir (con...)
tomar (helado)
trabajar
ver
visitar

el concierto
los dibujos animados
el fútbol
el fútbol americano

Palabras semejantes: **el chocolate, el tenis**

Palabras de repaso: **el amigo, la amiga, la música, el novio, la novia, la tarea**

Los meses
enero
febrero
marzo
abril
mayo
junio
julio
agosto
septiembre
octubre
noviembre
diciembre

¿Cuándo?
el fin de semana
todo el día

Palabras de repaso: **por la mañana, por la noche, por la tarde**

Los lugares
el lago
el mar
la piscina

Palabras semejantes: **el parque, el restaurante**

Palabra de repaso: **la cafetería**

Los sustantivos
la bicicleta
la carta
la fiesta
el helado
la novela
el periódico
la revista
el videojuego

Palabras semejantes: **la pizza, el teléfono, la televisión, el video**

¡A charlar!
el sábado (domingo, ...)
los sábados (domingos, ...)

Me da igual.
Me gusta más...
¡Me gusta muchísimo!
¡No me gusta nada!

Los gustos
¿A quién le gusta... ?
gustar
   me gusta
   te gusta
   le gusta

Palabras semejantes: **clásico/a, musical**

Palabras útiles
creo que...
en casa
por todos lados
¡Qué horror!
¡Qué ridículo!
raro/a

Palabras de repaso: **¡Qué barbaridad!, ¡Qué bueno!, ¡Qué divertido!, ¡Qué lástima!**

Palabras del texto
comparte
la opción
la sorpresa

Conversation Tip

▶ It's hard to chat with someone who gives only short or vague answers to your questions; for example:

—Hi! I'm Connie Howe. Who are you?
—Joe.
—You're new here, aren't you?
—Yes.
—Do you think you'll like it?
—I don't know.

Here's how Joe could make the exchange more interesting:

—Hi! My name's Connie Howe. What's yours?
—Joe Williams. I just moved here from Utah and I'm enrolling.
—What are you going to take?
—Algebra, English, Spanish 1, . . .
—Hey, I'm in Spanish 1 too! When's your class?

To avoid a one-sided conversation, tell enough about yourself to help the other person reply. Ask questions to find out more about the person. The answers will help you think of more to say and keep the conversation going.

SITUACIONES

If you transferred to a new school and met a student, which of these topics would you be curious about? What other things would you want to know about?

the classes

the sports

the teachers

interests you have in common

Tú

It's your first day at a new school and you don't know anyone yet. You meet a student who seems friendly and asks you questions about yourself.

Answer the questions, and find out as much as you can about that student.

Compañero/a

You see a new student who doesn't appear to know anyone in the school yet. Introduce yourself and strike up a conversation. Talk about your classes, schedules, and things you like to do. Get the same information from the new student.

See if you have any classes or interests in common.

¿SABÍAS QUE...

- hay más hispanos en el condado° de Los Ángeles, California, que en Madrid, España?

  county

- el saltamontes° tiene sangre° blanca?

  grasshopper / blood

- cuando es la una de la tarde en Denver, Colorado, es la una de la mañana en Bombay, India?

¡TE INVITAMOS A ESCRIBIR!

PROFESORES FAMOSOS

¿Reconoces a estas personas? Pues... ¡son los nuevos profesores de tu escuela!

Guillermo S.

María C.

Pablo P.

Alberto E.

Cleopatra

Arnaldo S.

Primero, piensa...
en las palabras que asocias con cada una de estas personas y haz una lista. Si quieres, puedes usar las siguientes preguntas.

Think up a list of words to describe each person.

¿Cuándo?	¿Quién?	¿Qué?	¿Qué clases?	¿Cómo?
Por la mañana Por la tarde A la(s)...	el profesor la profesora	tiene es / son lleva	ciencias inglés álgebra educación física historia arte	fácil difícil interesante aburrido/a divertido/a ¿ ?

Luego, organiza tus ideas...

con un mapa semántico. Usa el modelo como guía.

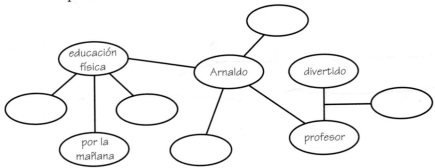

Por último, escribe...

un párrafo corto sobre dos profesores. Usa la información de tu mapa semántico. Si quieres, puedes seguir el siguiente modelo.

MODELO:

Este año tengo un nuevo profesor de educación física. Se llama Arnaldo y es un poco loco. Siempre lleva una sudadera roja y lentes de sol. Tiene dos clases por la mañana y tres por la tarde. Las clases de Arnaldo son un poco difíciles pero muy divertidas.

Y AHORA, ¿QUÉ DECIMOS?

Paso 1. Mira otra vez las fotos en las páginas 58–59 y contesta las siguientes preguntas.

- ¿Qué hay en el salón de clase? ¿Qué clase tienen estas estudiantes? ¿Tienes tú esta clase? ¿A qué hora?

- ¿Cuántas clases tiene probablemente la chica en la foto número 2? ¿seis, ocho o más de diez?

- ¿Qué mes(es) del año asocias con la foto número 3? ¿Te gusta jugar a este deporte? ¿Qué otras actividades te gusta hacer?

Paso 2. Juego de adivinanza: Primero, haz una lista de cinco clases. Luego, escribe dos o tres palabras o frases que asocias con cada clase. Por ejemplo:

- En esta clase hay libros, mapas, carteles y diccionarios de otros idiomas.

- En esta clase me gusta jugar al básquetbol y hacer ejercicio.

Por último, lee las oraciones en voz alta. Tu compañero/a tiene que adivinar el nombre de la clase.

NOVEDADES 1

COLEGIO
MIGUEL ᴅ UNAMUNO
ESPAÑOL PARA EXTRANJEROS
IDIOMAS · ACCESO · SELECTIVIDAD
E.G.B. · B.U.P. · C.O.U · OPOSICIONES

TALENTOS MUSICALES: JON SECADA, LINDA RONSTADT Y LUIS MIGUEL

DESDE COLOMBIA: LAS MOCHILAS DE LOS ESTUDIANTES

CONTENIDO

Portada: **Estudiantes del Colegio Miguel de Unamuno en Salamanca, España**

EL PÍCARO PACO

Talentos musicales

Éstos tres cantantes son muy populares entre los jóvenes de Hispanoamérica, de España y de los Estados Unidos.

Nombre: Linda Ronstadt

Profesión: cantante y actriz

País[1]: Estados Unidos

Cabello[2]: castaño[3]

Ojos[4]: color café

Pasatiempo favorito: cantar en español e inglés

Color favorito: rojo

Música: pop, latina-afrocubana en inglés y español

Álbumes: «Canciones de mi padre», «Más canciones», «Frenesí»

Premio: Grammy '93 en la categoría mejor[5] música tropical: «Frenesí»

Nombre: Jon Secada

Profesión: cantante y compositor

País: Cuba

Cabello: negro

Ojos: color café

Pasatiempo favorito: escribir canciones

Color favorito: blanco

Música: pop latino en inglés y español

Álbumes: «Otro día más sin verte» / «Just another day»

Premio: Grammy '93 en la categoría mejor álbum latino: «Otro día más sin verte»

Nombre: Luis Miguel

Profesión: cantante

País: México

Cabello: rubio[6]

Ojos: gris verdosos

Pasatiempo favorito: viajar[7]

Color favorito: negro

Música: pop y boleros en español

Álbum: «Romance»

---

[1] Country
[2] Hair
[3] brown
[4] Eyes
[5] best

[6] blond
[7] traveling

¿Qué llevas en tu mochila?

En Colombia los estudiantes llevan maletines (mochilas) a la escuela. Los chicos del 9° grado del Colegio Británico de Barranquilla nos dicen[1] qué les gusta llevar en sus mochilas.

ELLAS

fotos de artistas, cuadernos, carpetas,[2] lápices y marcadores, dinero, peine o cepillo,[3] calculadora, colitas y secador para el pelo,[4] pañuelo,[5] cartas de amigos, Walkman

ELLOS

agendas, cuadernos, carpetas, lápices, plumeros,[6] llaves,[7] pañuelo, videojuegos, fotos de novias, cartas, Walkman, cassettes, uniforme de gimnasia

Y A TI... ¿qué te gusta llevar en tu mochila?

[1]nos... *tell us*
[2]*folders*
[3]peine... *comb or hairbrush*
[4]colitas... *pony tail holders and hairdryer*
[5]*handkerchief*
[6]*bolígrafos*
[7]*keys*

Tito Comprende

TU COLOR Y TU PERSONALIDAD

Querido Tito:

Tengo un problema con mi papá. A él no le gustan mis amigos. Dice que son mala compañía.[1] Mis amigos son muy buenos; sólo[2] son adolescentes típicos. Carlos tiene el pelo largo[3] y Martín lleva un arete.[4] Alma siempre lleva jeans viejos y Sonia lleva minifalda. Mis amigos son importantes para mí. ¿Qué puedo hacer?[5]

Gustavo P., en Colombia

Estimado Gustavo:

El problema que tienes es muy común. Tu papá, que es de otra generación, piensa que[6] los chicos con pelo largo y aretes no son buenos. Habla con tu papá y explícale por qué tus amigos son importantes para ti. Estoy seguro[7] de que tu papá va a cambiar[8] de opinión. ¡Mucha suerte!

Tu amigo Tito

Me llamo Andy García. Mi número es el 8. Mi color es el blanco. Soy romántico, atlético, simpático...

Haz este test de personalidad.

1. Mira la tabla y escribe el número correspondiente a cada letra de tu nombre. Por ejemplo:

$$A \quad N \quad D \quad Y$$
$$1 \quad 5 \quad 4 \quad 7$$

2. Suma los números: $1 + 5 + 4 + 7 = 17 \rightarrow 1 + 7 = 8$

3. Busca tu color. $8 = $ blanco

4. Ahora... ¡descubre cómo eres![1]

1. ¿Cuál es tu número?

2. ¿Cuál es tu color?

3. Según la tabla, ¿cómo eres?

[1]descubre... *find out what you're like!*

Letra	Número	Color	
A J S	1	rojo	(red)
B K T	2	anaranjado	(orange)
C L U	3	amarillo	(yellow)
D M V	4	verde	(green)
E N W	5	azul	(blue)
F O X	6	rosado	(pink)
G P Y	7	negro	(black)
H Q Z	8	blanco	(white)
I R	9	color café	(brown)

Color	Personalidad
rojo	inteligente, curioso/a, sincero/a
anaranjado	generoso/a, simpático/a, extrovertido/a
amarillo	sociable, inteligente, creativo/a
verde	optimista, simpático/a, atlético/a
azul	diplomático/a, misterioso/a, romántico/a
rosado	simpático/a, artístico/a, curioso/a
negro	sofisticado/a, misterioso/a, intelectual
blanco	romántico/a, atlético/a, simpático/a
color café	generoso/a, inteligente, sofisticado/a

[1]mala... *a bad influence*
[2]it's just that
[3]el... *long hair*
[4]earring
[5]¿Qué... *What can I do?*
[6]piensa... *thinks that*
[7]Estoy... *I'm sure*
[8]va... *is going to change*

UNIDAD 2

¿CÓMO SOMOS?

Ciudad de México, México.

Ciudad de México, México.

¿QUÉ PODEMOS DECIR?

Mira las fotografías. ¿Qué fotos asocias con estas personas?

- Los miembros de una familia
- Un grupo de amigos
- Compañeros de clase

Ahora, ¿qué más puedes decir de estas fotos? Por ejemplo, ¿cuántas personas son jóvenes y cuántas son viejas? ¿Quiénes son amigos y quiénes son familia?

LECCIÓN

¿CÓMO SON TUS AMIGOS?

In this lesson you will:

- **describe your friends in terms of their physical characteristics**

LECCIÓN

¿CUÁL ES TU DIRECCIÓN Y TU NÚMERO DE TELÉFONO?

In this lesson you will:

- **give personal information such as your age, your address, and your telephone number**

LECCIÓN

¿CÓMO ES TU FAMILIA?

In this lesson you will:

- **describe your family and talk about family relationships**
- **talk about your belongings and those of others**

San Juan, Puerto Rico.

115

¿CÓMO SON TUS AMIGOS?

Marisa es muy elegante, ¿verdad? ¿Y su amiga Gabriela? Gabriela es muy divertida.

Buenos Aires, Argentina.

Ciudad de México, México.

ÁNGELA: ¿Cómo se llama el muchacho de la chaqueta roja?
LETICIA: Juan Carlos. Es muy inteligente, ¿sabes?
ÁNGELA: Y... ¿es romántico también?
LETICIA: Ay, no, romántico no es.
ÁNGELA: ¡Qué lástima!

Lima, Perú.

¡Hola! Soy Marta Cisneros y ésta es Perla, mi amiga. Los gatos son buenos amigos también. Perla es blanca, pequeña y un poco loca. ¿Sus actividades favoritas? ¡Comer y dormir todo el día!

es alto

tiene bigote

tiene pelo castaño

son inteligentes

es baja

tiene pelo negro

es fuerte y atlético

tiene una cabeza grande

es pelirrojo

el brazo

son chistosos

el pie

las piernas

es delgado

es gordo

tiene orejas grandes

es viejo y exigente

tiene orejas pequeñas

es joven y creativa

tiene pelo rubio

tiene ojos azules

es calvo

Y TÚ, ¿QUÉ DICES?

ACTIVIDADES ORALES Y LECTURAS

Conexión gramatical
Estudia las páginas 126–128
en **¿Por qué lo decimos así?**

1 • OPCIONES   Mis compañeros de clase

▶ Contesta con el nombre de un compañero o de una compañera de clase.

Tell who has these character-istics.

> **VOCABULARIO ÚTIL**
> nadie tiene/es...   a nadie le gusta...

1. En esta clase, ¿quién tiene _____ ?
   a. pelo rubio
   b. ojos castaños
   c. piernas largas
   d. pelo largo
   e. pies pequeños
   f. ¿ ?

2. En esta clase, ¿quién es _____ ?
   a. atlético/a
   b. creativo/a
   c. romántico/a
   d. simpático/a
   e. chistoso/a
   f. ¿ ?

3. En esta clase, ¿a quién le gusta _____ ?
   a. correr
   b. comer pizza
   c. jugar al tenis
   d. escuchar música rock
   e. ir al cine
   f. ¿ ?

¡Saludos de la Ciudad de México!

¿Cómo son los amigos por correspondencia?

Describe the pen pals.

▶ Con tu compañero/a, mira las fotos y describe a los amigos por correspondencia que tienen los estudiantes de español.

MODELO:

TÚ: ¿Quién tiene *pelo castaño*?

COMPAÑERO/A: *Alicia Vargas.*

ojos $\begin{cases} \text{verdes} \\ \text{azules} \\ \text{castaños} \\ \text{negros} \\ \text{grises} \end{cases}$ pelo $\begin{cases} \text{largo} \\ \text{corto} \\ \text{lacio} \\ \text{rizado} \end{cases}$ pelo $\begin{cases} \text{rubio} \\ \text{castaño} \\ \text{negro} \end{cases}$

MODELO:

TÚ: ¿Quién es *delgado*?

COMPAÑERO/A: *Raúl Galván.*

guapo/a	alto/a	delgado/a	gordito/a
bonito/a	bajo/a	atlético/a	pelirrojo/a

Humberto Figueroa (San Juan, Puerto Rico). Amigo por correspondencia: Paco.

Raúl Galván (Caracas, Venezuela). Amiga por correspondencia: Felicia.

Carolina Márquez (San Juan, Puerto Rico). Amiga por correspondencia: Beatriz.

Alicia Vargas Dols (Madrid, España). Amigo por correspondencia: Esteban.

Marisa Bolini (Buenos Aires, Argentina). Amiga por correspondencia: Ana Alicia.

▶ Pregúntale a tu compañero/a cómo es el monstruo de Ernesto.

*Describe
Ernesto's
monster.*

MODELO:

TÚ: ¿Cómo es *la cabeza*?
COMPAÑERO/A: Es *pequeña*.

TÚ: ¿Cómo son *los ojos*?
COMPAÑERO/A: Son *grandes*.

Partes del cuerpo		¿Cómo es / son?	
el cuerpo	las piernas	grande	delgado/a
la cabeza	los pies	pequeño/a	gordo/a
las orejas	el pelo	largo/a	bonito/a
la nariz	la boca	corto/a	pelirrojo/a
los ojos	los brazos	feo/a	
las manos			

4 • CONVERSACIÓN   **Entrevista: Mi mejor amigo/a**

▶ Hazle las siguientes preguntas a tu compañero/a de clase.

*Interview your
classmate.*

1. ¿Cómo se llama tu mejor amigo/a?
2. ¿De qué color son sus ojos?
3. ¿Es alto/a? ¿Es bajo/a?
4. ¿De qué color es su pelo? ¿Tiene pelo largo o corto? ¿lacio o rizado?
5. ¿Cómo es? ¿Es simpático/a, chistoso/a, tímido/a?
6. ¿Qué le gusta hacer los fines de semana?

Look at the picture and answer the questions.

▶ Mira esta foto de la revista *Semana* y contesta las siguientes preguntas.

1. ¿Para quién es esta chaqueta?
   a. Para el hombre que está en la foto.
   b. Para un hombre enorme.
   c. Para una mujer delgada.

2. ¿Cómo es la chaqueta?
   a. Es bastante pequeña.
   b. Es muy grande.
   c. Es un poco grande.

3. ¿De qué talla es esta chaqueta?
   a. Talla 5.
   b. Talla 200.
   c. Talla pequeña.

Esta chaqueta de la foto es cinco veces más grande que la más grande de las chaquetas normales. ¡Es una talla 200!

RETRATO CULTURAL

FERNANDO BOTERO (1932–   )

- Lugar de nacimiento: Medellín, Colombia
- Profesión: Pintor y escultor

Botero es un pintor colombiano de fama internacional. Su estilo es muy particular; pinta personas y animales enormes. En este cuadro° que se llama *Familia*,* padres e hijos están representados en forma exagerada. Dice Botero: «Mis obras tienen que divertir a la gente».

painting

*1989, oil on canvas, 95" × 76¾" (241 × 195 cm)

READING TIP 3

SAVE THE DICTIONARY FOR LAST

Another habit to develop as you learn Spanish is to read through an entire paragraph without stopping to look up any words. When you read it a second time, you will be surprised to discover that you now understand words that made no sense the first time. This happens because you have the general idea of the paragraph the second time.

Now try to guess the most likely meaning of other unfamiliar words from their context. Last of all, use the dictionary and see how close you came to guessing correctly. Remember that trying to read word by word will just slow you down. Reading right on to the end will not only speed you up, it will also help your comprehension.

¡TE INVITAMOS A LEER!

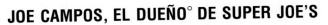

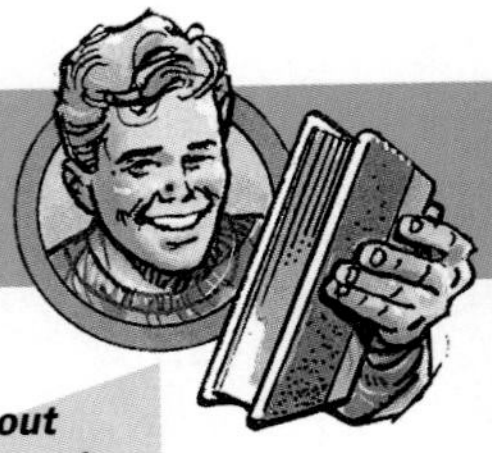

JOE CAMPOS, EL DUEÑO° DE SUPER JOE'S

Find out about Joe's restaurant.

owner

PERO ANTES... ¿Tienes amigos hispanos? ¿Cómo se llaman? ¿De dónde son? ¿Hablas español con tus amigos? ¿Hay un restaurante cerca de° tu escuela? ¿Cómo se llama?

cerca... *near*

Hola. Me llamo Joe Campos. Mi familia es de Puerto Rico y habla español. Tengo un restaurante cerca de la Escuela Central. Mi restaurante se llama Super Joe's y dicen que° mis hamburguesas son las mejores° de la ciudad.

No soy muy joven (tengo 63 años) pero tengo sentido del humor.° Naturalmente, soy amigo de los estudiantes de la Srta. García y me divierto° mucho con ellos porque todos hablamos un poquito° de español. Esto es bueno para todos, ¿verdad? Y también es muy divertido.

Cuando los chicos vienen° a mi restaurante, me llaman José. También me llaman Pepe, que es el sobrenombre° de José. El estudiante Ernesto, que es muy chistoso, me llama «Gran Chef». Y es la pura verdad. ¡Yo soy un gran cocinero°!

dicen... *they say that*
las... *the best*
sentido... *a sense of humor*
me... *I have fun* / *little bit*
come
nickname
cook

¿QUÉ IDEAS CAPTASTE? Lee las oraciones de la columna A y di **cierto** o **falso** según la lectura. Después, explica por qué es cierto o falso con las oraciones de la columna B.

Tell if the sentences are true or false and say why.

MODELO: Joe Campos es profesor de biología. →
Falso. Tiene un restaurante.

Columna A

1. Joe Campos es profesor de biología.

2. Sus hamburguesas son horribles.

3. Joe no es muy joven.

4. Habla español.

5. También se llama Pepe.

6. Tiene sentido del humor.

Columna B

a. Tiene 63 años.

b. Su familia es de Puerto Rico.

c. Le gusta divertirse con los estudiantes.

d. Tiene un restaurante.

e. Son las mejores de la ciudad.

f. Es el sobrenombre de José.

PRONUNCIACIÓN

Un marinero con mucho dinero... ¡en enero!

Un caracol de oro

THE *r* BETWEEN VOWELS

By now you have noticed that Spanish **r** is not at all like the American English *r*. But the single **r** between vowels does have an English counterpart. You often produce this sound in English, but you don't think of it as an *r*. It is a single tap of the tongue just above and behind your teeth, the sound you probably make when you say *buddy, ladder, Freddy*. For instance, the words **para ti** are very similar to *pot o' tea*. Try it!

PRÁCTICA Listen to your teacher, then practice these phrases.

GRAMÁTICA

IDENTIFYING AND DESCRIBING PEOPLE AND THINGS
The Verb *ser*

A Here are the three singular forms of **ser** that correspond to the Spanish singular subject pronouns you have learned.

Present Tense of **ser** *(Singular Forms)*		
yo	**soy**	*I am*
tú	**eres**	*you* (informal) *are*
usted	**es**	*you* (polite) *are*
él/ella	**es**	*he/she is*

B You can use the verb **ser** with adjectives to describe people or things. When you use **ser** with an adjective, the adjective agrees in gender and number with the person or thing described.

ser = to be
(color, identifica-
tion, description)

—¿**Eres** organiz**o**, Esteban?
—No, no **soy** muy organiz**o**.

—*Are you organized, Esteban?*
—*No, I'm not very organized.*

—¿**Es** usted exigent**e**, Srta. García?
—Sí, **soy** un poco exigent**e**.

—*Are you strict, Srta. García?*
—*Yes, I'm a bit strict.*

—¿Cómo **es** tu escuel**a**?
—**Es** muy modern**a**.

—*What's your school like?*
—*It's very modern.*

—¿Cómo **son** los profesor**es**?
—**Son** muy exigent**es**.

—*What are the teachers like?*
—*They're very demanding.*

¿Recuerdas?

▶ In **Segundo paso** you used two forms of the verb **ser** (*to be*)—the singular form **es** (*is*) and the plural form **son** (*are*)—to describe things in terms of color.

La blusa **es** azul.
The blouse is blue.

Los tenis **son** morados.
The sneakers are purple.

You have also used **es** and **son** to identify people and things.

—¿Qué **es** esto?
—*What is this?*

—**Es** un vestido.
—*It's a dress.*

—¿Quién **es**?
—*Who is it* (*he*)?

—**Es** Paco.
—*It's* (*He's*) *Paco.*

—¿Quiénes **son**?
—*Who are they?*

—**Son** Roberto y Chela.
—*They're Roberto and Chela.*

EJERCICIO 1   **Las respuestas**

▶ ¿Qué contestan los estudiantes de la Srta. García? Escoge la respuesta para cada pregunta. Sigue el modelo.

Pick the right answer.

MODELO:

TÚ: ¿Quién eres? →
COMPAÑERO/A: *Soy Roberto.*

Paso 1. La Srta. García pregunta.

1. ¿Quién eres?
2. ¿Quién es él?
3. ¿Quién soy yo?

   a. Usted es la profesora.
   b. Es Paco.
   c. Soy Roberto.

Paso 2. Identificaciones.

1. ¿Qué es esto?
2. ¿Quién es ella?
3. ¿Quién es usted?

   a. Es Juana.
   b. Soy la Srta. García.
   c. Es un cuaderno.

Paso 3. Descripciones: ¿Cómo es Beatriz?

1. Soy alta, ¿verdad?
2. Beatriz es alta, ¿verdad?
3. Eres muy alta, ¿verdad?

   a. Sí, soy muy alta.
   b. Sí, eres muy alta.
   c. Sí, es muy alta.

EJERCICIO 2   Las adivinanzas

▶ La clase de la Srta. García inventa adivinanzas. Busca las respuestas en la lista.

Guess the answers to the riddles.

MODELO:

> TÚ: Tú eres un mes que empieza con **m**. ¿Quién eres? →
>
> COMPAÑERO/A: Soy marzo.

1. Tú eres un mes que empieza con **m**. ¿Quién eres?
2. Yo soy un deporte que empieza con **v**. ¿Qué deporte soy?
3. Es un lugar que empieza con **p**. ¿Qué lugar es?
4. Ella es una persona en el salón de clase. ¿Quién es?
5. Tú eres otra persona en el salón de clase. ¿Quién eres?
6. Yo soy la bandera de los Estados Unidos. ¿Cómo soy?
7. Tú eres una manzana. ¿Cómo eres?
8. Es un número que empieza con **d**. ¿Qué número es?

   a. Soy roja.
   b. Eres el voleibol.
   c. Eres roja, blanca y azul.
   d. Es la profesora.
   e. Soy marzo.
   f. Es la piscina.
   g. Soy un(a) estudiante.
   h. Es el dieciséis.

Descripciones

Paso 1. Con tu compañero/a, inventa preguntas y respuestas según el modelo.

> MODELO: organizado/a →
>
> > TÚ: ¿Eres *organizado/a*?
> > COMPAÑERO/A: Sí, soy muy *organizado/a*.
> > (No, no soy *organizado/a*.)

1. organizado/a
2. estudioso/a
3. chistoso/a
4. creativo/a
5. generoso/a
6. independiente
7. impulsivo/a
8. paciente
9. tímido/a

Paso 2. Ahora pregúntale a tu compañero/a cómo es su mejor amigo/a. Usa los adjetivos del **Paso 1**.

> MODELO: organizado/a →
>
> > TÚ: ¿Es _____ organizado/a?
> > COMPAÑERO/A: Sí, es muy organizado/a.
> > (No, no es organizado/a.)

¿Cómo son?

► Con tu compañero/a, inventa preguntas y respuestas según el modelo.

> MODELO: Patricia / joven / Víctor y Ernesto →
>
> > TÚ: ¿Cómo es *Patricia*?
> > COMPAÑERO/A: Es *joven*.
> >
> > TÚ: ¿Cómo son *Víctor y Ernesto*?
> > COMPAÑERO/A: Son *jóvenes* también.

1. Patricia / joven / Víctor y Ernesto
2. Paco / delgado / Beatriz y Ana Alicia
3. Esteban / alto / Paco y Roberto
4. Chela / atlética / Esteban
5. Roberto y Víctor / inteligentes / Juana
6. Paco y Ernesto / simpáticos / Felicia

VOCABULARIO PALABRAS NUEVAS

La descripción física
Soy / Eres / Es...
alto/a
bajo/a
bonito/a — *beautiful*
calvo/a — *bald*
delgado/a — *skinny*
feo/a — *ugly*
fuerte — *strong*
gordito/a — *chubby*
gordo/a — *fat*
guapo/a — *handsome/beautiful*
joven — *young*
pelirrojo/a — *red-head*
Tengo / Tiene ojos... *colored*
azules — *blue*
castaños / color café — *brown*
grises — *gray*
negros — *black*
verdes — *green*
Tengo / Tiene pelo... *hair*
castaño — *brown*
corto — *short*
lacio — *straight*
largo — *long*
negro — *black*
rizado — *curly*
rubio — *blond*
Tiene bigote — *mustache*

Palabras de repaso: grande, — *big*
pequeño/a, viejo/a — *small old*

Más descripciones
creativo/a — *creative*
chistoso/a — *funny*

estudioso/a — *studious*
exigente — *strict*
generoso/a — *generous*
organizado/a — *organized*
paciente — *patient*
simpático/a — *friendly*
tímido/a — *timid*

Palabras semejantes: **atlético/a, enorme, gigante, impulsivo/a, inteligente, paciente, romántico/a**

Las partes del cuerpo
la boca — *mouth*
los brazos — *arms*
la cabeza — *head*
las manos — *hands*
la nariz — *nose*
los ojos — *eyes*
las orejas — *ears*
el pelo — *hair*
las piernas — *legs*
los pies — *feet*

Las personas
el amigo / la amiga por correspondencia — *penpal*
el hombre — *man*
el mejor amigo / la mejor amiga — *best friend*
la mujer — *woman*

Los sustantivos
el deporte — *sport*
el gigante

el monstruo — *mon*
la talla — *size*

Los verbos
ser
soy
eres
es
ser de

Palabra de repaso: son

Otras preguntas
¿Cómo es?
¿Cómo son?
¿De qué talla... ?
¿Quién es... ?
¿Quién tiene... ?

Palabras útiles
a nadie
nadie

Palabras del texto
las adivinanzas
cierto
explica
falso

Palabra semejante: **describe**

¿CUÁL ES TU DIRECCIÓN Y TU NÚMERO DE TELÉFONO?

¡Saludos desde Sevilla! Me llamo Felipe Iglesias y tengo quince años.

ROS ALLAIN J J Mozart 3344 332-5851
" AMERICA T A DE Zapata 834 898-7374
" ANA M E S DE Yrigoyen 1432 47-1854
" ANA M P H Castro Barros 564 928-3850
" ANA N P White 4028 93-4827
" ANGELICA F Av Las Heras 3894 567-8136
" ANTONIO Estados Unidos 5850 67-0242
" ANTONIO T Morón 9734 952-0497
" CARDA A R DE Sinclair 329 542-1305
" DIANA I C DE Esmeralda 1350 536-8136
" ELLENA M M DE Olazábal 2870 552-0451
" EMILIA Av Arévalo 1756 89-9096
" EMILIA F DE 53-2410

Sevilla, España.

María Luisa Torres vive en la Ciudad de México. Tiene catorce años y es muy simpática.

Ciudad de México, México.

¡Hola, amigos! Me llamo
Humberto Figueroa
y vivo en el Viejo
San Juan.

San Juan, Puerto Rico.

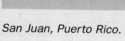
Telefónica
de Argentina

25

Para llamar
sin fichas.

PLAZA DE
ISABEL II

10

Una calle en la zona
vieja de Madrid, España.

VOCABULARIO

SR. ÁLVAREZ:	**¿De dónde es** Alicia Vargas?
SRTA. GARCÍA:	**Es de** España. **Vive en** Madrid, **en la calle** Alcalá.
SR. ÁLVAREZ:	**¿Cuántos años tiene?**
SRTA. GARCÍA:	Dieciséis.

Nombre: Alicia Vargas Dols
Edad: 16 años
Dirección: Calle Alcalá 100, 3° izquierda
28007 Madrid, España
Teléfono: 241-46-89

Nombre: Julio Bustamante
Edad: 16 años
Dirección: 80 metros sur de la
Farmacia Colón, Barrio Zapote
San José, Costa Rica
Teléfono: 80-95-55

Nombre: Marisa Bolini
Edad: 15 años
Dirección: Avenida 9 de julio 3433
dpto. 224
1400 Buenos Aires, Argentina
Teléfono: 98-45-58

Conexión gramatical
Estudia las páginas 138–141
en **¿Por qué lo decimos así?**

Y TÚ, ¿QUÉ DICES?

ACTIVIDADES ORALES Y LECTURAS

1 • INTERACCIÓN   **Los estudiantes de la Srta. García**

▶ Conversa con tu compañero/a sobre los datos personales de estos estudiantes.

Talk about the information in the chart.

NOMBRE	APELLIDO	EDAD	VIVE EN...
Juana	Muñoz Villela	16 años	una casa pequeña
Patricia	Galetti	14 años	un apartamento
Esteban	Garrett	16 años	una casa grande
Beatriz	Jordan	15 años	un apartamento

MODELO:

TÚ:	¿Cuál es el apellido de *Beatriz*?
COMPAÑERO/A:	*Jordan.*
TÚ:	¿Quién vive en *una casa pequeña*?
COMPAÑERO/A:	*Juana.*
TÚ:	¿Cuántos años tiene *Esteban*?
COMPAÑERO/A:	*Dieciséis.*

¡A charlar!

▶ To ask where someone is from, use the phrase **¿De dónde... ?** + a form of the verb **ser**. To answer, use a form of **ser** + **de**.

—**¿De dónde es** Luis Fernández?
—*Where is Luis Fernández from?*

—**Es de** México.
—*He's from Mexico.*

—Carolina, **¿de dónde eres** tú?
—*Carolina, where are you from?*

—**Soy de** Puerto Rico.
—*I'm from Puerto Rico.*

Una casa y un edificio de apartamentos en la Ciudad de México.

Talk about the pen pals.

▶ Habla con tu compañero/a sobre los amigos hispanos por correspondencia. ¿Cómo se llaman? ¿Cuántos años tienen? ¿Qué les gusta hacer?

MODELO:

TÚ: ¿De dónde es *Julio Bustamante*?
COMPAÑERO/A: Es de *Costa Rica*.

TÚ: ¿Cuántos años tiene?
COMPAÑERO/A: *Dieciséis*.

TÚ: ¿Qué le gusta hacer?
COMPAÑERO/A: *Salir con amigos al campo*.

¡A charlar!

▶ You may have noticed that Alicia, the pen pal from Spain, has two last names (**apellidos**): Vargas Dols. The first is her father's last name, and the second is her mother's last name. Having two last names is quite common in Spanish-speaking countries. People use both last names in certain situations. For example, if Alicia were to meet a new friend, she would probably introduce herself as Alicia Vargas. On the other hand, if she were to write her name on an application form, she would include both last names: Alicia Vargas Dols.

¡Hola! Mi nombre es Alicia Vargas Dols y vivo en Madrid, España. Tengo dieciséis años. Me gusta estudiar otras lenguas, como el inglés y el francés, y aprender de la vida en otros países.

Me llamo María Luisa Torres. Tengo catorce años. Me gusta salir con mis amigos y leer novelas. Vivo en México, D.F.

Soy Eduardo Rivas, de Puerto Rico. Tengo diecisiete años. A mí me gusta escuchar música rock y jugar al fútbol.

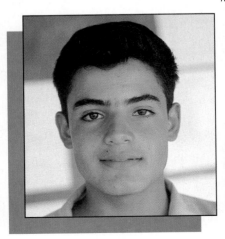

¡Saludos de Costa Rica! Me llamo Julio Bustamante. Tengo dieciséis años. Me gusta recibir cartas de amigos de otros países. Mi actividad favorita: salir con mis amigos al campo.

▶ Completa el diálogo con tu compañero/a.

Complete the conversation.

TÚ: ¿Cómo te llamas?

COMPAÑERO/A: _____. ¿Y tú?

TÚ: _____. ¿Cuántos años tienes?

COMPAÑERO/A: Tengo _____ años.

TÚ: ¿Dónde vives?

COMPAÑERO/A: Vivo en la calle _____ , _____ .
(número)

TÚ: ¿Tienes teléfono?

COMPAÑERO/A: Sí, mi número de teléfono es el _____ .
(No, no tengo teléfono.)

4 • DEL MUNDO HISPANO   Línea directa

▶ En esta sección de la revista *Tú*, hay datos de jóvenes hispanos que quieren tener amigos de otros países. Con tu compañero/a, habla sobre estos jóvenes.

In pairs, talk about the information in the personals section.

MODELO:

TÚ: ¿Cuál es la dirección de *Jenny Alexandra Mora*?

COMPAÑERO/A: *Avenida Bocayá 17-50.*

TÚ: ¿Cuántos años tiene?

COMPAÑERO/A: *Quince.*

¡A charlar!

▶ Both Spanish and English use abbreviations for writing letters. Here are common abbreviations used before names:

Sr.	señor
Sra.	señora
Srta.	señorita
Dr./Dra.	doctor/doctora

Handy abbreviations for writing addresses include:

Avda.	avenida
No./Núm.	número
apto.	apartamento
dpto.	departamento
ZP	zona postal
CP	código postal
D.F.	Distrito Federal

¡línea directa!

Nombre: Jenny Alexandra Mora.
Edad: 15 años.
Dirección: Avenida Bocayá 17-50 Interior, 9 Apt. 320, Etapa 8, Santa Fe de Bogotá, COLOMBIA.
Pasatiempos: Leer, escuchar música, escribir poemas, ver películas de terror y coleccionar la revista TÚ.

Nombre: Joely Aguilar.
Edad: 22 años.
Dirección: Calle Cedro E-7, Valle Arriba Heights, Carolina 00873, PUERTO RICO.
Pasatiempos: Viajar, ir a la playa, disfrutar de la naturaleza, leer.

Nombre: Tonalti Minerva Castillo.
Edad: 17 años.
Dirección: Apartado 59497 Santa Fe de Bogotá, COLOMBIA.
Pasatiempos: Bailar, escuchar música, coleccionar e intercambiar todo lo relacionado a la banda Soda Stéreo y conocer gente de diferentes países.

Nombre: Erick Quintana.
Edad: 20 años.
Dirección: Apartado 8-4197, El Dorado, PANAMÁ.
Pasatiempos: Ir al cine, escuchar música y hacer ejercicio.

Nombre: Julia Alicia Garces.
Edad: 14 años.
Dirección: Yapeyú 9362 (1205) Cap. Fed. Buenos Aires, ARGENTINA.
Pasatiempos: Oír música, leer y nadar. Pueden escribirme también en inglés y en alemán.

Nombre: Humberto Belloso.
Edad: 13 años.
Dirección: Calle 18 de Marzo, Col. Tajín C.P. 93781, Poza Rica, Veracruz, MÉXICO.
Pasatiempos: Coleccionar sellos, calcomanías y tarjetas postales, escuchar música y leer.

VISTAZO CULTURAL

LAS DIRECCIONES DEL MUNDO HISPANO

En América Latina y en España, la forma de escribir direcciones varía de país en país. Aquí tienes algunos ejemplos.

Una casa en Buenos Aires, Argentina.

Un anuncio para clases de inglés en Buenos Aires, Argentina.

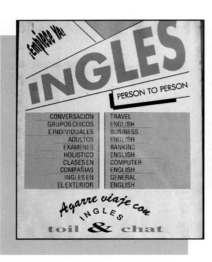

Una oficina de servicio postal en Guaynabo, Puerto Rico.

¡TE INVITAMOS A LEER!

UNA CARTA DE MARISA BOLINI

PERO ANTES… Ana Alicia recibe una carta de su amiga por correspondencia. ¿Cómo se llama su amiga? ¿De dónde es?

Find out about Alicia's pen pal.

Buenos Aires, 15 de octubre

Querida Ana Alicia:

¿Cómo estás? Me llamo Marisa Bolini y tengo 15 años. Soy argentina. Vivo con mi familia en un departamento° en la ciudad de Buenos Aires. Tengo una hermana.° Se llama Adriana y tiene 12 años. Es muy simpática, pero habla sin parar° y hace unas preguntas increíbles.°

Yo soy alta y delgada. Tengo ojos y pelo castaños. Me gusta jugar al tenis y nadar, pero no me gusta correr. ¡Es aburridísimo°! También me gusta mucho la ropa elegante y, por supuesto,° el rock. ¿Cuál es tu grupo de música favorito? ¿Conoces personalmente° a alguna estrella° de Hollywood? Mi actor favorito es Tom Cruise. Y vos,° ¿tenés° un actor favorito?

Chau, o como dicen ustedes, «bye-bye».

Tu amiga argentina,

Marisa Bolini

apartamento
sister
sin… nonstop / incredible

muy aburrido

por… of course
¿Conoces… Do you personally know / alguna… a star
tú (Argentina) / tienes (Argentina)

¿QUÉ IDEAS CAPTASTE? Imagínate que llamas por teléfono a Marisa y le haces estas preguntas. ¿Qué contesta ella?

Tell what Marisa would say.

MODELO: ¿Cuántos años tienes, Marisa? → *Tengo quince años.*

1. ¿De dónde eres?
2. ¿En qué ciudad vives?
3. ¿Vives en una casa?
4. ¿Con quién vives?
5. ¿Cómo se llama tu hermana? ¿Cuántos años tiene ella?
6. ¿Cómo eres?
7. ¿Te gustan los deportes? ¿Cuáles?
8. ¿Qué tipo de ropa te gusta? ¿y de música?
9. ¿Cómo se llama tu actor favorito?

¿POR QUÉ LO DECIMOS ASÍ?

¿Recuerdas?

In **Unidad 1** you learned to use three forms of the verb **tener** (*to have*). Here is a review of the singular forms.

Present Tense of **tener**

yo	**tengo**
tú	**tienes**
usted	**tiene**
él/ella	**tiene**

HOW OLD ARE YOU?
The Verb *tener* + Age

To find out someone's age in Spanish, ask the question **¿Cuántos años... ?** + a form of the verb **tener**. To answer, use a form of **tener** + the number of years.

—**¿Cuántos años tienes?**   —*How old are you?*
—**Tengo** dieciséis (años).   —*I'm sixteen* (*years old*).

—**¿Cuántos años tiene** Ernesto?   —*How old is Ernesto?*
—**Tiene** quince (años).   —*He's fifteen* (*years old*).

EJERCICIO 1   ¿Cuántos años tiene?

▶ Conversa con tu compañero/a sobre la edad de las siguientes personas.   *Tell their ages.*

> The word **ó** (*or*) between numbers has a written accent mark.

> **tiene... (años)** = *he/she is . . .* (*years old*)

MODELO: Es un compañero de la clase de español.
¿14, 52 ó 94? →

          TÚ: Es un compañero de la clase de español.
             ¿Cuántos años tiene?
  COMPAÑERO/A: Tiene *catorce*.

1. Es un compañero de la clase de español.
   ¿14, 52 ó 94?

2. Es una profesora de esta escuela.
   ¿38, 75 ó 100?

3. Es una niña muy pequeña.
   ¿2, 17 ó 54?

4. Es una señorita joven.
   ¿10, 24 ó 49?

5. Es el director de la escuela.
   ¿19, 50 ó 72?

6. Es una señora muy vieja.
   ¿15, 32 ó 95?

EJERCICIO 2 La familia de Carolina Márquez

¿Cuántos años tienen los miembros de la familia Márquez? Con tu compañero/a, inventa preguntas y respuestas. Sigue los modelos.

Ask and give the age of each family member.

MODELOS: Carolina →

TÚ: *Carolina*, ¿cuántos años tienes?
COMPAÑERO/A: Tengo *quince* (años).

Sr. Márquez →

TÚ: *Sr. Márquez*, ¿cuántos años tiene usted?
COMPAÑERO/A: Tengo *cuarenta y cuatro* (años).

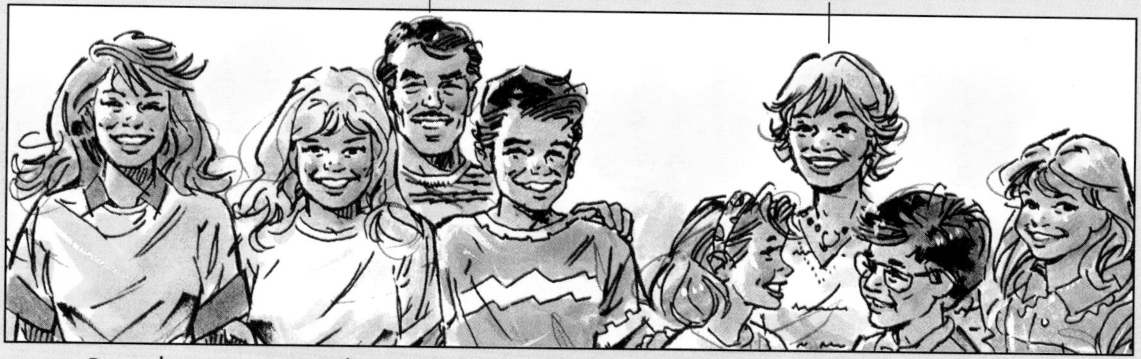

Sr. Márquez
44
Sra. Márquez
38
Raquel
17
Carolina
15
Tomás
14
Paola
8
Pedro
8
Camila
10

WHERE DO YOU LIVE?

The Verb *vivir*

To ask or tell where someone lives, use the verb **vivir** (*to live*). Here are the three singular forms of **vivir** you have learned so far.

vivir* = *to live

Present Tense of **vivir** (*Singular Forms*)		
yo	**vivo**	*I live*
tú	**vives**	*you* (informal) *live*
usted	**vive**	*you* (polite) *live*
él/ella	**vive**	*he/she lives*

—¿Dónde **vives**? —*Where do you live?*
—**Vivo** en la calle Bolívar. —*I live on Bolívar Street.*

—¿Dónde **vive** Juana? —*Where does Juana live?*
—**Vive** en la avenida Central. —*She lives on Central Avenue.*

Tell where the
pen pals live.

Mira el mapa y completa cada oración con la frase apropiada.

MODELO: Soy Luis Fernández y _____. →
Soy Luis Fernández y *vivo en México*.

yo vivo = *I live*
tú vives = *you (informal) live*
usted vive = *you (polite) live*
él/ella vive = *he/she lives*

1. Soy Luis Fernández y _____ .

2. Marta, tú _____ , ¿verdad?

3. Ella es Mariana Peña y _____ .

4. Marisa, tú _____ , ¿no?

5. Me llamo Raúl Galván y _____ .

6. Julio Bustamante _____ .

7. Humberto, tú _____ , ¿no?

8. Srta. Vargas, usted _____ ¿verdad?

a. vive en España
b. vivo en México
c. vives en Puerto Rico
d. vives en el Perú
e. vive en Costa Rica
f. vivo en Venezuela
g. vive en Puerto Rico
h. vives en la Argentina

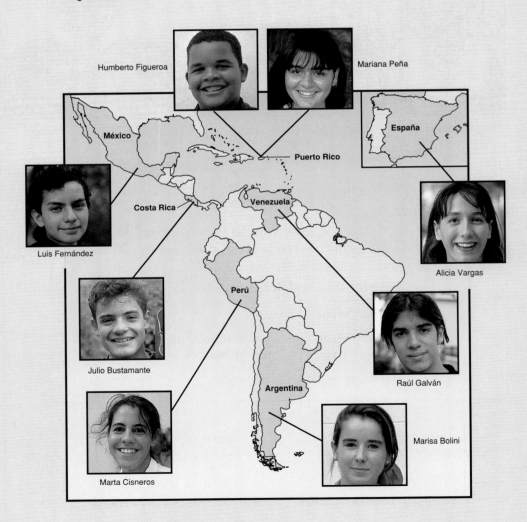

Humberto Figueroa

Mariana Peña

México

Puerto Rico

España

Costa Rica

Venezuela

Luis Fernández

Alicia Vargas

Perú

Julio Bustamante

Raúl Galván

Argentina

Marta Cisneros

Marisa Bolini

▶ Completa los diálogos con **vivo, vives** o **vive**.

Complete the dialogues.

1.   ERNESTO: ¿Dónde _____ usted, Sr. Álvarez?

      SR. ÁLVAREZ: Yo _____ en un apartamento en la calle Lincoln.

2.   CHELA: ¿Dónde _____ Carolina Márquez?

      PACO: Ella _____ en San Juan, Puerto Rico, ¿no?

3.   ESTEBAN: ¿Dónde _____ tú, Ana Alicia?

      ANA ALICIA: _____ aquí, en los Estados Unidos.

4.   VÍCTOR: ¿Dónde _____ Raúl Galván?

      FELICIA: _____ en un apartamento en Caracas, Venezuela.

5.   PATRICIA: ¿Dónde _____ tú, Juana?

      JUANA: _____ en la avenida Central.

VOCABULARIO PALABRAS NUEVAS

Los datos personales
el apellido
la avenida
la calle
la ciudad
la dirección
la edad
el número de teléfono

¿Cuántos años tienes?
   Tengo... años.
¿De dónde eres?
   Soy de...
¿De dónde es?
   Es de...
¿Dónde vives?
   Vivo en...

Los lugares
el campo
la casa
metros sur de...
el país
tercero (3º) izquierda

Palabra semejante: **el apartamento**

Los sustantivos
la farmacia
el francés
el/la joven
la lengua
la vida

Los verbos
aprender
recibir
tener... años
vivir
   vivo
   vives
   vive

Palabra del texto
el ejemplo

LECCIÓN 3

¿CÓMO ES TU FAMILIA?

Me llamo Raúl Galván. Vivo en Caracas, Venezuela, con mi mamá y mis dos hermanas, Pilar y Andrea. Pilar tiene 18 años y es bastante seria. Andrea tiene 13 años. Es muy simpática, pero a veces es un poco traviesa. La verdad, ¡las dos son buenas hermanas!

Caracas, Venezuela.

Yo soy Adriana Bolini, la hermana de Marisa. Tengo 12 años. Soy inteligente, simpática, bonita... y ¡muy modesta!

Buenos Aires, Argentina.

Ciudad de México, México.

Soy Juanito Fernández, el hermano de Luis.
Aquí estoy con mi papá y Jorge, mi hermano mayor.

LOS ABUELOS

EL ABUELO

LA ABUELA

ASÍ SE DICE...

VOCABULARIO

Francisco García Delgado
68 años

Matilde Luna de García
66 años

LA FAMILIA DE LUIS FERNÁNDEZ GARCÍA

LOS PADRES

LA MADRE

EL PADRE

María Celia García de Fernández
45 años

Pedro Luis Fernández
51 años

LOS HIJOS

LA HERMANA

EL HERMANO MAYOR

EL HERMANO MENOR

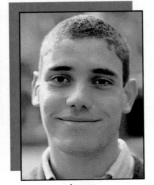

Mercedes
23 años

Jorge
22 años

Luis
15 años

Juanito
9 años

Y TÚ, ¿QUÉ DICES?

ACTIVIDADES ORALES Y LECTURAS

Conexión gramatical
Estudia las páginas 153–157
en **¿Por qué lo decimos así?**

---

1 • INTERACCIÓN   **La familia de Juana**

▶ Con tu compañero/a, describe la familia de Juana según la tabla.

Describe Juana's family.

	EDAD	ES...	LE GUSTA...
La madre de Juana	46	baja y simpática	leer novelas
El padre de Juana	52	un poco estricto	hacer ejercicio
El abuelo de Juana	75	muy chistoso	hablar con amigos
La hermana de Juana	19	seria	estudiar ciencias
El hermano de Juana	10	muy curioso	andar en bicicleta

MODELO:

TÚ:	¿Cuántos años tiene *el abuelo de Juana*?
COMPAÑERO/A:	*Setenta y cinco.*
TÚ:	¿A quién le gusta *leer novelas*?
COMPAÑERO/A	A *la madre de Juana.*
TÚ:	¿Cómo es *el hermano de Juana*?
COMPAÑERO/A:	¡Es *muy curioso*!

Caracas, Venezuela: Dos hermanos en la Plaza Bolívar.

¡A charlar!

▶ To talk about two or more relatives (parents, brothers and sisters, and so on), use the masculine plural form, even if the group includes both males and females.

los padres = el padre y la madre
los abuelos = el abuelo y la abuela
los hermanos = el hermano y la hermana
los tíos = el tío y la tía

To refer to a relative by remarriage, drop the end vowel of the noun that stands for the blood relative and add the ending **-astro/a**.

herman**o** → hermanastro
madr**e** → madrastra

Can you guess the Spanish equivalents for *stepfather* and *stepsister*?

Describe your family.

▶ Describe a tu familia.

MODELO:

TÚ: ¿Es tu *papá estricto*?

COMPAÑERO/A: No, no *es* (*muy*) *estricto*. (Sí, es *estricto*.)

TÚ: ¿Son tus *abuelos cariñosos*?

COMPAÑERO/A: Sí, *son* (*bastante*) *cariñosos*. (No, no son *cariñosos*.)

Miembros de la familia   ¿Cómo es / son... ?

abuelo	abuela	abuelos	cariñoso/a
padre	madre	padres	comprensivo/a
padrastro	madrastra	padrastros	chistoso/a
hermano	hermana	hermanos	divertido/a
hermanastro	hermanastra	hermanastros	estricto/a
tío	tía	tíos	generoso/a
primo	prima	primos	paciente
			simpático/a
			travieso/a

VOCABULARIO ÚTIL

muy   bastante   un poco

Complete the dialogues.

▶ Completa los diálogos con tu compañero/a.

1. Mis hermanos (hermanastros / primos)

TÚ: ¿Tienes hermanos o hermanas (hermanastros/as, primos/as)?

COMPAÑERO/A: Sí, tengo _____ hermano(s) y _____ hermana(s). (No, no tengo hermanos.)

TÚ: ¿Cómo se llama tu hermano/a mayor (menor)?

COMPAÑERO/A: _____ .

TÚ: ¿Cuántos años tiene?

COMPAÑERO/A: _____ .

2. Mi familia

TÚ: ¿Es tu familia grande o pequeña?

COMPAÑERO/A: Es _____ .

TÚ: ¿Cuántas personas hay en tu familia?

COMPAÑERO/A: Hay _____ .

Hazle las siguientes preguntas a tu profesor(a).

Interview your teacher.

1. ¿Tiene usted una familia grande o pequeña?

2. ¿Tiene usted hijos? ¿Cuántos hijos tiene?

3. ¿Quién es su pariente favorito? ¿Cómo se llama? ¿Cómo es esa persona?

4 • PIÉNSALO TÚ

¿Quién es mi pariente favorito?

Adivina el pariente favorito de David Tracy según las pistas y los dibujos.

Guess David Tracy's favorite relative.

Pistas

1. Mi pariente favorito no tiene diez años.

2. Es una persona alta y delgada.

3. Le gusta llevar sombrero.

4. Lleva pantalones negros todos los días.

5. Tiene pelo gris y lleva lentes.

6. También es una persona muy divertida; ¡le gusta contar chistes!

Mi abuelo

Mi tía Rosa

Mi hermana menor

Mi abuela

Mi tío Daniel

Y ahora..., ¿sabes quién es mi pariente favorito?

1. Juana y Ernesto hablan de sus amigos por correspondencia.

   ERNESTO: ¿Cómo se llama tu amigo de México?

   JUANA: Se llama Luis Fernández García.

   ERNESTO: ¿Es pariente de la Srta. García?

   JUANA: No, no es su pariente. La Srta. García es de Chicago y Luis es de México.

2. Paco y Esteban hablan de sus amigas por correspondencia.

   PACO: Mi amiga por correspondencia se llama Marta Cisneros.

   ESTEBAN: ¿Cómo es?

   PACO: Es muy guapa. Tiene pelo largo y negro y ojos muy grandes.

   SRTA. GARCÍA: Lo siento, chicos. ¡Hay un error! Marta es la amiga por correspondencia de Víctor.

   PACO Y ESTEBAN: ¡Qué lástima!

Y AHORA, ¿QUÉ DICES TÚ?

▶ Describe a un amigo o a una amiga por correspondencia ideal.

1. ¿Es un chico o una chica?

2. ¿Cuántos años tiene?

3. ¿De dónde es?

4. ¿Cómo es?

5. ¿Qué le gusta hacer?

SORPRESA CULTURAL

¿ES UNA DEMOSTRACIÓN DE CARIÑO?

Miss García's class saw a video about family life in different Hispanic communities. Can you figure out why her students were surprised and acted in an unexpected way?

EL HIJO MAYOR Y SU HERMANO EN UNA FIESTA

A TODOS LOS MIEMBROS DE LA FAMILIA LES GUSTA ESTAR JUNTOS

a. Hispanic families are like all other families in the United States.

b. Hispanics seem to embrace each other more and sit closer together than most other families.

If you answered (b), you are correct. When Hispanics greet each other or spend a lot of time together, it is common to see signs of physical affection—women walking with their arms linked, for example, or men with their arms around each other's shoulders as they talk.

LA FAMILIA DE LUIS FERNÁNDEZ GARCÍA

PERO ANTES... Luis le manda unas fotos de su familia a Juana. Mira las fotos. ¿Cómo es la familia de Luis? ¿Cuántas personas hay en su familia? ¿Viven en una casa o en un apartamento?

Find out about Luis Fernández García's family.

Hola, Juana:

¿Cómo estás? Te escribo para mandarte° estas fotos. Espero que te gusten.° A mí me gustan mucho porque... ¡son de mi familia! Aquí estoy yo con mis padres. Mi mamá se llama María Celia García de Fernández. Tiene 45 años y es ama de casa.° Es baja, delgada y muy elegante, ¿no? Mi papá se llama Pedro Luis Fernández y tiene 51 años. Trabaja en un banco. Es alto y tiene pelo negro.

send you

Espero... I hope you like them.

ama... homemaker

·2·

Éstos son mis abuelos. Ellos no trabajan; están jubilados.° Mi abuelo tiene 68 años. Se llama Francisco García, pero los amigos lo llaman° don Pancho. Mi abuela tiene 66 años. Es baja y un poco gorda. Se llama Matilde Luna de García, pero todos la llaman doña Matilde.

retired

lo... call him

·3·

Ésta es mi hermana Mercedes. Tiene 23 años y es agente de viajes.° Le gusta mucho viajar.° Mi hermana es delgada y bonita, ¿no? Pero la pobrecita° tiene un novio muy tonto° que se llama Arturo.

agente... *travel agent*
to travel

la... *the poor thing / dumb*

·4·

Éstos son mis hermanos Jorge y Juanito. Jorge tiene 22 años y es arquitecto. Es muy serio y le gusta mucho trabajar. No tiene novia porque siempre está muy ocupado. También es un poco tímido. Juanito es mi hermano menor. Tiene 9 años y es muy chistoso. Le gusta andar en bicicleta y jugar al fútbol con sus amigos. Es bajo y gordito porque le gusta mucho comer. ¡Es mi hermano favorito!

Bueno, Juana, adiós. Escríbeme° pronto y mándame° fotos de tu familia, por favor.

Tu amigo Luis

Write to me
send me

¿QUÉ IDEAS CAPTASTE? Lee cada oración y di quién habla, según la lectura.

Tell who is talking.

MODELO: Tengo 45 años. → *La mamá de Luis.*

1. A mí me gusta mucho viajar.
2. Trabajo en un banco.
3. Estamos jubilados.
4. Juanito es mi hermano favorito.
5. Soy serio y me gusta trabajar.
6. Tengo 66 años.
7. Me gusta andar en bicicleta.
8. Mi novio se llama Arturo.
9. Mi amigos me llaman don Pancho.
10. Soy alto y tengo pelo negro.

PRONUNCIACIÓN

STRESSING THE CORRECT SYLLABLE

When you read a new word in Spanish, it's easy to know which syllable to stress. There are three rules.

1. Words that end in a vowel, **n**, or **s** are stressed on the *next-to-last* syllable (*ca*-**sa**, **ves**-*ti*-**do**, *cla*-**se**, *lu*-**nes**, **di**-*bu*-**jos**, **es**-*cu*-**chen**).

2. Words that end in consonants, except for **n** or **s**, are stressed on the *last* syllable (**ver**-*dad*, **ha**-*blar*, **pa**-*pel*, **na**-*riz*).

3. Words that have a written accent mark are stressed on the accented syllable (*fá*-**cil**, *lá*-**piz**, **fran**-*cés*, **per**-*dón*, *mú*-**si**-**ca**, *ál*-**ge**-**bra**).

PRÁCTICA In the following sentences, a small boy describes some of the people in his family. Use the rules of syllable stress to help you read and pronounce each description. Can you tell which rule explains the pronunciation of the nouns and adjectives in each description?

¿Una familia típica?

1. Mi hermano, el chistoso, vive en una casa baja.

2. Isabel, una mujer mayor, tiene espíritu muy joven.

3. Mi mamá y mi papá son intérpretes.

FAMILY RELATIONSHIPS AND POSSESSIONS
The Preposition *de*

> **ORIENTACIÓN**
> A **preposition** expresses a relationship between two nouns. Some common prepositions in English are *at, in, on, to, of, from, during,* and *between*.

A To express family relationships (or other personal relationships) in Spanish, use the preposition **de** + a proper name or a noun. In this context, **de** = *of*.

la familia **de** Humberto	*Humberto's family*
el amigo **de** Marisa	*Marisa's friend*
la esposa **de** don Pancho	*don Pancho's wife*

B You can also use the preposition **de** to express possession.

la casa **de** Juana	*Juana's house*
el carro **de** la familia García	*the Garcías' car*

The question **¿De quién... ?** or **¿De quiénes... ?** is used to ask *Whose is it?* or *Whose are they?*

> **¿De quién?** = **Whose?** (one person)
> **¿De quiénes?** = **Whose?** (more than one person)

—¿**De quién** es la bicicleta?	—*Whose bicycle is it?*
—Es **de Ernesto.**	—*It's Ernesto's.*
—¿**De quién** son los zapatos?	—*Whose shoes are they?*
—Son **de Roberto.**	—*They're Roberto's.*
—¿**De quiénes** son los libros?	—*Whose books are they?*
—Son **de los estudiantes.**	—*They are the students'.*

Personas y personajes

Ask questions and pick the appropriate answer.

▶ Con tu compañero/a haz preguntas y escoge la respuesta apropiada.

MODELO: Romeo →

TÚ: ¿Quién es *Romeo*?
COMPAÑERO/A: Es *el novio de Julieta.*

1. Romeo
2. Snoopy
3. Lois Lane
4. Sancho Panza
5. Garfield
6. Calvin
7. Tarzán

a. el amigo de Hobbes
b. el esposo de Jane
c. el gato de Jon Arbuckle
d. el perro de Charlie Brown
e. el amigo de don Quijote
f. la novia de Superman
g. el novio de Julieta

Identificaciones

Tell who these items belong to.

▶ ¿De quién son estas cosas? Con tu compañero/a, pregunta y contesta según los dibujos.

MODELOS:

TÚ: ¿De quién es *el libro*?
COMPAÑERO/A: Es de *Beatriz.*

TÚ: ¿De quiénes son *los suéteres*?
COMPAÑERO/A: Son de *Esteban y Chela.*

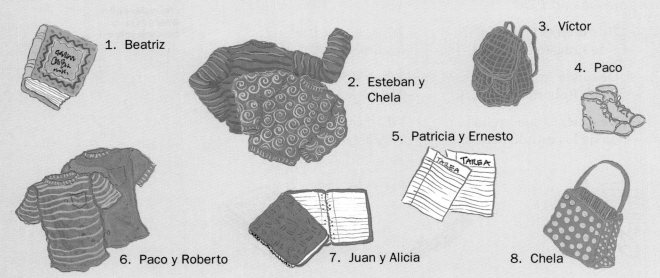

1. Beatriz
2. Esteban y Chela
3. Víctor
4. Paco
5. Patricia y Ernesto
6. Paco y Roberto
7. Juan y Alicia
8. Chela

POSSESSIVE ADJECTIVES
Mi(s), tu(s), su(s)

> ### ORIENTACIÓN
> A **possessive adjective** tells to whom someone is related or to whom something belongs. The English possessive adjectives for the singular subject pronouns are *my*, *your*, *his*, and *her*.

A You just learned to use **de** + a noun to describe personal relationships or possession. Possessive adjectives also express relationships or possession. Here are three of the Spanish possessive adjectives.

mi	*my*	**su**	*your* (polite)
tu	*your* (informal)	**su**	*his/her*

—¿Cómo es **tu** perro?　　　　—*What's your dog like?*
—**Mi** perro es pequeño.　　　—*My dog is small.*

Spanish possessive adjectives have a plural form when the following word is plural.

mis amigos	*my friends*	**sus** clases	*your* (polite) *classes*
tus padres	*your* (informal) *parents*	**sus** libros	*his/her books*

—¿Son estrictos **tus** padres?　　—*Are your parents strict?*
—No, **mis** padres no son　　　　—*No, my parents aren't strict.*
　estrictos.

> Possessive adjectives agree with nouns in number:
> **mi amigo** = my friend
> **mis amigos** = my friends

B The words **su** and **sus** can mean *his, her,* or *your* (polite). You can usually tell which meaning is appropriate from the context.

Ernesto no tiene **su** libro.　　　*Ernesto doesn't have his book.*
Beatriz habla con **sus** amigas.　*Beatriz talks with her friends.*
¿Cuál es **su** dirección, Sr.　　　*What's your address, Mr.*
　Álvarez?　　　　　　　　　　*Álvarez?*
Ana Alicia tiene ojos azules.　　 *Ana Alicia has blue eyes. Her*
　Su color favorito es el azul.　 *favorite color is blue.*

¡OJO! Remember that **tú** (with an accent) is the subject pronoun *you*, while **tu** (without an accent) is the possessive adjective *your*.

Tú tienes **tu** cuaderno, ¿no?　　*You have your notebook, don't you?*

> **¡OJO!**
> **tú** = you
> **tu** = your

Descripciones

Describe these people/animals. Pick words from the list or use your own.

Paso 1. ¿Cómo describes a estas personas o animales? Escoge palabras de la lista o usa otras palabras para contestar. Sigue el modelo.

MODELO: mamá →

TÚ: ¿Cómo es tu *mamá*?
COMPAÑERO/A: ¿Mi *mamá*? Es *baja y delgada.*

Descripciones

1. mamá   baja / delgada / cariñosa / simpática / ¿ ?
2. mejor amigo   guapo / fuerte / chistoso / modesto / ¿ ?
3. mejor amiga   alta / bonita / divertida / estudiosa / ¿ ?
4. pariente favorito   alto / comprensivo / estricto / paciente /¿ ?
5. gato / perro   grande / pequeño / curioso / fuerte / ¿ ?

Describe the following things.

Paso 2. Y ¿cómo describes estas cosas? Usa la lista o inventa otras descripciones.

MODELO: pantalones favoritos →

TÚ: ¿Cómo son tus *pantalones favoritos*?
COMPAÑERO/A: ¿Mis *pantalones favoritos*? Son *viejos y azules.*

Descripciones

1. pantalones favoritos   largos / nuevos / azules / viejos / ¿ ?
2. clases este año   interesantes / aburridas / difíciles / ¿ ?
3. tenis   viejos / nuevos / negros / ¿ ?
4. camisetas   grandes / locas / viejas / moradas / ¿ ?
5. libros este año   interesantes / aburridos / difíciles / ¿ ?

San Juan, Puerto Rico: Humberto Figueroa con sus padres y su hermana mayor.

La familia de María Luisa Torres

What are María Luisa's relatives like?

▶ ¿Cómo son los parientes de María Luisa, la amiga por correspondencia de Chela? Inventa preguntas y respuestas según los modelos.

MODELOS: papá / muy serio →

        TÚ: ¿Cómo es su *papá*?
  COMPAÑERO/A: Es *muy serio*.

       abuelos / muy cariñosos →

        TÚ: ¿Cómo son sus *abuelos*?
  COMPAÑERO/A: Son *muy cariñosos*.

1. papá / muy serio
2. abuelos / muy cariñosos
3. hermana menor / un poco traviesa
4. tíos / bastante simpáticos
5. mamá / un poco estricta
6. primo favorito / bastante guapo

Sevilla, España: Felipe Iglesias y su madre en el campo.

VOCABULARIO PALABRAS NUEVAS

La familia
la abuela
el abuelo
los abuelos
la esposa
el esposo
la hermana
   la hermana mayor
   la hermana menor
la hermanastra
el hermanastro
el hermano
   el hermano mayor
   el hermano menor
los hermanos
la hija
el hijo
los hijos
la madrastra
la madre (mamá)
el padrastro
el padre (papá)
los padres

el/la pariente
la prima
el primo
la tía
el tío
los tíos

Las descripciones
cariñoso/a
comprensivo/a
curioso/a
estricto/a
serio/a

Palabras semejantes: **elegante,
modesto/a**

Palabras de repaso: alto/a,
atlético/a, bajo/a, bueno/a,
chistoso/a, divertido/a,
exigente, generoso/a, paciente,
pelirrojo/a, travieso/a

El sustantivo
el personaje

Palabras semejantes: **el/la
dentista, el error**

Las actividades
contar chistes
hacer ejercicio

Los adjetivos posesivos
mi(s)
su(s)
tu(s)

Palabras útiles
¿De quién es / son?
¿De quiénes son?
junto/a
Lo siento.

Palabra del texto
las pistas

UNIDAD 2 · DIME ALGO MÁS

SITUACIONES

You and your partner are thinking of applying to be contestants on a popular TV game show called **"Familia de oro."** On this show, teams of three family members compete against each other. You and your partner each plan to be captain of your family's team. Now you must each choose two family members to be on your team. In order to be selected, your family team needs to sound interesting and appealing to the TV audience.

Discuss with your partner the family members you are thinking about choosing; explain your reasons for choosing each person. Describe what your relatives look like, what their personalities are like, and what they like to do. Discuss whether you have made good choices for members of your teams.

Conversation Tip

When someone asks your opinion about something, it is important that you show interest in the conversation and that you pay attention, even if you don't always agree with what you hear. Here are some expressions that you can use to let someone know if you agree or disagree with that person's comments.

Expressions to show agreement:

Sí, claro.
Sure. (Yes, of course.)

Yo también.
So do I. (Me, too.)

¡Qué buena idea!
What a good idea!

Expressions to show doubt:

Entiendo, pero...
I understand, but . . .

Depende.
That depends.

Es una buena idea, pero...
It's a good idea, but . . .

Lima, Perú: Una familia peruana de vacaciones en la costa del Pacífico.

¿SABÍAS QUE...

- la llama es un tipo de camello que vive en América del Sur?

- 50% de la población de América del Sur vive en el Brasil?

- los cuervos viven más de 80 años?

- 50% de la población de Honduras tiene menos de 15 años?

- en México hay un pueblo que se llama Parangaricutirimícuaro? ¡Repite el nombre tres veces rápidamente!

- la famosa Mona Lisa no tiene cejas?

¡TE INVITAMOS A ESCRIBIR!

MI ÁRBOL GENEALÓGICO

Haz tu árbol genealógico. Usa fotos o dibujos de tu familia o de una familia imaginaria. Si es una familia imaginaria, usa fotos de una revista.

Primero...
haz una lista de las personas que vas a incluir. ¿Quiénes son? ¿Cómo se llaman? ¿Cuántos años tienen? ¿Cómo son?

> List the members of your family.

Luego, organiza tu información...
con un mapa semántico. Si quieres, puedes usar el modelo como guía.

> Organize your information.

MODELO:

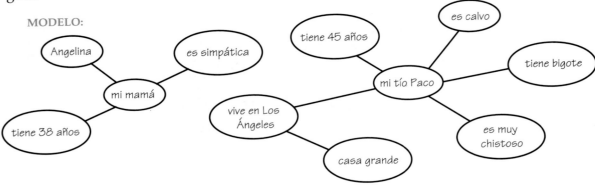

Por último...

pon las fotos o dibujos de tu familia en un cartel. Usa la información del mapa semántico para escribir algo interesante sobre cada persona. Sigue los modelos.

Write about each family member.

MODELOS:

Mi mamá se llama Angelina. Tiene 38 años y es muy simpática.

Mi tío Paco tiene 45 años. Es calvo y tiene bigote. Es muy chistoso. Vive en Los Ángeles en una casa muy grande.

Y AHORA, ¿QUÉ DECIMOS?

Paso 1. Mira otra vez las fotografías en las páginas 114–115 y compara tu familia con la familia Fernández.

- ¿Cuántas personas hay en tu familia?

- ¿Cómo se llaman?

- ¿Cuántos años tienen?

- ¿Tienes abuelos? ¿Dónde viven ellos?

- ¿Cuáles son las actividades favoritas de tu familia?

Paso 2. Juego: 20 Preguntas

Tú: Imagínate que eres una persona famosa (de la escuela, de la televisión, del mundo del deporte o de la política). Tu compañero/a tiene que adivinar quién eres.

Compañero/a: Tu amigo/a es una persona famosa. Hazle preguntas como las siguientes para adivinar quién es. ¡OJO! Tu compañero/a sólo puede contestar con sí o no. Aquí hay un ejemplo.

- ¿Es usted joven? (sí)

- ¿Vive usted en Hollywood? (no)

- ¿Es usted estudiante? (sí)

- ¿Es usted una chica? (sí)

- ¿Es su padre un político famoso? (sí)

- ¿Tiene usted el nombre de una canción? (sí)

- ¿Es usted Chelsea Clinton? (sí)

EN LA ESCUELA

¿QUÉ PODEMOS DECIR?

¿De dónde son las personas en estas fotografías? ¿Quiénes son? Mira las fotografías y di qué fotos asocias con estas cosas.

- el mediodía y las comidas
- la clase de ciencias
- los recreos durante el día de clases

Ahora, ¿qué más puedes decir de estas fotos? Por ejemplo, ¿cómo están los estudiantes? ¿contentos? ¿ocupados? ¿Qué ropa llevan? ¿Hay diferencias entre tu escuela y las escuelas en las fotos?

San Juan, Puerto Rico.

San Juan, Puerto Rico.

LECCIÓN

¡A COMER EN LA ESCUELA!

In this lesson you will:

- **name some of your favorite foods**
- **talk about eating habits**

LECCIÓN

LAS ESCUELAS AQUÍ Y ALLÍ

In this lesson you will:

- **name some places in your school**
- **tell where someone or something is located**
- **ask and say where people are going**

LECCIÓN

LAS ACTIVIDADES EN LA ESCUELA

In this lesson you will:

- **describe what you do in school each day**
- **express when and how often school activities occur**

Ciudad de México, México.

¡A COMER EN LA ESCUELA!

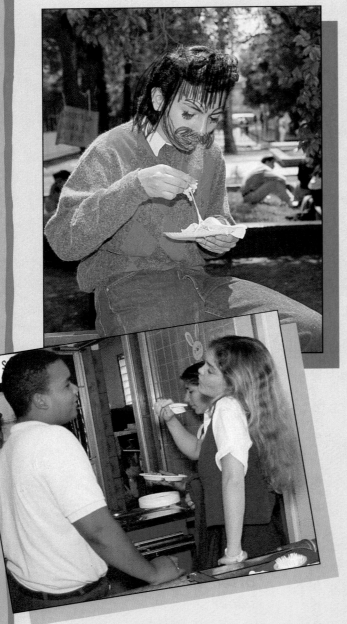

Es la hora del recreo. «Mmm... me gusta comer algo a las once», dice Luis, «¡pero no mucho!»

Ciudad de México, México.

San Juan, Puerto Rico.

CAROLINA:	¿Qué hay de comer hoy?
HUMBERTO:	Comidas deliciosas y diferentes.
CAROLINA:	¡Ja! Muy diferentes, ¿eh? Hamburguesas, ensaladas...
HUMBERTO:	Y pizza, ¡tu comida favorita!

Buenos Aires, Argentina.

La escuela de Marisa Bolini, como otras escuelas
en Buenos Aires, Argentina, no tiene cafetería.
Marisa generalmente come con su familia a las
dos de la tarde.

Un anuncio
para hamburguesas
en Madrid, España.

¿QUÉ COMEN LOS ESTUDIANTES DE LA ESCUELA CENTRAL A LA HORA DEL ALMUERZO?

Así se dice...

VOCABULARIO

las bebidas · los postres · la fruta · el pastel

el sandwich de jamón y queso · el jugo de naranja · la leche · la ensalada · la sopa · la hamburguesa · las papas fritas · el pan con mantequilla

Paco y Ernesto **son** muy **comilones**. ¡**Ellos comen** de todo!

las verduras · el agua mineral · el agua · las galletitas · el yogur · los espaguetis

A Patricia le gusta comer comida italiana. ¿Su comida favorita? ¡**Los espaguetis**! Y **cuando tiene sed, toma agua**.

Cuando Ana Alicia **no tiene mucha hambre**, come **un yogur y fruta**. A veces compra galletitas para la merienda.

Y TÚ, ¿QUÉ DICES?

ACTIVIDADES ORALES Y LECTURAS

Conexión gramatical
Estudia las páginas 174–180
en **¿Por qué lo decimos así?**

1 • OPCIONES   ¿Qué te gusta comer?

▶ Escoge las opciones apropiadas en cada caso. Luego comparte la información con tus compañeros.

Pick the one for you.

1. Cuando tengo mucha hambre, como...
   a. espaguetis y pan con mantequilla.
   b. una hamburguesa con papas fritas.
   c. una ensalada de fruta.
   d. un sandwich de mantequilla de cacahuete.
   e. ¿ ?

2. Mi comida favorita en la cafetería de la escuela es...
   a. la pizza.
   b. el pollo frito.
   c. la sopa de fideos.
   d. la ensalada de lechuga y tomate.
   e. ¿ ?

3. Los postres de la cafetería de mi escuela son...
   a. deliciosos.
   b. horribles.
   c. bastante buenos.
   d. regulares.
   e. ¿ ?

4. Por la mañana, cuando tengo sed, tomo...
   a. un refresco.
   b. leche.
   c. agua.
   d. jugo de manzana.
   e. ¿ ?

5. A la hora de la merienda, mis compañeros y yo compramos...
   a. galletitas.
   b. helados.
   c. fruta.
   d. donas.
   e. ¿ ?

¡A charlar!

▶ Here are two very useful expressions related to food and eating.

Tengo (mucha) hambre.
I'm (very) hungry.

Tengo (mucha) sed.
I'm (very) thirsty.

Y AHORA, ¡CON TU PROFESOR(A)!

▶ ¿Qué le gusta comer a tu profesor(a)? Hazle las siguientes preguntas.

Ask your teacher what he/she likes to eat.

1. ¿Cuál es su comida favorita? ¿Qué comidas detesta?

2. ¿Qué le gusta tomar cuando tiene sed?

3. ¿Quién prepara la comida en su casa?

Talk with your partner about the information in the chart.

▶ Carolina, Eduardo y Humberto comen en la cafetería de la escuela. Habla de lo que comen con tu compañero/a según la información en la tabla.

MODELOS:

TÚ: ¿Qué comen *Carolina y Eduardo los martes*?
COMPAÑERO/A: Comen *pollo frito.*

TÚ: ¿Cuántas veces a la semana come *Humberto espaguetis*?
COMPAÑERO/A: *Dos veces* a la semana.

TÚ: ¿Quién toma *leche los lunes*?
COMPAÑERO/A: *Carolina.*

	CAROLINA	EDUARDO	HUMBERTO
los lunes	espaguetis y leche	una ensalada y un refresco	arroz con pollo y una limonada
los martes	pollo frito y un jugo de manzana	pollo frito y un batido	espaguetis y leche
los miércoles	yogur y ensalada	pizza y una limonada	dos hamburguesas con papas fritas y un jugo de naranja
los jueves	pizza y una limonada	sopa, un sandwich de atún y leche	pizza y un batido
los viernes	una ensalada de fruta y agua mineral	espaguetis y un batido	espaguetis, una ensalada y leche

VOCABULARIO ÚTIL
a veces
una vez a la semana
dos/tres veces a la semana

▶ Conversa con tu compañero/a sobre la comida que ustedes comen en la cafetería.

Talk about the food in your cafeteria.

MODELO:

TÚ:	Cuando tienes mucha hambre, ¿qué comes en la cafetería?
COMPAÑERO/A:	Como *un sandwich de atún y una sopa de fideos.* ¿Y tú?
TÚ:	Como *espaguetis* y *ensalada.*
COMPAÑERO/A:	Y cuando tienes sed, ¿qué tomas?
TÚ:	A veces tomo *leche o jugo de naranja.*

Para comer

un sandwich (de pollo / de
    atún / de jamón y queso / ¿ ?)
una sopa (de tomate / de
    verduras / de fideos)
una hamburguesa
papas fritas
verduras
espaguetis
una ensalada (de lechuga y
    tomate / de fruta)
un yogur
pollo frito
galletitas
¿ ?

Para tomar

leche
limonada
un refresco
jugo (de naranja / de manzana /
    de tomate)
un batido
agua mineral
¿ ?

▶ Lee estas definiciones y di quién habla.

Identify the food.

1. Tengo tres partes: pan, jamón y queso. Mi compañero tiene partes diferentes, por ejemplo: pan, mermelada y mantequilla de cacahuete. ¿Quién soy?

2. Somos rojas, verdes o amarillas. ¡Y siempre somos deliciosas! ¿Quiénes somos?

3. Soy una bebida blanca. Soy muy popular entre los niños, especialmente cuando tengo chocolate. ¿Quién soy?

4. Somos italianos, muy largos y muy delgados. Una compañera favorita es la salsa de tomate. ¿Quiénes somos?

5. Nosotras somos delgadas también. Somos las compañeras favoritas de las hamburguesas. ¿Quiénes somos?

Describe what Ernesto does for lunch.

▶ Hoy Ernesto no tiene dinero para el almuerzo. ¿Qué hace entonces?

SORPRESA CULTURAL

¿COMIDA A LAS DOCE Y MEDIA?

One day during a Spanish class, in a discussion of cultural similarities and differences, Víctor shared a story about an experience his Mexican cousin Lupe had during her first visit to the United States. Can you figure out Lupe's **sorpresa cultural**?

> BUENO, CHICOS, SON LAS DOCE Y MEDIA. ¡A COMER!

> ¡QUÉ BUENO, MAMÁ! TENGO MUCHA HAMBRE, ¿Y TÚ, LUPE?

> PUES NO... ESTOY UN POCO CONFUNDIDA CON LA HORA. ES UN POCO TEMPRANO PARA LA COMIDA, ¿NO?

Víctor, who had traveled to Mexico frequently, knew why Lupe was confused about having a meal at 12.30 P.M. He told the class that . . .

a. Mealtimes in the United States and Mexico don't correspond exactly.

b. Mexicans think people from the United States eat too much.

The correct answer is (a). In Mexico and other Spanish-speaking countries, lunch is seldom served before 2:00 P.M. Lupe was confused until Víctor explained mealtimes in the United States. Not only do mealtimes differ, names of meals may also differ from country to country.

Thinking About
Culture

▶ Is there a "typical" pattern to mealtimes and names of meals in this country? For example, does your family call the main meal "supper" or "dinner"? How would you describe eating habits in this country to a person from another country? Do you see any connection between mealtimes and school or business hours where you live?

COGNATES IN DISGUISE

Most Spanish cognates are easy to notice because they resemble familiar English words. For instance, you can easily spot and understand cognates that end in **-ción** (**tradición**), **-ico/a** (**típico**), or **-oso/a** (**delicioso**). However, you might miss some other useful cognates if you haven't learned to recognize their disguises. Once you do recognize them, they are easy to catch. Here are two endings to watch for.

1. **-mente** = -ly (**normalmente**/*normally*; **lógicamente**/*logically*)
2. **-dad** or **-tad** = -ty (**formalidad**/*formality*; **libertad**/*liberty*)

In the reading that follows, see how many other examples of cognates you can find.

¡TE INVITAMOS A LEER!

LAS COMIDAS Y LA ESCUELA

Find out about food in Spain and Latin America.

PERO ANTES... En los Estados Unidos, cada región tiene sus comidas típicas. ¿Cuál es la comida típica de tu región? En los diferentes países de España e° Hispanoamérica también hay una gran variedad   y de comidas. ¿Conoces algunas comidas típicas de países hispanos? ¿Cuáles?

Casi siempre en las escuelas hispanas hay un pequeño quiosco.°   *food stand, kiosk* Allí los estudiantes compran cosas como sándwiches, galletitas, refrescos o café. Pero generalmente almuerzan° en casa. Ahora   *they have lunch* veamos° qué dicen nuestros amigos hispanos sobre sus comidas   *let's see* favoritas.

Humberto (Puerto Rico): «A veces como fruta en la escuela o tomo un café. Para el almuerzo me gustan las frituras de pescado.°   frituras... *fried fish* También me gusta el arroz con pollo° y, claro,   arroz... *rice with chicken* como buen puertorriqueño, me encantan° los   me... *me gustan mucho* tostones.°»   *fried slices of plantain (a type of green banana)*

Plátanos y tostones.

Marisa (Argentina): «Generalmente, como una medialuna° de jamón en la escuela a las 10:30 de la mañana. Después, almuerzo en mi casa a las 2:00 de la tarde. Mi comida favorita es la parrillada.°»

Una parrillada.

croissant

barbecue

Luis (México): «Pues, muchas veces como tacos o tortas° en la escuela. También me gustan los tamales.° Mi abuela prepara tamales muy picantes.° ¡Mmm... son deliciosos!»

Tamales.

sándwiches (en México)

seasoned chopped meat inside cornmeal dough, wrapped in corn husks and steamed
spicy

Felipe (España): «En la escuela, como un bocadillo° de jamón o de queso por la mañana. A las 2:30 de la tarde, almuerzo con mi familia. La paella° es mi comida favorita y, por suerte, ¡mi madre prepara la mejor paella de España!»

Una paella.

sandwich (en España)

dish made with saffron rice, chicken, sausage, seafood, and vegetables

Como ves,° en los países hispanos, hay mucha variedad de comidas. En general, todas las regiones tienen sus comidas típicas que varían según la ubicación° geográfica, el clima y la tradición culinaria.

Como... *As you can see*

location

¿QUÉ IDEAS CAPTASTE? Nuestros amigos hispanos son de cuatro países: Argentina, España, México y Puerto Rico. Según la lectura, ¿de qué país son sus comidas favoritas?

Say what country each food is from.

MODELO: el arroz con pollo → *Puerto Rico*

1. los tamales
2. la paella
3. las frituras de pescado
4. la parrillada
5. los tostones

¿POR QUÉ LO DECIMOS ASÍ?

GRAMÁTICA

IDENTIFYING YOURSELF AND OTHERS
Personal Pronouns and the Verb *ser* (Singular and Plural Forms)

> **ser = to be**
> (*something,*
> *someone; like;*
> *from*)

A You have used the singular forms of the verb **ser** (*to be*) to identify or describe people or to tell where someone is from. The following examples include the personal pronouns (**yo, tú, usted, él, ella**) that correspond to the singular forms of **ser**.

¿Quién eres/es?	¿Cómo eres/es?	¿De dónde eres/es?
Yo soy Luis.	**Soy** atlético.	**Soy** de México.
Tú eres estudiante.	**Eres** joven.	**Eres** de los Estados Unidos.
Usted es el Sr. Álvarez.	**Usted es** exigente.	**Es** de Puerto Rico.
Él/Ella es mi amigo/a.	**Es** inteligente.	**Es** de Chicago.

You have also used the singular form **es** (*is*) and the plural form **son** (*are*) to identify or describe things.

> **Note that there
> is no subject
> pronoun for "it"
> in Spanish.**

¿Qué es/son?	¿Cómo es/son?
Es un carro.	**Es** grande.
Son papas fritas.	**Son** deliciosas.

B To talk about more than one person, Spanish has plural personal pronouns and plural verb forms. Here are all the personal pronouns and the corresponding forms of **ser**.

Present Tense of **ser**					
SINGULAR			PLURAL		
yo	**soy**	*I am*	**nosotros/nosotras**	**somos**	*we are*
tú	**eres**	*you (informal) are*	**vosotros/vosotras**	**sois**	*you (informal plural) are*
usted	**es**	*you (polite) are*	**ustedes**	**son**	*you (plural) are*
él/ella	**es**	*he/she is*	**ellos/ellas**	**son**	*they are*

C The masculine pronoun **ellos** (*they*) refers to males or to males and females together, but the feminine **ellas** (*they*) refers only to females.

ellos = they (all males or both males and females)
ellas = they (all females)

—¿Quiénes son **ellos**?
—Son mis amigos Paco y Juana.

—*Who are they?*
—*They are my friends Paco and Juana.*

—¿Cómo son Felicia y Chela?
—**Ellas** son muy simpáticas.

—*What are Felicia and Chela like?*
—*They are very nice.*

D The plural pronoun **ustedes** (*you*) is used to address more than one person. **Ustedes** can correspond to the expression "you all" or "you guys" in English.

ustedes (abbreviated **Uds.**) = you (plural)
vosotros/as = you (plural, informal, in Spain)

Humberto y Eduardo, **ustedes** son de Puerto Rico, ¿verdad?

Humberto and Eduardo, you're from Puerto Rico, aren't you?

In Spain, most people use **vosotros** or **vosotras** (*you*) with friends and family. They use **ustedes** to address people more formally. In this text, you probably will not use **vosotros/vosotras** unless your teacher is from Spain. In Latin America, speakers use **ustedes** in both polite and informal situations.

E To include yourself in a group, use **nosotros** or **nosotras** (*we*). **Nosotros** refers to males or to males and females together. **Nosotras** refers only to females.

nosotros = we (all males, or both males and females)
nosotras = we (all females)

—Muchachos, ¿de dónde son ustedes?
—**Nosotros** somos de México.

—*Where are you guys from?*
—*We are from Mexico.*

—Alicia y Graciela, ustedes son de México también, ¿no?
—No, **nosotras** somos de España.

—*Alicia and Graciela, you are also from Mexico, aren't you?*
—*No, we are from Spain.*

Estos estudiantes son de Madrid, España.

Answer with the appropriate pronoun.

nosotros = we (all males or mixed)
nosotras = we (all females)
ellos = they (all males or mixed)
ellas = they (all females)

▶ La Srta. García practica los pronombres con los estudiantes. Con tu compañero/a, contesta con **nosotros**, **nosotras**, **ellos** o **ellas**, según los dibujos.

MODELO: ¿Quiénes son delgadas? →

TÚ: ¿Quiénes son delgadas?
COMPAÑERO/A: *Ellas.*

1. ¿Quiénes son delgadas?
2. ¿Quiénes son chistosos?
3. ¿Quiénes son altos?
4. ¿Quiénes son elegantes?
5. ¿Quiénes son atléticos?
6. ¿Quiénes son románticos?

▶ A Carolina Márquez le gusta exagerar un poco las características de su familia y amigos. Usa palabras de cada columna e inventa oraciones con el pronombre que corresponde y la forma correcta de **ser**. Sigue los modelos.

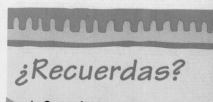

Make up sentences with words from each column.

someone else + yo = nosotros/as

MODELOS: ¿Mamá y yo? →
Nosotras somos muy bonitas y simpáticas.

¿Mis padres? →
Ellos son muy pacientes y generosos.

1. ¿Mamá y yo?
2. ¿Mis padres?
3. ¿Tomás y yo?

4. ¿Humberto y Eduardo?
5. ¿Mis compañeras de clase?
6. ¿Raquel y yo?

Nosotros ⎱ somos
Nosotras ⎰

Ellos ⎱ son
Ellas ⎰

bonitos/as
chistosos/as
elegantes
generosos/as
independientes

inteligentes
interesantes
pacientes
populares
simpáticos/as

TALKING ABOUT ACTIONS
Present Tense of Regular *-ar* Verbs

ORIENTACIÓN

The *infinitive* of a verb is the form listed in the dictionary. In English, the infinitive usually includes *to*: *to walk, to sleep*. In **Unidad 1**, you used several Spanish infinitives with forms of the verb **gustar**: **Me gusta bailar / correr / escribir** (*I like to dance / to run / to write*).

Every Spanish infinitive has a *stem* and an *ending*. There are only three *endings*: **-ar, -er, -ir**. The *stem* is the part that is left when the ending is dropped. For example, the ending of the verb **bailar** is **-ar**; the stem is **bail-**.

The *conjugation* of a verb is the set of forms that indicate who is performing the action: *I speak, you speak, he speaks,* and so on. To *conjugate* a verb is to produce those forms. In Spanish, *regular verbs* are conjugated by adding a given set of endings to the verb stem.

¿Recuerdas?

▶ In **Segundo paso**, you learned to use the singular forms of the **-ar** verb **llevar** (*to wear*): **llevo, llevas, lleva**.

A Most Spanish infinitives end in **-ar**. To conjugate any regular **-ar** verb, drop the **-ar** and add the following endings to the stem: **-o, -as, -a; -amos, -áis, -an**. To conjugate **comprar** (*to buy*), for example, add the endings to the stem **compr-**. Note the ending that corresponds to each subject pronoun.

Present Tense of **comprar**					
SINGULAR			PLURAL		
yo	compr**o**	*I buy*	nosotros/nosotras	compr**amos**	*we buy*
tú	compr**as**	*you* (informal) *buy*	vosotros/vosotras	compr**áis**	*you* (informal plural) *buy*
usted	compr**a**	*you* (polite) *buy*	ustedes	compr**an**	*you* (plural) *buy*
él/ella	compr**a**	*he/she buys*	ellos/ellas	compr**an**	*they buy*

—¿Qué **compran ustedes** para el almuerzo?
—A veces **compramos** sándwiches.

—*What do you* (plural) *buy for lunch?*
—*We sometimes buy sandwiches.*

B Here are the regular **-ar** verbs that you have learned so far.

andar	*to ride* (a bicycle)	limpiar	*to clean*
ayudar	*to help* (out)	llevar	*to wear; to carry*
bailar	*to dance*	mirar	*to watch; to look at*
comprar	*to buy*	nadar	*to swim*
cuidar	*to take care of*	patinar	*to skate*
descansar	*to rest*	preparar	*to prepare*
escuchar	*to listen* (to)	tomar	*to drink; to take*
esquiar	*to ski*	trabajar	*to work*
estudiar	*to study*	visitar	*to visit*
hablar	*to talk; to speak*		

EJERCICIO 3   ¿Qué preparan los sábados?

Complete the dialogue with the appropriate form of preparar.

▶ Los estudiantes de la Srta. García hablan del almuerzo que preparan los sábados. Completa los diálogos con **preparo**, **preparas**, **prepara**, **preparamos** o **preparan**.

CHELA: Mi hermana _____[1] sándwiches, ¿y tú?

JUANA: Yo _____[2] tacos para toda la familia.

PACO: Roberto y yo siempre _____[3] hamburguesas.

ANA ALICIA: ¿Ah, sí? Pues mi mamá _____[4] hamburguesas también.

ESTEBAN: ¿Y tú, Patricia, qué _____[5]?

PATRICIA: Normalmente, yo _____[6] la ensalada y mis hermanas _____[7] espaguetis.

▶ Los estudiantes de la Srta. García hablan de los fines de semana. Completa los diálogos con la forma correcta de los verbos.

Pick the verb form that corresponds to the subject.

CHELA: Mi hermana y yo _____¹ (trabaja/trabajamos) mucho en casa los sábados. Paco, ¿tú _____² (ayudan/ayudas) en casa también?

PACO: ¡Yo _____³ (descansamos/descanso) los sábados!

JUANA: Pues los sábados mi hermana siempre _____⁴ (limpian/limpia) la casa y yo _____⁵ (ayudamos/ayudo).

ESTEBAN: Los fines de semana mi mamá _____⁶ (preparan/prepara) unas comidas deliciosas y mis hermanos y yo _____⁷ (miras/miramos).

PATRICIA: ¡Qué barbaridad! ¡Ustedes los muchachos _____⁸ (ayudan/ayuda) muy poco en casa y _____⁹ (descansas/descansan) todo el día!

TALKING ABOUT ACTIONS
Present Tense of Regular -er Verbs

A Many Spanish infinitives end in **-er**. To conjugate any regular **-er** verb, drop the **-er** from the infinitive and add the following endings to the stem: **-o, -es, -e; -emos, -éis, -en**. To conjugate **comer** (*to eat*), for example, add the endings to the stem **com-**. Note the ending that corresponds to each subject pronoun.

Present Tense of **comer**					
SINGULAR			PLURAL		
yo	com**o**	*I eat*	nosotros/nosotras	com**emos**	*we eat*
tú	com**es**	*you (informal) eat*	vosotros/vosotras	com**éis**	*you (informal plural) eat*
usted	com**e**	*you (polite) eat*	ustedes	com**en**	*you (plural) eat*
él/ella	com**e**	*he/she eats*	ellos/ellas	com**en**	*they eat*

—¿Qué **comen** ellas al mediodía?

—**Comen** una ensalada.

—*What do they eat at noon?*

—*They eat a salad.*

Regular -er verbs:
yo ...o
tú ...es
usted ...e
él/ella ...e
nosotros/as ...emos
vosotros/as ...éis
ustedes ...en
ellos/as ...en

B Other **-er** verbs you have learned are **aprender** (*to learn*), **correr** (*to run*), and **leer** (*to read*).

Match the columns.

▶ ¿Qué comen estas personas? Completa las oraciones según la situación.

MODELO: Cuando tengo hambre al mediodía... →
Cuando tengo hambre al mediodía, *como pollo con papas.*

1. Cuando tengo hambre al mediodía...

2. A la hora de la merienda, mis compañeros y yo...

3. Los domingos, mi familia...

4. Al mediodía, tú...

5. De postre, ustedes...

6. Cuando mi hermano no tiene mucha hambre...

a. come en un restaurante.
b. como pollo con papas.
c. comes en la cafetería, ¿verdad?
d. come una ensalada de lechuga.
e. comemos galletitas.
f. comen pastel, ¿no?

Ask and tell what people eat.

▶ ¿Qué comen estas personas? Con tu compañero/a, inventa preguntas y respuestas según el modelo. Usa la forma correcta del verbo **comer** (**como, comes, come, comemos, comen**).

MODELO: los italianos / con los espaguetis →

TÚ: ¿Qué comen *los italianos con los espaguetis?*
COMPAÑERO/A: *Comen pan con mantequilla.*

1. los italianos / con los espaguetis

2. un vegetariano / para el almuerzo

3. tú / cuando estás enfermo/a

4. tu familia / con las hamburguesas

5. tú y tus amigos / con el yogur

6. tus amigas / con el pollo frito

a. verduras
b. papas fritas
c. pan con mantequilla
d. fruta
e. arroz
f. sopa de pollo
g. ¿ ?

VOCABULARIO PALABRAS NUEVAS

La comida
el agua mineral
el almuerzo
el arroz con pollo
el atún
el batido
la bebida
las donas
la ensalada
los fideos
la fruta
la galletita
el jamón
el jugo
la leche
la lechuga
la mantequilla
la mantequilla de cacahuete
la merienda
la naranja
el pan
las papas fritas
el pastel
el pollo
el postre
el queso
el refresco
la salsa
la sopa
las verduras

Palabras semejantes: **los espaguetis, la hamburguesa, la limonada, el menú, la mermelada, el sandwich, el tomate, el yogur**

Palabras de repaso: el helado, la manzana, la pizza

¡A charlar!
tener (mucha) hambre
tener (mucha) sed

Los sustantivos
el dinero
el recreo

Los verbos
comprar
detestar
preparar
tomar (una bebida)

Palabra de repaso: comer

Los adjetivos
comilón / comilona
delicioso/a

famoso/a
frito/a
italiano/a

Palabras de repaso: horrible, popular, regular

Los pronombres personales
nosotros/nosotras
vosotros/vosotras
ustedes
ellos/ellas

Palabras y expresiones útiles
¿Con quién?
cuando
¿Cuántas veces?
   a veces
   dos veces
   una vez
entre
especialmente
por ejemplo

Palabras del texto
la definición
lo que

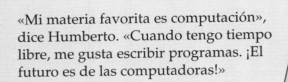

LECCIÓN 2

LAS ESCUELAS AQUÍ Y ALLÍ

«Mi materia favorita es computación», dice Humberto. «Cuando tengo tiempo libre, me gusta escribir programas. ¡El futuro es de las computadoras!»

San Juan, Puerto Rico.

Madrid, España.

Alicia Vargas Dols y Graciela Ramos son muy buenas atletas. ¿Su deporte favorito? El básquetbol o, como dicen en España, ¡el baloncesto!

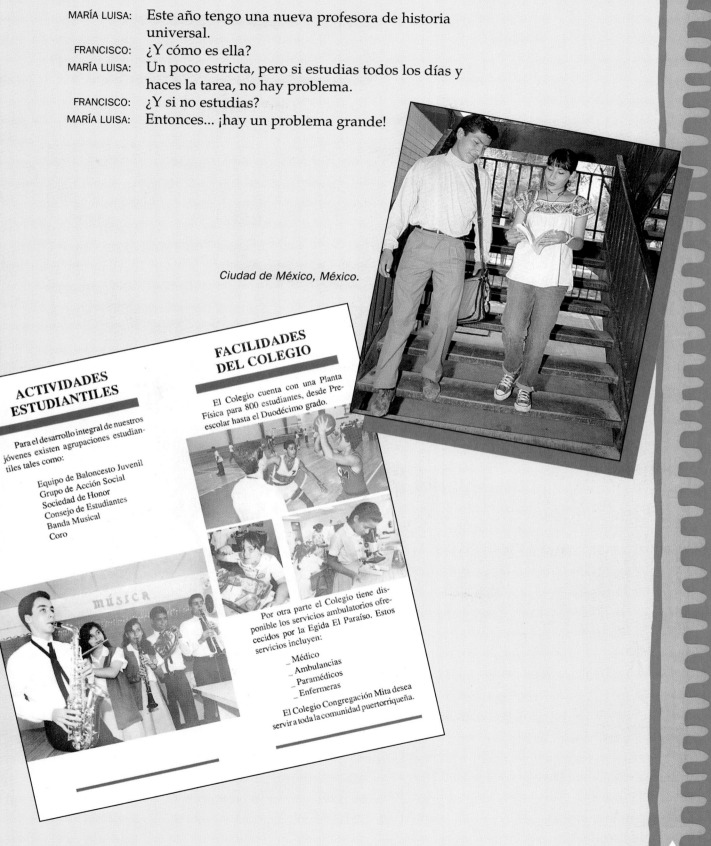

MARÍA LUISA:	Este año tengo una nueva profesora de historia universal.
FRANCISCO:	¿Y cómo es ella?
MARÍA LUISA:	Un poco estricta, pero si estudias todos los días y haces la tarea, no hay problema.
FRANCISCO:	¿Y si no estudias?
MARÍA LUISA:	Entonces... ¡hay un problema grande!

Ciudad de México, México.

ACTIVIDADES ESTUDIANTILES

Para el desarrollo integral de nuestros jóvenes existen agrupaciones estudiantiles tales como:

Equipo de Baloncesto Juvenil
Grupo de Acción Social
Sociedad de Honor
Consejo de Estudiantes
Banda Musical
Coro

FACILIDADES DEL COLEGIO

El Colegio cuenta con una Planta Física para 800 estudiantes, desde Preescolar hasta el Duodécimo grado.

Por otra parte el Colegio tiene disponible los servicios ambulatorios ofrecidos por la Egida El Paraíso. Estos servicios incluyen:

_ Médico
_ Ambulancias
_ Paramédicos
_ Enfermeras

El Colegio Congregación Mita desea servir a toda la comunidad puertorriqueña.

el campo de deportes

el gimnasio

el estacionamiento

el autobús

el carro

la biblioteca

la oficina del director

el auditorio

los baños

el pasillo

el gimnasio

A las once y cuarto Paco **está en el gimnasio**. Juega muy bien al básquetbol, ¿verdad?

la cafetería

Luego **va** a la cafetería para el almuerzo.

el laboratorio

A la una, Paco **está en el laboratorio de biología. Tiene que hacer un experimento**.

Y TÚ, ¿QUÉ DICES?

ACTIVIDADES ORALES Y LECTURAS

Conexión gramatical
Estudia las páginas 192–200
en **¿Por qué lo decimos así?**

1 • INTERACCIÓN   ¿Dónde están?

▶ ¿Dónde están los estudiantes de Puerto Rico? ¿Qué hacen allí?
Con tu compañero/a, inventa preguntas y respuestas según las fotos.

Say where these people are and what they are doing.

MODELO: Eduardo juega al básquetbol. →

TÚ: ¿Dónde está *Eduardo a las cinco menos cuarto*?
COMPAÑERO/A: Está *en el patio.*

TÚ: ¿Y qué hace allí?
COMPAÑERO/A: *Juega al básquetbol.*

Carolina estudia biología.

Humberto lee un libro de referencia.

Mariana come un sandwich.

Humberto aprende un programa de computación.

Los lugares en la escuela

el campo de deportes
el estacionamiento
el gimnasio
la biblioteca
el laboratorio de computación

la oficina del director
la cafetería
el laboratorio de ciencias
el patio

¡A charlar!

▶ To ask what someone does or is doing, use the verb **hacer** (*to do*).

—¿Qué **haces** por la tarde?
—*What do you do in the afternoon?*
—Estudio en la biblioteca.
—*I study in the library.*
—Y Eduardo, ¿qué **hace**?
—*And what is Eduardo doing?*
—Juega al básquetbol.
—*He is playing basketball.*

You will learn more about this useful verb in **Lección 3** of this unit.

Say when you have to go to these places.

▶ Con tu compañero/a, conversa sobre los lugares y las actividades en la escuela.

MODELO: al gimnasio →

TÚ: ¿Cuándo vas *al gimnasio*?
COMPAÑERO/A: Cuando tengo que *hacer ejercicio.*

1. al estacionamiento
2. a la biblioteca
3. a la enfermería
4. al auditorio
5. al laboratorio de computación
6. a la oficina

aprender un programa
buscar aspirina
buscar palabras en el diccionario
estudiar para un examen
hablar con mi consejero
hacer ejercicio
tomar el autobús
ver una película

> **VOCABULARIO ÚTIL**
> tengo que...

Y AHORA, ¡CON TU PROFESOR(A)!

1. ¿A qué hora es su primera clase? ¿Adónde va después?
2. ¿Dónde prepara las lecciones para sus clases?

Buenos Aires, Argentina: Marisa Bolini está en la biblioteca.

Mi horario de clases

► Conversa con tu compañero/a sobre sus horarios.

Talk about your school schedule.

TÚ: ¿Adónde vas a la / a las _____?

COMPAÑERO/A: Voy al / a la _____.

TÚ: ¿Qué haces allí?

COMPAÑERO/A: _____ y _____.

TÚ: Y, ¿adónde vas después?

COMPAÑERO/A: Voy al / a la _____.

Las actividades

corro	hago experimentos
estudio	tomo el autobús
juego al...	busco mi bicicleta
hago ejercicio	veo películas
leo libros/revistas	tomo...
hago la tarea	practico deportes
como...	¿ ?

¿Qué actividad no hacemos allí?

Find the activity that doesn't belong and tell where you do it.

► Primero, busca la actividad que no pertenece. Luego indica dónde haces esta actividad.

MODELO: **En el gimnasio:** corremos, practicamos deportes, hacemos experimentos. →
No hacemos experimentos en el gimnasio. Hacemos experimentos en el laboratorio de ciencias.

1. **En la biblioteca:** jugamos al fútbol, buscamos libros, leemos revistas.

2. **En el salón de clase:** escuchamos al profesor, hacemos preguntas, tomamos el autobús.

3. **En la cafetería:** compramos comida, tomamos leche, aprendemos programas.

4. **En el auditorio:** vemos películas, escuchamos conciertos, hablamos con el consejero/la consejera.

Otros lugares en la escuela

el estacionamiento	la oficina de los consejeros
el laboratorio de ciencias	el campo de deportes
el laboratorio de computación	

Complete the sentences.

▶ Mira la tira cómica de la revista española *Monóxido 16* y completa las siguientes oraciones con la información apropiada, según el contexto del dibujo.

1. La persona que lee el letrero se llama...
   a. Jorge Washington.
   b. José Campos.
   c. Cristóbal Colón.

2. El año es probablemente...
   a. 1492.
   b. 1865.
   c. 1994.

3. Las personas del dibujo son de...
   a. España.
   b. México.
   c. los Estados Unidos.

4. Las personas están... porque no están en las Indias.
   a. aburridas
   b. sorprendidas
   c. contentas

5. En realidad, ellos están en...
   a. América.
   b. Europa.
   c. Asia.

Y ahora...

6. ¿Sabes cómo se llaman los tres barcos del dibujo?

RETRATO CULTURAL

SANDRA CISNEROS

- Lugar y fecha de nacimiento:° Chicago, 1954   *birth*
- Residencia: San Antonio, Texas
- Profesión: escritora y poeta
- Premios:° *National Endowment for the Arts Fellowships; Lannan Literary Award*, 1991   *Awards*

Sandra Cisneros es una escritora chicana° que escribe novelas, cuentos° y poemas. Es autora de *Woman Hollering Creek, The House on Mango Street* y de *My Wicked Wicked Ways*, una colección de poemas. A Sandra Cisneros le gusta visitar escuelas y bibliotecas públicas para leer sus libros y charlar sobre la influencia de la cultura chicana en su obra.°

mexicoamericana

short stories

work

¡TE INVITAMOS A LEER!

UNA CARTA DE PUERTO RICO

PERO ANTES... En esta carta, Mariana Peña le habla a Patricia de su colegio en Puerto Rico. Habla de sus clases y del uniforme del colegio. ¿Es tu escuela similar a la escuela de Mariana? ¿Llevas uniforme?

Find out about Mariana Peña's school.

Querida Patricia:

   ¿Qué tal, muchacha? ¿Estás bien? Yo estoy chévere,° ¡fantástica! Me encanta° tener una nueva amiga por correspondencia. Ya sabes que yo soy de Puerto Rico. Bueno, ahora te cuento° un poco más. Vivo con mis papás cerca de° San Juan, la capital de la Isla. Ellos se llaman Alberto y Nora. También tengo dos hermanos. Carlos tiene 14 años, Pablo tiene 17 y yo tengo 15.

   Estudio en el Colegio Rosa-Bell. Tengo algunas clases interesantes y divertidas como inglés, historia y arte. Pero otras clases son muy aburridas. Por ejemplo, biología es horrible, ¿no? Mi primera clase empieza a las ocho de la mañana y la última° termina a las tres y media de la tarde. Yo almuerzo en el colegio. No me gusta mucho la comida, pero sí me gusta hablar con mis amigos mientras° comemos. Tenemos una hora para el almuerzo.

   ¿Y tú? Cuéntame° cosas de tu escuela y de tu vida.° ¿Llevan uniforme los muchachos? ¿Y las muchachas? En mi colegio, nosotras llevamos uniforme y los muchachos también. Hablando de° muchachos, Patricia, ¿tienes novio? Bueno, escríbeme pronto, por favor. Adiós y un abrazo° grande.

                    Tu amiga de Puerto Rico,
                    Mariana

great
Me... Me gusta mucho
te... I'll tell you
cerca... near

last one

while

Tell me / life

Hablando... Speaking of
hug

¿QUÉ IDEAS CAPTASTE? Completa las siguientes oraciones según la lectura y contesta según tu experiencia. Sigue el modelo.

Complete the statements and answer the questions.

   MODELO: Mariana es de ____. ¿Y tú? →
              Mariana es de *Puerto Rico*. Yo soy de ____.

1. Mariana tiene ____ hermanos. ¿Y tú?

2. Mariana estudia en el colegio ____. ¿Y tú?

3. A Mariana le gusta estudiar ____. ¿Cuál es tu clase favorita?

4. Su clase de biología es ____. ¿Cómo es tu clase de ciencias?

5. Las clases de Mariana terminan a ____. ¿Y tus clases?

6. Las muchachas en la escuela de Mariana llevan ____. ¿Y tú?

PRONUNCIACIÓN

MORE PRACTICE WITH *b* AND *v*

The letters **b** and **v** sound just alike in Spanish. The sound is something between the English *b* and *v*, like saying the letter **b** with the lips not quite closed so that it vibrates like a *v* (**nue*v*e, abuela**).

At the beginning of a phrase, or when they follow an **m** or an **n**, both **b** and **v** sound almost like the English *b* in *symbol* (**¡*V*amos!, hom*b*re, in*v*entor**).

PRÁCTICA Here are three useful expressions in Spanish to practice the **b** and **v** sounds.

If you see a Spanish-speaking friend after a long absence and he or she asks how you're doing, you can make an impression by answering **¡Vivito y coleando!** (*Alive and kicking!*).

TU AMIGO/A:	¿Cómo estás?
TÚ:	¡Vivito/a y coleando!

If you are in Spain, you will often hear and use the word **vale** (*OK*).

PROFESOR(A):	No hay tarea para el resto de la semana.
CLASE:	¡Vale! ¡Qué bueno!

However, if your teacher decides to give you more homework than you'd like, you can say **¡Ya está bien!** (*That's enough!*).

San Juan, Puerto Rico: Mariana Peña y sus compañeros llevan uniforme.

¿POR QUÉ LO DECIMOS ASÍ?

GRAMÁTICA

TELLING WHERE SOMEONE OR SOMETHING IS
The Verb *estar* (Part 3)

A You have already used the singular forms of the verb **estar** (*to be*) to greet someone or to describe how someone is feeling.

—¿Cómo **estás**, Paco?	—*How are you, Paco?*
—**Estoy** un poco cansado.	—*I'm a bit tired.*
—Y ¿cómo **está** la Srta. García?	—*And how is Miss García?*
—Hoy **está** muy ocupada.	—*Today she's very busy.*

B Here are all the present-tense forms of **estar**. Note that the **yo** form ends in **-oy** and that all the other endings, except those for **nosotros/nosotras**, have an accent mark.

Present Tense of **estar**					
SINGULAR			**PLURAL**		
yo	**estoy**	*I am*	nosotros/nosotras	**estamos**	*we are*
tú	**estás**	*you (informal) are*	vosotros/vosotras	**estáis**	*you (informal plural) are*
usted	**está**	*you (polite) are*	ustedes	**están**	*you (plural) are*
él/ella	**está**	*he/she is*	ellos/ellas	**están**	*they are*

¿dónde? = where?

estar = to be (feeling; location)

C **Estar** can also be used to ask or tell where someone or something is. To ask about location, use the question **¿dónde...?** (*where. . . ?*).

—¿**Dónde está** el Sr. Álvarez?	—*Where is Mr. Álvarez?*
—**Está** en la oficina.	—*He's in the office.*
—¿**Dónde están** los estudiantes?	—*Where are the students?*
—**Están** en la cafetería.	—*They are in the cafeteria.*

¿Dónde están?

▶ Con tu compañero/a, usa palabras de las dos listas para inventar diálogos con **está** o **están**. Sigue el modelo.

Make up questions and answers using words from the lists.

MODELO: el equipo de básquetbol →

TÚ: ¿Dónde está *el equipo de básquetbol?*
COMPAÑERO/A: Está *en el gimnasio.*

él/ella está
ellos/ellas
están

Personas/Cosas

1. el equipo de básquetbol
2. la consejera/el consejero
3. los carros de los profesores
4. la bibliotecaria
5. los estudiantes que tienen hambre
6. la profesora de química
7. los estudiantes enfermos
8. las computadoras

Lugares

a. el estacionamiento
b. la biblioteca
c. el gimnasio
d. la cafetería
e. el laboratorio de ciencias
f. el laboratorio de computación
g. la enfermería
h. la oficina de los consejeros

EJERCICIO 2 **Fotos de las vacaciones**

▶ La Srta. García, el Sr. Álvarez y los estudiantes miran las fotos de las vacaciones. Completa los diálogos con **estoy, estás, está, estamos** o **están**.

Complete the dialogues.

Misión San Carlos. Carmel, California.

Calle Olvera. Los Ángeles, California.

ANA ALICIA: ¿Dónde ____[1] tú en esta foto, Chela?
CHELA: ____[2] en California, en la Misión San Carlos.
ANA ALICIA: Y ustedes, Paco y Roberto, ¿dónde ____[3]?
PACO: Aquí, nosotros ____[4] en la calle Olvera, en Los Ángeles.

El Morro. San Juan, Puerto Rico.

Una playa en Cancún, México.

someone else +
yo = **nosotros/as**
(*we*)

ESTEBAN: Srta. García, esta foto es muy interesante.
¿Dónde _____⁵ usted?

SRTA. GARCÍA: Mi amiga y yo _____⁶ en el El Morro, un castillo en
San Juan, Puerto Rico.

ESTEBAN: ¡Qué bonito! Y usted, Sr. Álvarez, ¿dónde _____⁷
en esta foto?

SR. ÁLVAREZ: Pues, yo _____⁸ en Cancún, México.

La calle Ocho. Miami, Florida.

Santa Fe, Nuevo México.

FELICIA: Mira las fotos de Víctor y sus padres.
BEATRIZ: ¿Dónde _____⁹ ellos?
FELICIA: En la calle Ocho, en Miami.
BEATRIZ: Y, ¿dónde _____¹⁰ Ernesto en esta foto?
FELICIA: Creo que él _____¹¹ en Santa Fe, Nuevo México.

WHERE ARE YOU GOING?
The Verb *ir*

A To ask or tell where someone is going, use the verb **ir** (*to go*). Here are the present-tense forms of **ir**. Note that **ir** does not follow the pattern of regular verbs.

ir = to go

Present Tense of **ir**				
SINGULAR			PLURAL	
yo **voy**	*I go, am going*	nosotros/nosotras **vamos**	*we go, are going*	
tú **vas**	*you* (informal) *go, are going*	vosotros/vosotras **vais**	*you* (informal plural) *go, are going*	
usted **va**	*you* (polite) *go, are going*	ustedes **van**	*you* (plural) *go, are going*	
él/ella **va**	*he/she goes, is going*	ellos/ellas **van**	*they go, are going*	

B To ask where someone is going, use the question **¿adónde... ?** + a form of **ir**.

¿adónde? = (to) where?

—**¿Adónde vas?**   —*(To) Where are you going?*
—**Voy** a casa.   —*I'm going home.*

C To tell where you or others are going, use a form of **ir** + **a** + a place.

ir a + a place = to be going to (a place)

—¿**Van al** gimnasio ahora?   —*Are you going to the gym now?*
—No, **vamos a** la biblioteca.   —*No, we're going to the library.*
—¿Y **adónde van** después?   —*And where are you going later?*
—**Vamos al** laboratorio.   —*We're going to the lab.*

a = to
a + el → al = to the
(**a** does not contract with **la, los,** or **las**)

Lima, Perú: Marta Cisneros habla con sus compañeras en la escuela.

Esteban es un poco distraído. Con tu compañero/a, pregunta y contesta según los dibujos. Sigue el modelo.

MODELO:

TÚ: ¿Vas *a la biblioteca*?
COMPAÑERO/A: No, voy *al campo de deportes*.

1. campo de deportes

2. laboratorio de ciencias

3. cafetería

4. enfermería

5. biblioteca

6. estacionamiento

7. laboratorio de computación

8. auditorio

Y ustedes, ¿adónde van?

▶ Con tu compañero/a, haz preguntas y contesta con un lugar apropiado.

Ask questions and give logical answers.

MODELOS: estás enfermo/a →

TÚ: ¿Adónde vas cuando *estás enfermo/a*?

COMPAÑERO/A: Voy *a la enfermería.*

(ustedes) practican deportes →

TÚ: ¿Adónde van ustedes cuando *practican deportes*?

COMPAÑERO/A: Vamos *al campo de deportes.*

¿adónde? = (*to*) *where?*
¿adónde vas? = *where are you going?*
¿adónde van ustedes? = *where are you (all) going?*
voy a + *place* = *I'm going to* (*place*)
vamos a + *place* = *we're going to* (*place*)

Los lugares

1. estás enfermo/a
2. (ustedes) practican deportes
3. tienes hambre
4. (ustedes) hay un concierto
5. tienes un examen
6. (ustedes) es hora de ir a otra clase
7. (ustedes) terminan las clases
8. haces ejercicio

campo de deportes
gimnasio
pasillo
biblioteca
enfermería
cafetería
casa
auditorio
salón de clase

San Juan, Puerto Rico: Estas personas corren en el campo de deportes.

Tener que + Infinitive

¿Recuerdas?

▶ In **Unidad 1** you learned to use three singular forms of the verb **tener** to talk about what you and others have. In **Unidad 2** you used those forms to talk about physical characteristics and to ask or tell someone's age.

Mi padre no **tiene** carro.
My father doesn't have a car.

Tengo ojos azules.
I have blue eyes.

¿Cuántos años **tienes**?
How old are you?

ORIENTACIÓN
In English, to tell what you or someone else must do, you usually say "I have to (do something)," "She has to (do something)," and so on. Spanish has a similar way of expressing obligations, using the verb **tener** (*to have*).

A To ask or tell what someone has to do, you can use a form of **tener** + **que** + an infinitive.

—¿**Tienes que trabajar** hoy?
—Sí, y después **tengo que estudiar**.

—*Do you have to work today?*
—*Yes, and afterward I have to study.*

—¿Qué **tienen que hacer** hoy?
—**Tenemos que escribir** una composición.

—*What do you have to do today?*
—*We have to write a composition.*

B Here are all the present-tense forms of **tener**. (Note that the stems for all the forms are different than the infinitive except for the **nosotros/nosotras** and **vosotros/vosotras** forms.)

Present Tense of **tener**					
SINGULAR			PLURAL		
yo	**tengo**	*I have*	nosotros/nosotras	**tenemos**	*we have*
tú	**tienes**	*you (informal) have*	vosotros/vosotras	**tenéis**	*you (informal plural) have*
usted	**tiene**	*you (polite) have*	ustedes	**tienen**	*you (plural) have*
él/ella	**tiene**	*he/she has*	ellos/ellas	**tienen**	*they have*

EJERCICIO 5   **Estamos muy ocupados**

Say what each person has to do and pick a logical response.

él/ella tiene que + infinitive = he/she has to (do something)

▶ Nuestros amigos de México tienen que hacer muchas cosas hoy. Con tu compañero/a, di qué tienen que hacer estas personas y escoge una respuesta lógica. Sigue el modelo.

MODELO: Luis / estudiar →

TÚ: *Luis* tiene que *estudiar.*
COMPAÑERO/A: Ah, ¡claro! *Tiene un examen mañana, ¿verdad?*

1. Luis / estudiar
2. Ángela / escribir una carta a sus padres
3. Juanito / ir al doctor
4. Francisco / ir a una fiesta
5. María Luisa / visitar el museo de arte
6. Mercedes / preparar la comida

es el aniversario de sus abuelos
su familia vive en los Estados Unidos
está un poco enfermo
su mamá no está en casa hoy
le gusta mucho dibujar
tiene un examen mañana

EJERCICIO 6 — Obligaciones

▶ Di lo que tú, tu familia y tus amigos tienen que hacer hoy. Usa actividades de la lista.

Tell what you and others have to do today.

MODELO: Mi amigo _____ →
Mi amigo *Carlos* tiene que *trabajar en la biblioteca.*

Las actividades

1. Mi amigo _____ ...
2. Yo...
3. Tú, _____, ...
4. Mi mejor amigo/a y yo...
5. Mis padres...
6. ¿ ?

estudiar...
trabajar en...
salir con...
hacer la tarea
preparar la comida
ir a/al...
jugar a/al...
leer...
escribir...
¿ ?

**yo tengo que...
tú tienes que...
él/ella tiene que...
nosotros/as tenemos que...
ustedes tienen que...
ellos/ellas tienen que...**

TALKING ABOUT ACTIONS
Review of *-ar* and *-er* Verbs

The following chart is a review of the singular and plural present-tense forms of **-ar** and **-er** verbs.

	-ar	**-er**
	hablar	correr
yo	hablo	corro
tú	hablas	corres
usted	habla	corre
él/ella	habla	corre
nosotros/nosotras	hablamos	corremos
vosotros/vosotras	habláis	corréis
ustedes	hablan	corren
ellos/ellas	hablan	corren

Las actividades del sábado

Make up questions and answers using verbs from the list.

Paso 1. Con tu compañero/a, inventa preguntas y respuestas con verbos de la lista. Sigue el modelo.

MODELO: estudiar →

TÚ: ¿Estudias los sábados?

COMPAÑERO/A: Sí, a veces estudio. (No, no estudio. Miro la televisión.)

1. estudiar
2. andar en bicicleta
3. aprender español
4. comer en un restaurante
5. comprar ropa
6. correr en el parque

7. escuchar cassettes
8. leer el periódico
9. mirar la televisión
10. patinar
11. preparar la comida
12. trabajar

Ask your partner if she or he does these activities together with other people.

Paso 2. Ahora pregúntale a tu compañero/a si él o ella hace las actividades del **Paso 1** con su familia o amigos. Sigue el modelo.

MODELO: estudiar →

TÚ: ¿Estudian ustedes juntos?

COMPAÑERO/A: Sí, estudiamos juntos. (No, no estudiamos juntos.)

EJERCICIO 8 **¿Qué hacen en la escuela?**

Make up sentences with words from each column.

▶ Esteban describe las actividades en la escuela. Inventa oraciones con palabras de cada columna.

MODELO: yo → *Yo corro en el campo de deportes.*

1. yo	ayudar a los estudiantes	en la biblioteca
2. Víctor y Beatriz	aprender fórmulas	en el laboratorio
3. el Sr. Álvarez	correr	en el campo de deportes
4. tú, Felicia	leer revistas	en el gimnasio
5. Chela y Esteban	buscar su carro	en la cafetería
6. todos nosotros	practicar deportes	en el salón de clase
	comer	en el estacionamiento
	tomar el autobús	
	estudiar para un examen	

VOCABULARIO PALABRAS NUEVAS

Las actividades en la escuela
aprender un programa
buscar palabras en el
    diccionario
estudiar para un examen
hacer experimentos
jugar al básquetbol
practicar deportes
ver una película

Palabras de repaso: aprender,
comer, correr, hacer ejercicio,
jugar, leer

Los lugares en la escuela
los baños
la biblioteca
el campo de deportes
la enfermería
el estacionamiento
el gimnasio
el laboratorio de ciencias
el laboratorio de computación
la oficina
    de los consejeros
    del director / de la directora
el pasillo

Palabras semejantes: **el
auditorio, el patio**

Palabra de repaso: la cafetería

Vocabulario de clase
la composición
el diccionario

Palabra semejante:
el experimento

Palabras de repaso: la
computadora, el deporte, el
examen, el horario, el
periódico, el programa

Los sustantivos
el autobús
el barco
el carro
el letrero
la película
la tira cómica
las vacaciones

Los verbos
buscar
hacer
    hace
    hacemos
    haces
    hago
ir
    voy / vas
juega al
juego al
practicar
tener que + *infinitive*
tomar (el autobús)

Adjetivo
distraído/a

Palabras útiles
juntos/as

¿adónde?
¿allí?
¿aquí?

Palabra del texto
pertenece

Caracas, Venezuela.

«Voy a la biblioteca para hacer la tarea o estudiar», dice Raúl Galván. «También me gusta leer, especialmente novelas o revistas de ciencia ficción.»

NUESTROS **H**IJOS SON LAS **E**STRELLAS DEL **F**UTURO

El desarrollo de nuestros hijos en cuerpo y alma es base de nuestra tradición puertorriqueña. Cultivemos los deportes en ellos para que esta tradición continue.

Productos SUIZA

«La clase de biología es interesante, pero bastante difícil», explica María Luisa Torres. «Tenemos que escribir muchos informes. La actividad que más me gusta es hacer experimentos. ¡Uy, los microorganismos son monstruosos en el microscopio!»

Ciudad de México, México.

Ciudad de México, México.

Aquí están María Luisa Torres y Ángela Robles en el gimnasio. ¡Uno, dos, tres, cuatro! ¡Salten! ¡Corran! La clase de educación física es muy divertida.

Víctor **espera** el autobús.

Beatriz **camina** a la escuela.

Saca sus libros del lóquer.

Llega a la escuela.

Toma apuntes en la clase de geografía.

Lee un poema en la clase de inglés.

Escribe un informe en la biblioteca.

Busca a sus amigos en la cafetería.

Aprende un programa en el laboratorio de computación.

Toca el violín en la clase de música.

Corre en el campo de deportes.

Regresa a su casa.

Y TÚ, ¿QUÉ DICES?

Conexión gramatical
Estudia las páginas 211–215
en **¿Por qué lo decimos así?**

ACTIVIDADES ORALES Y LECTURAS

---

1 • OPCIONES   **La vida estudiantil**

▶ Escoge las opciones apropiadas en cada caso. Luego comparte la información con tus compañeros.

Pick the ones for you.

1. Por lo general, llego a la escuela...
   - a. temprano.
   - b. después de las ocho.
   - c. tarde.
   - d. ¿ ?

2. Lo primero que hago cuando llego a la escuela es...
   - a. sacar los libros de mi lóquer.
   - b. buscar a mis amigos.
   - c. ir al salón de clase.
   - d. ¿ ?

3. Tomo apuntes...
   - a. con frecuencia.
   - b. de vez en cuando.
   - c. casi nunca.
   - d. ¿ ?

4. Antes de un examen...
   - a. repaso mis apuntes.
   - b. estudio con un compañero o una compañera.
   - c. estoy un poco nervioso/a.
   - d. ¿ ?

5. Después de las clases...
   - a. trabajo.
   - b. toco el piano.
   - c. regreso a casa.
   - d. ¿ ?

Buenos Aires, Argentina: Una muchacha toma apuntes en la clase de matemáticas.

Estudiantes del Instituto Sanlúcar la Mayor en Sevilla, España.

Say what you do in class.

Conversen en grupos de tres o cuatro sobre sus clases. Sigan el modelo.

MODELO: literatura →

TÚ: ¿Qué clase tienes *a las ocho*?
COMPAÑERO/A: *Literatura.*

TÚ: ¿Qué hacen ustedes en *literatura*?
COMPAÑERO/A: *Leemos poemas* y *escribimos muchos informes.*

Clases

literatura	biología		
música	computación		
educación física	arte		
geografía	¿ ?		
historia universal			

Actividades

hacemos ejercicio	dibujamos
compartimos apuntes	leemos poemas
tocamos (un instrumento)	cantamos
corremos	practicamos deportes
escribimos informes	¿ ?
aprendemos programas	

3 • NARRACIÓN   El día de María Luisa Torres

Describe María Luisa's activities.

Describe las actividades de María Luisa según los dibujos.

Escoge la solución más lógica (¡o inventa otras!) para estas situaciones. Luego comparte la información con tus compañeros.

1. Estás ausente y al día siguiente fallas en una prueba. (¡Sacas una «F»!)

2. Hoy tienes que entregar un informe. No tienes el informe y tampoco tienes una buena excusa.

3. Tu compañero/a está ausente durante una semana. En esta clase los estudiantes tienen que tomar apuntes todos los días.

4. En una semana tienes un examen muy importante y ¡no comprendes nada!

Soluciones

a. Compartes los apuntes con tu compañero/a.

b. Estudias con un compañero o una compañera que está fuerte en esa materia.

c. Tomas el examen otra vez.

d. Hablas con tu profesor(a) antes de la clase.

e. Escribes muy rápido un informe durante la hora de estudio.

f. Haces una cita con tu consejero/a.

g. ¿ ?

Pick the most logical solution.

¡A charlar!

Giving excuses for missing a quiz or not having your homework ready is part of every student's life. Here are some useful expressions in Spanish.

—**Me olvidé de hacer la tarea.**
—*I forgot to do my homework.*

—**Mañana voy a estar ausente.**
—*I'm going to be absent tomorrow.*

—**Me gustaría hacer una cita con usted.**
—*I would like to make an appointment with you.*

Hazle las siguientes preguntas a tu compañero/a.

1. ¿En qué clases tienes mucha tarea? ¿poca tarea? ¿En qué materias estás fuerte?

2. ¿Qué tienes que hacer en la clase de español para sacar una buena nota? ¿Y en tus otras clases?

Interview your classmate.

Y AHORA, ¡CON TU PROFESOR(A)!

Hazle las siguientes preguntas a tu profesor(a).

1. ¿A qué hora llega a la escuela?

2. ¿Qué es lo primero que hace cuando llega a la escuela?

3. ¿Qué hace usted cuando un(a) estudiante no entrega la tarea? ¿Y cuando falla en un examen?

Interview your teacher.

VISTAZO CULTURAL

LAS CLASES PARTICULARES°

clases... *private classes*

A los jóvenes de Hispanoamérica y España les gusta hacer muchas cosas después de las clases. Muchos toman clases particulares de idiomas,° música, danza,° arte o computación. Aquí vemos unos ejemplos.

languages / dance

Madrid, España: Después de la escuela, estos estudiantes van a un conservatorio para tomar una clase particular de violín.

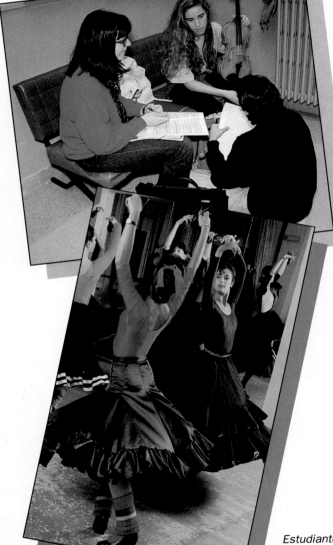

En Madrid, España, muchos jóvenes van a institutos para aprender otros idiomas.

Estudiantes en una clase de baile flamenco en Madrid, España.

OTRAS VOCES

PREGUNTAS: «¿Qué materias te gustan? ¿Por qué? ¿Qué materias no te gustan?»

Find out how these students feel about their classes.

Patricia Rodríguez Morcillo
Sevilla, España

«Las ciencias, porque me gusta mucho la investigación.° Me gustan todas las materias.»

research

Karen Madrid
Tegucigalpa, Honduras

«Matemáticas y psicología, pues me gustan mucho los números. No me gustan la historia y la química. Historia, porque realmente no me interesa el pasado,° y química, porque detesto las fórmulas y los laboratorios.»

no... I'm not interested in the past

José Alberto Rojas Chacón
Alajuela, Costa Rica

«Me gustan mucho los estudios sociales, la química, la física, la biología, la psicología y la literatura. Odio° las matemáticas.»

Detesto

Patricia Rivera Torres
Taxco, México

«Español, porque es una lengua muy hermosa.° Química, porque hacemos mil° cosas en los experimentos. Inglés, porque es una lengua que hablan en todo el mundo. No me gustan las matemáticas porque es una materia en la que° se usan mil números y fórmulas.»

bonita / *a thousand*

en... *in which*

Y AHORA, ¿QUÉ DICES TÚ?

1. ¿Con cuál de estos estudiantes tienes más en común?

2. De las materias que mencionan, ¿cuál es tu materia favorita? ¿Qué materia detestas? ¿Por qué?

PRONUNCIACIÓN

PRACTICE WITH *ñ*

The letter **ñ** sounds like the combination *ny* in the English word *canyon*.

PRÁCTICA Listen to your teacher, and then pronounce this sentence.

La araña pequeña de pelo castaño... está en su baño.

GRAMÁTICA

WHAT ARE YOU DOING?
Idiomatic Expressions and the Verb *hacer*

> **ORIENTACIÓN**
>
> An *idiomatic expression* is meaningful as a whole to speakers of the language, but its meaning usually cannot be figured out from the individual words. English has many idiomatic expressions containing the verbs *to do* or *to make*, such as *to do without*, *to do over*, *to make a face*, *to make believe*, and *to make eyes at*. Spanish, too, has several idiomatic expressions that use the verb **hacer** (*to do; to make*).

A You have used the verb **hacer** to ask what someone is doing. Here in the following list are the present-tense forms of **hacer**. Except for the **yo** form (**hago**), they all follow the conjugation pattern of regular **-er** verbs.

hacer = *to do;
to make*

Present Tense of **hacer**					
SINGULAR			PLURAL		
yo	ha**go**	*I do*	nosotros/nosotras	hace**mos**	*we do*
tú	hac**es**	*you (informal) do*	vosotros/vosotras	hac**éis**	*you (informal plural) do*
usted	hac**e**	*you (polite) do*	ustedes	hac**en**	*you (plural) do*
él/ella	hac**e**	*he/she does*	ellos/ellas	hac**en**	*they do*

—¿Cuándo **haces** tu tarea?   —*When do you do your homework?*

—**Hago** mi tarea por la noche.   —*I do my homework at night.*

—¿Qué **hacen** para el almuerzo?   —*What do you (all) make for lunch?*

—**Hacemos** sándwiches.   —*We make sandwiches.*

B Here are some idiomatic expressions that use the verb **hacer**.

hacer ejercicio	*to exercise*
hacer preguntas	*to ask questions*
hacer cola	*to stand in line*

Patricia **hace ejercicio** todos los días.
A Paco no le gusta **hacer cola** en la cafetería.
Ernesto siempre **hace** muchas **preguntas**.

EJERCICIO 1   ¿Qué hacen cuando... ?

Complete the question; then pick a logical response.

▶ Con tu compañero/a, completa las preguntas con la forma apropiada del verbo **hacer** y luego escoge una respuesta lógica. Sigue el modelo.

MODELO: ¿ ...(tú) cuando tienes hambre? →

TÚ: ¿Qué haces *cuando tienes hambre*?
COMPAÑERO/A: *Como pizza.*

1. ¿ ...(tú) cuando tienes hambre?
2. ¿ ...ustedes cuando esperan el autobús?
3. ¿ ...tus amigos cuando hay una fiesta?
4. ¿ ...la banda cuando está en el auditorio?
5. ¿ ...los estudiantes cuando no comprenden la lección?
6. ¿ ...(tú) cuando estás ausente y regresas a la escuela?

a. bailan y cantan
b. toca música
c. hacen preguntas
d. como pizza
e. hacemos cola
f. hago una cita con mi profesor(a)

Madrid, España: Estas personas hacen cola para tomar el autobús.

TALKING ABOUT ACTIONS
Present Tense of Regular *-ir* Verbs

A Many Spanish infinitives end in **-ir**. To conjugate any regular **-ir** verb, drop the **-ir** from the infinitive and add the following endings to the stem: **-o, -es, -e; -imos, -ís, -en**. To conjugate **escribir** (*to write*), for example, add the endings to the stem **escrib-**. Note the ending that corresponds to each subject pronoun.

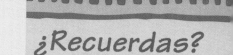

¿Recuerdas?

▶ In **Unidad 2**, you learned to use the singular forms of the **-ir** verb **vivir** (*to live*).

Present Tense of **escribir**				
SINGULAR			PLURAL	
yo	escrib**o**	*I write*	nosotros/nosotras escrib**imos**	*we write*
tú	escrib**es**	*you* (informal) *write*	vosotros/vosotras escrib**ís**	*you* (informal plural) *write*
usted	escrib**e**	*you* (polite) *write*	ustedes escrib**en**	*you* (plural) *write*
él/ella	escrib**e**	*he/she writes*	ellos/ellas escrib**en**	*they write*

B Other regular **-ir** verbs you have learned are **abrir** (*to open*), **compartir** (*to share*), **recibir** (*to receive*), and **vivir** (*to live*).

—¿**Reciben** ustedes muchas cartas?

—Sí, y **escribimos** muchas cartas también.

—*Do you receive many letters?*

—*Yes, and we also write many letters.*

Regular -ir verbs:
yo ...o
tú ...es
usted ...e
él/ella ...e
nosotros/as ...imos
vosotros/as ...ís
ustedes ...en
ellos/as ...en

EJERCICIO 2   ¿Qué pasa en la escuela?

▶ Escoge una frase lógica para completar cada oración. Sigue el modelo.

Pick a logical phrase to complete each sentence.

MODELO: La profesora de matemáticas... →
La profesora de matemáticas *escribe fórmulas en la pizarra.*

1. La profesora de matemáticas...
2. Los estudiantes de inglés...
3. ¿Tú... ?
4. Los estudiantes de historia...
5. Nosotros, los estudiantes de español,...
6. Yo...

a. escriben muchas composiciones.
b. escribe fórmulas en la pizarra.
c. comparto mi almuerzo con mis amigos.
d. recibimos cartas de los amigos por correspondencia.
e. escriben fechas importantes en sus cuadernos.
f. compartes tus apuntes con tu compañero/a.

EJERCICIO 3 Los estudiantes de intercambio

In pairs, make up questions and answers.

Imagínate que hablas con unos estudiantes de intercambio. Inventa preguntas y respuestas, según el modelo.

MODELO: escribir muchas cartas →

TÚ: ¿Escriben ustedes muchas cartas?
COMPAÑERO/A: Sí, escribimos muchas cartas.
(No, pero escribimos muchas tarjetas postales.)

1. escribir muchas cartas
2. recibir muchas cartas de su familia
3. recibir dinero de sus padres
4. compartir comida de su país con otros estudiantes
5. vivir en un apartamento
6. vivir con una familia

TALKING ABOUT ACTIONS
Review of *-ar*, *-er*, and *-ir* Verbs

The following chart shows the conjugations of regular **-ar**, **-er**, and **-ir** verbs. Remember: To conjugate a regular verb, drop the infinitive ending, then add new endings to the stem that is left. The endings correspond to the subject of the verb.

	-ar	-er	-ir
	habl**ar**	com**er**	viv**ir**
yo	habl**o**	com**o**	viv**o**
tú	habl**as**	com**es**	viv**es**
usted	habl**a**	com**e**	viv**e**
él/ella	habl**a**	com**e**	viv**e**
nosotros/nosotras	habl**amos**	com**emos**	viv**imos**
vosotros/vosotras	habl**áis**	com**éis**	viv**ís**
ustedes	habl**an**	com**en**	viv**en**
ellos/ellas	habl**an**	com**en**	viv**en**

La composición de Paco

► Completa la composición de Paco con la forma apropiada del verbo.

Complete the composition with the correct verb forms.

Generalmente, mi hermano y yo (llegar) _____^{1} a la escuela a las siete y media. Cuando estoy en el salón de clase, (sacar) _____^{2} los libros y los cuadernos de la mochila. Si es temprano, (yo: leer) _____^{3} un libro. Durante la clase, los estudiantes (abrir) _____^{4} los cuadernos y (tomar) _____^{5} apuntes. Mi clase favorita es la clase de música. La profesora (tocar) _____^{6} el piano y (nosotros: cantar) _____.^{7}

A la hora del almuerzo, voy a la cafetería con Ernesto. Él siempre tiene hambre y (comer) _____^{8} dos sándwiches ¡y a veces, hasta tres o cuatro! Nosotros siempre (compartir) _____^{9} el postre.

En la clase de educación física, todos los estudiantes (llevar) _____^{10} pantalones cortos y camisetas. ¡Detesto el uniforme! A veces, (nosotros: hacer) _____^{11} ejercicios y, otras veces, (correr) _____.^{12} Por la tarde, (yo: estudiar) _____^{13} en la biblioteca. Cuando terminan las clases, (yo: regresar) _____^{14} a casa con Roberto o con un compañero. Casi siempre, (nosotros: tomar) _____^{15} el autobús, pero a veces (caminar) _____.^{16}

¡Di la verdad!

► Haz oraciones con la forma correcta del verbo entre paréntesis. Si la información no es correcta, corrígela. Sigue el modelo.

Use the appropriate form of the verb in parentheses. If the sentence is not true, correct it.

MODELO: (Yo: vivir) en un apartamento. →
Vivo en un apartamento.
Es verdad. (No es verdad. Vivo en una casa.)

1. (Yo: vivir) en un apartamento.

2. Mi familia y yo (hablar) español en casa.

3. Mis padres (leer) el periódico todas las mañanas.

4. En mi escuela, los profesores (llevar) jeans.

5. Cuando tengo mucha hambre, (comer) un sandwich de jamón y queso.

6. La banda de mi escuela (tocar) muy bien.

7. En la clase de matemáticas, (nosotros: escribir) muchos informes.

8. Mis amigos y yo siempre (compartir) el almuerzo.

yo ...o
tú ...as, ...es
usted ...a, ...e
él/ella ...a, ...e
nosotros/as
...amos, ...emos,
...imos
ustedes ...an,
...en
ellos/as ...an,
...en

VOCABULARIO PALABRAS NUEVAS

Las actividades en la escuela

cantar
dibujar
escribir
   composiciones
   informes
estar ausente
estar fuerte en
fallar en una prueba
leer poemas
sacar (buenas / malas) notas
tocar (un instrumento)
   el piano
   el violín
tomar apuntes

Palabras de repaso: aprender
(un programa), correr, hacer
ejercicio, practicar deportes,
ver películas

Vocabulario de clase

los apuntes
la composición
el estudiante de intercambio
el informe

la nota
la prueba

Palabras semejantes: **la excusa,
la literatura, el poema**

Palabras de repaso: la
biblioteca, la cafetería, el
campo de deportes, el lóquer,
el salón de clase; la clase de...
arte, biología, computación,
educación física, geografía,
historia universal, inglés,
música

¡A charlar!

**Me olvidé de hacer la tarea.
Mañana voy a estar ausente.
Me gustaría hacer una cita
   con usted.**

Los verbos

**caminar
compartir
comprender
entregar
esperar**

hacer
   una cita
   cola
   ejercicio
   preguntas
llegar
regresar
repasar
sacar

Palabras útiles

antes de
casi nunca
con frecuencia
de vez en cuando
después de
durante
lo primero que
por lo general
tampoco
tarde
temprano
tener en común

Palabras del texto

conversen en grupos
entre paréntesis

SITUACIONES

Tú

Today you're talking to a student who attends a very unusual school. In this school, the students are always happy and never complain about their classes, schedules, or teachers. You're very curious and want to find out more about that school.

Hint: Before you interview this student, prepare a list of questions. Suggested topics include class schedules, classes he or she takes, what students have to do to get good grades, favorite school activities.

Compañero/a

You attend an unusual school. In your school, students take only classes they like. Everything students do is interesting, and they are always happy. Answer your partner's questions to describe what your school is like.

Hint: To prepare for this conversation, imagine life in this type of school. Suggested topics: your classes, your activities, what you **don't** have to do, schedules, the food in the cafeteria.

Conversation Tip

▶ When you describe a situation, it often helps to say what things are *not* like. Here's an example.

Química es mi clase favorita. En esta clase, hacemos experimentos y hablamos de cosas interesantes. No tenemos que leer libros difíciles. No tenemos que escribir informes. No hay exámenes. ¡Y todo el mundo saca muy buenas notas!

¿SABÍAS QUE...

- casi 100 universidades ofrecen becas de rodeo°? becas... rodeo scholarships
- la nota promedio° de los jóvenes que juegan con videojuegos es «B»? average

- 1. en Venezuela hay plantas que comen insectos con sus raíces°? roots

- a los elefantes les gusta comer tabaco?
- 2. la persona promedio habla treinta y un mil quinientas (31.500) palabras por día?
- 3. el agua caliente pesa más que el agua fría?

¡TE INVITAMOS A ESCRIBIR!

UN POEMA

Sigue estos pasos para escribir un poema sobre el tema **¿Quién soy?**

Write a poem about yourself.

Primero organiza tus ideas...

con un mapa semántico. Pon tu nombre en el círculo central. Escribe todos los adjetivos, sustantivos y verbos que asocias contigo mismo/a. Usa el modelo como guía.

Organize your ideas.

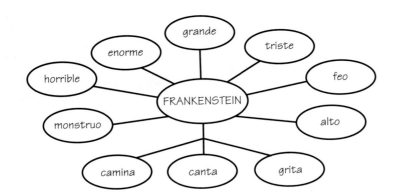

Luego, escoge...

seis adjetivos, tres verbos diferentes y un sustantivo del mapa semántico para incluir en el poema. Usa el siguiente formato:

Choose words to include in your poem.

(tu nombre)
(dos palabras que te describen)
(verbo) (verbo) (verbo)
(cuatro palabras que te describen)
(un sustantivo)

Después, escribe...

tu poema según el formato del paso anterior. Si quieres, puedes usar el modelo como guía.

Write the poem.

MODELO:

Frankenstein.
Feo, enorme.
Grita, camina, canta.
Grande, alto, horrible, triste.
Monstruo.

Por último, comparte...

tu poema con tus compañeros de clase.

Share your poem with the class.

Y AHORA, ¿QUÉ DECIMOS?

Paso 1. Mira otra vez las fotos en las páginas 162–163 y contesta las siguientes preguntas.

- ¿Dónde están los jóvenes en la foto número 1? ¿Qué comen ellos? ¿Qué toman? ¿Tiene tu escuela un menú similar?

- ¿Dónde están los jóvenes en la foto número 2? ¿Qué hacen? ¿Haces tú la misma actividad? ¿Dónde?

- ¿Qué hace la estudiante en la foto número 3? ¿Dónde está? Y tú, ¿tienes una clase de ciencias? ¿Cuántas veces por semana?

- ¿Cuáles de estas actividades tienes que hacer hoy? ¿y mañana?

Paso 2. ¿Es aburrido el menú de tu escuela? Pues, usa tu imaginación y diseña un menú loco para sorprender a tus compañeros.

- Incluye un mínimo de dos sopas, dos ensaladas, dos platos, dos postres y dos bebidas.

- Usa adjetivos para describir cada comida. (Incluye colores.)

Aquí tienes un ejemplo:

Pastel de espaguetis azules con helado morado

LAS DIVERSIONES Y LOS PASATIEMPOS

UNIDAD 2

San José, Costa Rica.

¿QUÉ PODEMOS DECIR?

Mira las fotografías. ¿Qué fotos asocias con las siguientes descripciones?

- A muchas personas les gusta ir al cine.

- En la América del Sur, ¡esquían en julio!

- A estos jóvenes les gusta jugar al fútbol.

Ahora, ¿qué más puedes decir de estas fotos? ¿Cuántas personas hay en cada una? ¿Quiénes son? ¿Qué ropa llevan? ¿Te gusta hacer estas actividades?

Buenos Aires, Argentina.

220

Bariloche, Argentina.

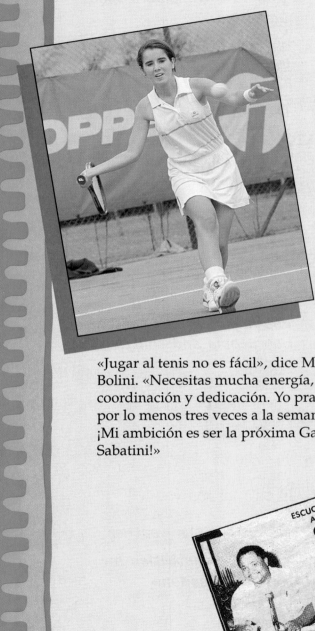

Buenos Aires,
Argentina.

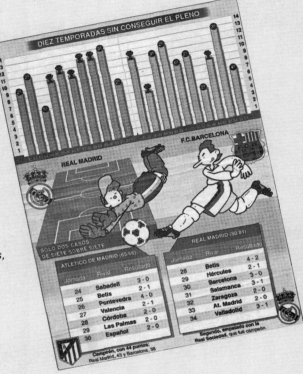

«Jugar al tenis no es fácil», dice Marisa
Bolini. «Necesitas mucha energía, buena
coordinación y dedicación. Yo practico
por lo menos tres veces a la semana.
¡Mi ambición es ser la próxima Gabriela
Sabatini!»

Jugate por la Cultura y el Deporte

TORNEOS JUVENILES BONAERENSES 1993

San Juan, Puerto Rico.

San José,
Costa Rica.

Los fines de semana, Carolina Márquez y sus amigos van a la playa para jugar al voleibol. «Es mi deporte favorito», dice Carolina.

En Costa Rica los chicos juegan al fútbol por todas partes. En la escuela, en el parque, en la playa ¡y hasta en la calle!

A los jugadores de fútbol, **béisbol, voleibol** y fútbol americano les gusta **practicar deportes de equipo**.

A Felipe Iglesias le gusta **participar en carreras de ciclismo**.

Otras personas practican **deportes individuales**.

Raúl Galván **sabe montar a caballo**.

las nadadoras

Mariana Peña participa en **competiciones de natación**.

En algunos deportes, **los atletas** son **rápidos** y tienen buena **coordinación**.

¡QUÉ ELEGANTE!

En otros deportes, es importante ser **ágil** y fuerte.

el ganador

el perdedor

Luis y su compañero practican **lucha libre**.

A Francisco Estrada le gusta **levantar pesas**.

Conexión gramatical
Estudia las páginas 230–235
en **¿Por qué lo decimos así?**

ACTIVIDADES ORALES Y LECTURAS

1 • OPCIONES   **Los deportes**

▶ Indica las respuestas apropiadas en cada caso. Luego, comparte la información con tus compañeros.

Pick the ones for you.

1. Los fines de semana...
   a. nado en la piscina.
   b. juego al básquetbol.
   c. ando en bicicleta con mis amigos.
   d. ¿ ?

2. A mis amigos les gusta...
   a. practicar lucha libre.
   b. jugar al tenis.
   c. esquiar en el agua.
   d. ¿ ?

3. En la clase de educación física...
   a. corremos mucho.
   b. hacemos gimnasia todos los días.
   c. jugamos al voleibol.
   d. ¿ ?

4. En mi familia todos saben...
   a. esquiar.
   b. montar a caballo.
   c. patinar sobre ruedas.
   d. ¿ ?

5. A mí y a mi amigo/a nos gusta...
   a. patinar sobre hielo.
   b. levantar pesas.
   c. participar en competiciones de natación.
   d. ¿ ?

Sevilla, España: A Felipe Iglesias le gusta andar en bicicleta.

El club deportivo

Talk about sports at the club.

▶ Conversa con tu compañero/a sobre los deportes en el Club Deportivo Buenos Aires.

MODELO:

TÚ:	¿A qué deportes juega *Diego*?
COMPAÑERO/A:	Juega *al básquetbol y al tenis.*
TÚ:	¿Cuándo corre *Gabriela*?
COMPAÑERO/A:	*Los martes y los jueves.*
TÚ:	Y, ¿a quiénes les gusta *montar a caballo*?
COMPAÑERO/A:	*A Marisa y a Adriana.*

> **VOCABULARIO ÚTIL**
> ¿A qué deportes juega(n)... ?
> ¿A quién le gusta... ?
> ¿A quiénes les gusta... ?

Club Deportivo Buenos Aires
Horario semanal: 10 de enero—14 de enero

Deportes	Lunes	Martes	Miércoles	Jueves	Viernes
Jugar al básquetbol	Diego 8:30		Adriana 9:45	Diego 1:30	
Correr		Gabriela 10:15	Diego 10:15	Gabriela 3:20	
Nadar				Marisa 5:00	Gabriela 4:45
Jugar al tenis	Marisa Adriana 4:00	Adriana 11:15			Marisa Diego 2:00
Jugar al golf		Marisa Diego 9:50	Gabriela 10:30		
Montar a caballo	Gabriela 11:00			Marisa 1:45	Adriana 4:05

¿Qué sabes hacer?

Find out if your classmate can do these sports.

Paso 1. Pregúntale a tu compañero/a si sabe jugar a estos deportes.

MODELO: esquiar →

TÚ:	¿Sabes *esquiar*?
COMPAÑERO/A:	Sí, yo sé *esquiar muy bien.* (No, no sé *esquiar*, pero sé *patinar sobre hielo.*)
TÚ:	¿Con quién te gusta *esquiar* (*patinar*)?
COMPAÑERO/A:	Con *mi familia.*

Deportes		¿Cómo juegas?	¿Con quién/quiénes?
patinar sobre hielo/ruedas	jugar al básquetbol	muy bien	mi familia
hacer gimnasia	fútbol	bien	mis primos/as
andar en bicicleta	béisbol	más o menos	mi amigo/a
montar a caballo	tenis	mal	nadie
nadar	golf	no sé...	¿ ?
	voleibol		
	¿ ?		

Paso 2. Ahora pregúntale a tu compañero/a qué opina de los siguientes deportes y por qué.

Ask your classmate his/her opinion about these sports.

MODELO: del esquí →

TÚ: ¿Qué opinas *del esquí*?

COMPAÑERO/A: *Me gusta.* Es un deporte *emocionante.* (*No me gusta.* Es un deporte *peligroso.*)

¿Qué opinas...

1. de la lucha libre?
2. del ciclismo?
3. del patinaje sobre hielo?
4. de la natación?
5. del fútbol?
6. ¿ ?

divertido
peligroso
aburrido
emocionante
elegante

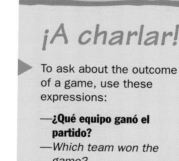

¡A charlar!

To ask about the outcome of a game, use these expressions:

—**¿Qué equipo ganó el partido?**
—Which team won the game?

—**¿Qué equipo perdió?**
—Which team lost?

—**¿Cuál fue el tanteo?**
—What was the score?

—**Seis a tres.**
—Six to three.

4 • CONVERSACIÓN   Entrevista: Deportes favoritos

▶ Hazle las siguientes preguntas a tu compañero/a.

Interview your classmate.

1. ¿Cuáles son tus deportes de equipo favoritos? ¿Qué te gusta más, mirar un partido o jugar un partido? Por lo general, ¿eres buen o mal perdedor / buena o mala perdedora?

2. ¿A qué deporte sabes jugar bien? ¿Es un deporte individual o de equipo? ¿Cómo son los atletas que practican este deporte? (¿rápidos/as, fuertes, ágiles, altos/as, etcétera?) ¿Qué opinas de este deporte?

3. ¿Tienes un equipo profesional favorito? ¿Cómo se llama? ¿De qué color son los uniformes?

RETRATO CULTURAL

GABRIELA SABATINI

- Profesión: tenista
- Ciudad y país de nacimiento: Buenos Aires, Argentina
- Fecha de nacimiento: 16-5-70

  Fechas importantes:
  - 1985: Gana el Japón Open
  - 1990: Gana el U.S. Open
  - 1992: Gana el New South Wales (Australia) Open

Gabriela Sabatini es una gran tenista argentina. Gaby, como la llaman sus amigos, participa en campeonatos° de tenis internacionales. Es una de las mejores° tenistas del mundo. Pero para sus admiradores es la más guapa y simpática. Además del° tenis, a Gaby le gusta estudiar idiomas, escuchar música, sacar fotos, andar en motocicleta y ¡contestar las cartas de sus muchos admiradores!

tournaments

best

Además... In addition to

¡TE INVITAMOS A LEER!

UNA CARTA DE FELIPE IGLESIAS

PERO ANTES… Ésta es una carta del amigo por correspondencia de Ernesto. ¿Cómo se llama este nuevo amigo? ¿De dónde es? ¿Qué deportes practica?

Find out about Ernesto's pen pal.

Estimado° Ernesto:

Mi nombre es Felipe Iglesias. Soy un chico de Andalucía, España, y quiero tener amigos en los Estados Unidos. Tengo 15 años y vivo con mis padres en un cortijo° cerca de Sevilla. Mis padres se llaman Alejandro y Sofía. Mi padre trabaja en el cortijo y mi madre es costurera.°

Me gustan mucho los deportes, especialmente el ciclismo. Me gusta jugar al fútbol y al jai alai.° También juego al baloncesto,° pero... tú sabes que para jugar bien hay que ser° muy alto, y yo soy de estatura mediana.° ¡Qué lástima! Tengo más suerte° con el ciclismo y soy un buen ciclista. El entrenador° de mi club dice que voy a ser un campeón.°

Otra cosa que me gusta mucho es montar a caballo. Tengo un caballo viejo y no muy rápido. Se llama Rocinante, como el caballo de don Quijote.° La verdad es que me gusta más montar en los caballos del cortijo porque son muy rápidos. Y a ti, Ernesto, ¿qué te gusta hacer? ¿Practicas muchos deportes? Bueno chico, te mando° muchos saludos. Hasta la vista.

Felipe Iglesias

Dear

small farm
seamstress

jai... a game like handball / básquetbol (España)
hay... one must be
estatura... medium height / más... better luck
coach
champion

don... main character of the novel Don Quijote by Miguel de Cervantes
te... I send you

¿QUÉ IDEAS CAPTASTE? Todas estas oraciones son falsas. Corrígelas según la información de la lectura.

Correct the sentences.

> MODELO: El joven se llama Julio Iglesias. →
> Según la lectura, *el joven se llama Felipe Iglesias.*

according to the reading

1. Felipe es del Uruguay.

2. Vive con sus padres en un apartamento cerca de Sevilla.

3. Los deportes favoritos de Felipe son el béisbol, el esquí y el tenis.

4. A Felipe no le gusta jugar al básquetbol.

5. Felipe es bastante alto.

6. Su entrenador dice que Felipe va a ser un campeón de fútbol.

7. Otro pasatiempo favorito de Felipe es levantar pesas.

8. Rocinante es el nombre de su perro.

¿POR QUÉ LO DECIMOS ASÍ?

GRAMÁTICA

Using *gustar*:
me gusta... = *I like to*
te gusta... = *you (singular) like to*
le gusta... = *he/she likes to*
nos gusta... = *I + others like to*
les gusta... = *others (plural) like to do*

EXPRESSING LIKES AND DISLIKES
Les gusta / *nos gusta* + Infinitive

A To tell or ask what more than one other person likes to do, use **les gusta** + an infinitive. **Les gusta** can mean *you like* (plural) or *they like*, so use **a** + personal names, nouns, or pronouns to indicate specific people.

—¿**A Marisa y a Adriana les gusta** esquiar?   —*Do Marisa and Adriana like to ski?*
—Sí, **les gusta** bastante.   —*Yes, they like (it) quite a bit.*

—¿**Les gusta** levantar pesas **a las chicas**?   —*Do girls like to lift weights?*
—**A muchas chicas les gusta.**   —*Many girls like (to do that).*

B To say *we like* to do something, use **nos gusta**.

—Chicos, ¿qué **les gusta** hacer después de la escuela?   —*Guys, what do you like to do after school?*
—**Nos gusta** jugar al béisbol.   —*We like to play baseball.*

C To find out who likes to do something, ask ¿**A quién le gusta...** ? for one person and ¿**A quiénes les gusta...** ? for more than one person. Remember to use **a** + a name, noun, or pronoun to answer.

—¿**A quién le gusta** esquiar?   —*Who likes to ski?*
—**A Chela**.   —*Chela (does).*

—¿**A quiénes les gusta** patinar?   —*Who likes to skate?*
—**A todos**.   —*Everyone (does).*

¡OJO! If you are asked a question like this, answer **¡A mí!**, not **¡Yo!**

—¿A quién le gusta bailar?   —*Who likes to dance?*
—¡**A mí**!   —*I do!*

¿Recuerdas?

In **Unidad 1** you learned to use **me gusta**, **te gusta**, and **le gusta** + an infinitive to talk about activities you and others like or dislike. You learned that **le gusta** can mean *he* or *she likes* or *you* (polite) *like* as well as how to use **a** + a name, a noun, or a pronoun to indicate a specific person.

—¿**Te gusta** jugar al tenis?
—*Do you like to play tennis?*

—Sí, **me gusta** mucho.
—*Yes, I like it a lot.*

—¿**A Ernesto le gusta** jugar?
—*Does Ernesto like to play?*

—No, **a él no le gusta** mucho.
—*No, he doesn't like it much.*

¿Qué les gusta más?

▶ En grupos de tres o cuatro, decidan qué actividad les gusta hacer más a sus compañeros.

Ask your class-mates which activity they like better.

MODELO: nadar / montar a caballo →

TÚ: ¿Qué les gusta más, *nadar* o *montar a caballo*?

COMPAÑEROS/AS: Nos gusta más *nadar*.

les gusta = you like
nos gusta = we like

1. nadar / montar a caballo
2. hacer gimnasia / jugar al voleibol
3. esquiar en las montañas / esquiar en el agua
4. correr / caminar

5. levantar pesas / bailar
6. jugar al golf / andar en bicicleta
7. practicar lucha libre / hacer ejercicio
8. patinar sobre hielo / patinar sobre ruedas

Los deportes favoritos

▶ Los estudiantes y los profesores de la Escuela Central son muy activos. ¿A quiénes les gusta practicar estos deportes? Inventa preguntas y contesta según los dibujos.

In pairs, ask questions and respond according to the drawings.

MODELOS: jugar al fútbol americano →

TÚ: ¿A quién le gusta *jugar al fútbol americano*?

COMPAÑERO/A: *A Esteban.*

hacer gimnasia →

TÚ: ¿A quiénes les gusta *hacer gimnasia*?

COMPAÑERO/A: *A Juana y a Felicia.*

¿A quién le gusta... ? = Who (singular) likes . . . ?
¿A quiénes les gusta... ? = Who (plural) likes . . . ?

1. jugar al fútbol americano
2. hacer gimnasia
3. esquiar

4. jugar al fútbol
5. jugar al golf
6. practicar lucha libre

7. patinar
8. nadar

DO YOU KNOW HOW TO . . . ?
The Verb *saber* + Infinitive

saber = to know (facts)

A The Spanish verb **saber** means *to know* facts or information. Here are the present-tense forms of **saber**. Only the **yo** form does not follow the pattern of regular **-er** verbs.

Present Tense of **saber**			
SINGULAR		PLURAL	
yo	**sé**	nosotros/nosotras	**sabemos**
tú	**sabes**	vosotros/vosotras	**sabéis**
usted	**sabe**	ustedes	**saben**
él/ella	**sabe**	ellos/ellas	**saben**

—¿**Sabes** mi nombre?
—Sí, pero no **sé** tu dirección.

—*Do you know my name?*
—*Yes, but I don't know your address.*

saber + infinitive = to know how (to do something)

B To say that someone *knows how to do something* in Spanish, use a form of **saber** + an infinitive. (¡OJO! Do not translate *how* into Spanish.)

¿Sabes + infinitive can also mean "Can you (do something)?"

—¿**Sabes nadar**?
—No, no **sé nadar**.

—*Do you know how to swim?*
—*No, I don't know how to swim.*

—¿**Saben** ustedes **patinar** sobre hielo?
—No, pero **sabemos patinar** sobre ruedas.

—*Can you ice-skate?*
—*No, but we know how to roller-skate.*

San Juan, Puerto Rico:
Mariana Peña sabe patinar.

► Con tu compañero/a, inventa preguntas y respuestas. Sigue el modelo.

Make up
questions and
answers.

MODELO: una bailarina →

TÚ:	¿Qué sabe hacer *una bailarina*?
COMPAÑERO/A:	Sabe *bailar*.
TÚ:	Y tú, ¿sabes *bailar* también?
COMPAÑERO/A:	Sí, sé *bailar* muy bien.
	(No, no sé *bailar*, pero sé *cantar*.)

sé = I know
(how)

1. una bailarina
2. un motociclista
3. una nadadora
4. una tenista
5. un gimnasta
6. un futbolista
7. una cantante
8. un guitarrista
9. ¿ ?

a. andar en motocicleta
b. bailar
c. jugar al fútbol
d. cantar
e. nadar
f. tocar la guitarra
g. hacer gimnasia
h. andar en bicicleta
i. jugar al tenis
j. tocar el piano
k. ¿ ?

► Nuestros amigos de Puerto Rico hacen planes para preparar una comida italiana. Completa la conversación con **sé, sabes, sabe, sabemos** o **saben**.

Complete the
conversation.

MARIANA: Carolina, ¿tú _____ [1] preparar comida italiana?

CAROLINA: ¡Claro que sí! Mi hermana y yo _____ [2] preparar bien los espaguetis. Y mi mamá _____ [3] hacer una lasaña deliciosa. Pero... ¿por qué preguntas?

MARIANA: Tenemos una comida italiana en la clase de historia y yo no _____ [4] preparar ni espaguetis ni pizza.

CAROLINA: Pues, Humberto y Eduardo _____ [5] hacer una pizza deliciosa.

MARIANA: ¡Chévere! Ellos están en mi clase. Entonces yo no tengo que hacer nada.

yo sé
tú sabes
él/ella sabe
nosotros/as
sabemos
ellos/as saben

¡OJO! Remember:
someone else +
yo = **nosotros/as**

WHAT SPORTS DO YOU PLAY?
The Verb *jugar* (*ue*)

> ### ORIENTACIÓN
> In a *stem-changing verb*, the vowel of the stem changes in all the present-tense forms except **nosotros** and **vosotros**. In vocabulary lists, the vowel change appears in parentheses after a stem-changing verb: **jugar** (**ue**).

Stem-changing verbs are sometimes called "shoe verbs" because a line drawn around the group of forms that change resembles the outline of a shoe.

A The Spanish verb **jugar** means *to play* a game or sport. **Jugar** is a stem-changing verb. The **u** in the stem **jug-** changes to **ue** in all except the **nosotros** and **vosotros** forms. The endings are regular **-ar** verb endings. Here are the present-tense forms of **jugar**.

Present Tense of **jugar** (u → ue)

yo	**jue**go	nosotros/nosotras	jugamos
tú	**jue**gas	vosotros/vosotras	jugáis
usted	**jue**ga	ustedes	**jue**gan
él/ella	**jue**ga	ellos/ellas	**jue**gan

In a vocabulary list, this stem change appears in parentheses: jugar (ue).

B To ask *What do you play?* or *What are you playing?*, use **a** at the beginning of the question. You also use **a** + the definite article before the name of a sport.

¡OJO! If the name of the sport is masculine, remember that a + el = al.

—¿**A** qué juegan ustedes en la escuela?

—Jugamos **al** voleibol.

—*What do you play at school?*

—*We play volleyball.*

EJERCICIO 5 ¿A qué deporte juegan?

Decide what sport these people play.

▶ Con tu compañero/a, mira los dibujos y decide a qué deporte juegan estas personas. Sigue el modelo.

yo juego
él/ella juega
ellos/as juegan

MODELO: Julio →

TÚ: ¿A qué deporte *juega Julio*?
COMPAÑERO/A: *Juega al fútbol.*

1. Julio
2. Luis
3. Alicia y Graciela
4. María Luisa
5. Marisa y Adriana
6. Y tú, ¿a qué deporte juegas?

▶ Luis habla con un reportero sobre los Leones, su equipo de fútbol. Completa la entrevista con las formas correctas de **jugar**.

Complete the interview.

REPORTERO: Luis, ¿en qué posición ____¹ tú en los Leones?

LUIS: Yo ____² en la defensa.

REPORTERO: Y, ¿en qué posición ____³ tu compañero, Alejandro?

LUIS: Él ____⁴ de portero. Sabe jugar muy bien.

REPORTERO: Claro que ustedes ____⁵ muy bien. Y, ¿cómo ____⁶ sus rivales, los Gigantes?

LUIS: Son formidables. Pero nosotros ____⁷ mejor.

VOCABULARIO PALABRAS NUEVAS

Los deportes
la carrera
el ciclismo
la competición
el deporte
    de equipo
    individual
el equipo
el esquí
esquiar (en el agua)
el ganador / la ganadora
hacer gimnasia
el jugador / la jugadora
levantar pesas
montar a caballo
el nadador / la nadadora
la natación
el partido
el patinaje
patinar
    sobre hielo
    sobre ruedas
el perdedor / la perdedora

practicar deportes
practicar lucha libre

Palabras semejantes: **el/la atleta, el básquetbol, el béisbol, el golf, el voleibol**

Palabras de repaso: el fútbol, el fútbol americano, el tenis

¡A charlar!
¿Qué equipo ganó?
¿Qué equipo perdió?
¿Cuál fue el tanteo?

El sustantivo
la coordinación

Los verbos
gustar
    les gusta + *infinitive*
    nos gusta+ *infinitive*
jugar (ue)
    juego / juegas

opinar
participar
saber + *infinitive*
    sé / sabes

Los adjetivos
ágil
deportivo/a
emocionante
peligroso/a
rápido/a

Palabras semejantes: **elegante, profesional**

Palabras de repaso: aburrido/a, favorito/a

Palabras útiles
¡A mí!
¿A qué (deporte) juega(n)?
¿A quiénes les gusta... ?
¿Qué opinas de... ?

2 ACTIVIDADES DEL FIN DE SEMANA

Ciudad de México, México.

FRANCISCO: ¿Qué vas a hacer este fin de semana, María Luisa?

MARÍA LUISA: Pues, el sábado por la noche voy a ir a una fiesta.

FRANCISCO: ¿Y el domingo?

MARÍA LUISA: El domingo voy a visitar a mis abuelos.

FRANCISCO: ¿Todo el día?

MARÍA LUISA: ¡Sí! Mis abuelos son muy divertidos.

Buenos Aires, Argentina.

Marisa y Gabriela son muy buenas amigas; hacen muchas cosas juntas. A ellas les gusta ir al cine. «Hoy es sábado y esta noche vamos a ver una nueva película de Tom Cruise», dice Marisa. Las dos amigas son «fans» del actor norteamericano.

EDUARDO: Esta noche hay un
concierto de este
grupo. ¿Vas a ir?

HUMBERTO: No, esta noche voy
a estudiar un poco.

EDUARDO: ¿Estudiar? ¡Hoy es
sábado, Humberto!

HUMBERTO: Es verdad, pero tengo
mucha tarea.

EDUARDO: ¡Qué pena! Este grupo
es muy chévere.

San Juan, Puerto Rico.

¿QUÉ VAN A HACER EL FIN DE SEMANA?

Víctor: El sábado **voy a ir** al cine.

Juana: Voy a bailar toda la noche.

Chela: El sábado voy a **jugar al boliche**.

Felicia: El domingo voy a limpiar mi cuarto.

Esteban: Voy a **andar en patineta**.

Ana Alicia: Mis amigas y yo vamos a **pasar** la tarde en el **centro comercial**.

Ernesto: Voy a sacar fotos.

Roberto: Voy a comprar un disco compacto.

Paco: El domingo por la mañana voy a **leer las tiras cómicas**.

Patricia: El sábado voy a **tomar mi clase de arte**.

Y TÚ, ¿QUÉ DICES?

Conexión gramatical
Estudia las páginas 247–250
en **¿Por qué lo decimos así?**

ACTIVIDADES ORALES Y LECTURAS

1 • OPCIONES   **¿Qué vas a hacer este fin de semana?**

▶ Indica la actividad apropiada en cada caso. Luego, comparte la información con tus compañeros.

▶ **Pick the one for you.**

1. El sábado por la noche voy a...
   a. bailar en una fiesta.
   b. jugar al boliche.
   c. alquilar una película.
   d. ¿ ?

2. El domingo por la mañana voy a...
   a. dormir hasta tarde.
   b. leer las tiras cómicas.
   c. preparar el desayuno.
   d. ¿ ?

Helados de fruta en un mercado de la Ciudad de México, México.

3. Este fin de semana mis amigos y yo vamos a...
   a. tomar helado en una heladería.
   b. ir a un centro comercial.
   c. andar en patineta.
   d. ¿ ?

4. El viernes por la noche mis padres van a...
   a. mirar la televisión.
   b. jugar a las cartas.
   c. ir al cine.
   d. ¿ ?

5. El próximo domingo mi familia va a...
   a. ir a misa.
   b. pasar la tarde en el parque.
   c. cenar en un restaurante.
   d. ¿ ?

Un juego de petanca en Madrid, España.

Los planes

► Conversa con tu compañero/a sobre los planes para esta semana.

MODELO: este sábado →

TÚ: ¿Qué vas a hacer *este sábado*?
COMPAÑERO/A: Primero, voy a *limpiar mi cuarto*.
Luego, voy a *ir al centro comercial*.

1. esta noche
2. mañana
3. este fin de semana

4. la próxima semana
5. ¿ ?

hablar por teléfono con mis amigos	dormir hasta tarde
estudiar para un examen	limpiar mi cuarto
andar en patineta	sacar fotos
asistir a un concierto	visitar a mis parientes
jugar al boliche	ir al centro comercial
cenar fuera	comprar un disco compacto
	¿ ?

¡Eso no es justo!

► Es sábado. Luis Fernández García y su hermano Juanito están en su cuarto. Su madre entra.

LUIS: ¡Juanito! ¡Este cuarto es un desastre! Tus juguetes están por todos lados.
JUANITO: Tu ropa está por todos lados también. ¡Por eso es un desastre!
SRA. FERNÁNDEZ: Cálmense, muchachos. Hay una solución muy simple. Ustedes no van a salir hoy porque *los dos* van a limpiar este cuarto.
LUIS Y JUANITO: ¡Mamá! ¡Eso no es justo!

Talk about your plans for the week.

¡A charlar!

► Here are some useful expressions of time to use when talking about your plans.

esta mañana / tarde / noche
this morning / afternoon / evening

esta semana
this week

este mes / año
this month / year

mañana por la tarde / mañana / noche
tomorrow afternoon / morning / night

la próxima semana
next week

el próximo mes / año
next month / year

1. ¿Tienes que compartir tu cuarto con tu hermano/a?

2. ¿Eres una persona ordenada o desordenada?

3. Normalmente, ¿quién limpia tu cuarto?

4 • NARRACIÓN

¿Qué va a hacer Marisa el próximo sábado?

▶ Describe los planes de Marisa según los dibujos.

Describe Marisa's plans for Saturday.

Read the ad and answer the questions.

▶ Éste es un anuncio del periódico *El Sol de México*. Busca la información necesaria para contestar las siguientes preguntas.

1. ¿Cómo se llaman los equipos que van a jugar?

2. ¿A qué hora va a empezar el partido?

3. ¿En qué canal van a presentar el programa?

Y AHORA, ¿QUÉ DICES TÚ?

1. ¿Qué equipo crees que va a ganar?

2. ¿Te gusta mirar partidos de fútbol americano en la televisión? ¿y de otros deportes? ¿Cuáles?

3. ¿Tienes un equipo de fútbol americano favorito? ¿Cómo se llama?

SORPRESA CULTURAL

¿POR QUÉ SILBAS?°

¿Por... ? Why are you whistling?

During a class discussion, Chela described an experience that reflected cultural differences among sports fans. It happened to her Venezuelan cousin, Victoria, who had come to the States for a visit. One evening she accompanied Chela to a basketball game at Central High. During the game, when the home team was winning, Victoria was very surprised by the fans' behavior. See if you can figure out Victoria's **sorpresa·cultural**.

Why was Victoria confused by the fans' whistling?

a. Victoria didn't think the basketball players were very attractive.

b. Unlike U.S. sports fans, Latin American sports fans whistle to show disapproval of a player or a play.

You're correct if you picked (b). Since Victoria was used to whistling when her team was playing badly, she didn't understand why the Central High fans were whistling when their team was winning.

In Latin America, fans show disapproval by whistling. When they want to show approval, they may shout **¡Bravo!** or yell **¡Viva... !** and the team's name.

Thinking About
Culture

▶ What other aspects of sports might be unique to your culture? For example, find out if cheerleaders are a common feature of sports in other countries.

USE WHAT YOU KNOW TO HELP WITH WHAT YOU DON'T

When you read in English, you use the *context* of an unfamiliar word to guess its meaning. You can do the same in Spanish. A word's context includes what is written before and after that word. (Pictures often contribute to the context too.) Even if they don't give you the exact meaning, words you do know can point you in the right direction. For example, in these sentences from the reading that follows, what is the most likely meaning of the underlined words?

1. Sus admiradoras lo llaman Chema, <u>el sobrenombre</u> de José María.
2. Su música es una combinación de rock y tecno-pop con <u>ritmos</u> latinos y españoles.

¡TE INVITAMOS A LEER!

EL CONCIERTO DE MECANO

PERO ANTES... ¿Te gusta la música rock? ¿Cuál es tu grupo favorito? ¿Vas a conciertos de música rock? En esta carta María Luisa escribe de un grupo de músicos muy famoso en su país. ¿Cómo se llama? ¿Conoces a este grupo?

Find out about a Spanish rock group.

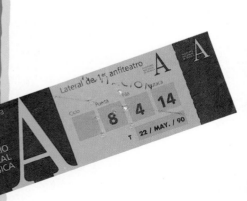

Querida Chela:

¿Cómo estás? Yo estoy muy bien, ¡súper bien! Este fin de semana voy a ir con unos amigos al concierto del grupo Mecano. Es en el Centro de Espectáculos Premier, aquí en el D.F.° Es el primer concierto de ellos que voy a ver. ¡Qué fantástico!

Distrito Federal (Ciudad de México)

Ellos me gustan mucho porque son muy buenos músicos. Además, sus canciones° son muy interesantes. Mi canción favorita es «Bailando salsa». Ah, también cantan una fantástica que se llama «No es serio este cementerio.» ¡Qué título chistoso!, ¿verdad?

songs

En el grupo hay una muchacha, Ana, y dos muchachos, José María y Nacho. Los dos son muy guapos, pero a mí me encanta José María. Sus admiradoras lo llaman Chema, el sobrenombre de José María. Chema es mi amor platónico.° Tengo muchas fotos de él en mi cuarto. Me gustaría escribirle una carta, pero soy un poco tímida...

amor... *ideal love*

Los tres son de España y son muy populares allá. También son famosos en América Latina. Su música es muy original y divertida. Es una combinación de rock y tecno-pop con ritmos latinos y españoles. Todas las personas bailan en sus conciertos. Bueno, no sólo bailan; también cantan, palmean,° gritan° y se divierten como locos.

clap
scream

Por favor, cuéntame° de los conciertos en tu país, ¿sí? Hasta pronto. Saludos de tu amiga,

tell me

María Luisa Torres

P.D. ¿Qué hago, Chela? ¿Le escribo una carta a Chema o no?

¿QUÉ IDEAS CAPTASTE? Contesta las siguientes preguntas sobre la lectura.

Answer the questions.

MODELO: María Luisa va a ir a un concierto.
  a. ¿Cuándo va a ir al concierto? → *Este fin de semana.*
  b. ¿Con quiénes va a ir al concierto? → *Con unos amigos.*
  c. ¿Dónde es el concierto? → *En el Centro de Espectáculos Premier.*

1. A María Luisa le gusta mucho el grupo Mecano.
   a. ¿Por qué le gusta?
   b. ¿Cuál es su canción favorita?

2. Hay una muchacha y dos muchachos en el grupo.
   a. ¿Cómo son los muchachos?
   b. ¿Cuál de los muchachos es el favorito de María Luisa?

3. Los tres son populares en España y América Latina.
   a. ¿De dónde son ellos?
   b. ¿Qué tipo de música tocan?

1. ¿Qué música le gusta escuchar más?

2. ¿Va a conciertos?

3. ¿Tiene un grupo favorito? ¿Cómo se llama?

 RONUNCIACIÓN

MORE PRACTICE WITH *r-* AND *rr*

In Spanish, both the letter **r** at the beginning of a word and the letter **rr** are pronounced with a trill. English speakers usually have to practice a bit to master this sound.

PRÁCTICA Listen to your teacher, then pronounce these sentences.

Rosa Ramos reza mucho po**rr**que...
¡**Raúl Ramos realmente ronca!**

And here is a popular Spanish tongue twister (**trabalenguas**) that uses the trilled **r** sound. Listen to your teacher and then try to pronounce the rhyme.

Erre con erre, guitarra,
Erre con erre, barril;
¡qué rápido corren los carros del
ferrocarril!

¿POR QUÉ LO DECIMOS ASÍ?

GRAMÁTICA

WHAT ARE YOU GOING TO DO?
The Informal Future: *ir a* + Infinitive

> ### ORIENTACIÓN
> To talk about plans or future events in English, you can say "I am going to (do something)," "He is going to (do something)," and so on. Spanish has a similar way of expressing the future using the verb **ir** (*to go*).

To talk about what you are going to do, use a form of the verb **ir** + **a** + infinitive.

ir a + *infinitive*
= *to be going to*
(*do something*)

—¿Qué **vas a hacer** a las cuatro?
—**Voy a salir** con Paco.
—¿Qué **van a hacer**?
—**Vamos a jugar** al fútbol.

—*What are you going to do at 4:00?*
—*I'm going to go out with Paco.*
—*What are you going to do?*
—*We're going to play soccer.*

¿Recuerdas?

▶ In **Unidad 3** you learned to use the verb **ir** to tell where you are going. Here is a review of its present-tense forms.

Present tense of **ir**

yo	**voy**
tú	**vas**
usted	**va**
él/ella	**va**
nosotros/as	**vamos**
vosotros/as	**vais**
ustedes	**van**
ellos/ellas	**van**

EJERCICIO 1   El sábado por la mañana

▶ ¿Qué van a hacer estas personas el sábado por la mañana?

Match the columns.

MODELO: Los fotógrafos →
Los fotógrafos *van a sacar fotos en el parque.*

1. Los fotógrafos...
2. Nosotras, las ciclistas, ...
3. Yo...
4. El equipo de básquetbol...
5. Tú...
6. Las niñas...

a. va a jugar en el gimnasio.
b. van a ver dibujos animados.
c. vas a preparar el desayuno.
d. vamos a andar en bicicleta.
e. voy a limpiar mi cuarto.
f. van a sacar fotos en el parque.

Where are the students going?

Paso 1. Pregúntale a tu compañero/a adónde van los estudiantes del Colegio Rosa-Bell, según los dibujos.

MODELO: Carolina →

TÚ: ¿Adónde va *Carolina*?
COMPAÑERO/A: Va *a la biblioteca.*

> *va a* + a place = he/she is going to (a place); *van a* + a place = they are going to (a place); *va a* + infinitive = he/she is going to (do something); *van a* + infinitive = they are going to (do something)

1. Carolina

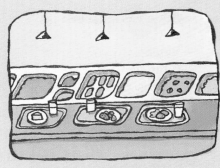

2. el equipo de béisbol

3. los estudiantes de biología

4. Humberto y Eduardo

5. la clase de música

6. Mariana y sus compañeras

Study Hint

Learning a language is a cumulative process, like learning music. When you are studying something new, for example, **ir a** + infinitive, you will need the skills you mastered earlier (for instance, how to conjugate the verb **ir**). New materials always build on previous materials.

A few minutes a day reviewing grammar explanations and vocabulary lists from earlier lessons will increase your understanding and success in communicating in Spanish.

Paso 2. Ahora, pregúntale a tu compañero/a qué van a hacer los estudiantes en cada lugar. Pueden usar expresiones de la lista.

What will they do in each place?

> MODELO: Carolina →
>
> TÚ: ¿Qué va a hacer *Carolina* en *la biblioteca*?
> COMPAÑERO/A: Va a *escribir un informe.*

hacer un experimento   leer un artículo
jugar al béisbol   jugar al voleibol
escuchar un concierto   cantar
comer pizza   comprar refrescos
escribir un informe   ¿ ?

POINTING OUT
Demonstrative Adjectives: *este, esta, estos, estas*

ORIENTACIÓN

Demonstrative adjectives point out specific people or objects in relation to the speaker. For example, "She wants *this* hat," "I know *these* boys."

A The Spanish demonstrative adjectives that correspond to English *this/these* refer to people or things near the speaker in space or time.

*este/esta = this
estos/estas = these*

—¿Adónde vas **este** sábado?   —*Where are you going this Saturday?*
—Al cine.   —*To the movies.*

—¿**Estas** revistas son de Chela? —*Are these magazines Chela's?*
—Creo que sí.   —*I think so.*

B Note that demonstrative adjectives come before the noun. Like other adjectives, they agree in gender and number with the noun they modify.

	SINGULAR	PLURAL
MASCULINE	**este** libro *this book*	**estos** libros *these books*
FEMININE	**esta** chica *this girl*	**estas** chicas *these girls*

EJERCICIO 3 ¿De quién son estas cosas?

▶ Juana y Chela están en la oficina de objetos perdidos de la escuela. Completa el diálogo con **este**, **esta**, **estos** o **estas**.

Demonstrative
adjectives agree
in number and
gender with the
nouns they
modify.

JUANA: ¿De quién es ____ ¹ sombrero?
CHELA: Es de Ana Alicia.
JUANA: ¿Y ____ ² camisetas?
CHELA: Probablemente son de Ana Alicia también.
JUANA: ¿Y de quién son ____ ³ calcetines y ____ ⁴ chaqueta?
CHELA: Mmm... creo que son de Ana Alicia.
JUANA: ¿Y ____ ⁵ bolsa y ____ ⁶ tenis?
CHELA: De Ana Alicia, también.
JUANA: Entonces, ¿qué lleva ____ ⁷ chica? ¡Toda su ropa está aquí!

EJERCICIO 4 ¿Para quién son estos regalos?

▶ Imagínate que ésta es una lista de regalos para tu familia y amigos. Escoge por lo menos dos regalos diferentes para cada uno. **¡OJO!** ¡Debes usar todos los regalos! Usa **este**, **esta**, **estos** o **estas**.

MODELO: Para mi mejor amiga... →
Para mi mejor amiga, *esta blusa* y *estos calcetines*.

1. Para mi mejor amiga...
2. Para mi mamá...
3. Para mi abuelo/a...
4. Para mi hermano/a menor...
5. Para mi mejor amigo...
6. Para mi papá...

Regalos

la camiseta	los jeans	la chaqueta
las tiras cómicas	el reloj	los juguetes
la corbata	la revista de deportes	la blusa
los tenis	el suéter	los lentes de sol
el diccionario	los calcetines	¿ ?

VOCABULARIO PALABRAS NUEVAS

Actividades del fin de semana
alquilar una película
andar en patineta
asistir a un concierto
cenar fuera
dormir hasta tarde
ir
   a un centro comercial
   a misa
jugar (ue)
   al boliche
   a las cartas
leer las tiras cómicas
sacar fotos
tomar helado
tomar una clase de...

Palabras de repaso: bailar,
estudiar, hablar por teléfono, ir
a un concierto (al cine), limpiar
mi cuarto, mirar la televisión,
ver una película, visitar a mis
parientes

Los lugares
el centro comercial
la heladería
la iglesia

Palabras de repaso: el cine, el
cuarto, el parque, el
restaurante

¡A charlar!
esta mañana (tarde, noche)
esta semana
este mes / año
mañana por la tarde (mañana,
   noche)
la próxima semana
el próximo mes / año

Los sustantivos
el canal (de televisión)
el cumpleaños
el desayuno
el disco compacto
la fiesta
el juguete
la película

Palabras semejantes: el
desastre, los planes, el
programa (de televisión), la
solución

Los verbos
asistir
cenar
entrar
pasar
presentar

Palabra de repaso: compartir

Los adjetivos
desordenado/a
este/esta
estos/estas
justo/a
ordenado/a
próximo/a

Palabra de repaso: favorito/a

Palabras útiles
afuera
¡Cálmense!
eso
por todos lados
toda la noche

LECCIÓN 3
EL TIEMPO Y LAS ESTACIONES

¿Esquiar en julio? Pues para estos jóvenes en Bariloche, Argentina, es muy normal. Todos los años, muchos estudiantes van de vacaciones a las montañas para esquiar.

Bariloche, Argentina.

San Juan, Puerto Rico.

CAROLINA: Mariana nada muy bien, ¿verdad?

EDUARDO: Sí, en agosto va a participar en varias competiciones de natación. Y tú, ¿sabes nadar bien?

CAROLINA: Sí, pero me gusta más jugar al voleibol.

EDUARDO: Entonces, ¿jugamos un partido?

CAROLINA: ¡Chévere!

Ciudad de México, México.

LUIS: ¿Sabes qué día es hoy?

SRA. FERNÁNDEZ: Es domingo, ¿no?

LUIS: Ay mamá, qué chistosa eres. Claro que sí, pero también es un día muy especial.

SRA. FERNÁNDEZ: ¿Es un secreto?

LUIS: Sí, pero si lees esta tarjeta, vas a resolver el misterio.

SRA. FERNÁNDEZ: A ver... Dice: «A mi querida mamá, ¡Un muy feliz Día de la Madre! Tu hijo Luis». Ay Luisito, qué sorpresa tan bonita. ¡Muchas gracias, hijo!

¿QUÉ TIEMPO HACE?

VOCABULARIO

El invierno en Santiago, Chile.
Hace frío y **nieva** en **las montañas**.

El verano en Acapulco, México.
Hace sol y mucho **calor**.

La primavera en San Juan, Puerto Rico.
Hace viento y **llueve** mucho.

El otoño en Madrid, España.
Hace fresco y **está nublado**.

Y TÚ, ¿QUÉ DICES?

Conexión gramatical
Estudia las páginas 261–263
en **¿Por qué lo decimos así?**

ACTIVIDADES ORALES Y LECTURAS

1 • OPCIONES   **El tiempo y las estaciones**

▶ Escoge las opciones más lógicas. Luego comparte tus respuestas con tus compañeros.

Find the logical choices.

1. En el invierno, cuando hace mucho frío y nieva, ...
   a. llevamos abrigos y botas.
   b. jugamos al golf.
   c. esquiamos en las montañas.
   d. nos gusta jugar al boliche.
   e. ¿?

2. Cuando llueve...
   a. me gusta jugar con videojuegos.
   b. juego al tenis en el parque.
   c. llevo impermeable y paraguas.
   d. paso el día en la playa.
   e. ¿?

3. En el verano...
   a. hace mucho calor.
   b. celebramos el Día de la Independencia.
   c. llevamos bufandas y guantes.
   d. vamos a la piscina.
   e. ¿?

4. En el otoño...
   a. celebramos el Día de la Madre.
   b. jugamos al fútbol americano.
   c. hace fresco.
   d. llevamos trajes de baño y lentes de sol.
   e. ¿?

5. En la primavera...
   a. hace buen tiempo.
   b. nieva todos los días.
   c. patinamos en el lago.
   d. sacamos fotos de las flores.
   e. ¿?

Guess the holidays according to the drawings.

▶ Adivina los días feriados según los dibujos y las pistas siguientes.

a. El Día de la Independencia

b. El Día de los Enamorados

c. La Navidad

d. El Día de la Raza

¡A charlar!

▶ To ask for today's date in Spanish, use one of these two questions.

¿Qué fecha es hoy? / ¿Cuál es la fecha de hoy?
What is today's date?

To give the date in Spanish, use **el** + a number + **de** + the month. For the first day of the month, use **el primero de**.

Hoy es el 14 de enero.
Today is January 14.

Mi cumpleaños es el primero de agosto.
My birthday is August 1.

e. El Día de la Madre

1. el invierno... el 25 de diciembre... un árbol...

2. la primavera... una persona especial... la familia...

3. el verano... rojo, blanco y azul... el 4 de julio...

4. el otoño... el 12 de octubre... la Niña, la Pinta y la Santa María...

5. los novios... chocolates y flores... el 14 de febrero...

Y AHORA, ¡CON TU PROFESOR(A)!

1. ¿Cuál es su día feriado favorito? ¿Por qué?

2. ¿Con quién celebra este día?

3. ¿Cuál es la fecha de su cumpleaños?

▶ Conversa con tu compañero/a sobre el tiempo en España.

Talk about the weather in Spain.

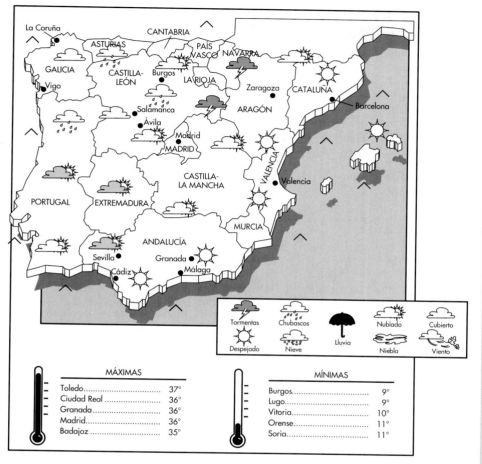

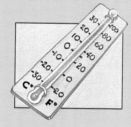

¡A charlar!

▶ Here are some useful expressions to use when talking about temperature.

¿Cuál es la temperatura en Madrid?
What's the temperature in Madrid?

Treinta y cinco grados.
Thirty-five degrees.

Hace mucho calor.
It's very hot.

If these temperatures seem a bit low, it's because in most Spanish-speaking countries the temperature is given in degrees Celsius (**grados centígrados**). The thermometer shows equivalent temperatures in the Celsius (°C) and Fahrenheit (°F) scales. Can you figure out the temperature in °F for Madrid?

MODELO:

TÚ: ¿Qué tiempo hace en *Madrid*?
COMPAÑERO/A: Hace *calor*. (*Está nublado*.)

TÚ: ¿Cuál es la temperatura *máxima* en *Toledo*?
COMPAÑERO/A: *Treinta y siete* grados.

TÚ: ¿Cuál es la temperatura *mínima* en *Burgos*?
COMPAÑERO/A: *Nueve* grados.

TÚ: ¿Dónde *llueve*?
COMPAÑERO/A: En *Asturias*.

Y AHORA, ¿QUÉ DICES TÚ?

1. ¿Qué tiempo hace hoy?
2. ¿Cuál es la temperatura?

Las actividades y el tiempo

Talk about your activities and the weather.

▶ Conversa con tu compañero/a sobre las actividades y el tiempo.

MODELO: llueve →

TÚ:	Cuando *llueve*, ¿qué te gusta hacer?
COMPAÑERO/A:	Me gusta *leer* o *ir al cine*.
TÚ:	Normalmente, ¿qué llevas cuando *llueve*?
COMPAÑERO/A:	Llevo *impermeable, botas y paraguas*.

El tiempo

hace buen / mal tiempo
hace calor
hace fresco
hace frío
hace sol

hace viento
está nublado
llueve
nieva

Las actividades

Entrevista: El tiempo y las estaciones

Interview your classmate.

▶ Hazle estas preguntas a tu compañero/a.

1. ¿Qué actividades te gusta hacer cuando hace buen tiempo? ¿y cuando hace mal tiempo?

2. ¿Cuál es tu estación favorita? ¿Por qué? ¿Qué deportes practicas o en qué actividades participas durante esa estación? ¿Qué días de fiesta hay en esa estación?

3. ¿Cuál es la estación que menos te gusta? ¿Por qué?

4. ¿Cuál es la fecha de tu cumpleaños? ¿y de tu día feriado favorito? ¿Qué haces para celebrar este día?

VISTAZO CULTURAL

CELEBRACIONES DE JULIO

En Hispanoamérica y España se celebran muchas fiestas durante el mes de julio. Éste es un mes de vacaciones de invierno o de verano, según el país.

Fiesta de San Fermín en Pamplona, España.

Fiesta de Uruapán en Michoacán, México.

Feria artesanal de Barranquitas en Puerto Rico.

Fiesta de la nieve, cerro Catedral, en Bariloche, Argentina.

LECCIÓN 3

doscientos cincuenta y nueve 259

¡TE INVITAMOS A LEER!

OTRAS VOCES

PREGUNTAS: «¿Cuál es tu pasatiempo favorito? ¿Cuál es tu estación favorita? ¿Qué te gusta hacer en esa estación?»

Find out which seasons and activities these students prefer.

Antonio Sanz Sánchez
Madrid, España

«Tengo muchos pasatiempos favoritos. Jugar al tenis; creo que es el que° más me gusta. También me encanta dibujar, hacer acampadas,° escuchar música de los Beatles... Mi estación favorita es el otoño. Cuando hace buen tiempo, me gusta pasear por el parque y sacar fotos de la gente.»

el... *the one that*

hacer... *to go camping*

Cecilia Beatriz Borri
Córdoba, Argentina

«Mi pasatiempo favorito es hacer gimnasia y andar° a caballo. Durante la semana voy por dos horas al gimnasio. Allí me encuentro con° amigos, hago aeróbicos, un poco de máquinas y lo más importante, me olvido del° estudio. Mi estación favorita es la primavera. Durante los fines de semana, una vez por mes, vamos con amigos o con mi familia a una casa de campo° en las montañas y salimos a andar a caballo.»

montar

me... *I meet*

me... *I forget about*

casa... *country house*

Y AHORA, ¿QUÉ DICES TÚ?

1. ¿Qué tienes en común con estos jóvenes?
2. De los pasatiempos que mencionan ellos, ¿cuáles son tus pasatiempos favoritos? ¿Cuáles son las actividades que no te gusta hacer?

¿POR QUÉ LO DECIMOS ASÍ?

GRAMÁTICA

WHAT'S THE WEATHER LIKE?
Weather Expressions

> **ORIENTACIÓN**
>
> In English, the word *it* precedes weather expressions, such as *it's hot*, *it's cold*, or *it's raining*. Spanish does not have a subject pronoun for *it*.

A You can use the verb form **hace** to describe most weather conditions in Spanish.

¿Qué tiempo hace?	What's the weather like?
Hace calor.	*It's hot.*
Hace frío.	*It's cold.*
Hace fresco.	*It's cool.*
Hace sol.	*It's sunny.*
Hace viento.	*It's windy.*
Hace buen tiempo.	*It's good weather.*
Hace mal tiempo.	*It's bad weather.*

B To say *it rains* (*it's raining*) or *it snows* (*it's snowing*), use the verb forms **llueve** and **nieva**. To say *it's cloudy*, use the expression **está nublado**.

En Guadalajara **llueve** mucho en el verano.	*In Guadalajara, it rains a lot in the summer.*
En Bariloche, Argentina, **nieva** mucho en julio.	*In Bariloche, Argentina, it snows a lot in July.*
Hoy **está nublado** en Barcelona.	*Today it's cloudy in Barcelona.*

llueve = *it rains; it's raining*
nieva = *it snows; it's snowing*
está nublado = *it's cloudy*

El tiempo y las actividades

Ask questions and respond according to the model.

▶ En grupos de tres o cuatro, pregunten y contesten según el modelo.

MODELO: hace mucho frío / ir a la playa o patinar en el lago →

TÚ: ¿Qué hacen cuando *hace mucho frío*?
COMPAÑEROS/AS: *Patinamos en el lago.*

1. hace mucho frío / ir a la playa o patinar en el lago
2. hace sol / jugar al tenis o mirar la televisión
3. hace mucho calor / nadar o limpiar la casa
4. llueve / jugar al béisbol o jugar al boliche
5. nieva / esquiar o andar en bicicleta
6. hace buen tiempo / ir al cine o sacar fotos en el parque
7. hace mal tiempo / montar a caballo o jugar con videojuegos

EJERCICIO 2   **El tiempo en Hispanoamérica**

Use two expressions to talk about the weather shown on the map.

▶ Mira el mapa y usa dos expresiones para describir el tiempo en estas ciudades.

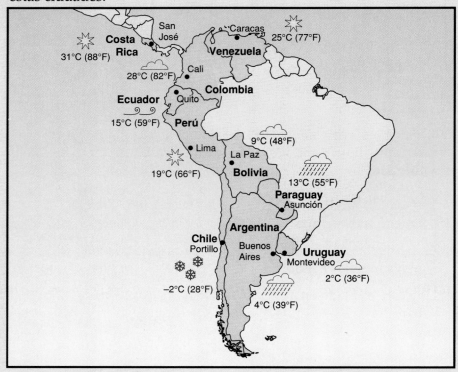

MODELO: Cali, Colombia →

TÚ:	¿Qué tiempo hace en *Cali, Colombia*?
COMPAÑERO/A:	*Hace calor y está nublado.*
TÚ:	¿Y cuál es la temperatura?
COMPAÑERO/A:	*Veintiocho grados (centígrados).*

1. Cali, Colombia
2. Lima, Perú
3. Portillo, Chile
4. Asunción, Paraguay
5. Quito, Ecuador
6. Caracas, Venezuela
7. San José, Costa Rica
8. La Paz, Bolivia
9. Montevideo, Uruguay

VOCABULARIO PALABRAS NUEVAS

Las estaciones
el invierno
el otoño
la primavera
el verano

El tiempo
¿Qué tiempo hace?
Está nublado.
Hace buen / mal tiempo.
Hace calor.
Hace fresco.
Hace frío.
Hace sol.
Hace viento.
Llueve.
Nieva.

¿Cuál es la temperatura
    máxima / mínima?
los grados (centígrados)

Los días feriados y las celebraciones
el Día de los Enamorados
el Día de la Independencia
el Día de la Madre
el Día de la Raza
la Navidad

La ropa
el abrigo
las botas
la bufanda
los guantes
el impermeable
el paraguas
el traje de baño

Palabra de repaso: los lentes de sol

Los lugares
el lago
las montañas
la playa

Palabras de repaso: el parque, la piscina

¡A charlar!
¿Cuál es la fecha de hoy?
¿Qué fecha es hoy?
Es el + *number* + de + *month.*
Es el primero de + *month.*

El verbo
celebrar

Conversation Tip

▶ Asking questions is one of the most useful strategies for talking with people who are shy and reluctant to speak. When you ask others about their interests and activities, you remind them of what they have to say and you show that you are interested. You can use two kinds of questions to keep a conversation going.

1. Information questions: These include **¿quién?**, **¿qué?**, **¿dónde?**, and **¿cuándo?** These questions will help you get useful information, but you will sometimes get very short answers that don't keep a conversation going. They are often most useful when you start a conversation.

2. Expansion questions: These cannot be answered with just **sí** or **no** or any other single word. They keep a conversation going. The question **¿por qué?** is an example; it often helps a shy talker say more.

Try it yourself. Think about discussing sports with your friends, and answer all the information questions with only one word. Now, try to give a one-word answer to this question: **¿Por qué te gusta andar en bicicleta?** See what we mean?

Situaciones

Tú
You're going to write a personal profile for your school newspaper. Interview a school athlete to find out as much as you can about that person so that you can give a good description of her or his personal tastes, favorite activities, and future plans.

Hint: Before your interview, prepare a list of questions. You might want to include the person's sport and why he or she likes it, what the person has to do to play that sport (grades, types of physical training, daily routine), and some favorite activities besides sports. Don't forget a few questions to help you find out what the person is planning to do in the future.

Compañero/a
You're a well-known athlete in your school. Today, a reporter from the school paper is going to interview you for a profile that he or she is planning to write about you. Give the reporter as much information about yourself as you can to make the profile more interesting.

Hint: Before you talk with the reporter, jot down what you have to do in order to play your sport (grades, what you have to do during training), why you like your sport, and what your future plans are. Be able to talk about some favorite activities you like to do in your spare time.

¿Sabías que...

- el veintiuno por ciento (21%) de los beisbolistas profesionales son zurdos°?

left-handed

- hay un cangrejo° cubano que corre más rápido que un caballo?

crab

- es imposible ver la parte interior del Sol, pero es posible saber el color? Es negro.

- no vas a encontrar a dos tigres idénticos en el mundo? ¡Tampoco vas a ver a dos cebras idénticas!

¡TE INVITAMOS A ESCRIBIR!

UNA CARTA A LA ARGENTINA

Un(a) estudiante de la Argentina va a pasar un año con tu familia y va a asistir a tu escuela. Esta persona te escribe una carta y te pregunta sobre las estaciones, el tiempo y la ropa que va a necesitar. Antes de contestar la carta, es una buena idea seguir estos pasos.

Primero, piensa...
en el tiempo que hace donde vives, en las actividades que haces durante el año y en la ropa que llevas según la estación.

Luego, organiza tus ideas...
con un mapa semántico. Puedes usar el siguiente mapa como guía y completarlo.

Find out which seasons and activities these students prefer.

Think up a list of everything you want to say.

Organize your information.

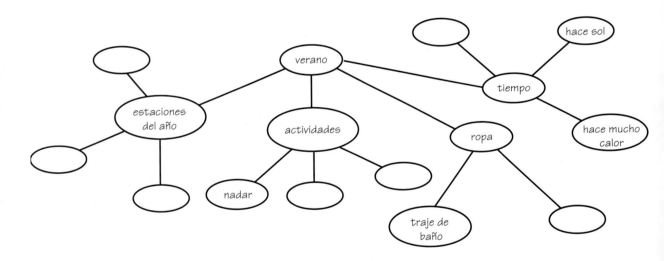

*Un día de enero en la calle
Florida, Buenos Aires, Argentina.*

Después, escoge la información que vas a usar...

y conecta las ideas principales del mapa semántico. Por ejemplo:
verano → hace calor → nadar → traje de baño.

Decide what information you will use.

Por último, escribe la carta...

con las ideas principales de tu mapa semántico. Si quieres, puedes
seguir el siguiente modelo.

Write the letter.

MODELO:

> Querido/a...
>
> ¡Qué bueno! Pronto vas a estar en mi casa. Bueno, voy a contestar tus preguntas. Aquí en... el clima es... Durante el verano hace... En el invierno hace... Si te gusta... vas a necesitar... porque... Buena suerte, y ¡hasta pronto!
>
> Saludos de tu amigo/a...

Y AHORA, ¿QUÉ DECIMOS?

Paso 1. **Mira otra vez las fotografías en las páginas 220–221 y contesta las siguientes preguntas.**

- ¿Qué hacen los chicos en estas fotos? ¿Qué otras actividades puedes hacer allí?

- ¿Qué estación del año asocias con estas fotos? ¿Qué tiempo hace? ¿Qué ropa llevas en días como éstos?

- ¿Qué deportes practicas durante el año? ¿Qué te gusta hacer cuando llueve? ¿y cuando nieva?

Paso 2. **Ahora piensa en tu lugar favorito para ir de vacaciones. Diseña un cartel de ese lugar para mostrar a tus compañeros. Usa tu imaginación, pero también incluye...**

- el tiempo que hace

- tres actividades que puedes hacer allí

- dos dibujos, fotos o cosas típicas del lugar

NOVEDADES 2

MEDALLAS OLÍMPICAS PARA COLOMBIA, ESPAÑA Y ESTADOS UNIDOS

LA GUERRA DE LAS SALSAS

CONTENIDO

Portada: La patineta llega al mundo hispano

EL PÍCARO PACO

Ganadores olímpicos

 Participar en las Olimpíadas es el sueño[1] de todo atleta. Estos tres jóvenes participaron en los Juegos Olímpicos de Barcelona y ganaron medallas para sus respectivos países.

Nombre: Trent Dimas

País: Estados Unidos

Ciudad: Albuquerque

Edad: 21 años (en 1992)

Premio: Medalla de Oro

Evento: Barra horizontal

Lugar: Juegos Olímpicos '92

Idiomas: inglés y español

Nombre: Ximena Restrepo

País: Colombia

Ciudad: Medellín

Edad: 22 años (en 1992)

Premio: Medalla de Bronce

Evento: Carrera de 400 metros

Lugar: Juegos Olímpicos '92

Idiomas: inglés y español

Nombre: José Manuel Moreno

País: España

Ciudad: Palma de Mallorca

Edad: 21 años (en 1992)

Premio: Medalla de Oro[2]

Evento: Carrera de 1 km (Ciclismo de pista)

Lugar: Juegos Olímpicos '92

Idiomas: español y catalán

[1]*dream*
[2]*Gold*

Tito Comprende

Querido Tito:

Estoy confundida y deses-
perada. Mi novio es
buenísimo, tranquilo,
simpático, pero... un poco
aburrido. Puedo adivinar[1]
todo lo que va a hacer y decir.
Él tiene un hermano que es el
polo opuesto: es extrovertido,
interesante, divertido... y me
fascina. No sé qué hacer.
¿Termino con mi novio y trato
de[2] conquistar a su hermano?
¿Cuál es su opinión?

«Indecisa» en Panamá

Querida Indecisa:

Es muy obvio que tú no
quieres a ninguno[3] de los dos
muchachos. Cambiar de novio no
es una cosa simple. Piensa que
tus acciones van a afectar los
sentimientos[4] y la relación de
los dos hermanos. Habla con tu
novio. Dile[5] que necesitas una
separación por una o dos
semanas para poner en orden
tus ideas. Analiza tus
sentimientos honestamente y sé
prudente: esos dos jóvenes son
hermanos y fácilmente puedes
perder[6] a tu novio y a un
amigo también.

Tu amigo Tito

[1]Puedo... *I can guess*
[2]trato... *should I try to*
[3]tú... *you don't love either one*
[4]*feelings*
[5]*Tell him*
[6]fácilmente... *you can easily lose*

La GUERRA[1] de las SALSAS

¿Sabes que en los Estados Unidos gastamos[2] más dinero en salsa mexicana que en ketchup? Los analistas de mercado opinan que la dieta norteamericana está cambiando. Hoy día la gente prefiere comidas sin aditivos.[3] Por eso las salsas mexicanas tienen mucho éxito.[4] Son naturales, frescas y deliciosas.

VENTAS[5] DE SALSA MEXICANA Y KETCHUP EN LOS ESTADOS UNIDOS: 1991
(EN MILLONES)
Fuente: Packaged Facts

Salsa mexicana	$640
Ketchup	$600

[1]*War*
[2]*we spend*
[3]*preservatives*
[4]tienen... *are very successful*
[5]*Sales*

 # TRIVIA

¿CUÁNTO SABES DE... ?

Haz este test y descubre cuánto sabes de deportes y geografía.

 2

Combina el/la deportista con el deporte.
a. Arantxa Sánchez Vicario   **1.** básquetbol
b. Rubén Sierra   **2.** tenis
c. Rolando Blackman   **3.** béisbol

DEPORTES

 1

¿Cuántos jugadores hay en un equipo de fútbol?
a. 5
b. 11
c. 10

3

Un deporte muy popular en la República Dominicana es:
a. el tenis
b. el béisbol
c. el ciclismo

1. b   2. a–2   3. b
        b–3
        c–1

GEOGRAFÍA

 1

¿Cuál es la isla más grande del Caribe?
a. Cuba
b. Hispaniola
c. Puerto Rico

2

¿Cuál es el lago de agua dulce[1] más grande del mundo?
a. el lago Superior
b. el lago Titicaca
c. el lago de Maracaibo

3

¿En qué país está la catedral más antigua de América?
a. en México
b. en la República Dominicana
c. en Venezuela

1. a   2. b   3. b

[1]lago... *freshwater lake*

Ciudad de México, México.

¿QUÉ PODEMOS DECIR?

¿Quiénes son los jóvenes en estas fotografías? ¿De dónde son? ¿Qué fotos asocias con estas cosas?

- Cines, teatros y restaurantes
- Un lugar para comprar pasteles
- Casas y tiendas pequeñas

Y ahora, ¿qué más puedes decir de estas fotos? ¿Qué hacen estos jóvenes? ¿Qué ropa llevan? ¿Qué tiempo hace?

Madrid, España.

San Juan, Puerto Rico.

LECCIÓN 1

EN EL VECINDARIO
In this lesson you will:

- **talk about places in a neighborhood and describe where they are located**
- **identify the people who work in a neighborhood**

LECCIÓN 2

VAMOS AL CENTRO
In this lesson you will:

- **talk about places in the city**
- **identify means of transportation**
- **say what you want or prefer**

LECCIÓN 3

DE COMPRAS
In this lesson you will:

- **talk about stores and shopping**
- **describe the items you want to buy**
- **count from 100 to 1000**

EN EL VECINDARIO

«Vivo en un vecindario de San José, Costa Rica», dice Julio Bustamante. «Aquí siempre hay mucha actividad.»

San José, Costa Rica.

«Éste es el lugar ideal para hablar con mis amigos», dice Raúl Galván. «Es un restaurante muy chévere.»

Caracas, Venezuela.

Madrid, España.

«Mi casa está en un vecindario
antiguo de Madrid», dice Alicia Vargas
Dols. «Me gusta mucho donde vivo porque
hay de todo: tiendas, boutiques, cafés, cine
clubs y teatros.»

mercado de artesanía EL POSTIGO
C/ arfe s/n • Tlf.: 421 39 76 • 41001 Sevilla

El Mercado de Artesanía El postigo, le brinda la Oportunidad de conocer mejor Andalucía, a través de esta muestra permanente, en la que participan los mejores artesanos de nuestras ocho provincias, aprovechando la ventaja de realizar compras y encargos para piezas especiales o decoraciones, sin intermediarios.

la farmacia

la papelería

el café

la panadería

la carnicería

la tienda de comestibles

el correo

el policía

el mesero

la esquina

el dependiente

la plaza

el cartero

el mercado

el vendedor

el quiosco de periódicos

la iglesia

Y TÚ, ¿QUÉ DICES?

Conexión gramatical
Estudia las páginas 286–290
en **¿Por qué lo decimos así?**

ACTIVIDADES ORALES Y LECTURAS

1 • PIÉNSALO TÚ   **Los lugares del vecindario**

▶ ¿Qué hacemos cuando vamos a estos lugares? Escoge una
actividad lógica para cada lugar.

*Choose an
activity for each
place.*

MODELO: el correo →
Cuando vamos *al correo, compramos estampillas y
mandamos tarjetas postales.*

Lugares

1. el mercado
2. la farmacia
3. la tienda de videos
4. la plaza
5. la panadería
6. el quiosco de periódicos
7. la tienda de comestibles
8. la papelería
9. la tienda de ropa
10. la tienda de discos

Actividades

a. comprar cuadernos y lápices
b. alquilar películas
c. comprar estampillas y mandar tarjetas postales
d. comprar leche y cereal
e. comprar pan y pasteles
f. ver a la gente y charlar
g. mirar revistas
h. buscar pantalones y camisetas
i. comprar fruta y verduras
j. buscar aspirinas o champú
k. escuchar cassettes y discos compactos
l. ¿ ?

Una farmacia en Buenos Aires, Argentina.

Un sábado típico en la vida de los Fernández

Talk about the activities with your partner.

▶ Conversa con tu compañero/a sobre las actividades de la familia Fernández.

	POR LA MAÑANA	POR LA TARDE
Juanito	hace un mandado para su mamá	ve a sus amigos en la plaza
Mercedes	compra pan dulce en la panadería	toma un refresco con su novio en un café
Luis	lleva una carta al correo	alquila una película en la tienda de videos
Sra. Fernández	trabaja en la farmacia	compra el periódico en el quiosco

MODELO:

TÚ: ¿Adónde va *Mercedes por la mañana*?
COMPAÑERO/A: *A la panadería.*

TÚ: ¿Qué hace *ella* allí?
COMPAÑERO/A: *Compra pan dulce.*

TÚ: ¿Quién *ve a sus amigos en la plaza*?
COMPAÑERO/A: *Juanito.*

La gente de mi vecindario

Talk about the people who work in your neighborhood.

▶ ¿Conoces a las personas que trabajan en tu vecindario? ¿Dónde trabajan?

MODELO: una dependienta de ropa →

TÚ: ¿Dónde trabaja *una dependienta de ropa*?
COMPAÑERO/A: En *una tienda de ropa.*

1. una mujer policía
2. una dependienta de ropa
3. una mesera
4. un vendedor de revistas
5. un cartero
6. una vendedora de fruta
7. una bibliotecaria
8. un dependiente de discos

a. un quiosco
b. una biblioteca
c. una tienda de discos
d. una farmacia
e. un café
f. el correo
g. la calle
h. una tienda de ropa
i. el mercado

▶ ¿Dónde están estos lugares en el vecindario de Luis? Con tu compañero/a, inventa preguntas y respuestas según el plano.

MODELO:

TÚ:	¿Dónde está *la iglesia*?
COMPAÑERO/A:	Está *enfrente de la plaza*.
TÚ:	¿Y dónde está *la plaza*?
COMPAÑERO/A:	En *la calle Obregón*.

JUANA, AQUÍ ESTÁ EL PLANO DE MI VECINDARIO.

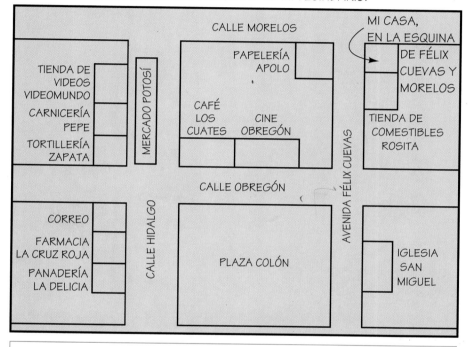

VOCABULARIO ÚTIL

a la derecha de	cerca de	enfrente de
a la izquierda de	detrás de	entre
al lado de	en la calle / avenida / esquina	lejos de

Y AHORA, ¿QUÉ DICES TÚ?

▶ Descríbele a tu compañero/a dónde está tu casa en relación a otros lugares de tu vecindario. Sigue el modelo.

MODELO: Mi casa está a cinco cuadras de la escuela. Cerca de mi casa hay una tienda de comestibles. Al lado de mi casa hay un edificio de apartamentos. Enfrente de mi casa hay un parque.

¡A charlar!

▶ Here are some useful expressions to use to find your way around.

Perdón. ¿Puede usted decirme dónde está... ?
Excuse me, can you tell me where . . . is located?

¿Cómo llego a... ?
How do I get to . . . ?

¿Hay un(a)... cerca de aquí?
Is there a . . . nearby?

Here are expressions people might use when telling you how to get to a particular place:

Siga derecho.
Go straight.

Doble a la izquierda / derecha.
Turn left/right.

Está a... cuadras de aquí.
It's . . . blocks from here.

Camine... cuadras hasta...
Walk . . . blocks until . . .

Cruce...
Cross . . .

Lo siento, pero no sé.
I'm sorry, but I don't know.

RETRATO CULTURAL

PABLO PICASSO (1881–1973)

● Ciudad y país de nacimiento: Málaga, España

El Paseo de Colón

Pablo Picasso, el famoso pintor, escultor y diseñador español, está considerado como el artista más importante del siglo XX. Su obra pasa por diferentes períodos: el azul, el rosa, el cubismo, el surrealismo y el expresionismo. En la *El Paseo de Colón*, Picasso muestra° un vecindario de Barcelona y el monumento a Colón.   *shows*

¡TE INVITAMOS A LEER!

EL VECINDARIO DE LUIS

PERO ANTES... Juana recibe otra carta de Luis Fernández García, su
amigo por correspondencia. Mira las fotos de Luis. ¿A quiénes ves
en las fotos? ¿Es tu vecindario como el vecindario de Luis?

*Find out about
Luis's neigh-
borhood.*

Estas fotos son de mi colonia.° Se
llama Colonia del Valle. Me gusta vivir
aquí porque tengo buenos amigos y los
vecinos° son simpáticos. Además,° como
no está muy lejos de la Zona Rosa,*
muchas veces vamos allí con mis cuates°
a dar un paseo y a divertirnos.

vecindario (*Mexico*)

neighbors / Besides

amigos (*Mexico*)

*La Zona Rosa is a well-known shopping district in
Mexico City.

· 2 ·

Aquí estoy en mi café favorito. Casi
todos los días voy allí con mis cuates
a tomar refrescos. Es un lugar a todo
dar,° ¿no crees?

a... *really cool (Mexico)*

· 3 ·

Éste es el centro comercial de mi colonia. A mi papá le gusta ir de compras aquí porque los precios° son muy buenos.

prices

· 4 ·

En esta agencia de viajes° trabaja la agente de viajes más famosa de México: Mercedes Fernández García. ¡Ja, ja, ja, es un chiste! Ella no es famosa, pero es mi hermana y ¡sí es° bonita!

agencia... travel agency

¡sí... she sure is

· 5 ·

A mi mamá le gusta hacer las compras° cerca de mi casa. En esta calle hay de todo: carnicería, mercado, panadería, correo, farmacia... Y también está aquí uno de mis lugares favoritos: el centro de videojuegos. Voy allí mucho porque me gusta jugar con las maquinitas.° Soy un verdadero campeón.° (Es sólo un chiste.) En tu país hay muchos centros de videojuegos, ¿verdad?

hacer... to shop for groceries

electronic games

verdadero... real champ

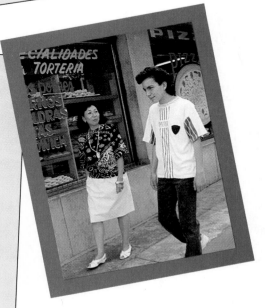

¿QUÉ IDEAS CAPTASTE?... Indica si las siguientes oraciones son ciertas o falsas. Usa las siguientes expresiones para contestar.

Say whether the statements are true or false.

Es cierto.   **Es posible.**   **Es falso.**

MODELO: La Colonia del Valle es un vecindario muy feo. →
Es falso.

1. Los amigos de Luis viven en la Colonia del Valle.
2. A Luis y a sus amigos les gusta ir a la Zona Rosa.
3. El café favorito de Luis es un lugar muy divertido.
4. El centro comercial de la Colonia del Valle tiene tiendas de discos.
5. La hermana de Luis es muy famosa.
6. Mercedes camina a su trabajo todos los días.
7. La mamá de Luis hace las compras en un supermercado.
8. A la mamá de Luis le gusta jugar con videojuegos.

 RONUNCIACIÓN

MORE PRACTICE WITH *j, ge,* AND *gi*

In **Unidad 1** you learned that the **j** in Spanish sounds like *h* in the English *hat*. The letter **g** before **e** or **i** also sounds like *h*.

PRÁCTICA Listen to your teacher and then practice pronouncing the sound of **j** in these examples.

Now try pronouncing the sounds of **ge** and **gi** in the following examples.

Los gemelos generosos.

Javier el pájaro está en su jaula. ¡Je, je, je!

Jazmín la jirafa ingiere jarabe.

¿Quién es el genuino general?

El gigante gira con los gitanos.

WHERE IS IT?
The Verb *estar* + Prepositions of Location

ORIENTACIÓN
A *preposition of location* tells where people, places, or things are located; *close to, far from, in front of, behind,* and *between* are examples.

A Here are several prepositions you can use with **estar** (*to be*) to show location.

a la derecha de	*to the right of*
a la izquierda de	*to the left of*
al lado de	*beside, next to, to the side of*
cerca de	*close to*
delante de	*in front of*
detrás de	*in back of, behind*
enfrente de	*across from, facing*
entre	*between*
lejos de	*far from*

—¿Dónde está el cine?   —*Where is the movie theater?*
—Está **enfrente de** la tienda de videos.   —*It's across from the video store.*

—¿En qué calle está la panadería?   —*What street is the bakery on?*
—Está en la calle Central, **al lado de** la biblioteca.   —*It's on Central Street, next to the library.*

B Remember that the preposition **de** (*of*) contracts with the masculine article **el** to form **del**. No contraction is formed with the articles **la, los, las.**

de + el = del

La bicicleta está delante **del** quiosco.

The bicycle is in front of the newsstand.

Ahora la bicicleta está delante **de la** farmacia.

Now the bicycle is in front of the drugstore.

EJERCICIO 1   El vecindario de Esteban

▶ Esteban tiene que escribir una composición sobre su vecindario. Completa las oraciones con **del, de la, de los, de las, el** o **la.**

Complete the sentences.

Yo vivo en un vecindario viejo pero muy bonito. Mi casa está al lado _____¹ cine, enfrente _____² iglesia. En la esquina hay un supermercado y detrás _____³ supermercado hay un estacionamiento para los clientes. Mi tienda favorita es la tienda de videojuegos. Voy allí casi todos los días. Está en la avenida Lincoln entre _____⁴ papelería y _____⁵ correo. A la izquierda _____⁶ correo hay una tienda de comestibles. Delante _____⁷ tienda siempre hay dos perros gordos y muy feos y al lado _____⁸ perros siempre está el dependiente, también muy gordo y muy feo. Cerca _____⁹ tiendas hay una plaza donde los niños del vecindario van a jugar. A veces voy allí para ver a mis amigos y jugar.

¡OJO! Entre is not followed by de.

Pick the
appropriate
prepositions,
according to the
drawing.

El profesor Álvarez le dice a su amigo dónde están las cosas en el refrigerador. Mira el dibujo y escoge la preposición correcta para completar el diálogo.

EL AMIGO: Oye, ¡son las seis y tengo hambre!

SR. ÁLVAREZ: Pues, hay comida en el refrigerador. El helado de chocolate está (a la izquierda del / a la derecha del)[1] helado de vainilla y el pastel está (detrás de / delante de)[2] las papas fritas. Los refrescos están (a la izquierda de / a la derecha de)[3] las galletitas. Y creo que hay un batido de chocolate (entre el / al lado del)[4] jugo de naranja y el queso.

EL AMIGO: ¡Qué barbaridad, Daniel! ¿No comes nada saludable?

SR. ÁLVAREZ: Claro que sí. ¡Estoy a dieta!

EL AMIGO: Pues, no me gusta tu comida. Voy al café que está (al lado de / enfrente de)[5] la biblioteca. ¡Después regreso a tu casa para comer el postre!

SEEING PEOPLE AND THINGS
The Verb *ver* and the Personal *a*

A To ask or tell what you or others see, use the verb **ver** (*to see*). Here are its present-tense forms. Only the **yo** form (**veo**) is irregular; other present-tense forms have regular **-er** verb endings.

ver = to see

Present Tense of **ver**	
SINGULAR	PLURAL
yo **veo**	nosotros/nosotras **vemos**
tú **ves**	vosotros/vosotras **veis**
usted **ve**	ustedes **ven**
él/ella **ve**	ellos/ellas **ven**

—¿**Ven** muchas películas?   —*Do you see many movies?*
—Sí, **vemos** dos a la semana.   —*Yes, we see two a week.*

B For a person or pet, use the preposition **a** before the name or noun that refers to who or what is seen. The personal **a**, as it is called, has no equivalent in English.

Use a before a person or pet: Veo a mi hermano.

Ves **a** tus amigos en el café.   *You see your friends at the café.*
No veo **a** mi gato.   *I don't see my cat.*

Remember that **a** + the masculine article **el** = **al**.

a + el = al

Veo **al** cartero en la esquina.   *I see the mailman on the corner.*

C Other verbs you know that require the personal **a** are **ayudar** (*to help*), **buscar** (*to look for*), **cuidar** (*to take care of*), **escuchar** (*to listen to*), **esperar** (*to wait for*), **invitar** (*to invite*), **llamar** (*to call*), **mirar** (*to look at; to watch*), **saludar** (*to greet*), and **visitar** (*to visit*).

Los dependientes ayudan **a** los clientes.   *The clerks help the customers.*
Luis llama **a** la mesera.   *Luis calls the waitress.*
Busco **a** mi perro.   *I'm looking for my dog.*

D Note the use of the personal **a** in the questions ¿**A quién**...? and ¿**A quiénes**...? (*whom*).

To find out who is the object of a verb, use ¿A quién...?/¿A quiénes...?

—¿**A quién** esperas?   —*Who(m) are you waiting for?*
—Espero **a** Mariana.   —*I'm waiting for Mariana.*

—¿**A quiénes** miras?   —*Who(m) are you looking at?*
—Miro **a** los muchachos.   —*I'm looking at the boys.*

LECCIÓN 1   *doscientos ochenta y nueve* **289**

Tell who or what you can see in these places.

▶ Di lo que ves en estos lugares. Usa palabras de cada lista.

MODELO: en la calle →

TÚ:	¿Qué ves cuando estás *en la calle*?
COMPAÑERO/A:	Veo *autobuses y bicicletas*.
TÚ:	¿A quién ves allí, normalmente?
COMPAÑERO/A:	Veo *al policía (al cartero)*.

veo = I see
ves = you see

	¿Qué ves?	¿A quién ves?
1. en la calle	frutas	al policía
2. en un mercado	bicicletas	a los clientes
3. en el correo	refrescos	a las vendedoras
4. en un café	autobuses	al cartero
5. en un quiosco	libros	al dependiente
6. en una tienda de ropa	verduras	al vendedor de periódicos
	faldas	al mesero
	estampillas	¿?
	revistas	
	cartas	
	sudaderas	
	sándwiches	
	¿?	

Find the correct answers and complete the dialogues.

▶ Con tu compañero/a, busca las respuestas y luego completa los diálogos con **a, al, a la, a los** o **a las**.

MODELO: ¿_____ quién llamas cuando ves un accidente? →

TÚ:	¿*A* quién llamas cuando ves un accidente?
COMPAÑERO/A:	*Al policía*.

1. ¿_____ quién llamas cuando ves un accidente?
2. ¿_____ quién busca Lois Lane cuando tiene problemas?
3. ¿_____ quién llamas cuando estás en un restaurante?
4. ¿_____ quiénes ves cuando tienes problemas?
5. ¿_____ quiénes saludas cuando vas al mercado?
6. ¿_____ quiénes buscas cuando necesitas un libro?

a. _____ mesero.
b. _____ consejeros de la escuela.
c. _____ policía.
d. _____ bibliotecarias.
e. _____ Superman, por supuesto.
f. _____ vendedoras.

VOCABULARIO PALABRAS NUEVAS

Los lugares
la carnicería
el correo
la cuadra
el edificio de apartamentos
la iglesia
el mercado
la panadería
la papelería
la plaza
el quiosco de periódicos
la tienda de comestibles
la tienda de videos
el vecindario

Palabra semejante: **el café**

Palabras de repaso: la avenida,
la biblioteca, la calle, la tienda
de ropa

¿Dónde está?
a la derecha de
a la izquierda de
al lado de
cerca de
delante de
detrás de

en la esquina (de)
enfrente de
lejos de

Palabra de repaso: entre

Los oficios
el cartero / la mujer cartero
el dependiente /
    la dependienta
el mesero / la mesera
el policía / la mujer policía
el vendedor / la vendedora

Palabra de repaso: el
bibliotecario / la bibliotecaria

¡A charlar!
Camine... cuadras hasta...
¿Cómo llego a... ?
Cruce...
Doble a la izquierda / derecha.
Está a... cuadras de aquí.
¿Hay un(a)... cerca de aquí?
Lo siento, pero no sé.
Perdón. ¿Puede usted
    decirme dónde está... ?
Siga derecho.

Los sustantivos
el champú
la estampilla
la gente
el pan dulce
el plano
la tarjeta postal

Palabras semejantes: **la**
   aspirina, el cereal, el
   cliente / la clienta

Palabra de repaso: el cassette

Los verbos
hacer mandados
llevar
mandar
ver
   veo / ves

Palabra útil
para

LECCIÓN 2

VAMOS AL CENTRO

ALICIA: Mira esta escultura, Miguel. ¿Te gusta?

MIGUEL: Más o menos. Prefiero el arte moderno.

ALICIA: Bueno. En la otra sala hay muchos cuadros de Picasso y Miró. ¿Vamos?

MIGUEL: ¡Vale!

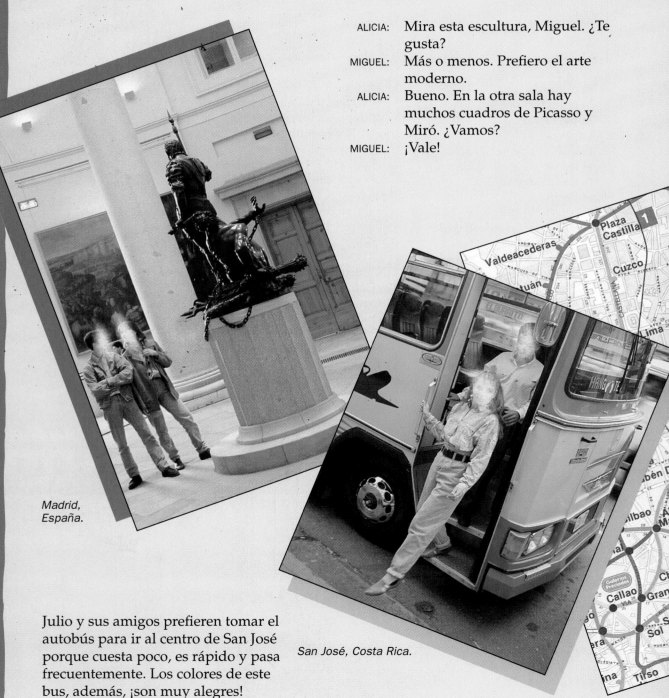

Madrid, España.

San José, Costa Rica.

Julio y sus amigos prefieren tomar el autobús para ir al centro de San José porque cuesta poco, es rápido y pasa frecuentemente. Los colores de este bus, además, ¡son muy alegres!

Buenos Aires, Argentina.

«El Teatro Colón de Buenos Aires es muy famoso», dice Marisa Bolini. «Aquí ves orquestas, compañías de danza y de ópera de todo el mundo. Las entradas no son baratas, pero si eres estudiante, recibes descuento estudiantil.»

ALICIA: Hola, Graciela. Voy al centro esta tarde. ¿**Quieres** ir **conmigo**?

GRACIELA: Claro que sí. ¿A qué hora vamos?

ALICIA: A las cinco, ¿está bien?

GRACIELA: **¡Vale!**

ALICIA: ¿Quieres ir en autobús?

GRACIELA: No, **prefiero tomar el metro.** Es más **rápido.**

EL MUSEO · Picasso · EL TEATRO · EL CENTRO COMERCIAL · LA ESTACIÓN DE METRO · EL TAXI · EL ESTADIO · EL BANCO · EL ALMACÉN · EL METRO · EL AUTOBÚS · LA ZAPATERÍA · EL RASCACIELOS · EL HOSPITAL · EL HOTEL · LA LIBRERÍA · EL TREN · LA OFICINA

Y TÚ, ¿QUÉ DICES?

ACTIVIDADES ORALES Y LECTURAS

Conexión gramatical
Estudia las páginas 302–309
en **¿Por qué lo decimos así?**

---

1 • OPCIONES   **Actividades en el centro**

▶ Indica las opciones más apropiadas en cada caso. Luego comparte
tus respuestas con tus compañeros.

Pick the ones for you.

1. Cuando quiero ir al centro...
   a. siempre tomo el metro.
   b. voy en carro con mis amigos o con mi familia.
   c. prefiero tomar el autobús.
   d. voy a pie.
   e. ¿ ?

2. Generalmente, mis amigos y yo vamos al centro comercial...
   a. para ir de compras.
   b. para ver a otros amigos.
   c. para mirar los escaparates.
   d. para pasear.
   e. ¿ ?

3. A mí me gustan los almacenes...
   a. que tienen buenos precios.
   b. donde los dependientes son simpáticos.
   c. donde hay autoservicio.
   d. donde hay de todo y barato.
   e. ¿ ?

4. Cuando quiero comprar un regalo...
   a. voy primero al banco para sacar dinero.
   b. entro en una librería para buscar una novela.
   c. visito los almacenes del centro.
   d. busco un disco compacto o un cassette en una tienda de
      discos.
   e. ¿ ?

5. Para mí, un sábado ideal en el centro es cuando...
   a. recibo boletos gratis para el teatro o el cine.
   b. ceno con mi familia en un restaurante elegante.
   c. paso la tarde en el zoológico.
   d. veo un partido en el estadio.
   e. ¿ ?

*La estación de trenes Atocha
en Madrid, España.*

¿Adónde van?

Tell where these people go.

▶ Con tu compañero/a, di adónde van las siguientes personas.

MODELO: un hombre que quiere depositar dinero →

TÚ: ¿Adónde va *un hombre que quiere depositar dinero*?

COMPAÑERO/A: Va *a un banco*.

1. una estudiante que necesita comprar un libro para una clase
2. una persona que está muy enferma
3. un padre que quiere comprar zapatos nuevos para sus hijos
4. una mujer que no quiere comer en su casa
5. un turista que quiere pasar unos días en la ciudad
6. una pareja que quiere asistir a una obra de teatro
7. una persona que quiere ver un partido de fútbol americano
8. un grupo de turistas que quiere ver cuadros y esculturas

Lugares en la ciudad

un hotel	un restaurante	un museo
una librería	un almacén	un hospital
una zapatería	un estadio	un banco
un teatro	una biblioteca	¿ ?

3 • DIÁLOGO   **¿Cómo prefieres ir?**

▶ ¿Cómo vas a los distintos lugares?

Tell how you get to the following places and what you do there.

MODELO:

TÚ: ¿Cómo vas *al centro comercial*?

COMPAÑERO/A: Prefiero *tomar el autobús*.

TÚ: ¿Con quién vas generalmente?

COMPAÑERO/A: Voy con *mis amigos*.

TÚ: ¿Y qué haces allí?

COMPAÑERO/A: *Miro los escaparates de las tiendas.*

Lugares

el centro comercial	el teatro
el estadio de béisbol/fútbol	el zoológico
tu restaurante favorito	las tiendas del
el museo de arte	centro
el cine	¿ ?

Medios de transporte

ir a pie / caminar	tomar un taxi
ir en bicicleta	ir en carro
tomar el metro	ir en tren
tomar el autobús	¿ ?

▶ Describe las actividades de Alicia en Madrid.

Tell what Alicia does in Madrid.

Look at the ad and answer the questions.

▶ Contesta las siguientes preguntas según la información en el anuncio.

1. ¿Para qué es este anuncio?
    a. Para una película
    b. Para una obra de teatro
    c. Para una tienda de videos

2. ¿Qué medio de transporte es una «guagua»? (Pista: En Puerto Rico no hay metro.)
    a. Un autobús
    b. Un taxi
    c. Una bicicleta

3. ¿Cómo se llama el autor?
    a. Ponce de León
    b. Carlos Ferrari
    c. No se sabe

4. ¿Cuándo cuestan más los boletos?
    a. Los jueves
    b. Los fines de semana
    c. Los lunes

Y AHORA, ¿QUÉ DICES TÚ?

1. ¿Qué es más popular entre los jóvenes, el teatro o el cine?

2. ¿Cuál prefieres tú? ¿Por qué?

SORPRESA CULTURAL

¿DE COMPRAS A LAS TRES?

One day, Miss García and her students had a class discussion about cultural similarities and differences related to shopping. She told the students about the first time her aunt from Mexico came to visit. When they made plans to go shopping, her aunt noticed something interesting! See if you can figure out her **sorpresa cultural**.

> ANTES DE REGRESAR A MÉXICO NECESITO COMPRAR ALGUNAS COSAS PARA LA FAMILIA.

> ¡PERO SON LAS TRES!

> BUENO, TÍA, COMO NO HAY CLASES, ¿POR QUÉ NO VAMOS DE COMPRAS AHORA MISMO?

Can you guess why Miss García's aunt was puzzled?

a. Many shops in Mexico close during the early afternoon hours.

b. Shops in Mexico stay open all day, even on holidays.

If you guessed (a), you know why Miss García's aunt was so surprised. In some Hispanic countries, many shops and businesses close between 1:30 P.M. and 4:00 P.M. so that employees can go home for lunch. The establishments reopen in the late afternoon and stay open until 7:00 or 8:00 P.M. In larger cities, however, many big department stores and businesses remain open all afternoon.

Thinking About Culture

What are some factors that affect opening and closing hours of business in this country? Do you see a connection between working or school hours and shopping times?

OTRAS VOCES

PREGUNTA: «¿Cómo es la ciudad o el pueblo donde vives?»

Find out about life in these students' hometowns.

Clara López Rubio
Madrid, España

«Madrid tiene muchas partes antiguas° (yo
vivo en una de ellas) y es una ciudad muy
activa. La gente está en las calles ¡hasta las
dos de la mañana! y las personas salen
muchas veces a cenar fuera de casa, a cines,
teatros o terrazas.° Una persona joven no
depende del coche.° Hay metros, autobuses y
taxis que recorren° la ciudad y te llevan°
hasta el último rincón.° La gente camina
mucho porque las distancias son cortas. En
Madrid tenemos muchos parques (el más
grande es El Retiro) y mucha vida cultural:
museos, conciertos, conferencias, etcétera.»

viejas

outdoor cafés
carro
go around / te... *take you*
último... farthest corner

Xiomara Solís Murillo
Alajuela, Costa Rica

«La ciudad donde yo vivo se llama Alajuela y, comparada con las ciudades
de los Estados Unidos, es un pueblo. Pero a mí me gusta mucho porque
todo está cerca de la casa: el supermercado, la zapatería, la panadería, el
parque, la iglesia, etcétera. Las tiendas no son muy grandes, pero podemos
obtener lo que necesitamos y hay gran variedad de artículos importados. El
Parque Central, que está enfrente de la Catedral, tiene muchos árboles de
mangos. Por eso llaman a Alajuela "la ciudad de los mangos".»

María Gabriela Mellace
Tucumán, Argentina

«Tucumán es mi provincia natal° y es la más
pequeña de la Argentina. Su ciudad capital,
San Miguel de Tucumán, es una de las más
grandes y desarrolladas° del país. A la
provincia la llaman "el Jardín de la República"
por su abundante vegetación subtropical.
También tenemos pequeños lagos donde
nosotros los jóvenes practicamos esquí
acuático y windsurf.»

provincia...
   native province

developed

Y AHORA, ¿QUÉ DICES TÚ?

1. ¿Cómo es tu pueblo o ciudad? ¿Qué tipos de edificios hay allí?

2. ¿Vives cerca o lejos del centro?

3. ¿Cuáles son tus lugares favoritos en la ciudad? ¿Qué actividades
   te gusta hacer allí?

*El patio interior de una
casa en Sevilla,
España.*

Una casa hermosa en San Juan, Puerto Rico.

*Un edificio de apartamentos en
Madrid, España.*

EXPRESSING WHAT YOU WANT OR PREFER
The Verbs *querer* (*ie*) and *preferir* (*ie*)

A To talk about what you want or prefer, use the verbs **querer** (*to want*) and **preferir** (*to prefer*). Note that they are stem-changing verbs. The **e** of their stems changes to **ie** in all but the **nosotros** and **vosotros** forms. Here are their present-tense forms.

> querer = to want
> preferir = to prefer

> e → ie (except in *nosotros* and *vosotros* forms)

Present Tense of **querer** (**ie**)

yo	quiero	nosotros/nosotras	queremos
tú	quieres	vosotros/vosotras	queréis
usted	quiere	ustedes	quieren
él/ella	quiere	ellos/ellas	quieren

Present Tense of **preferir** (**ie**)

yo	prefiero	nosotros/nosotras	preferimos
tú	prefieres	vosotros/vosotras	preferís
usted	prefiere	ustedes	prefieren
él/ella	prefiere	ellos/ellas	prefieren

—¿**Quieres** un café o un refresco?
—**Prefiero** un refresco.

—*Do you want coffee or a soft drink?*
—*I prefer a soft drink.*

> querer/preferir + infinitive = to want / to prefer to (do something)

B You can also use **querer** or **preferir** + an infinitive to ask or tell what someone wants or prefers to do.

—¿**Quieres tomar** el metro?
—No, **prefiero ir** a pie.

—*Do you want to take the subway?*
—*No, I prefer to walk.*

▶ Mariana Peña y sus amigos van de compras a la Plaza de las Américas, un gran centro comercial en Hato Rey, San Juan.

Paso 1. Completa estas conversaciones con **quiero**, **quieres**, **quiere**, **queremos** o **quieren**.

Complete the conversations.

1. DEPENDIENTA: ¿Qué _____ usted, señorita?
   MARIANA: _____ una falda gris.

2. EDUARDO: ¿Tú no _____ una videocasetera, Humberto?
   HUMBERTO: Claro que sí. Yo _____ una, pero no tengo suficiente dinero.

3. MARIANA: ¿Qué _____ tu mamá para su cumpleaños, Carolina?
   CAROLINA: Creo que ella _____ un disco de Rubén Blades.

4. MESERA: ¿_____ ustedes un refresco?
   EDUARDO: Sí, _____ cuatro limonadas, por favor. Tenemos mucha sed.

Paso 2. Ahora completa estas conversaciones con **prefiero**, **prefieres**, **prefiere**, **preferimos** o **prefieren**.

Complete the conversations.

1. DEPENDIENTE: ¿_____ usted la corbata verde o la corbata azul, señorita?
   CAROLINA: Yo _____ la corbata verde. Es para mi papá.

2. DEPENDIENTE: Tenemos cassettes y discos compactos. ¿Qué _____ ustedes?
   HUMBERTO: (Nosotros) _____ discos compactos.

3. HUMBERTO: Eduardo, ¿qué color de zapatos _____?
   EDUARDO: _____ zapatos negros; son más prácticos, ¿no?

4. MARIANA: ¿Qué tipo de música _____ Eduardo?
   CAROLINA: Él _____ la salsa, pero también le gusta mucho el rock.

Humberto y Eduardo en una zapatería en San Juan, Puerto Rico.

Describe what you want to do that night.

Paso 1. Imagínate que estás en otra ciudad. ¿Qué quieres hacer por la noche?

MODELO: ir al teatro o tomar algo en un café →

> TÚ: ¿Quieres *ir al teatro o tomar algo en un café?*
>
> COMPAÑERO/A: Quiero *ir al teatro.* (Quiero *tomar algo en un café.*)

a. ir al teatro o tomar algo en un café
b. ver un partido en el estadio o ver una película
c. bailar en una discoteca o pasear por el centro

Describe what you and your friends would prefer to do in the afternoon.

Paso 2. Imagínate que tú y tus amigos van a ir al centro esta tarde. ¿Qué prefieren hacer?

MODELO: ir en metro o tomar un taxi →

> TÚ: ¿Prefieren *ir en metro o tomar un taxi?*
>
> COMPAÑERO/A: Preferimos *ir en metro.* (Preferimos *tomar un taxi.*)

a. ir en metro o tomar un taxi
b. visitar una tienda de discos o entrar en una librería
c. mirar los escaparates o ir de compras

Describe what you and your friends want to do while the weather is bad.

Paso 3. Imagínate que hace mal tiempo. ¿Qué prefieren hacer tus amigos?

MODELO: jugar a las cartas o jugar con videojuegos →

> TÚ: ¿Qué prefieren hacer tus amigos, *jugar a las cartas o jugar con videojuegos?*
>
> COMPAÑERO/A: Prefieren *jugar a las cartas.* (Prefieren *jugar con videojuegos.*)

a. jugar a las cartas o jugar con videojuegos
b. leer revistas o escuchar música
c. ir al cine o ver videos en casa

IS IT FOR ME?
Pronouns After Prepositions

> **ORIENTACIÓN**
> The *object* of a preposition is the name, noun, or pronoun that follows it: from *Lisa*, with *the dog*, for *me*.

A You have been using prepositions such as **a** (*at, to*), **de** (*of, from*), **en** (*in, on*), **con** (*with*), and **para** (*for*). The following pronouns are the objects of these and most other prepositions in Spanish.

Pronouns After Prepositions	
SINGULAR	PLURAL
mí *me*	nosotros/nosotras *us*
ti *you* (informal) usted *you* (polite)	vosotros/vosotras *you* (informal plural) ustedes *you* (plural)
él *him* ella *her*	ellos *them* ellas *them* (females)

Did you notice that, except for **mí** and **ti**, these pronouns are the same as the subject pronouns?

> **Note that there is an accent on mí but not on ti.**

—Juana, estos boletos son para **ti**.

—¿Para **mí**? Gracias, mamá.

—*Juana, these tickets are for you.*

—*For me? Thanks, Mom.*

B The preposition **con** combines with the pronouns **mí** and **ti** to form **conmigo** (*with me*) and **contigo** (*with you*).

> **con + mí = conmigo**
> **con + ti = contigo**

—Alicia, ¿quieres ir al centro **conmigo**?

—¿**Contigo**? ¡Claro que sí!

—*Alicia, do you want to go downtown with me?*

—*With you? Of course!*

Una calle en el centro de Madrid, España.

¿Es fácil o difícil?

▶ Pregúntale a tu compañero/a si es fácil o difícil hacer estas cosas. Luego inventa otra pregunta con una persona de la lista. Sigue el modelo.

MODELO: correr dos kilómetros →

TÚ: Para ti, ¿es fácil o difícil *correr dos kilómetros*?

COMPAÑERO/A: Para mí, es *fácil* (*difícil*).

TÚ: ¿Y para (*tus amigos*)?

COMPAÑERO/A: Para ellos, ¡es *difícil* (*fácil*)!

1. correr dos kilómetros
2. hacer gimnasia a las cinco de la mañana
3. usar la computadora
4. aprender el vocabulario de este texto

5. estudiar el sábado por la noche
6. sacar buenas notas en esta escuela
7. escribir una composición
8. tocar un instrumento musical

¿Y para...

tus amigos/as?
tu mamá / tu papá?
tus compañeros/as?

tu mejor amigo/a?
tu profesor(a) de... ?
¿ ?

EJERCICIO 4   **Una carta de María Luisa**

▶ María Luisa Torres le escribe una carta a su amiga Leticia. Completa la carta con **mí, ti, él, ella, ellos, conmigo** o **contigo**.

Querida Leticia:

Tú sabes que este domingo es el cumpleaños de Ángela, ¿verdad? Yo tengo el regalo ideal para _____[1] ¡Un perfume bastante caro! Luis y Pancho también tienen un regalo fantástico. El regalo de _____[2] va a ser una sorpresa (¡dos boletos para el concierto de Juan Luis Guerra!). ¿Y tú? ¿Tienes algo para _____[3]?

El sábado por la tarde voy a ir de compras. ¿Quieres ir _____[4]? Es muy divertido cuando voy _____[5] de compras.

Leticia, ¿sabes quién va al baile este sábado? ¡Luis! Para _____[6] él es un chico muy guapo. ¿Y para _____[7]? ¿Y sabes quién va con _____[8]? ¡Su prima Enriqueta!

Bueno, Leticia, nos vemos mañana y platicamos más.

Tu amiga,
María Luisa

WHAT THINGS DO YOU LIKE?
Gusta/gustan + Noun

A To talk about things you and others like or don't
like, use a form of **gustar** + a noun. If the noun
is singular, use the singular form **gusta**; if the noun
is plural, use the plural form **gustan**.

> **Use gusta for
> one thing; use
> gustan for more
> than one.**

—¿**Te gustan** los rascacielos?
—No, no **me gustan** los
edificios altos.

—Do you like skyscrapers?
—No, I don't like tall buildings.

Me gusta el campo. No **me
gusta** la ciudad.

*I like the country. I don't like
the city.*

B To emphasize or clarify exactly who likes
something, use the preposition **a** + a name,
noun, or pronoun.

> **To specify who
> likes something,
> use a + a name,
> noun, or pronoun.**

A Juana y **a Víctor** les gusta
la ciudad.

Juana and Víctor like the city.

A ella le gustan los teatros.
A él le gusta el zoológico.

She likes theaters.
He likes the zoo.

—**A la profesora le** gusta el
arte moderno. ¿Y **a ti**?
—Pues, **a mí** no me gusta.

*—The teacher likes modern art.
And you?*
—Well, I don't like it.

C To ask who likes something, use **¿A quién... ?** or **¿A quiénes... ?**

—¿**A quién** le gustan los
cuadros de Picasso?
—A mí.

—Who likes Picasso's paintings?

—I do.

—¿**A quiénes** les gusta el
metro?
—A nosotros.

—Who likes the subway?

—We do.

¿Recuerdas?

▶ In **Unidades 1** and **4** you
learned to use the form
gusta + an infinitive to talk
about *activities* you and
others like or don't like to
do.

Me **gusta ir** al centro
comercial.
I like to go to the mall.

No nos **gusta tomar** el
metro.
*We don't like to take the
subway.*

El Museo de Arte
Contemporáneo en la Ciudad
de México, México.

Una página del diario de Juanito

Complete
Juanito's diary
entry.

▶ Completa este párrafo del diario de Juanito con **a mí, a ti, a él, a ella, a nosotros, a ellos** o **a ellas**.

Hint: The
pronoun that
follows a corre-
sponds to the
person who likes
something:
a mi papá = a él
a Juan y a Luis
= a ellos.

Mi papá trabaja en un banco. _____ _____¹ le gusta mucho su trabajo. Mi mamá trabaja en casa y a veces en una farmacia. _____ _____² le gustan los museos y el teatro. Mi hermana Mercedes es agente de viajes. _____ _____³ le gusta salir con su novio todas las noches.

Tengo dos hermanos, Luis y Jorge. _____ _____⁴ les gustan todos los deportes. _____ _____⁵ también me gustan los deportes, especialmente el fútbol. Los domingos nos gusta ir al estadio para ver a nuestro equipo favorito. _____ _____⁶ también nos gusta ver los partidos en la tele. Mamá y Mercedes van al cine todas las semanas. _____ _____⁷ les gustan las películas románticas, pero _____ _____⁸ no me gustan para nada. Mercedes siempre me dice, « _____ _____⁹ no te gustan las películas románticas ahora, pero algún día te van a gustar también.» ¡Qué tontas son las chicas!

¿Qué te gusta más?

Ask your partner
what he/she
likes more.

▶ Pregúntale a tu compañero/a qué cosas le gustan más.

MODELO: ¿la ropa elegante o la ropa deportiva? →

TÚ: ¿Qué te gusta más, *la ropa elegante o la ropa deportiva*?

COMPAÑERO/A: Me gusta más *la ropa deportiva* (*la ropa elegante*).

1. ¿la ropa elegante o la ropa deportiva?

2. ¿los gatos o los perros?

3. ¿la música rock o la música clásica?

4. ¿los deportes individuales o los deportes de equipo?

5. ¿la comida mexicana o la comida italiana?

6. ¿las películas románticas o las películas de terror?

7. ¿las novelas o las tiras cómicas?

8. ¿el invierno o el verano?

9. ¿los amigos serios o los amigos divertidos?

10. ¿el teatro o el cine?

¡Me gusta la ciudad!

Make up
sentences using
words from each
column on
p. 309.

▶ Inventa oraciones con palabras de cada columna en la página 309. Sigue el modelo.

MODELO: A mí me →
A mí me *gustan los rascacielos*.

1. A mí me
2. A mi mejor amigo/a le
3. A mi familia le
4. A mis compañeros les
5. A nosotros los estudiantes nos
6. A los niños les

gusta
gustan

los rascacielos
el museo de ciencias
los almacenes del centro
el parque
los centros de videojuegos
las esculturas modernas

la ropa en los escaparates
los restaurantes mexicanos
el centro comercial
el zoológico
las obras de teatro
¿ ?

VOCABULARIO ② PALABRAS NUEVAS

Los lugares
el almacén
la estación de metro
el estadio
la librería
el pueblo
el rascacielos
el teatro
la zapatería
el zoológico

Palabras semejantes: **el banco, el hospital, el hotel**

Palabras de repaso: el centro, el centro comercial, el cine, la ciudad, la iglesia, el museo, la oficina, el parque, el restaurante, la tienda de discos

Los medios de transporte
a pie
el metro
el tren

Palabra semejante: **el taxi**

Palabras de repaso: el autobús, la bicicleta, el carro

Las personas
el autor / la autora
la pareja

Palabra semejante: **el/la turista**

Palabras de repaso: el dependiente / la dependienta, el grupo, el hombre, la mujer

Los sustantivos
el boleto
el cuadro
el escaparate
la escultura
la obra de teatro
el precio
el regalo

Palabras de repaso: el cassette, el dinero, el disco compacto, el libro, la novela, el partido, la película

Los verbos
cuesta / cuestan
depositar
gustar
    gusta / gustan
necesitar

pasear
preferir (ie)
    prefiero / prefieres
querer (ie)
    quiero / quieres

Los adjetivos
barato/a
distinto/a
gratis

Palabras semejantes: **ideal, rápido/a**

Palabras de repaso: favorito/a, simpático/a

Los pronombres
mí
    conmigo
ti
    contigo

Palabras útiles
el autoservicio
de todo
¡Vale!

Palabras del texto
el diario
el párrafo

DE COMPRAS

EDUARDO: Humberto, ¿te gustan estos tenis blancos?

HUMBERTO: Mmm... No sé.

EDUARDO: ¡Pero son los tenis más populares del momento!

HUMBERTO: Bueno... como dice el refrán, «para gustos se han hecho colores».

San Juan, Puerto Rico.

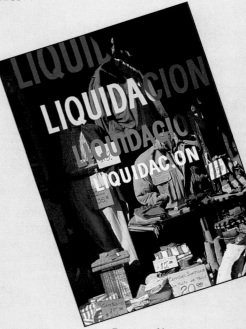

Buenos Aires, Argentina.

MARÍA LUISA: Ay, no sé qué discos de rock comprar, ¿el de Maldita Vecindad o el de Caifanes?

LETICIA: A mí me gustan los dos grupos.

ÁNGELA: Caifanes es padrísimo.

MARÍA LUISA: Entonces compro los dos y los escuchamos en casa.

Ciudad de México, México.

«¿Quieres comprar un suéter? ¿una bolsa? ¿libros? ¿Te gusta descubrir objetos interesantes? Aquí en El Rastro ¡hay de todo!», dice Alicia Vargas. «Es un lugar "total" para ir de compras.»

Madrid, España.

Una tienda de ropa en San José, Costa Rica.

Un centro comercial en Buenos Aires, Argentina.

ARTÍCULOS DE DEPORTE

la pelota
$3.50

la raqueta de tenis
$125.00

el bate
$30.00

los patines
$55.00

MARIANA: **¿Cuánto cuestan los patines?**
VENDEDORA: Cincuenta y cinco **dólares,** señorita. **Son una ganga.**
MARIANA: Entonces **los llevo.**

GRAN VENTA DE JOYAS

los aretes de diamantes
$637.00

la pulsera de oro
$490.00

el anillo de plata
$45.00

el collar de perlas
$725.00

GRANDES REBAJAS

los calcetines de algodón
$1.50

el abrigo de lana
$345.00

el cinturón de cuero
$25.00

la cartera de plástico
$7.00

APARATOS ELECTRÓNICOS

el televisor
$430.00

el radio cassette portátil
$75.00

el estéreo
$730.00

¡SETECIENTOS TREINTA DÓLARES! ¡QUÉ CARO!

la videocasetera
$350.00

LOS NÚMEROS HASTA 1000

100	cien	400	cuatrocientos/as	800	ochocientos/as
101	ciento uno/a	500	quinientos/as	900	novecientos/as
200	doscientos/as	600	seiscientos/as	1000	mil
300	trescientos/as	700	setecientos/as		

Y TÚ, ¿QUÉ DICES?

Conexión gramatical
Estudia las páginas 320–321
en **¿Por qué lo decimos así?**

ACTIVIDADES ORALES Y LECTURAS

1 • PIÉNSALO TÚ **Definiciones**

▶ Busca el artículo que corresponde a cada una de estas definiciones.

Find the item described.

1. Los jóvenes los llevan en las orejas y, a veces, ¡en la nariz!

2. Es un aparato electrónico. Lo usamos para ver programas.

3. La usas para guardar el dinero.

4. La necesitas para jugar al tenis.

5. Con este aparato electrónico grabamos programas.

6. Es una joya; la usamos en el brazo.

7. Es un aparato electrónico. Lo usamos para escuchar discos o cassettes.

8. Es un artículo esencial para jugar al béisbol.

a. una pulsera
b. una raqueta
c. un televisor
d. un bate
e. un anillo
f. los aretes
g. una videocasetera
h. un estéreo
i. una cámara
j. una cartera

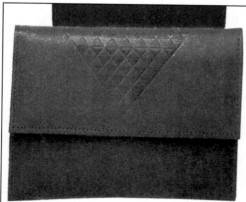

40%
DE DESCUENTO DE SU PRECIO REGULAR EN CARTERAS AMITY
Selección de varios estilos para él o ella. Cantidad 48 por farmacia.
Reg. desde 14.00 hasta 26.00 c/u

Talk about the prices of these items.

Con tu compañero/a, habla de los precios de estas cosas.

MODELOS:

la pulsera de plata →

TÚ: ¿Qué cuesta *ciento ocho dólares*?
COMPAÑERO/A: *La pulsera de plata.*

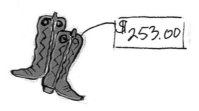

las botas de cuero →

TÚ: ¿Cuánto cuestan *las botas de cuero*?
COMPAÑERO/A: *Cuestan doscientos cincuenta y tres dólares.*

1. la cartera

2. los patines

3. el estéreo

4. los esquís

5. la patineta

6. los aretes de oro

¡A charlar!

When you travel in a Spanish-speaking country, you may get the opportunity to bargain in an open-air market. Here are some expressions to help you sharpen your bargaining skills.

Tú:

¿Cuánto cuesta(n)... ?
How much is/are . . . ?

Es demasiado caro.
It's too expensive.

No vale tanto.
It's not worth that much.

No pago más de...
I won't pay more than . . .

Está bien, lo/la/los/las/ llevo.
OK. I'll take it (them).

Vendedor(a):

¡Es un regalo!
I'm giving it away!

¡Es muy barato/a!
It's very cheap!

¡Es una ganga!
It's a bargain!

Es de muy buena calidad.
It's really good quality.

▶ Imagínate que estás en la Tienda Fantástico donde venden de todo. ¿Qué cosas quieres comprar y para quién son?

Talk about what you would like to buy.

MODELO: el guante de béisbol →

TÚ:	¿Quieres *el guante de béisbol*?
COMPAÑERO/A:	Sí, *lo* quiero.
TÚ:	¿Para quién *lo* quieres?
COMPAÑERO/A:	Para *mi hermanito*.

1. los aretes de oro

2. la videocasetera

3. las botas de cuero

4. la bicicleta de 10 velocidades

5. el carro con teléfono y televisor

6. la patineta

7. los patines

8. las pulseras de plata

9. el collar de perlas

Y AHORA, ¡CON TU PROFESOR(A)!

▶ Pídele a tu profesor(a) que escoja tres regalos de la Tienda Fantástico y pregúntale para quién(es) son.

Ask your teacher to choose three gift items and tell who they are for.

4 • DIÁLOGO   ¡A regatear!

▶ Imagínate que estás en un mercado al aire libre. Necesitas comprar los artículos de esta lista. Regatea con el vendedor o la vendedora para obtener un precio más bajo.

Bargain to get a lower price.

un cinturón de cuero
aretes de plata
calcetines de lana

un radio cassette portátil
camisetas de algodón
una cámara

MODELO:

TÚ:	Buenos días. ¿Cuánto *cuesta el cinturón de cuero*?
VENDEDOR(A):	*Veinte* dólares.
TÚ:	*Es muy caro.* Sólo tengo *quince* dólares.
VENDEDOR(A):	Muy bien, *quince* dólares. ¡Es un regalo!
TÚ:	Entonces *lo* llevo.

*El Mercado Ciudadela,
Ciudad de México, México.*

Read the directory ad and tell where you would shop.

▶ Imagínate que vas de compras a este centro comercial. Lee el directorio y di adónde vas para hacer estas cosas.

MODELO: Necesitas champú y perfume. →
Entonces voy *a la Farmacia el Ingenio.*

1. Buscas flores para tu mamá.
2. Quieres aprender a manejar un carro.
3. Tienes hambre y quieres comer tacos.
4. Buscas ropa para una amiga.
5. Quieres hacer ejercicio.
6. Quieres visitar a un amigo que vive en otro país.

Y AHORA, ¿QUÉ DICES TÚ?

1. ¿Hay un centro comercial en tu vecindario o ciudad? ¿Vas allí mucho? ¿En qué sección pasas más tiempo? ¿En cuál gastas más dinero?

2. Cuando ves algo que te gusta, ¿lo compras inmediatamente o lo compras más tarde cuando está rebajado?

3. ¿Qué te gusta más, comprar en un almacén o en un mercado al aire libre? ¿Hay mercados al aire libre en tu ciudad? ¿Hay ventas de garaje? ¿Qué compras allí? ¿Sabes regatear?

VISTAZO CULTURAL

EL DINERO NO SIEMPRE ES VERDE

El dinero en el mundo hispano ofrece una gran variedad de colores e imágenes. Aquí tenemos unos ejemplos.

La peseta, España.

El bolívar, Venezuela.

El sucre, Ecuador.

El colón, Costa Rica.

¡TE INVITAMOS A LEER!

EN EL MERCADO

PERO ANTES... ¿Te acuerdas de Leticia López, la amiga de Luis, y de Ángela Robles, la chica que estudia en México este año? Pues, en esta lectura vamos a ir con ellas a un mercado en México.

Ángela Robles quiere comprar un regalo para su mamá que está en los Estados Unidos. Pero no sabe dónde lo va a comprar. Entonces, habla con su amiga, Leticia López...

Find out about shopping and bargaining in Mexico.

ÁNGELA:	Sabes, Leticia, a mamá le gustan mucho las joyas de plata y la artesanía° mexicana.
LETICIA:	Entonces vamos a un mercado.
ÁNGELA:	Fantástico. Hay uno en la Zona Rosa...
LETICIA:	Ah, sí, el Mercado Insurgentes. Pero sabes, es un lugar muy turístico y todo es un poco más caro.
ÁNGELA:	¿Hay otro mercado?
LETICIA:	Sí, sí, hay muchos. Y puedes comprar de todo: ropa, aparatos electrónicos, discos, libros, comida, artesanías... Muchísima gente hace todas sus compras en los mercados.
ÁNGELA:	¿Y por qué?
LETICIA:	Porque los precios son más baratos. Pero es importante saber regatear...
ÁNGELA:	¿Regatear? ¿Qué es eso?
LETICIA:	Mmm... En inglés se dice *to bargain*.
ÁNGELA:	Ah, ahora entiendo. Pero yo no sé regatear...
LETICIA:	Pues yo soy una experta. Vamos al Mercado Ciudadela y te enseño.°

crafts

te... I'll teach you

Más tarde, en el Mercado Ciudadela...

ÁNGELA:	¡Qué grande es!
LETICIA:	Sí, es muy bonito, pero en este mercado sólo hay artesanías.
ÁNGELA:	Señor, ¿cuánto cuesta este collar de plata?
VENDEDOR:	Es muy bonito, ¿verdad? Sólo cuesta sesenta pesos.
LETICIA:	Es muy caro. No podemos° pagar más de veinte.
VENDEDOR:	Imposible, señorita. Es de muy buena calidad. Se lo vendo en cincuenta.°
LETICIA:	No, es mucho. ¿Veinte?
VENDEDOR:	Miren, para unas señoritas tan bonitas como° ustedes, ¡cuarenta y cuatro pesos!
LETICIA:	Usted es muy simpático, pero el precio es muy caro...

No... We can't

Se... I'll sell it to you for 50.

tan... as pretty as

ÁNGELA:	Sí, es verdad. ¿Qué tal° cuarenta pesos?	¿Qué... *How about*
VENDEDOR:	Bueno pues.	
ÁNGELA:	Entonces lo llevo.	
VENDEDOR:	Gracias, señoritas. Y regresen pronto.°	Y... *And come back soon*
ÁNGELA y LETICIA:	De nada. Adiós.	
ÁNGELA:	¡Es muy barato! A mamá le va a encantar.°	le... *is going to love it*
LETICIA:	Sí, es un collar muy bonito. Y tú, ¡ya sabes regatear!	
ÁNGELA:	Sí, ¡porque tengo una profesora fantástica!	

¿QUÉ IDEAS CAPTASTE? Pon estas oraciones en el orden correcto según la información de la lectura.

Put the sentences in order.

_____ Ángela compra el collar por cuarenta pesos.

_____ Leticia dice que las cosas en el Mercado Insurgentes son un poco caras.

_____ Ángela y Leticia regatean con el vendedor.

_____ Ángela y Leticia van al Mercado Ciudadela.

_____ Ángela no sabe dónde comprar un regalo para su mamá.

_____ El vendedor dice que el collar cuesta sesenta pesos.

_____ Ángela ve un collar de plata muy bonito.

PRONUNCIACIÓN

MORE PRACTICE WITH *ga, gue, gui, go,* AND *gu*

The letter **g** in Spanish is softer than the hard *g* of English except after the letter **n**. The combination **gu** represents the **g** sound before the letters **e** and **i**. Remember that in this combination the **u** is never pronounced.

PRÁCTICA To help you practice the **g** sound, try the following tongue twister:

Cuando digo «digo», digo «Diego».
Cuando digo «Diego», digo «digo».

Now try these two useful sayings:

¡Agarra la onda! (*Go for it!*)
No te ahogues en un vaso de agua.
(*Don't make a big deal out of it.*)

and these two silly sentences:

Al gavilán le gusta el gusano gustoso.

Al guitarrista le gustan los guisos de guisantes.

IT AND *THEM*
The Impersonal Direct Object Pronouns *lo, la, los,* and *las*

ORIENTACIÓN

A *direct object* tells who or what receives the action of the verb. In the sentence *We bought the car, car* is the direct object. It tells what was bought. A direct object *pronoun* can replace a direct object *noun*.

> Did you buy *the car*? → Yes, I bought *it*.
> Do you have *the keys*? → Yes, I have *them*.

It and *them* are called *impersonal* direct object pronouns because they refer to things instead of people.

A Like English, Spanish uses direct object pronouns to replace direct object nouns, as in the following pairs of sentences. Note that direct object pronouns come *before* the conjugated verb.

> *Direct object pronouns come before the conjugated verb.*

—¿Tienes **la cámara**?　　　　　—*Do you have the camera?*
—Sí, **la** tengo.　　　　　　　　—*Yes, I have it.*

—¿Quieres **los aretes**?　　　　—*Do you want the earrings?*
—Sí, **los** quiero.　　　　　　　—*Yes, I want them.*

—¿Necesitas **el champú**?　　　—*Do you need the shampoo?*
—Sí, **lo** necesito.　　　　　　 —*Yes, I need it.*

—¿Prefieres **las pulseras**　　　—*Do you prefer the silver*
　de plata?　　　　　　　　　　　*bracelets?*
—Sí, **las** prefiero.　　　　　　 —*Yes, I prefer them.*

B Direct object pronouns agree in gender and number with the nouns they replace. Here is a table of the impersonal direct object pronouns equivalent to *it* and *them.*

> *lo = masc. sing.*
> *la = fem. sing.*
> *los = masc. pl.*
> *las = fem. pl.*

	SINGULAR (*it*)	PLURAL (*them*)
MASCULINE	**lo**	**los**
FEMININE	**la**	**las**

C In a negative sentence, **no** comes before the object pronoun.

—¿Tiene Esteban el nuevo disco de Mecano?

—No, **no lo** tiene pero lo quiere.

—Does Esteban have the new Mecano record?

—No, he doesn't have it, but he wants it.

No comes before the object pronoun: **No la** veo.

EJERCICIO 1 — Una visita corta

Ask and respond using the appropriate object pronoun.

▶ Imagínate que vas a pasar el fin de semana en la casa de tu amigo/a. Tu mamá te pregunta qué cosas necesitas llevar. Con tu compañero/a, hagan ambos papeles según los modelos.

MODELOS: el champú →

MAMÁ: ¿Necesitas *el champú*?
TÚ: Sí, *lo* necesito. (No, no *lo* necesito.)

la raqueta de tenis →

MAMÁ: ¿Necesitas *la raqueta de tenis*?
TÚ: Sí, *la* necesito. (No, no *la* necesito.)

Direct object pronouns come before the verb; no comes before the object pronoun.

1. el champú
2. la raqueta de tenis
3. el radio cassette portátil
4. la sudadera
5. el suéter de lana
6. la cámara
7. el cinturón
8. la cartera

EJERCICIO 2 — Comprando por catálogo

Discuss what you want to buy.

▶ Imagínate que recibes este catálogo de regalos. Conversa con tu compañero/a sobre los artículos que quieren comprar. Expliquen sus decisiones. Sigue el modelo.

MODELO: **1.** los patines →

TÚ: ¿Quieres *los patines*?
COMPAÑERO/A: Sí, *los* quiero. *Son muy baratos.* (No, no *los* quiero. Ya tengo *patines*.)

1. patines $25.00

2. chaqueta de lana $125.00

3. anillo de plata $45.00

4. guantes de lana $11.00

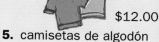

5. camisetas de algodón $12.00

6. botas de cuero $180.00

7. aretes de plástico $5.00

8. mochila de cuero $70.00

VOCABULARIO PALABRAS NUEVAS

Los artículos de deporte
el bate
la bicicleta de... velocidades
los esquís
el guante de béisbol
los patines
la pelota
la raqueta de tenis

Palabra de repaso: la patineta

Las joyas
el anillo
los aretes
el collar
la pulsera

Los aparatos electrónicos
la cámara
el estéreo
el radio cassette portátil
el televisor
la videocasetera

Los materiales
el algodón
el cuero
el diamante
la lana
el oro
la perla
el plástico
la plata

Los números
cien/ciento
doscientos/as
trescientos/as
cuatrocientos/as
quinientos/as
seiscientos/as
setecientos/as
ochocientos/as
novecientos/as
mil

¡A charlar!
¿Cuánto cuesta(n)... ?
¡Es un regalo!
¡Es una ganga!
Es de muy buena calidad.
¡Es muy barato/a!
Está bien, lo/la/los/las llevo.
No pago más de...
No vale tanto.

Los sustantivos
la cartera
el cinturón
la rebaja
la venta

Palabras semejantes: **el directorio, el dólar, el perfume, la sección**

Palabras de repaso: las botas, el carro, el champú, el país, el precio, la ropa, el regalo

Los verbos
gastar
grabar
guardar
llevar
manejar
regatear
vender

Los adjetivos
caro/a
rebajado/a

Palabra semejante: **esencial**

Palabra de repaso: barato/a

Los pronombres
lo/la
los/las

Palabras útiles
al aire libre
demasiado
inmediatamente
¡Oye!
¡Qué suerte!
sólo

Palabras del texto
hagan ambos papeles
más bajo
pídele

DIME ALGO MÁS

SITUACIONES

Tú

You want to meet a friend for some shopping this Saturday. You need to buy at least three different items. Compare your shopping lists and decide when and where you are going to shop. Then arrange a time and a place to meet. Describe exactly where your meeting place is located so that you won't have any misunderstandings. If you have schedule conflicts, work out the best time for both of you. You have to do some house-work, and you have a piano lesson at three. You're going to spend the evening with your aunt.

Compañero/a

You want to meet a friend for some shopping this Saturday. You need to buy at least three different items. Compare your shopping lists and decide when and where you are going to shop. Then arrange a time and a place to meet. Describe exactly where your meeting place is located so that you won't have any misunderstandings. If you have schedule conflicts, work out the best time for both of you. You have to study for a test and do some homework on Saturday, and you're going to a basketball game in the evening.

Hint: Before you do this activity, write a list of at least three things you need to buy and where you think you can buy them. Decide how you can manage to go shopping and still do the other things you need to do.

Conversation Tip

▶ When you make plans with another person, it's important to be flexible and work together to make arrangements that suit you both. Sometimes you both have to rearrange your schedules. If you are going to meet somewhere, it's also important that you both understand clearly where you are going to get together. Here are some words that will help you make arrangements and clarify plans.

¿A qué hora vamos a... ?
What time are we going to . . . ?

¿Dónde nos encontramos?
Where shall we meet?

No comprendo. Repite, por favor.
I don't understand. Say it again, please.

A ver si comprendo bien.
Let's see if I understand.

¡Ah, ya comprendo!
Ah, I get it!

¡Qué buena idea! Tienes razón.
What a good idea! You're right.

¿ SABÍAS QUE...

- el Río° de la Plata, en la Argentina, es realmente de color café?

    river

- en Paraguay, el dinero consiste en papel moneda°? No se usan monedas.°

    papel... *paper money*
    coins

- las mujeres que gastan más dinero en zapatos son las muchachas de 17 años?

¡TE INVITAMOS A ESCRIBIR!

EN BUSCA DE TRABAJO

···· TIENDA *Total* ····

La tienda de ropa para jóvenes
Se necesitan dependientes dinámicos
que sepan hablar español

Salario: Ocho dólares la hora
(más con experiencia)
Horarios flexibles
Descuentos para los empleados:
50%
(75% después de seis meses)

¡Escríbanos ahora mismo!

···· TIENDA *Total* ····

Imagínate que ves este anuncio en la oficina de los consejeros y decides solicitar° trabajo. Escríbele una carta al Sr. Gene Roso, gerente de la Tienda Total. Descríbele tus aptitudes y explica por qué eres perfecto/a para ese trabajo.

to apply for

Primero, haz una lista...
de todas las cosas que quieres mencionar.

Think up a list of everything you want to say.

Luego, organiza tu información...
en categorías como las siguientes:

a. descripción personal (edad, personalidad)
b. lo que te gusta hacer

c. tus aptitudes (experiencia)
d. los días y las horas que quieres trabajar

Organize your information.

Por último, escribe la carta...
Si quieres, puedes seguir el siguiente modelo.

Write the letter.

MODELO:

Estimado Sr. Roso:

Estoy muy interesado/a en trabajar como dependiente/a en la Tienda Total. Tengo... años. Soy una persona... Me gusta... Sé... Tengo tiempo para trabajar los... ¡Soy su candidato/a ideal!

Atentamente,

Y AHORA, ¿QUÉ DECIMOS?

Paso 1. Mira otra vez las fotos en las páginas 274–275 y contesta las siguientes preguntas.

- ¿Cómo son los edificios en la foto número 1? ¿Qué tiendas ves? ¿Qué puedes comprar allí? ¿A quiénes ves en la calle?

- ¿Por dónde pasean las chicas en la foto número 2? ¿Es tu pueblo o ciudad similar o diferente a la ciudad en esta foto?

- ¿Dónde están los chicos en la foto número 3? ¿Qué quieren comprar? Y tú, ¿adónde prefieres ir de compras?

Paso 2. Diseña un folleto de tu pueblo o ciudad para mostrar a jóvenes de otros estados o países. Tu folleto debe incluir...

- un plano pequeño de tu pueblo o ciudad con las calles y avenidas principales.

- una lista de cinco lugares que son atractivos para los jóvenes de tu edad y las actividades que ellos pueden hacer allí.

- fotos o dibujos de estos lugares.

LA VIDA PERSONAL

Ciudad de México, México.

Ciudad de México, México.

¿QUÉ PODEMOS DECIR?

Mira las fotografías. ¿Qué fotos asocias con estas situaciones?

- Para muchas personas, la apariencia física es muy importante.

- A los miembros de esta familia les gusta pasar el tiempo juntos.

- Muchas personas prefieren ir a un gimnasio para hacer ejercicio.

Ahora, ¿qué más puedes decir de estas fotos? Por ejemplo, ¿cómo son estas personas? ¿Dónde están? ¿Quiénes son los miembros de esta familia? Y tú, ¿cuáles de estas actividades haces?

LECCIÓN

EL ARREGLO PERSONAL
In this lesson you will:

■ **talk about your daily routine and personal care**

LECCIÓN

LOS HÁBITOS Y LA SALUD
In this lesson you will:

■ **describe health-related situations and how to stay fit**

LECCIÓN

LA FAMILIA Y LAS EMOCIONES
In this lesson you will:

■ **talk about feelings and family relationships**

San Juan, Puerto Rico.

327

EL ARREGLO PERSONAL

«Decisiones, decisiones», piensa Marisa Bolini. «¿Con qué champú me lavo el pelo? Ya sé. Voy a usar el champú de mamá.»

Buenos Aires, Argentina.

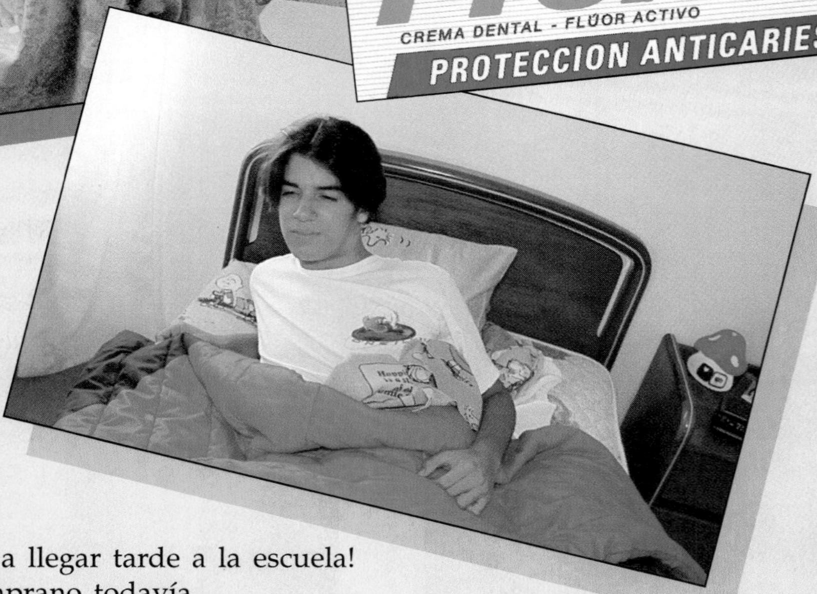

Caracas, Venezuela.

SRA. GALVÁN:	Raúl, ¡vas a llegar tarde a la escuela!
RAÚL:	No, es temprano todavía.
SRA. GALVÁN:	¿Cómo que es temprano? ¡Son las siete!
RAÚL:	Sí... temprano.
SRA. GALVÁN:	En veinte minutos tienes que estar en la escuela. Vamos.
RAÚL:	¿Adónde?
SRA. GALVÁN:	Levántate ya.

Para el Dr. Rivas la higiene dental de su familia y sus pacientes es muy importante.

San Juan, Puerto Rico.

PIENSA
EN LA NATURALEZA
DE TODO TU CUERPO...

NEUTRO BALANCE
DERMO LIMPIA

La pureza de la cremosa y rica espuma del JABON NEUTRO BALANCE protege y mantiene, día con día, la suavidad natural de todo el cuerpo.

NEUTRO BALANCE

LA LINEA DEL BALANCE PERFECTO PARA TU FAMILIA

HECHO EN MEXICO   Reg. S.S.A. No. 679789.   Aut. S.S.A. No. UM 98 S.

Porque usted desea el mejor cuidado dental para sus niños...

Le presentamos la cajita de Mr. Flip-Top. Una oferta de hasta $35.00. ¡Completamente Gratis!

Gratis

Mr. Flip-Top

¡Así se Dice...

VOCABULARIO

Paco y Roberto son **gemelos**. Son **idénticos** pero... muy diferentes. Mira **lo que** hacen antes de salir para la fiesta de Patricia.

ROBERTO

el jabón

la toalla

1. **Se baña** con agua **caliente** y luego **se seca** con **una toalla**.

el espejo • el secador • el peine

2. **Se peina** y **se seca el pelo.**

el cepillo de dientes • la pasta de dientes

3. **Se cepilla** los dientes.   4. **Se pone** la ropa.

5. Espera a Paco **impacientemente.**
¡Ya es hora de salir!

PACO

1. **Se acuesta** para descansar un poco antes de la fiesta.

2. **¡Por fin se levanta!**
¡Ay, ya es tarde!

3. **Se quita** la ropa **rápidamente.**

el champú

4. **Se lava el pelo** con agua **fría.**

5. **Se pone** sus tenis favoritos y **sale del** baño **rápidamente.**

Y TÚ, ¿QUÉ DICES?

Conexión gramatical
Estudia las páginas 339–344
en **¿Por qué lo decimos así?**

ACTIVIDADES ORALES Y LECTURAS

1 • OPCIONES   **La rutina diaria**

▶ Indica si estas acciones describen tu rutina. Usa **sí, no** o **a veces**.
Luego comparte tus respuestas con tus compañeros.

*Pick the right
one for you.*

1. Por lo general, por la mañana...
   a. me lavo el pelo.
   b. desayuno.
   c. me baño con agua fría.
   d. ¿ ?

2. Antes de cenar...
   a. me lavo las manos con agua
      y jabón.
   b. pongo la mesa.
   c. ayudo a preparar la comida.
   d. ¿ ?

3. Por la noche, antes de dormir, ...
   a. uso hilo dental.
   b. me cepillo los dientes.
   c. salgo con mis amigos.
   d. ¿ ?

4. Cuando voy a una fiesta, ...
   a. me ducho y me lavo el pelo.
   b. me pongo ropa elegante.
   c. me pinto las uñas.
   d. ¿ ?

5. Los fines de semana...
   a. me levanto tarde.
   b. salgo con mis padres.
   c. me acuesto temprano.
   d. ¿ ?

▶ Describe las actividades de Carolina según los dibujos.

Talk about Carolina's activities.

café con leche

loción protectora para el sol

Interview your classmate.

▶ Hazle estas preguntas a tu compañero/a.

1. ¿A qué hora te levantas cuando vas a la escuela?
2. ¿Qué haces antes de ir a la escuela? ¿Te bañas o te duchas? ¿Te lavas el pelo todos los días?
3. ¿A qué hora sales para la escuela?

Y AHORA, ¡CON TU PROFESOR(A)!

Interview your teacher.

▶ Hazle las siguientes preguntas a tu profesor(a).

1. ¿A qué hora se levanta? ¿Qué hace después?
2. ¿A qué hora sale para la escuela?

PRONUNCIACIÓN

p, t, ca, que, qui, co, AND *cu*

The Spanish sounds that **p** and **t** represent are similar to the *p* and *t* of English, except that in Spanish they are not pronounced with a puff of air, as they often are in English. The letter **c** before **a**, **o**, and **u** and **qu** before **e** and **i** sound like the English *k*, but with no puff of air.

To test your pronunciation, hold a small strip of paper in front of your lips and say *papa* in English. The paper will jump away as you speak. Now say **papá** in Spanish. If you do it correctly, the paper will not move.

PRÁCTICA Try these five tongue twisters to practice the sounds you just read about.

Pepe Pecas pica papas con un pico.
Con un pico pica papas Pepe Pecas.

No son tantas las tontas ni tantos los tontos muchachos.

¡Qué col colosal colocó el loco aquel en aquel local!

Quince quiteños con quitasoles.

Cucurrucucú, ¡paloma!

VISTAZO CULTURAL

EL ARTE Y LA MODA

Los diferentes períodos del arte reflejan la importancia de la moda y el arreglo personal en cada época.

Autorretrato° de Frida Kahlo, una pintora mexicana del siglo° XX.

Self-portrait
century

En este retrato° de la Duquesa de Alba, el pintor español Francisco de Goya ofrece una visión romántica de la mujer española del siglo XVIII.

portrait

En este retrato de don Gaspar de Guzmán, Conde-Duque de Olivares, el gran pintor español Diego Rodríguez de Silva y Velázquez refleja la moda del siglo XVII.

GUESS INTELLIGENTLY

When you read in English, do you stop to look up every unfamiliar word? Probably not. You either try to guess the meaning of the word or you don't worry about it and just get a feel for the main idea of the sentence. Either way, you make judgments—based on the context, the other information given, and your own experience—about which possible meanings are more likely to be correct.

Practice making intelligent guesses when you read Spanish too. At first you will not do it as automatically as you do in English, but you will discover that you do not have to interrupt yourself constantly to look up words in order to get the sense of what you are reading. But when you have *finished* reading, whether in English or in Spanish, *you should look up words you don't understand*.

Skim these sentences from the reading that follows and make intelligent guesses about whether the definitions offered for the underlined words are possible, probable, improbable, or impossible.

1. Eduardo dice que «la ropa refleja la personalidad».
   a. ruins   b. hides   c. refreshes   d. reflects
2. Carolina dice que «la ropa puede ser barata, pero tiene que ser de buen gusto».
   a. fashionable   b. expensive   c. in good taste
   d. comfortable

¡TE INVITAMOS A LEER!

LOS JÓVENES HISPANOS Y LA MODA°

fashion

Find out what Hispanic teens like to wear.

PERO ANTES... Los vaqueros o jeans son muy populares entre los jóvenes. ¿Cuántos pares° tienes? ¿Te pones vaqueros cuando vas a la escuela? ¿cuando vas a una fiesta? ¿Qué ropa está en onda° entre tus amigos?

pairs

está... is "in"

Ciudad de México, México: Muchos jóvenes llevan jeans a la escuela.

Buenos Aires, Argentina: Las minifaldas y los suéteres de colores están en onda.

Madrid, España: A Alicia Vargas Dols le gusta estar de moda.

Para los jóvenes hispanos es importante estar a la moda.° ¿Qué está en onda hoy en día? Éstos son los comentarios de nuestros amigos por correspondencia.

Alicia Vargas Dols: «Pues, a mí me encantan° los vaqueros. Me los pongo cuando estoy en casa o cuando salgo con amigos. Pero cuando voy a una fiesta, prefiero llevar algo diferente, como un vestido o una minifalda. Creo que la moda de hoy es muy flexible y que cada persona se viste° como le gusta.»

Carolina Márquez: «A mí me gusta vestir° bien siempre. La ropa puede ser barata, pero tiene que ser de buen gusto.»

Eduardo Rivas: «Pues, yo pienso que la ropa refleja la personalidad. Soy muy informal y me gusta estar cómodo.° Mi "uniforme" para toda ocasión es una camiseta o sudadera, mahones° y tenis.»

Felipe Iglesias: «Creo que es verdad el refrán° que dice "Una persona bien vestida, en todas partes es bien recibida.°" Cuando voy a fiestas, me pongo camisa, corbata y una chaqueta.»

María Luisa Torres: «A mí me gusta la ropa que está en onda como los vaqueros, camisetas y minifaldas, pero mi mamá cree que todavía tengo diez años... y me compra ropa de niña.»

estar... *to be in fashion*

me... *me gustan mucho*

se... *dresses*

to dress

comfortable
jeans (Puerto Rico)

saying
bien... *welcome*

¿QUÉ IDEAS CAPTASTE? Identifica a la persona según la información en la lectura.

Identify the person.

> MODELO: Me gustan mucho los vaqueros, pero cuando voy a una fiesta me pongo un vestido. →
> *Es Alicia.*

1. Siempre compro ropa a la moda y de buen gusto.
2. A mí me gusta llevar ropa deportiva todo el tiempo.
3. Para ir a una fiesta, prefiero ponerme corbata y chaqueta.
4. Mi mamá y yo tenemos gustos opuestos. A mí me encantan los vaqueros y a ella le gusta la ropa más formal.
5. Cuando salgo con mis amigos, me gusta llevar vaqueros.

Y AHORA, ¿QUÉ DICES TÚ?

1. ¿Con cuál de estos jóvenes tienes más en común? ¿Por qué?
2. ¿Crees que es importante estar a la moda? ¿Por qué?

Un anuncio de ropa en Madrid, España.

Una tienda de ropa en Buenos Aires, Argentina.

GRAMÁTICA

EVERYDAY ACTIONS
The Irregular Verbs *salir*, *poner*, and *traer*

The verbs **salir** (*to leave; to go/come out*), **poner** (*to put*), and **traer** (*to bring*) have an irregular **yo** form: **salgo, pongo, traigo.** All other present-tense forms have regular **-er** or **-ir** verb endings.

> **salgo** = I leave/go out
> **pongo** = I put
> **traigo** = I bring

Present Tense of	salir	poner	traer
yo	salgo	pongo	traigo
tú	sales	pones	traes
usted	sale	pone	trae
él/ella	sale	pone	trae
nosotros/nosotras	salimos	ponemos	traemos
vosotros/vosotras	salís	ponéis	traéis
ustedes	salen	ponen	traen
ellos/ellas	salen	ponen	traen

Salir usually takes a preposition.

salir a	*to leave at* (time)
salir de	*to leave (from); to come out of* (a place)
salir para	*to leave for* (destination)

> **¡OJO!** Use **salir de** to talk about leaving a place, even if the word "from" is not used in English.

—¿A qué hora **sales de** la escuela?
—**Salgo a** las tres y media.

—*What time do you leave school?*
—*I leave at three-thirty.*

—¿**Para** dónde **sales** ahora?
—**Salgo para** mi casa.

—*Where are you leaving for now?*
—*I'm leaving for home.*

—¿Dónde **pones** los cassettes?
—Los **pongo** al lado del estéreo.

—*Where do you put cassettes?*
—*I put them next to the stereo.*

—¿Quién **trae** el pastel?
—Yo lo **traigo**.

—*Who's bringing the cake?*
—*I'm bringing it.*

> A common Spanish use of **poner** is **poner la mesa** (to set the table): **Pongo la mesa para la cena.** I set the table for dinner.

Ask and answer questions based on the drawing.

▶ Hoy es imposible caminar por la calle. ¿De dónde salen todas estas personas? Con tu compañero/a, pregunta y contesta según el dibujo.

MODELO: ¿los actores? →

> TÚ: ¿De dónde *salen los actores*?
> COMPAÑERO/A: *Salen del teatro.*

sale de = he/she comes out of
salen de = they come out of

1. ¿los actores?

2. ¿la profesora?

3. ¿el doctor?

4. ¿el cartero?

5. ¿la bibliotecaria?

6. ¿los jugadores de fútbol?

7. ¿las vendedoras?

8. ¿el mesero?

▶ Pregúntale a tu compañero/a si hace lo siguiente.

Ask your partner
if he/she does
these things.

MODELO: salir sin paraguas cuando llueve →

TÚ: ¿*Sales* sin paraguas cuando llueve?

COMPAÑERO/A: *Sí, salgo* sin paraguas cuando llueve. (*No,
no salgo...*)

1. salir sin paraguas cuando
   llueve

2. salir para la escuela muy
   temprano

3. salir de la escuela antes de
   las cuatro

4. poner la mesa todos los días

5. poner los pies en el pupitre

6. poner la foto de tu novio/a
   en tu lóquer

7. traer tu perro o gato a la
   escuela

8. traer tu almuerzo a la escuela

salgo = I
leave/go out
pongo = I put
traigo = I bring

EJERCICIO 3   Mi escuela

▶ Un estudiante de intercambio te hace preguntas sobre tu escuela.
Completa los diálogos con la forma correcta de los verbos **poner**,
salir y **traer**.

Complete the
dialogues.

1. —¿Qué _____ en tu lóquer? (poner)
   —Yo _____ de todo: mis libros, cuadernos, comida, calcetines,
   zapatos, peine...

2. —¿ _____ tu almuerzo a la escuela? (traer)
   —Sí, casi siempre _____ un sandwich y una manzana.

3. —¿A qué hora _____ ustedes de la escuela? (salir)
   —Por lo general, (nosotros) _____ a las tres y media.

4. —¿Qué _____ ustedes cuando hay una fiesta en la clase de
   español? (traer)
   —(Nosotros) _____ comida y música de varios países hispanos.

*Madrid, España: Libro,
apuntes y bolígrafos de
una estudiante para su
clase de inglés.*

TALKING ABOUT DAILY ROUTINE
Reflexive Pronouns (Part 1)

> **ORIENTACIÓN**
>
> A *reflexive pronoun* refers to the same person as the subject of the verb. In English, reflexive pronouns end in *-self* or *-selves*. In the exclamation "Ouch, I hurt myself!" the reflexive pronoun *myself* refers to the subject *I*.

A Many verbs that describe a daily routine, such as *to get up*, *to take a bath*, and *to get dressed*, require a reflexive pronoun in Spanish, although the English equivalent may not use *-self*.

> *Many verbs that use reflexive pronouns in Spanish but not in English have an "extra" word in the English infinitive, such as "get," "take," or "put."*

| Yo **me levanto** a las siete. Luego **me baño** y **me pongo** la ropa. | *I get up at seven. Then I take a bath and I put on my clothes.* |

B Here are the singular reflexive pronouns in Spanish.

me	*myself*
te	*yourself* (informal)
se	*yourself* (polite), *himself, herself*

You have used these pronouns since **Primer paso**, when you learned to ask or tell someone's name.

| —¿Cómo **te** llamas? | —*What's your name?* |
| —**Me** llamo Luis. | —*My name is Luis.* |

| —¿Cómo **se** llama tu amiga? | —*What's your friend's name?* |
| —**Se** llama Ángela. | —*Her name is Ángela.* |

C Reflexive pronouns come *before* conjugated verb forms. Here are the singular reflexive pronouns with the present-tense forms of the verb **levantarse** (*to get up*).

> *Remember that reflexive pronouns correspond to the subject of the verb.*
> *yo/me*
> *tú/te*
> *usted/se*
> *él/se*
> *ella/se*

Present Tense of **levantarse** (*Singular Forms*)		
yo	**me** levanto	*I get up*
tú	**te** levantas	*you* (informal) *get up*
usted	**se** levanta	*you* (polite) *get up*
él/ella	**se** levanta	*he/she gets up*

D Here are several verbs that can use reflexive pronouns. All express actions that we do to or for ourselves. Note that the reflexive pronoun **se** is attached to the infinitive.

acostarse (ue)	*to go to bed*
bañarse	*to take a bath*
cepillarse	*to brush* (one's hair/teeth)
ducharse	*to take a shower*
lavarse	*to wash* (oneself)
levantarse	*to get up; to stand up*
limpiarse	*to clean* (oneself)
llamarse	*to be named, called*
maquillarse	*to put on makeup*
mirarse	*to look at oneself* (in the mirror)
peinarse	*to comb one's hair*
pintarse (las uñas)	*to paint* (one's nails)
ponerse (la ropa)	*to put* (clothing) *on* (oneself)
quitarse (la ropa)	*to take* (clothing) *off* (oneself)
secarse	*to dry* (oneself) *off*

¡OJO! When verbs like *lavarse*, *ponerse*, etc. refer to parts of the body or to clothing, Spanish uses a definite article instead of a possessive adjective: *Me lavo las manos.* (I wash my hands.) *Se pone el vestido.* (She puts on her dress.)

EJERCICIO 4 ¿Qué me pongo?

▶ ¿Qué ropa se ponen estas personas en estas ocasiones? Completa cada oración con una frase apropiada.

Find the logical completion.

MODELO: Cuando voy a la playa →
Cuando voy a la playa, *me pongo el traje de baño.*

1. Cuando voy a la playa...

2. Para hacer gimnasia, Ernesto...

3. Si va al teatro, Paco...

4. Cuando hace mucho frío, yo...

5. Cuando llueve, la Srta. García...

6. Para ir al baile, Patricia...

7. Cuando hace fresco, tú...

8. Cuando estoy en casa...

a. se pone un impermeable.
b. casi siempre me pongo jeans.
c. te pones un suéter, ¿verdad?
d. me pongo el traje de baño.
e. se pone pantalones cortos.
f. se pone traje y corbata.
g. me pongo lentes de sol.
h. se pone botas.
i. me pongo un abrigo y guantes.
j. se pone un vestido largo.

Complete the commercial with the correct reflexive pronouns.

▶ Mariana y Carolina ven un anuncio en la televisión. Completa el anuncio con **me**, **te** o **se**.

Pobre Rolando. Es muy guapo, pero a Rosa no le gusta estar muy cerca de él. ¿Cuál es su problema? Él no _____¹ cepilla los dientes con Pasta Clara. Pero un día...

ROLANDO: Ay, Ignacio, no sé por qué, pero Rosa no quiere hablar conmigo.

IGNACIO: ¿Con qué pasta de dientes _____² cepillas tú los dientes, Rolando?

ROLANDO: Yo _____³ cepillo con Pasta Nada, naturalmente.

IGNACIO: ¿(Tú) _____⁴ cepillas con Pasta Nada? ¡Ése es el problema! Rosa _____⁵ cepilla con Pasta Clara, yo _____⁶ cepillo con Pasta Clara, ¡todo el mundo _____⁷ cepilla los dientes con Pasta Clara!

Rolando corre a la farmacia y compra Pasta Clara. Unas horas más tarde...

ROSA: Rolando, estás muy diferente hoy...

ROLANDO: ¿Sí? Ahora uso una nueva pasta de dientes. _____⁸ llama Pasta Clara.

ROSA: Rolando, ¿tú _____⁹ cepillas con Pasta Clara? ¡Qué bueno!

ROLANDO: Sí, Rosa, ahora yo siempre _____¹⁰ cepillo los dientes con Pasta Clara. Para una sonrisa resplandeciente, Pasta Clara es la mejor pasta de dientes.

Ask your partner how often she/he does these things.

▶ Pregúntale a un compañero/a con qué frecuencia hace estas actividades. Usa **a veces**, **nunca**, **siempre** o **todos los días**.

MODELO: levantarse antes de las seis de la mañana →

TÚ: ¿Con qué frecuencia *te levantas antes de las seis de la mañana?*

COMPAÑERO/A: *A veces me levanto* antes de las seis. (*Nunca me levanto* antes de las seis.)

1. levantarse antes de las seis de la mañana
2. peinarse con el peine de otra persona
3. ducharse con agua fría
4. lavarse las manos antes de comer

5. quitarse los zapatos en clase
6. ponerse la ropa de otra persona
7. cepillarse los dientes en la escuela
8. bañarse por la noche

VOCABULARIO **PALABRAS NUEVAS**

La rutina diaria
acostarse (ue)
  me acuesto / te acuestas
bañarse
cepillarse (los dientes / el pelo)
ducharse
lavarse (la cara / el pelo / las manos)
levantarse
limpiarse (las uñas)
maquillarse
peinarse
pintarse (las uñas)
ponerse (la ropa)
  me pongo / te pones
quitarse (la ropa)
secarse (la cara / el pelo / las manos)

Palabras de repaso: hablar por teléfono, hacer ejercicio, mirar la televisión

Artículos de arreglo personal
el cepillo (de dientes)
el espejo
el hilo dental
el jabón
la loción protectora para el sol
el maquillaje
la pasta de dientes
el peine
el secador
la toalla

Palabra de repaso: el champú

¡A charlar!
después
luego
por último
primero

Los sustantivos
el café con leche
la cara
los dientes
los gemelos
el pijama
las uñas

Palabras de repaso: la fiesta, la ropa, los tenis

Los verbos
desayunar
poner
  pongo / pones
poner la mesa
salir
  salgo / sales
  salir a
  salir de
  salir para
traer
  traigo / traes
usar

Palabras de repaso: ayudar, descansar, esperar, preparar

Los adjetivos
caliente
frío/a
opuesto/a

Palabras semejantes:
atractivo/a, idéntico/a

Palabras de repaso: diferente, elegante, favorito/a, nuevo/a

Los pronombres reflexivos
me
te
se

Los adverbios
impacientemente
rápidamente

Palabras útiles
lo que
¡Por fin!
Ya es hora de...

Palabra del texto
identifica

LECCIÓN 2 LOS HÁBITOS Y LA SALUD

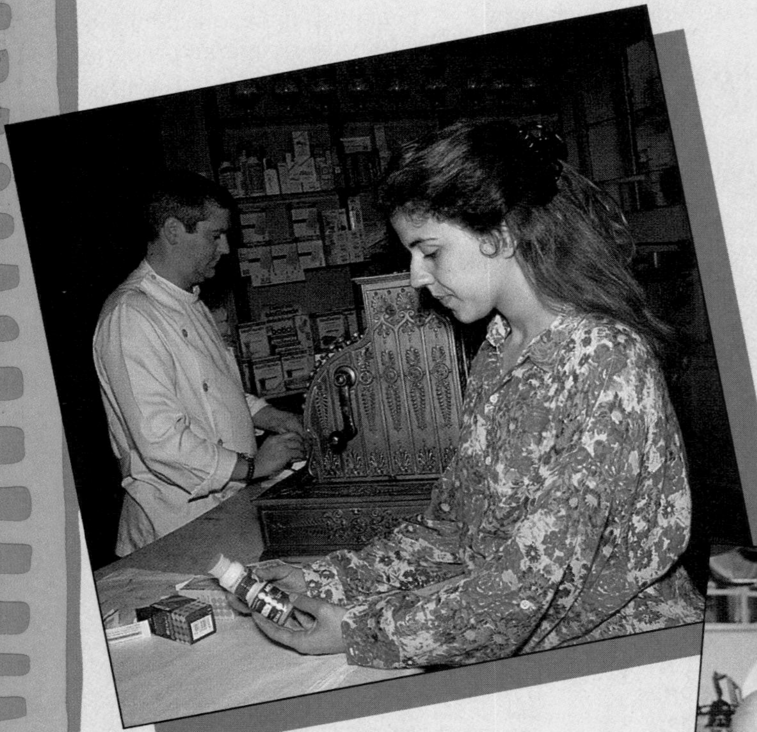

«Vitamina A, vitamina B, C, D... ¡Esta farmacia ofrece un abecedario!», piensa Graciela Ramos.

Madrid, España.

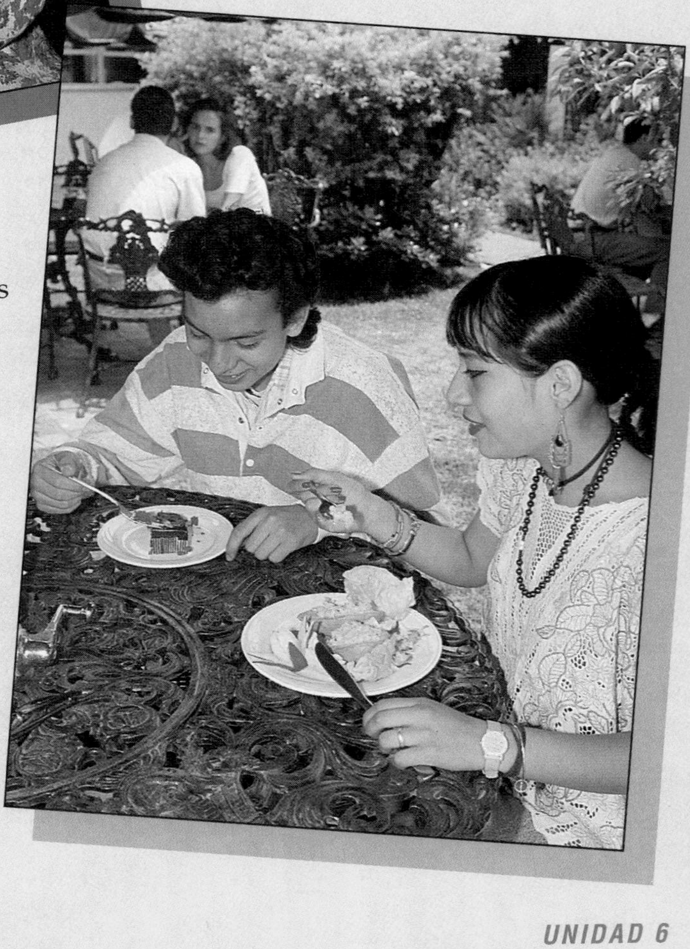

MARÍA LUISA: ¡Ay, Luis! ¿Por qué no comes algo más saludable como esta ensalada?

LUIS: Pues prefiero el pastel de chocolate. Está delicioso. ¿Quieres un poco?

MARÍA LUISA: Mmm... ¡Qué tentación!

Ciudad de México, México.

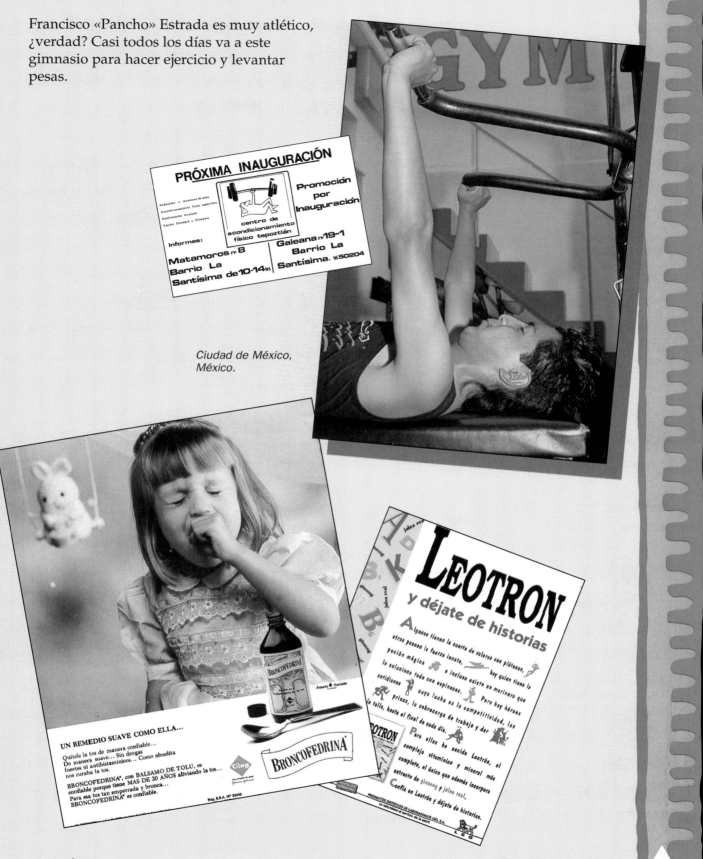

Francisco «Pancho» Estrada es muy atlético, ¿verdad? Casi todos los días va a este gimnasio para hacer ejercicio y levantar pesas.

Ciudad de México, México.

PRÓXIMA INAUGURACIÓN

Promoción por Inauguración

Reducción • Aumento de peso
Acondicionamiento físico específico
Reafirmación muscular
Equipo Standard y Olímpico

centro de acondicionamiento físico tepoztlán

Informes:

Matamoros nº 8
Barrio La
Santísima de 10-14 hrs

Galeana nº 19-1
Barrio La
Santísima. tel 50204

UN REMEDIO SUAVE COMO ELLA...

Quítele la tos de manera confiable...
De manera suave... Sin drogas
fuertes ni antihistamínicos... Como abuelita
nos curaba la tos.

BRONCOFEDRINA*, con BÁLSAMO DE TOLU, es
confiable porque tiene MÁS DE 30 AÑOS aliviando la tos...
Para esa tos tan emperrada y bronca...
BRONCOFEDRINA* es confiable.

Reg. G.S.A. Nº 22440

BRONCOFEDRINA

LEOTRON
y déjate de historias

Algunos tienen la suerte de valerse con plátanos,
otros poseen la fuerza innata, hay quien tiene la
poción mágica e incluso existe un marinero que
lo soluciona todo con espinacas. Pero hay héroes
cotidianos cuya lucha es la competitividad, las
prisas, la sobrecarga de trabajo y dar
la talla, hasta el final de cada día.

Para ellos ha nacido Leotrón, el
complejo vitamínico y mineral más
completo, el único que además incorpora
extracto de ginseng y jalea real.
Confía en Leotrón y déjate de historias.

PRODUCTOS DIETÉTICOS DE LABORATORIOS LEO, S.A.
La naturaleza al servicio de la salud.

¿CREES EN ESTOS ESTEREOTIPOS? VAMOS A VER...

LOS NIÑOS...

detestan las verduras.

no **quieren acostarse** temprano.

LOS HOMBRES NUNCA VAN AL MÉDICO. LAS MUJERES SÍ.

la fiebre

Él tiene **gripe.**

el jarabe para la tos

Ella tiene **catarro.**

LOS ATLETAS...

cuidan de su salud.

hacen ejercicio para **ponerse en forma**.

duermen ocho horas o más **diariamente**.

LOS JÓVENES...

siempre comen **comida rápida y evitan los alimentos saludables.**

2.300 **calorías la grasa**

no **prestan atención a su dieta.**

la curita

se quedan en casa aun cuando no están muy enfermos.

¿PUEDES PENSAR EN OTROS ESTEREOTIPOS SOBRE LA SALUD?

Y TÚ, ¿QUÉ DICES?

ACTIVIDADES ORALES Y LECTURAS

Conexión gramatical
Estudia las páginas 356–360
en **¿Por qué lo decimos así?**

1 • OPCIONES   La salud en casa

▶ Contesta con **siempre**, **a veces** o **nunca**, según tu experiencia.
Luego comparte tus respuestas con tus compañeros.

Tell how often you and your friends do the following.

1. Cuando tengo catarro...
   a. me acuesto y descanso.
   b. tomo aspirinas.
   c. voy a la escuela.
   d. ¿ ?

2. Cuando tengo dolor de garganta...
   a. me pongo una bufanda.
   b. tomo té caliente con miel.
   c. hablo mucho.
   d. ¿ ?

3. Cuando tengo dolor de cabeza...
   a. tomo una aspirina y me acuesto.
   b. prefiero quedarme en casa todo
      el día.
   c. escucho música clásica.
   d. ¿ ?

4. Cuando mis amigos y yo queremos
   ponernos en forma...
   a. hacemos mucho ejercicio.
   b. comemos alimentos saludables.
   c. nos acostamos temprano.
   d. ¿ ?

5. Cuando mis amigos y yo estamos
   cansados...
   a. nos quedamos en casa.
   b. preferimos levantarnos temprano.
   c. dormimos la siesta.
   d. ¿ ?

Una farmacia en Madrid, España.

2 • PIÉNSALO TÚ — Los hábitos

Tell how often you do these activities. Then explain your response.

▶ Primero, di con qué frecuencia haces estas actividades. Luego explica tu respuesta. Palabras útiles: **todos los días**, **a veces**, **casi nunca**, **nunca**.

MODELOS: Duermo ocho horas. →
Duermo ocho horas todos los días. Todos los jóvenes necesitan dormir ocho horas diariamente.

Como hamburguesas con papas fritas. →
Casi nunca como hamburguesas con papas fritas. Tienen mucha grasa y calorías.

1. Duermo ocho horas.
2. Como hamburguesas con papas fritas.
3. Tomo vitaminas.
4. Como dulces y pasteles.
5. Me acuesto a las dos de la mañana.

6. Tomo el sol tres horas o más.
7. Practico un deporte o hago ejercicio.
8. Como frutas y verduras.

3 • PIÉNSALO TÚ — Síntomas y remedios

Pick an appropriate treatment.

▶ ¿Qué remedios recomiendas para los siguientes síntomas?

MODELO: tener dolor de cabeza →

TÚ: ¿Qué puedes hacer cuando *tienes dolor de cabeza?*

COMPAÑERO/A: Cuando *tengo dolor de cabeza* puedo *tomar dos aspirinas.*

Si comió más de la cuenta y ahora lo lamenta...

HAMBURGUESA 99¢
ENCHILADA 79¢
HOT DOG $1.00
TAMALES 50¢
PAPAS FRITAS 50¢
REFRESCOS 65¢

...recuerde que para la mayoría de los malestares estomacales causados por comer o tomar demasiado...
...el remedio es el mismo.

Pepto-Bismol

Síntomas	Remedios
1. tener catarro	a. tomar un jarabe para la tos
2. tener una cortada en el dedo	b. ponerme una curita
3. tener fiebre	c. tomar té caliente con miel
4. tener tos	d. tomar una pastilla
5. tener dolor de garganta	e. lavarme la cortada con agua y jabón
	f. tomar dos aspirinas y acostarme
	g. tomar antibióticos
	h. tomar vitamina C
	i. ¿ ?

4 • DIÁLOGO   Cuando estoy enfermo/a

ESTEBAN: Cuando estás enfermo, ¿qué haces para curarte?
ERNESTO: Depende. Si estoy muy mal, voy al médico.
ESTEBAN: Y cuando tienes catarro, ¿prefieres quedarte en casa o ir a la escuela?
ERNESTO: Normalmente prefiero ir a la escuela.
ESTEBAN: ¡Caray! ¡Pero el catarro es contagioso!

Y AHORA, PRACTICA EL DIÁLOGO CON TU COMPAÑERO/A 〜〜〜〜

TÚ: Cuando estás enfermo/a, ¿qué haces para curarte?
COMPAÑERO/A: Depende. Si estoy muy enfermo/a, _____.
TÚ: Y cuando tienes _____, ¿prefieres quedarte en casa o ir a la escuela?
COMPAÑERO/A: Prefiero _____.
TÚ: _____.

VOCABULARIO ÚTIL
tomar aspirinas / antibióticos / vitaminas

▶ Lee los consejos de este artículo de la revista *Buenhogar*. Según el artículo, ¿qué piensas de estas acciones? Usa estas expresiones:

(No) Tiene sentido. **(No) Es bueno.** **Es absurdo.**

A LA HORA DE HACER EJERCICIOS…

● Use ropa apropiada. Los leotardos o mallas son los ideales. Evite los *jeans*.
● Las mujeres un poquito gruesas jamás deben estar descalzas durante los ejercicios. Por el contrario, necesitan buenos zapatos aeróbicos, que suavicen el impacto que sufren los pies al hacer los distintos movimientos.
● Empiece con sesiones de ejercicios de unos 20 minutos y vaya aumentándolos gradualmente.
● No coma inmediatamente antes de ejercitarse. Sin embargo, beba mucha agua antes, durante y después de hacerlo.
● Si hace ejercicios aeróbicos, trate de que el ritmo de la música no sea violentamente rápido.
● Recuerde: la mejor superficie para hacer ejercicios aeróbicos, es la de madera.

MODELOS: Una muchacha se pone un leotardo para hacer ejercicio. → *Tiene sentido.*

Un hombre se pone traje y corbata para hacer gimnasia. → *Es absurdo.*

1. Un señor va al gimnasio por primera vez y hace ejercicio por dos horas.

2. Un muchacho come una pizza grande antes de levantar pesas.

3. Un atleta toma agua antes y después de correr.

4. En una clase de ejercicios aeróbicos escuchan música clásica.

RETRATO CULTURAL

GLORIA ESTEFAN

En 1990 la famosa cantante de origen cubano sufre un tremendo accidente que la deja inválida.° Gracias a su espíritu luchador° y de autodisciplina, la cantante comienza un régimen de ejercicios físicos y una dieta para mejorar° su salud. La recuperación es dura y lenta° pero es completa. Hoy en día, esta maravillosa cantante continúa con su carrera° y cuenta su experiencia en la canción «Desde la oscuridad» y su versión en inglés, «*Out of the Dark*».

la... leaves her an invalid / fighting

improve / dura... difficult and slow

career

¡TE INVITAMOS A LEER!

OTRAS VOCES

PREGUNTA: «Imagínate a un novio o a una novia fatal...° ¿Cuáles son los hábitos que relacionas con la salud y la apariencia física de esa persona imaginaria?»

horrible

María Gabriela Mellace
Tucumán, Argentina

«¡Uy! Un novio fatal no se cepilla los dientes todos los días. Se lava el pelo una vez al mes y siempre usa mi peine para peinarse. Unos días se afeita° y otros días no. Sólo come cosas dulces y nunca hace ejercicio.»

se... he shaves

José Alberto Rojas Chacón
Alajuela, Costa Rica

«Para mí, una novia fatal no se lava la cara, pero usa mucho maquillaje... Sólo piensa en la apariencia personal. Es muy frívola. Lo peor,° sabe el nombre de todos los productos de maquillaje, pero, ¡a veces no recuerda *mi* nombre!»

Lo... Worst of all

Diana Lucero Hernández
Cali, Colombia

«¡Ah! Sus hábitos son horribles. Sólo se baña cuando llueve. Se levanta después del mediodía. Nunca se pone ropa limpia. No hace ejercicio, pero siempre está cansado. Le gusta fumar° y beber bebidas alcohólicas.»

to smoke

Antonio Sanz Sánchez
Madrid, España

«Pues, una novia fatal es una chica que es fanática de la salud. Todos los días (incluso° los fines de semana) se acuesta a las diez de la noche. Sólo piensa en las comidas nutritivas. Es hipocondríaca y toma muchas, muchas vitaminas. Después de un beso,° inmediatamente se cepilla los dientes.»

including

kiss

Y AHORA, ¿QUÉ DICES TÚ?

▶ ¿Qué hábitos relacionas con un novio o una novia fatal?

PRONUNCIACIÓN

LINKING WORDS

In spoken Spanish, words are usually not separated but are linked together in short phrases called breath groups. Listen to the breath groups as your teacher reads the following sentence:

> Voy a almorzar / y después / voy a estudiar / la lección de español.

The words within each breath group are run together as if they were a single word.

PRÁCTICA Listen to your teacher, then pronounce these sentences.

—¿Quién es ese angelito?
—Es mi hija Alejandra.
—¿Lleva un tutú uruguayo?
—Sí. Va a aprender a bailar.

WHAT CAN YOU DO?
Verbs Like *poder*

poder = to be able; can

A To say what you or others can or cannot do, use the stem-changing verb **poder** (*to be able; can*). Note that the **o** of the stem (**pod-**) changes to **ue** in all but the **nosotros** and **vosotros** forms.

Present Tense of **poder** (ue)

yo	**pue**do	nosotros/nosotras	podemos
tú	**pue**des	vosotros/vosotras	podéis
usted	**pue**de	ustedes	**pue**den
él/ella	**pue**de	ellos/ellas	**pue**den

o → ue (except in **nosotros** and **vosotros** forms)

poder + infinitive = to be able to do something

Poder + an infinitive means *to be able to* or *can* do something.

—¿**Puedes** ir al gimnasio hoy? —*Can you go to the gym today?*
—No, no **puedo**. Tengo catarro. —*No, I can't. I have a cold.*

B You can also use **poder** + an infinitive to ask or give permission.

—Mamá, ¿**puedo** quedarme en casa hoy? —*Mom, may I stay home today?*
—No, no **puedes**. —*No, you may not.*

C Other verbs you know that have the **o → ue** stem change are **acostarse** (*to go to bed*), **contar** (*to count*), **costar** (*to cost*), and **dormir** (*to sleep*).

—¿Cuántas horas **duermes** por la noche? —*How many hours a night do you sleep?*
—Ocho. Me **acuesto** a las once y **duermo** hasta las siete. —*Eight. I go to bed at eleven and sleep until seven.*

¿Qué puedes hacer?

► Con tu compañero/a, pregunta y contesta según tu experiencia.

Ask your partner what he/she can do.

MODELO: bailar hasta las tres de la mañana antes de un examen →

TÚ: ¿Puedes *bailar hasta las tres de la mañana antes de un examen*?

COMPAÑERO/A: *No, no puedo. (Sí puedo.)*

1. bailar hasta las tres de la mañana antes de un examen

2. cantar bien cuando tienes dolor de garganta

3. mirar la televisión después de las once de la noche

4. comer en la clase de español

5. dormir en la clase de educación física

6. leer una novela cuando tienes dolor de cabeza

7. hacer mucho ejercicio después del almuerzo

8. caminar con un libro en la cabeza

¿Qué podemos hacer?

► Di qué pueden hacer estas personas el fin de semana. Usa frases de la lista para contestar las preguntas. Sigue el modelo.

Tell what these people can do.

MODELO: (tú) si hace mal tiempo →

TÚ: ¿Qué puedes hacer *si hace mal tiempo*?
COMPAÑERO/A: Puedo *ir al cine.*

1. (tú) si hace mal tiempo

2. (tus padres) si tienen hambre y no quieren comer en casa

3. (tú y tus amigos) si quieren ver un partido de fútbol

4. (tú) si necesitas dinero

5. (tú y tus compañeros) si tienen mucha tarea

6. tu amigo/a _____ si quiere ponerse en forma

Sugerencias

ir al estadio	hacer ejercicio	ir al banco
mirar la televisión	buscar un trabajo	jugar a las cartas
ir al cine	ir a un restaurante	quedarse en casa
leer una novela o revistas	estudiar en casa	ir a la biblioteca
	levantar pesas	¿ ?

MORE ABOUT DAILY ROUTINE
Reflexive Pronouns (Part 2)

A Here are the plural reflexive pronouns with the present-tense forms of the verb **levantarse**. Remember that reflexive pronouns come before the conjugated verb.

Present Tense of **levantarse** (Plural Forms)			
nosotros/nosotras	**nos**	levantamos	*we get up*
vosotros/vosotras	**os**	levantáis	*you (plural informal) get up*
ustedes	**se**	levantan	*you (plural) get up*
ellos/ellas	**se**	levantan	*they get up*

Mi hermano y yo **nos** levantamos a las ocho. Mis padres **se** levantan más temprano.

My brother and I get up at eight. My parents get up earlier.

B In verb combinations such as **gustar**, **querer**, or **ir a** + an infinitive, the reflexive pronoun that corresponds to the subject of the verb is attached to the infinitive.

—¿Te gusta quedar**te** en casa?
—No, no me gusta quedar**me** en casa.

—*Do you like to stay at home?*
—*No, I don't like to stay at home.*

—¿Por qué va Roberto al gimnasio?
—Quiere poner**se** en forma.

—*Why is Roberto going to the gym?*
—*He wants to get in shape.*

—¿A qué hora van a acostar**se**?

—*What time are you going to go to bed?*

—Vamos a acostar**nos** tarde.

—*We're going to go to bed late.*

C Even if the subject is plural, the Spanish language uses the singular form to name body parts and clothes, except things that come in pairs, such as **manos** and **zapatos.**

Nos ponemos **el abrigo.**

We put on our coats.

Se lavan **la cara.**

They wash their faces.

Se secan **las manos.**

They dry their hands.

El orden lógico

▶ Pregúntale a tu compañero/a qué hacen estas personas y en qué orden. Sigue el modelo.

MODELO: tus amigos / se duchan, se quitan la ropa →

TÚ: ¿Qué hacen *tus amigos* primero, *se duchan* o *se quitan la ropa*?

COMPAÑERO/A: Primero *se quitan la ropa* y luego *se duchan*.

In what order do people do these activities?

Reflexive pronouns come before the conjugated verb form.

1. tus amigos / se duchan, se quitan la ropa
2. los muchachos / se duchan, se levantan
3. tú / te bañas, te secas
4. ustedes / se acuestan, se ponen el pijama
5. los actores / se lavan la cara, se maquillan
6. nosotros / nos quitamos los zapatos, nos acostamos
7. tú y tus amigos/as / se peinan, se lavan el pelo
8. tu amiga / se pinta las uñas, se pone los guantes

La rutina diaria

Paso 1. Pregúntale a tu compañero/a si le gusta hacer estas cosas.

MODELO: acostarse tarde →

TÚ: ¿Te gusta *acostarte tarde*?

COMPAÑERO/A: Sí, me gusta *acostarme tarde*. (No, no me gusta *acostarme tarde*.)

Ask your partner if he/she likes to do these things.

Reflexive pronouns can be attached to the infinitive.

1. acostarse tarde
2. lavarse el pelo todos los días
3. quedarse en casa cuando hace mal tiempo
4. ponerse calcetines de muchos colores
5. ponerse perfume después de bañarse
6. ducharse con agua fría
7. quitarse los zapatos en clase
8. levantarse a las cinco de la mañana

Paso 2. Ahora dile a la clase qué cosas le gustan o no le gustan hacer a tu compañero/a, según las respuestas en el **Paso 1**.

Report your partner's answers to the class.

MODELO: acostarse tarde →
A ____ le gusta (no le gusta) *acostarse tarde*.

Dúo **WELLA BALSAM** de acondicionador para cabellos secos, castigados o teñidos, 500 mL, más champú, 200 mL,

Set **MITO:**
Eau de toilette con vaporizador, 100 mL, gel de ducha, 200 mL, after shave balsámico 100 mL, desodorante spray natural, 100 mL. Con obsequio de una bolsa fin de semana
5.750

...palmente con la resequedad, ya que está hecho a base de crema de cacao, un excelente humectante

---

EJERCICIO 5   **Anuncios comerciales**

Complete the dialogues.

▶ Luis Fernández García y sus amigos escuchan unos anuncios en la radio. Completa los diálogos con la forma correcta del verbo.

1. AMIGO: ¿Qué desodorante usa tu esposo?
    AMIGA: Le gusta (ponerte / ponerse) desodorante Fragante.
    AMIGO: ¡Fragante, el desodorante que ofrece gran fragancia y protección!

2. MARÍA: Rosa, a veces tú te pintas las uñas, ¿verdad?
    ROSA: Sí, María, de vez en cuando me gusta (pintarte / pintarme) las uñas con esmalte Rosamunda. ¡El esmalte de todas las jovencitas!

3. TOMÁS: Yo siempre me lavo el pelo con jabón.
    AMIGO: ¡Qué horror! ¿Cómo puedes (lavarnos / lavarte) el pelo con jabón? Yo prefiero (lavarse / lavarme) el pelo con Superlimpio, ¡el champú de los atletas!

4. CARLOS: En mi casa nos gusta (cepillarnos / cepillarse) los dientes con la pasta de dientes Sonrisa.
    AMIGA: ¡Qué coincidencia! A mis padres también les gusta (cepillarme / cepillarse) los dientes con Sonrisa, ¡la pasta de dientes para toda la familia!

5. AMANDA: Siempre me baño con jabón Limpiatodo.
    AMIGA: ¡Ay, Amanda, el jabón Limpiatodo no limpia nada! Tienes que (bañarse / bañarte) con el jabón Frescura, ¡el jabón preferido de todas las mujeres!

VOCABULARIO PALABRAS NUEVAS

La salud
la cortada
el/la médico
tener...
   catarro
   dolor
      de cabeza
      de garganta
   fiebre
   tos

Palabras de repaso: hacer ejercicio, practicar un deporte

Los remedios
la curita
el jarabe para la tos
la pastilla

Palabras semejantes: **el antibiótico, la vitamina**

Palabra de repaso: la aspirina

Los sustantivos
el alimento
la comida rápida
el consejo
el dedo
el dulce

la grasa
la miel
la siesta
el síntoma
el té

Palabras semejantes: **la caloría, la dieta, el estereotipo, los hábitos**

Palabras de repaso: la fruta, la hamburguesa, el hombre, la mujer, el niño/la niña, las papas fritas, el pastel, las verduras

Los verbos
creer
cuidar (de la salud)
curarse
dormir (ue)
   duermo / duermes
evitar
pensar (ie)
   pienso / piensas
poder (ue)
   puedo / puedes
ponerse en forma
prestar atención
quedarse

recomendar (ie)
   recomiendo / recomiendas
tomar el sol

Palabras de repaso:
acostarse (ue), comer, descansar, detestar, escuchar, hablar, ponerse, preferir (ie), tomar

Los adjetivos
contagioso/a
saludable

Palabra de repaso: enfermo/a

Los pronombres reflexivos
nos
se

Palabras útiles
aun
¡Caray!
Depende.
diariamente
Es absurdo.
(No) Tiene sentido.
Vamos a ver...

LECCIÓN 3 LA FAMILIA Y LAS EMOCIONES

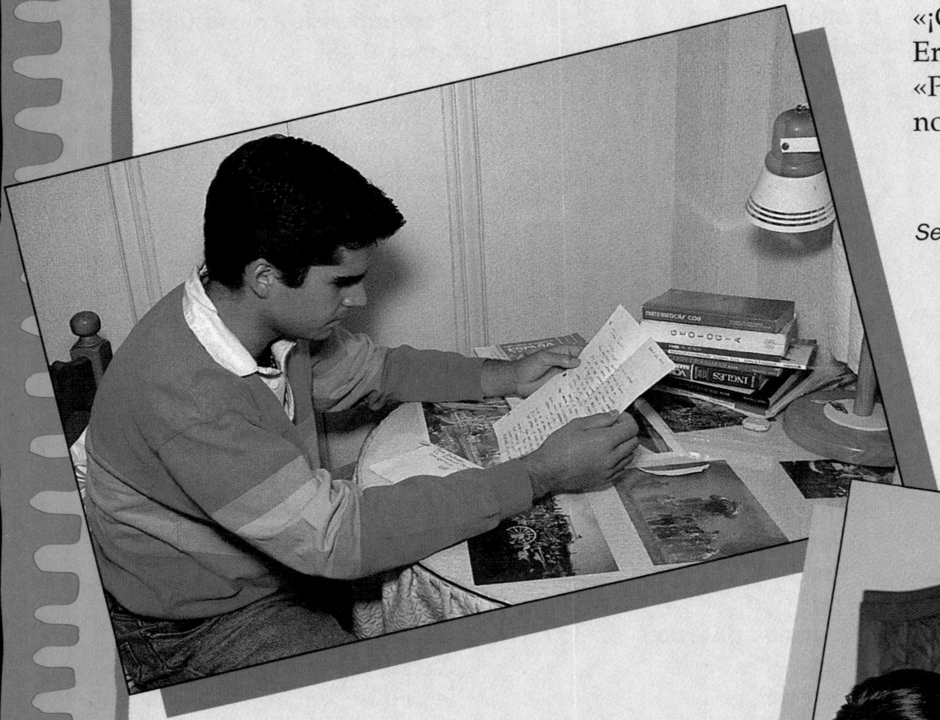

«¡Qué bueno! Otra carta de Ernesto», exclama Felipe Iglesias. «Por fin llegan las últimas noticias de la Escuela Central.»

Sevilla, España.

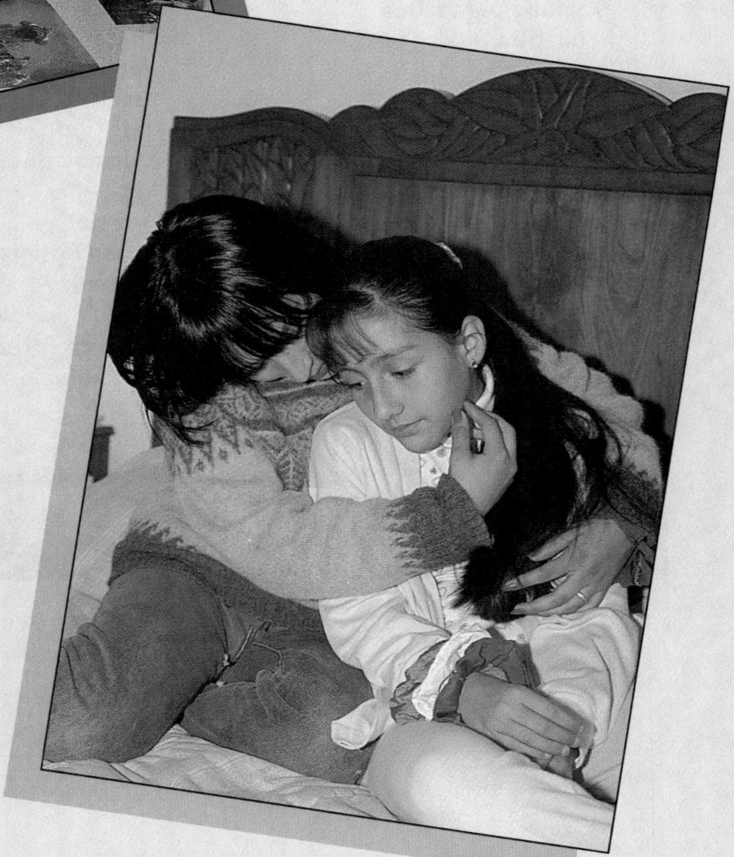

MARÍA LUISA: María José, ¿por qué estás tan triste?

MARÍA JOSÉ: Porque mañana tengo un examen de historia dificilísimo y no entiendo nada.

MARÍA LUISA: Bueno, yo te ayudo a repasar para el examen. ¿Está bien?

Ciudad de México, México.

«Mis hermanos Alejandro y Antonio son divertidos pero un poco traviesos», dice Alicia Vargas Dols. «A ver, chicos, cálmense. ¡Ya es hora de hacer la tarea!»

Madrid, España.

Hablan don Pancho y doña Matilde,
los abuelos de Luis Fernández...

«Cuando **nuestro nieto**
está enfermo, **nos
sentimos** preocupados.»

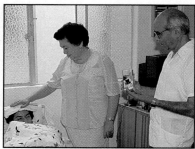

«Si **nuestra** hija
está contenta,
nuestros nietos
también están
contentos.»

Hablan los padres
de Luis...

«**Cada vez** que
nuestra hija **viaja, nos
sentimos** un poco
nerviosos.»

Ahora habla Luis...

«Mi hermano y yo **nos
llevamos muy bien**. Él
siempre sabe cuando
estoy **deprimido**.»

¡Y ahora habla
toda la familia... !

«Cuando estamos
todos juntos, ¡**nos
divertimos**
mucho!»

ACTIVIDADES ORALES Y LECTURAS

Conexión gramatical
Estudia las páginas 373–377
en **¿Por qué lo decimos así?**

1 • OPCIONES   **¿Qué tipo de persona eres?**

▶ Di **sí** o **no,** según tu experiencia. Luego comparte tus respuestas con tus compañeros.

Pick the one for you.

1. Cuando hago cosas con mi familia...
   a. me divierto mucho.
   b. me siento feliz.
   c. me siento cansado/a.
   d. me siento aburrido/a.
   e. ¿ ?

2. Cuando mis amigos no recuerdan mi cumpleaños...
   a. me siento triste.
   b. estoy de buen humor.
   c. me siento deprimido/a.
   d. estoy de mal humor.
   e. ¿ ?

3. Cuando tengo un problema...
   a. prefiero estar solo/a.
   b. hablo con mi consejero/a.
   c. me divierto con mis amigos.
   d. lloro en mi cuarto.
   e. ¿ ?

4. Antes de un examen...
   a. me siento un poco nervioso/a.
   b. tengo miedo.
   c. tengo dolor de estómago.
   d. me como las uñas.
   e. ¿ ?

5. Cuando saco buenas notas...
   a. me siento orgulloso/a.
   b. estoy súper contento/a.
   c. estoy de muy buen humor.
   d. lloro.
   e. ¿ ?

¡A charlar!

▶ Remember the verb **tener**? You learned to use it in expressions such as **tengo hambre** (*I'm hungry*) or **tengo sed** (*I'm thirsty*). Here are two new expressions with **tener** to help you express how you feel at certain times.

tener sueño
to be sleepy

tener miedo
to be afraid

How do you react when you feel this way?

▶ ¿Cómo reaccionas cuando te sientes así? Contesta las preguntas de tu compañero/a. Usa palabras de la lista o inventa otras respuestas.

MODELO: estás enojado/a →

COMPAÑERO/A: ¿Qué haces cuando *estás enojado/a?*

TÚ: Cuando *estoy enojado/a, me quedo en mi cuarto y no hablo con nadie.*

Estados de ánimo

1. te sientes deprimido/a
2. estás de mal humor
3. estás un poco confundido/a
4. te sientes triste
5. tienes sueño
6. estás aburrido/a

Reacciones

no hablo con nadie
escucho música
hablo con un amigo o una
    amiga
me quedo en mi cuarto
voy de compras
salgo a pasear
leo las tiras cómicas
me acuesto temprano
como algo dulce
¿ ?

Y AHORA, ¡CON TU PROFESOR(A)!

Interview your teacher.

▶ Hazle las siguientes preguntas a tu profesor(a).

¿Qué hace usted cuando está de buen humor? ¿y cuando está de mal humor?

Estos señores juegan al dominó en un parque de San Juan, Puerto Rico.

▶ Busca las definiciones para los parientes de doña Matilde, la abuela de Luis Fernández.

Find the correct definition.

1. mi cuñada
2. mi sobrino
3. mis nietos
4. mi cuñado
5. mis sobrinas
6. mi nieta

a. los hijos de mi hija
b. la esposa de mi hermano
c. el hijo de mi hermana
d. la hija de mi hija
e. el esposo de mi hermana
f. las hijas de mi hermano

¡A charlar!

▶ Here are more Spanish words for naming family members.

el sobrino
nephew
la sobrina
niece
el cuñado
brother-in-law
la cuñada
sister-in-law
el nieto
grandson
la nieta
granddaughter
los nietos
grandchildren

To say whether a relative is living or has died, use these expressions.

—**¿Tus abuelos están vivos?**
—*Are your grandparents still living?*
—**Mi abuela sí, pero mi abuelo (ya) murió.**
—*My grandmother, yes, but my grandfather is (already) dead.*

Y AHORA, ¿QUÉ DICES TÚ?

1. En tu opinión, ¿cómo es el padre ideal? ¿la madre ideal?
2. ¿Quién es tu pariente favorito? ¿Cómo es esa persona?
3. ¿Con qué parientes te llevas bien?

Complete the sentences.

▶ Completa las oraciones según la información del anuncio.

Me gusta vivir la vida llena de música. Me dicen que es porque soy joven, pero si vieran a mi abuela... Todo el tiempo oigo música y según el ánimo en que esté, siempre hay una canción que me va. Por eso escucho KQ-105, porque se parece a mí.

KQ 105 fm
La Primera

1. El anuncio es de...
   a. una tienda de discos.
   b. una estación de radio.
   c. un concierto de música clásica.

2. La persona que ves en el anuncio es...
   a. una chica que está de muy buen humor.
   b. una abuela que se siente cansada.
   c. una joven que está enojada.

3. Esta persona prefiere KQ-105 porque ofrecen...
   a. muchas canciones que le gustan.
   b. anuncios comerciales muy divertidos.
   c. comentarios de béisbol.

Y AHORA, ¿QUÉ DICES TÚ?

1. ¿Qué estación de radio te gusta escuchar? ¿Por qué?

2. ¿Qué tipo de música te gusta escuchar en la radio?

3. ¿Qué tipo de música recomiendas para un amigo o una amiga que se siente un poco triste?

▶ Hazle estas preguntas a tu compañero/a.

Mis emociones

1. ¿Cómo te sientes antes de un examen? ¿y cuando hablas con una chica o un chico a quien admiras mucho?

2. ¿Cambias mucho de humor durante el día? ¿A qué hora del día estás más contento/a? ¿menos contento/a? ¿Por qué?

Mi familia

3. ¿Tienes una familia grande? ¿Hacen ustedes actividades juntos? ¿Cuándo? ¿Te llevas bien con tus padres? ¿y con otros miembros de la familia? ¿Qué hacen ustedes para divertirse?

4. ¿Están vivos todos tus abuelos? ¿Cuántos años tienen? ¿Ves a tus abuelos a menudo? ¿Te llevas bien con ellos? ¿Qué te gusta hacer con ellos?

5. ¿Se preocupan mucho tus padres por ti? ¿En qué circunstancias?

Mariana Peña con su familia en San Juan, Puerto Rico.

SORPRESA CULTURAL

¿SON FRÍOS LOS NORTEAMERICANOS?

One day after school, Juana, Víctor, and Felicia chat with Mr. Álvarez about the **sorpresas culturales** discussions in their Spanish class. He tells them a story about a student in his ESL class who recently moved from El Salvador and about the student's first impression of people in the United States.

ᵃse... *stand close to each other*

Why did the new student have the impression that people in the United States are somewhat "cold"?

a. Many people in this country drink iced tea.

b. When people in this country have a conversation, they tend to stand farther apart than people from Spanish-speaking countries.

Of course, (b) is correct. The man from El Salvador did not yet know many people in this country. Being new to this culture, he was finding that figuring out the meaning of gestures and body language could be as confusing as learning the new language. In general, Salvadorans, like people from other Spanish-speaking countries, stand closer to each other when talking together than do most people in this country.

LAS FAMILIAS HISPANAS

PERO ANTES… ¿Tienes una familia grande o pequeña? ¿Te llevas bien con tus padres? ¿Hablas de tus problemas con un miembro de tu familia o prefieres hablar con un amigo o una amiga?

Find out what the pen pals have to say about their families.

Esto es lo que dicen nuestros amigos por correspondencia de sus familias.

Luis Fernández: «Mi familia es grande y muy unida, y está muy orgullosa de mí.»

Marisa Bolini: «Mi familia es lo más importante para mí. Siempre sabe cuando estoy triste o contenta. En mi corazón,° ellos siempre están primero.»

heart

Humberto Figueroa: «Me siento muy cerca de mi familia. Yo paso muchos fines de semana con ellos. A veces vamos a comer a un restaurante, y después vamos al cine o al teatro. ¡Y siempre nos divertimos mucho!»

Luis Fernández: «La opinión de un buen amigo es importante, pero más importante es la opinión de mi familia. Ellos me conocen° y se preocupan por mí.»

me… know me

Cuando estos estudiantes hablan de su familia, no hablan sólo de sus padres y hermanos. La familia incluye° también a los abuelos, tíos, primos, sobrinos, cuñados, padrinos° y, muchas veces, hasta a los amigos.

includes
godparents

Marisa Bolini: «Mi casa nunca está vacía.° La puerta siempre está abierta para los amigos. Todos son parte de nuestra familia.»

empty

¿QUÉ IDEAS CAPTASTE? Di si lo que dice cada uno de estos estudiantes es típico de una familia hispana, según la lectura.

> MODELO: «Prefiero no salir a comer con mis padres.» →
> *No es típico.*

1. Sara: «Tengo muchos hermanos.»

2. Ricardo: «Me gusta ir al cine con mis padres y mi hermanita.»

3. Alma: «Soy hija única.»

4. Rosalía: «Hablo de mis problemas con mi mamá.»

5. Leo: «Mi papá es mi mejor amigo.»

6. Lilia: «Me gusta salir con mis amigos, sin mi mamá.»

7. Martín: «Mi tía vive en mi casa con nosotros.»

8. Rogelio: «Mis amigos son como parte de mi familia.»

Un padre con su hijo en Caracas, Venezuela.

Una familia española en Sevilla, España.

¿POR QUÉ LO DECIMOS ASÍ?

GRAMÁTICA

HOW DO YOU FEEL?
Verbs Like *sentirse* (*ie*)

To describe emotional states, some verbs use reflexive pronouns, even though the pronouns don't convey the meaning of *-self*. Two verbs of this type are **sentirse** (*to feel*) and **divertirse** (*to have fun, to have a good time*). They are both stem-changing verbs. (The **e** of the stem changes to **ie** in all but the **nosotros** and **vosotros** forms.) Here are their present-tense forms.

Present Tense of **sentirse** (*ie*)

yo	me siento	nosotros/nosotras	nos sentimos
tú	te sientes	vosotros/vosotras	os sentís
usted	se siente	ustedes	se sienten
él/ella	se siente	ellos/ellas	se sienten

sentirse = to feel

e → ie (*except in* **nosotros** *and* **vosotros** *forms*)

Present Tense of **divertirse** (*ie*)

yo	me divierto	nosotros/nosotras	nos divertimos
tú	te diviertes	vosotros/vosotras	os divertís
usted	se divierte	ustedes	se divierten
él/ella	se divierte	ellos/ellas	se divierten

divertirse = to have fun, to have a good time

—¿**Te diviertes** cuando vas a una fiesta?

—Sí, pero a veces **me siento** un poco nervioso.

—*Do you have fun when you go to a party?*

—*Yes, but sometimes I feel a bit nervous.*

¿Cómo te sientes?

▶ Pregúntale a tu compañero/a cómo se siente en estas circunstancias. Usa palabras de la lista.

MODELO: antes de un examen →

TÚ: ¿Cómo te sientes *antes de un examen*?
COMPAÑERO/A: Me siento *nervioso/a*.

1. antes de un examen
2. cuando tu amigo/a está de mal humor
3. cuando no duermes bien
4. cuando tu hermano/a se pone tu ropa
5. cuando sacas una «A» en español
6. durante una fiesta aburrida
7. después de comer tres hamburguesas
8. cuando tu profesor(a) cancela un examen
9. cuando llega la primavera

triste
enojado/a
contento/a
deprimido/a
preocupado/a
cansado/a
enfermo/a
nervioso/a
¿?

Reacciones típicas

▶ ¿Cuál es la reacción típica en estas situaciones? Completa las siguientes oraciones con la forma correcta del verbo **sentirse**. Usa palabras de la lista.

MODELO: Cuando llueve, el vendedor de paraguas... →
Cuando llueve, el vendedor de paraguas *se siente muy contento*.

1. Cuando llueve, el vendedor de paraguas...
2. Cuando mi amigo está enfermo, yo...
3. Cuando tenemos un examen, (nosotros)...
4. Cuando los estudiantes no estudian, la profesora...
5. Cuando no limpio mi cuarto, mi mamá...
6. Cuando no hay más boletos para un concierto, los jóvenes...
7. Cuando sacas una buena nota, tus padres...
8. Cuando mi amigo no recibe cartas de su novia...

de buen / mal humor	desilusionado/a	irritado/a	triste
contento/a	enojado/a	orgulloso/a	¿?
deprimido/a	entusiasmado/a	preocupado/a	

EJERCICIO 3 — Un baile

▶ Hay un baile en la Escuela Central, pero no todos los estudiantes se divierten. Completa el diálogo con la forma apropiada de los verbos **sentirse** y **divertirse**.

Complete the dialogue.

SRTA. GARCÍA:	¿Qué te pasa, Juana? ¿No ____ ____¹ en la fiesta?
JUANA:	No, Srta. García, no ____ ____² mucho. ____ ____³ un poco cansada.
SRTA. GARCÍA:	¡Qué lástima! Y ustedes, chicos, ¿ ____ ____⁴?
PACO:	Esteban y yo ____ ____⁵ muchísimo. Hay muchas chicas bonitas para bailar, pero Víctor no ____ ____.⁶
SRTA. GARCÍA:	¿Por qué?
PACO:	Porque él no sabe bailar muy bien y ____ ____⁷ un poco nervioso.
SRTA. GARCÍA:	¡Pobrecito! Voy a hablar con él... Víctor, ¿por qué ____ ____⁸ tan nervioso?
VÍCTOR:	Es que no sé bailar muy bien.
SRTA. GARCÍA:	¡Qué tontería! ¿Quieres bailar conmigo?
VÍCTOR:	¿Con usted? ¡Ahora ____ ____⁹ súper bien!

The Possessive Adjectives *nuestro(s)*, *nuestra(s)*, *su(s)*

A The possessive pronouns **su** and **sus** also mean *your* (when you address more than one person) or *their*.

> *su/sus = your (plural), their*

—Sr. y Sra. Fernández, ¿quiénes son los parientes favoritos de **sus** hijos?
—**Sus** abuelos y **su** tío.

—*Mr. and Mrs. Fernández, who are your children's favorite relatives?*
—*Their grandparents and their uncle.*

B The possessive adjective **nuestro** (*our*) has four forms: **nuestro, nuestra, nuestros, nuestras**. Each form agrees in number and gender with the noun that follows.

> *nuestro/a(s) = our*

	SINGULAR		PLURAL	
MASCULINE	**nuestro** tío	*our uncle*	**nuestros** tíos	*our uncles*
FEMININE	**nuestra** tía	*our aunt*	**nuestras** tías	*our aunts*

Nuestros nietos son inteligentes.
Nuestra sobrina está contenta hoy.

Our grandchildren are intelligent.
Our niece is happy today.

> **Nuestro** agrees in number and gender with the nouns it modifies.

C Here is a summary of all the possessive adjectives you have learned so far.

	SINGULAR	PLURAL
my	**mi** hermano/hermana	**mis** hermanos/hermanas
your (informal)	**tu** hermano/hermana	**tus** hermanos/hermanas
your (polite), *his, her*	**su** hermano/hermana	**sus** hermanos/hermanas
our	**nuestro** hermano **nuestra** hermana	**nuestros** hermanos **nuestras** hermanas
your (plural), *their*	**su** hermano/hermana	**sus** hermanos/hermanas

Rompecabezas de familia

Complete the
sentences and
identify the
relatives.

▶ Arturo, el novio de Mercedes, no conoce bien a los miembros de la familia Fernández. Mercedes y Luis lo ayudan a identificar a varios miembros de la familia. Completa las siguientes oraciones con **nuestro, nuestra, nuestros** o **nuestras** y el pariente correcto.

MODELO: _____ tía Isabel es la hermana de _____ (primo, sobrinas, papá). →
Nuestra tía Isabel es la hermana de *nuestro* papá.

1. _____ tía Isabel es la hermana de _____ (primo, sobrinas, papá).

2. _____ abuelo Pancho es el esposo de _____ (nieta, abuela, primos).

3. _____ primo Benito es el sobrino de _____ (nietos, cuñados, padres).

4. _____ abuelos, Ramón y María, son los padres de _____ (papá, cuñado, hermana).

5. _____ tío Benjamín es el cuñado de _____ (mamá, primas, hijo).

El álbum de fotos de los Fernández

Complete the
dialogues.

▶ Ahora, Arturo les hace preguntas a Mercedes y a Luis sobre las fotos de su álbum. Completa los diálogos con **nuestro, nuestra, nuestros, nuestras, su** o **sus**.

ARTURO: ¿Quién es este señor con la barba larga? ¿_____¹ tío?
MERCEDES: No, _____² tío no tiene barba. Es un amigo de _____³ padre.
ARTURO: ¿Y esta señora de pelo rubio es _____⁴ esposa?
MERCEDES: Sí. Y los niños que ves delante de ellos son _____⁵ hijos.
LUIS: Pues aquí hay una foto de _____⁶ abuelos Ramón y María. Están en _____⁷ casa con _____⁸ dos gatos, Silvestre y Penélope. ¡Son unos gatos muy divertidos y traviesos!

Raúl Galván con sus tíos y primos en Caracas, Venezuela.

VOCABULARIO PALABRAS NUEVAS

Los estados de ánimo
sentirse (ie) o estar...
   de buen humor
   confundido/a
   deprimido/a
   feliz
   de mal humor
   orgulloso/a
   súper contento/a
   triste

Palabras de repaso: aburrido/a, cansado/a, contento/a, enfermo/a, nervioso/a, preocupado/a

¡A charlar!
tener miedo
tener sueño

La familia
el cuñado / la cuñada
el hijito / la hijita
el nieto / la nieta
los nietos
el sobrino / la sobrina

está vivo/a
(ya) murió

Palabras de repaso: el abuelo/la abuela, el hermano/la hermana, el hijo/la hija, la madre/el padre, el pariente/la pariente, el primo / la prima, el tío/la tía

Los sustantivos
la canción
la circunstancia
la estación de radio

Palabras semejantes: **el comentario, la emoción**

Palabras de repaso: el amigo/la amiga, el concierto, el consejero/la consejera, el cuarto, el cumpleaños, el chico/la chica, el examen, el/la joven, la nota, la tienda (de discos), la tira cómica

Los verbos
cambiar
comerse (las uñas)
divertirse (ie)
   me divierto / te diviertes

llevarse (bien / mal)
llorar
preocuparse
reaccionar
recomendar (ie)
   recomiendo / recomiendas
recordar (ue)
   recuerdo / recuerdas
sentirse (ie)
   me siento / te sientes
viajar

Palabra semejante: **admirar**

Palabras de repaso: acostarse (ue), comer, escuchar, ir de compras, leer, quedarse, sacar, salir

Los adjetivos posesivos
nuestro/a
nuestros/as
su(s)

Palabras útiles
cada vez
tener dolor de estómago

SITUACIONES

Tú

You're babysitting a six-year-old boy while his parents are at work, and you're worried because the boy is not feeling well. Call the parents, describe the symptoms, and ask them what you have to do.

Hint: Before you do this activity, write down the symptoms so you can describe them to the parents.

Compañero/a

Your babysitter phones to say that your six-year-old son isn't feeling well. Find out what the symptoms are so you can tell the sitter what to do. You may decide you need to go home.

Hint: Before you do the activity, make a list of questions about how your child is feeling. Here are a few questions you might ask: What are the symptoms? Does he want to play today? Can he eat his meals? Is he crying?

Conversation Tip

▶ When you need to ask for advice, it's important to stick to the facts and explain the circumstances very clearly. Here are some expressions that can help you do so.

¿Qué debo hacer?
¿Qué sugiere (sugieres)?
¿Qué le (te) parece?

When others ask you for advice, remember to use information questions like **¿quién?**, **¿qué?**, **¿dónde?**, and **¿cuándo?** to get all the facts. As you give advice, keep in mind expressions such as:

Puede (Puedes)...
Necesita (Necesitas)...
Tiene (Tienes) que...

¿ SABÍAS QUE...

- las arañas no pueden masticar°? *chew*
- los perros no pueden ver en colores?
- en Dinamarca puedes comprar pasta de dientes con sabor a banana?
- una cucaracha puede vivir sin cabeza por siete horas?

¡TE INVITAMOS A ESCRIBIR!

LA RUTINA DIARIA DE LIDIA Y DE LEDA

Lidia y Leda tienen personalidades muy diferentes. Mira los dibujos de las dos muchachas. ¿Cómo son? ¿Cuáles son las diferencias entre ellas? ¿Puedes imaginar su rutina diaria?

Lidia   Leda

Primero, haz una lista...
de todas las actividades que sugieren los dibujos.

Luego, organiza la información...
con un mapa semántico.

Después, escoge...
un mínimo de tres actividades del mapa semántico para cada muchacha.

Make a list of everything you want to say.

Organize your information.

Por último, escribe una narración...

describiendo la rutina de cada muchacha. Piensa en las diferencias entre ellas.

> Lidia se levanta temprano todos los días, pero Leda siempre se levanta tarde.

Si quieres, puedes hacer un dibujo para ilustrar la narración.

VOCABULARIO ÚTIL

todos los días	pero
siempre	sin embargo
nunca	

Y AHORA, ¿QUÉ DECIMOS?

Paso 1. Mira otra vez las fotos en las páginas 326–327. Ahora ya puedes describirlas mejor, ¿verdad? Pues vamos a ver...

- ¿Qué hace la muchacha en la foto número 1? ¿Crees que es parte de su rutina diaria?

- ¿Qué hace el muchacho de la foto número 2 para estar en forma? ¿Cómo se siente él? Y tú, ¿qué haces para estar en forma? ¿Cómo te sientes después de hacer ejercicio?

- ¿Cómo se siente la familia de la foto número 3? ¿En qué ocasiones te sientes así?

Paso 2. Ahora, imagínate que trabajas para una agencia de publicidad y tienes que diseñar un cartel para un campamento de verano para jóvenes. Diseña un cartel de ese lugar. Incluye...

- el nombre del campamento

- las fechas y los precios

Y un mínimo de dos atracciones para los jóvenes que...

- quieren ponerse en forma

- quieren aprender a comer bien

- son un poco tímidos y quieren aprender a llevarse bien con otros

trescientos ochenta y uno 381

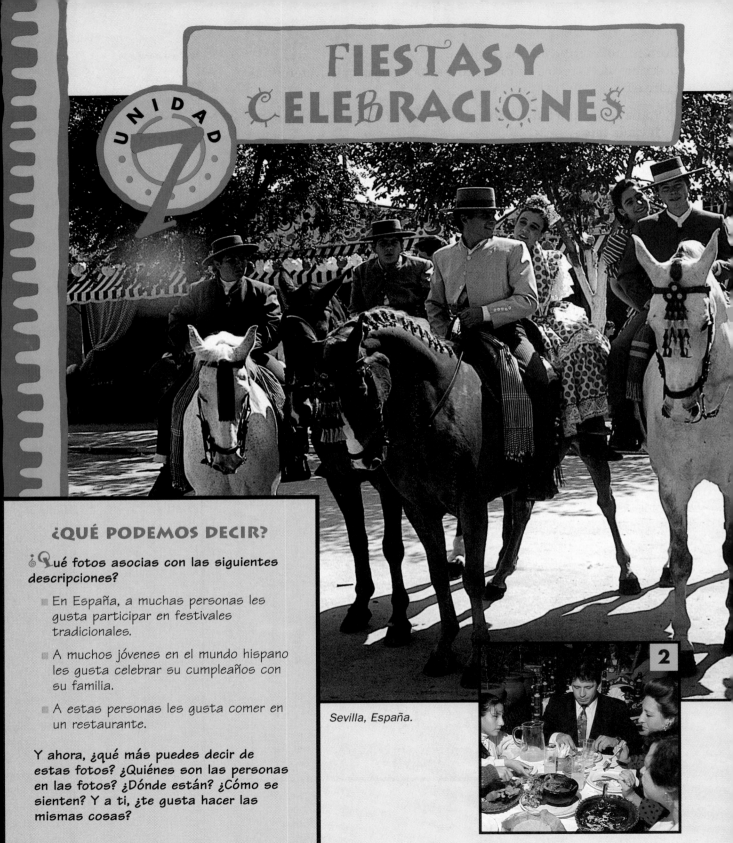

FIESTAS Y CELEBRACIONES

UNIDAD 7

¿QUÉ PODEMOS DECIR?

¿Qué fotos asocias con las siguientes descripciones?

- En España, a muchas personas les gusta participar en festivales tradicionales.

- A muchos jóvenes en el mundo hispano les gusta celebrar su cumpleaños con su familia.

- A estas personas les gusta comer en un restaurante.

Y ahora, ¿qué más puedes decir de estas fotos? ¿Quiénes son las personas en las fotos? ¿Dónde están? ¿Cómo se sienten? Y a ti, ¿te gusta hacer las mismas cosas?

Sevilla, España.

Ciudad de México, México.

Ciudad de México, México.

 LECCIÓN **1**

VAMOS A UNA FIESTA
In this lesson you will:

- **talk about family celebrations**
- **talk about people you know**

 LECCIÓN **2**

VAMOS A COMER
In this lesson you will:

- **talk about foods in the Spanish-speaking world**
- **learn how to order a meal in Spanish**

 LECCIÓN **3**

LOS DÍAS FERIADOS
In this lesson you will:

- **talk about holidays and other celebrations in the Spanish-speaking world**
- **tell where you and others went to celebrate holidays**

VAMOS A UNA FIESTA

«Ésta es mi prima Trinidad», dice Alicia Vargas Dols. «Toda la familia está en la iglesia para su primera comunión. La fotógrafa soy yo, por supuesto.»

Madrid, España.

Hoy es un día muy especial para María Luisa. Va a cumplir quince años. ¡Feliz cumpleaños, María Luisa!

Ciudad de México, México.

Lima, Perú.

«Yo quiero mucho a mis abuelitos, Ramón y Eugenia. ¡Nos llevamos requetebién!», dice Marta Cisneros. «Aquí estamos todos en casa, para celebrar su aniversario de bodas.»

Alicia y su familia asisten **al bautismo** de su primo.

La madrina **lo lleva en brazos**.
El padrino **lo besa**.

Humberto asiste a **la boda** de su tía Silvana.

Humberto saca fotos de **los invitados**. Los padres **abrazan** a la novia.

La fiesta de quince años de María Luisa Torres

María Luisa **cumple** 15 años hoy. Sus parientes y amigos la **felicitan**.

Cuando los novios bailan **el vals**, todos **los** miran.

El aniversario de bodas de los Cisneros

Marta Cisneros **quiere** mucho a sus abuelos. Hoy ellos celebran sus **bodas de oro**. ¡Cincuenta años de **casados**! Toda la gente del vecindario **los conoce** y asiste a la fiesta.

Y TÚ, ¿QUÉ DICES?

Conexión gramatical
Estudia las páginas 394–398
en **¿Por qué lo decimos así?**

ACTIVIDADES ORALES Y LECTURAS

1 • OPCIONES   **Una prueba: Los modales y las fiestas**

▶ Cuando alguien te invita a una fiesta, ¿tienes buenos modales?
Contesta las siguientes preguntas para saberlo.

What do you usually do?

1. Cuando recibes una invitación a una fiesta, ¿cuándo la contestas?
   a. Inmediatamente.
   b. Después de una semana.
   c. Casi nunca la contesto.

2. Estás en una fiesta y un amigo quiere presentarte a un invitado.
   ¿Qué dices?
   a. «¡Me gustaría conocerlo! ¿Cómo se llama?»
   b. «Estoy un poco nervioso/a, pero de todos modos, me gustaría
      conocerlo.»
   c. «No lo conozco y ¡no quiero conocerlo!»

3. Llegas a una fiesta y ves que hay mucha comida. También hay
   muchos invitados. ¿Qué haces?
   a. Como solamente un poco de todo.
   b. Busco la comida que más me gusta y la como.
   c. Grito «Tengo un hambre feroz», devoro toda la comida y no
      dejo nada para los otros invitados.

4. Un amigo te invita al aniversario de bodas de sus abuelos. Tú no
   los conoces. Cuando llegas a la fiesta, ¿qué haces?
   a. Saludo a los abuelos y los felicito.
   b. Busco a otros amigos y voy con ellos a felicitar a los abuelos.
   c. Me escondo en un rincón y no saludo a nadie.

5. Vas a la fiesta de una amiga y te diviertes mucho, pero después de
   la fiesta, ¡la casa es un desastre! Al día siguiente, ¿qué haces?
   a. Voy a la casa de mi amiga y la ayudo a limpiar.
   b. Mando una tarjeta y la felicito por el éxito de la fiesta.
   c. No hago nada.

Ahora suma los puntos para saber los resultados.

PUNTOS: $a = 2$ RESULTADOS: **8–10 puntos**— ¡Felicitaciones! Eres el invitado
         $b = 1$ perfecto / la invitada perfecta. Todo el mundo te invita a fiestas,
         $c = 0$ ¿verdad? **4–7 puntos**— Tu comportamiento es correcto. Sabes
                   disfrutar de las reuniones sociales sin olvidarte de la cortesía.
                   0–3 puntos— ¡Qué barbaridad! Debes mejorar tus modales; si
                   no, tus amigos no te van a invitar más a sus fiestas.

Guess the
celebration.

▶ Túrnate con tu compañero/a para adivinar la fiesta o celebración que asocian con cada actividad. **¡OJO!** Hay varias respuestas posibles.

MODELO: *Los novios bailan.* →

TÚ: Los novios bailan.
COMPAÑERO/A: Es *una boda.*

Compañero/a 1

1. Un niño sopla las velitas.
2. Una pareja celebra 40 años de casados.
3. Los músicos tocan y los invitados bailan.
4. Los padrinos besan al bebé.
5. Un fotógrafo saca fotos de la familia.

a. una fiesta sorpresa
b. una fiesta de Barmitzva
c. una boda
d. un aniversario de bodas
e. un bautismo
f. una fiesta de cumpleaños
g. una fiesta de fin de año escolar
h. una fiesta de quince años
i. ¿ ?

Compañero/a 2

1. Una amiga decora tu lóquer con globos y serpentinas.
2. Un cura felicita a los novios.
3. Una quinceañera abre los regalos.
4. Los estudiantes ponen música y bailan.
5. Los padres abrazan a su hijo que cumple 13 años.

▶ Humberto hace planes para una fiesta sorpresa para el cumpleaños de Carolina. Habla por teléfono con Mariana Peña.

MARIANA: ¿Vas a invitar a Mario a la fiesta de Carolina?
HUMBERTO: ¿Mario? No lo conozco. ¿Quién es?
MARIANA: El vecino de Carolina. Es un chico muy chistoso.
HUMBERTO: Bueno, si es divertido, me gustaría conocerlo.

Y AHORA, PRACTICA CON TU COMPAÑERO/A 〜〜〜〜〜〜〜

TÚ: ¿A quién te gustaría invitar a tu próxima fiesta?
COMPAÑERO/A: Me gustaría invitar a _____.

TÚ: Ah, yo _____ conozco. ¡Qué buena idea!
(No _____ conozco. ¿Quién es?)

▶ Conversa con tu compañero/a sobre la fiesta ideal. Piensen en los «ingredientes» para tener éxito en una fiesta y ¡hagan planes!

Talk about the ideal party.

MODELO: ¿Cuál es el mejor día para una fiesta? →

TÚ: ¿Cuál es el mejor día para una fiesta?
COMPAÑERO/A: El sábado.
TÚ: ¿Por qué?
COMPAÑERO/A: Porque no hay clases el domingo.
(Porque no tengo que levantarme temprano.)

1. ¿Cuál es el mejor día para una fiesta?
   a. el viernes   b. el sábado   c. ¿?

2. ¿Cuál es la hora más apropiada?
   a. a las seis   b. después de las diez   c. ¿?

3. ¿A cuántos invitados vas a invitar?
   a. menos de diez   b. más de diez   c. ¿?

4. ¿Qué comida vas a preparar?
   a. pastel y dulces   b. comida mexicana   c. ¿?

5. ¿Qué música vas a poner?
   a. rock   b. rap   c. ¿?

▶ Describe la fiesta de Carolina Márquez.

Y AHORA, ¡CON TU PROFESOR(A)!

1. Normalmente, ¿le gusta ir a fiestas? ¿Prefiere dar una fiesta en su casa o ir a las fiestas de otros?

2. Cuando da una fiesta, ¿invita a muchas personas? ¿Cómo decide a quién va a invitar?

SORPRESA CULTURAL

¿QUIÉN TIENE BUENOS MODALES EN LA MESA?

It is now Chela and Felicia's turn to talk about cultural differences. One Saturday at the mall, they were watching a group of people having lunch in a restaurant. The people were speaking Spanish, and from their accent, Chela thought they were probably Cuban.

Do you see what Felicia sees? Here are the differences in table manners that she noticed between the group of Cubans and the other people sitting in the restaurant.

a. Hispanics are usually silent at mealtimes, but most people in the United States talk during meals.

b. Hispanics usually rest both arms on the table while they eat, but most people in the United States tend to keep one hand below the table.

Thinking About
Culture

▶ In what hand do you hold your knife and fork when you eat meat? In other parts of the world, what utensils besides forks, knives, and spoons do people use for eating?

SKIM TO "GET THE GIST"

Skimming is a skill you probably have already developed in English. It is what you do to get a general idea of the day's news—or when you have only 10 minutes left before the chapter test in history and you haven't read the chapter! You sweep your eyes quickly over each page, noticing words and phrases and getting the main ideas as you go.

When you glance over a reading in Spanish, you will notice cognates, familiar words, and key phrases that will give you a general idea of what to expect when you begin to read the piece more carefully.

Skim quickly through the reading that follows and find the words or phrases that identify the main topic of each paragraph.

¡TE INVITAMOS A LEER!

LA FIESTA DE LOS QUINCE AÑOS

PERO ANTES... ¿Cómo te gusta celebrar tu cumpleaños? ¿Qué cumpleaños es importante en los Estados Unidos?

Find out about a very special birthday party.

La fiesta de los quince años es una celebración muy importante en Hispanoamérica. Para una joven, cumplir quince años representa que ya no es niña, sino° señorita. Esta ocasión se celebra tradicionalmente con una gran fiesta en la casa de la quinceañera o en un salón. Se les mandan invitaciones a los parientes, a los amigos y a los compañeros de la escuela.

but rather

En México, la quinceañera llega a la fiesta acompañada de un cortejo de° 14 amigas. Cada una de ellas representa un año de su vida. La quinceañera lleva un vestido blanco, muy bonito y elegante. Las 14 amigas llevan vestidos de otro color. A veces, las acompañan 14 muchachos o chambelanes° que llevan traje del mismo color.

acompañada... escorted by

escorts

El momento clave° de la fiesta es cuando el padre de la quinceañera la presenta en sociedad. Los invitados forman un

más importante

círculo y la quinceañera baila el vals con su padre primero y luego con su padrino. Después bailan las 14 muchachas con sus parejas y el resto de los invitados.

Hay también una gran variedad de comida y bebida y, por supuesto, un pastel de cumpleaños apropiado para la ocasión. Después de soplar las velitas, la quinceañera y sus amigos bailan hasta muy tarde y se divierten muchísimo al ritmo del rock, rap y ¡hasta de canciones tradicionales como el bolero!

¿QUÉ IDEAS CAPTASTE? Escoge la categoría correcta para cada descripción de la lista. **¡OJO!** A veces hay más de una categoría correcta.

Find the logical category.

MODELO: bailar con su padre → actividades de la quinceañera

Descripciones

a. bailar con su padre
b. los parientes
c. acompañar a la quinceañera
d. llevar un vestido blanco
e. los amigos
f. soplar las velitas
g. bailar
h. formar un círculo
i. los compañeros
j. el padrino

Categorías

1. los invitados
2. actividades de la quinceañera
3. actividades de los invitados

PRONUNCIACIÓN

THE LETTER *d*

In Spanish, the letter **d** is most often pronounced like *th* in the English *father* (**na***d***a**, **me***d***io**, **parti***d***o**, **cómo***d***o**, **estu***d***ia**).

When the **d** follows the letter **n** or **l**, it is similar to a hard *d*, as in the English word *candy* (**gran***d***e**, **an***d***ar**, **fal***d***a**, **in***d***epen***d***iente**).

At the end of a word, the letter **d** is pronounced very softly or not at all (**verda***d*, **salu***d*, **Madri***d*, **uste***d*).

PRÁCTICA Read these two sentences to practice the **d** sounds you have just read about.

David tiene mucha sed, ¿verdad?

Dos alcaldes° danzan el fandango.

° *mayors*

SAYING *HIM, HER,* AND *THEM*
Personal Direct Object Pronouns

A When pronouns refer to persons, they are called *personal* pronouns.

—¿Ves a **Luis**?   —*Do you see Luis?*
—No, no **lo** veo.   —*No, I don't see him.*

—¿Esperas a **los invitados**?   —*Are you expecting the guests?*
—No, no **los** espero todavía.   —*No, I don't expect them yet.*

—¿Quién besa primero a **la quinceañera**?   —*Who kisses the quinceañera first?*
—Su papá **la** besa.   —*Her dad kisses her.*

—¿Quieres a **tus hermanas**?   —*Do you love your sisters?*
—Sí, **las** quiero mucho.   —*Yes, I love them a lot.*

B You are already familiar with the pronouns **me** (*me*), **te** (*you* [informal]), and **nos** (*us*). Here is a list of all the personal direct object pronouns.

¡OJO! los = them (*males, or males + females*) las = them (*all females*)

PERSONAL DIRECT OBJECT PRONOUNS			
me	*me*	**nos**	*us*
te	*you* (informal)	**os**	*you* (informal plural)
lo	*you* (masculine polite), *him*	**los**	*you, them* (masculine plural)
la	*you* (feminine polite), *her*	**las**	*you, them* (feminine plural)

—¿**Me** invitas a la fiesta?   —*Are you inviting me to the party?*
—Claro que **te** invito.   —*Of course I'm inviting you.*

—¿**Nos** ayudas a preparar el pastel?   —*Will you help us make the cake?*
—Ahora no. **Los** ayudo más tarde.   —*Not now. I'll help you (all) later.*

C Here are several verbs you know that take a personal direct object pronoun when the action is directed to a person.

abrazar	*to hug*	invitar	*to invite*
ayudar	*to help*	llamar	*to call*
besar	*to kiss*	llevar	*to take* (somewhere);
buscar	*to look for*		*to carry*
comprender	*to understand*	mirar	*to look at; to watch*
conocer	*to know; to meet*	querer	*to love*
	(someone)	saludar	*to greet*
cuidar	*to take care of*	ver	*to see*
escuchar	*to listen to*	visitar	*to visit*
esperar	*to wait for; to expect*		

EJERCICIO 1   ¿Quién invita a quién?

▶ Cada club de la Escuela Central invita a personas famosas. Con tu compañero/a, pregunta y contesta según el modelo. Usa **lo, la, los** y **las** en las respuestas.

MODELO: al arquitecto →

TÚ: ¿Quién invita *al arquitecto*?
COMPAÑERO/A: *El club de arte lo* invita.

1. al arquitecto
2. a la campeona de tenis
3. a las pianistas
4. a los astrónomos
5. al senador
6. a las actrices

a. el club de deportes
b. el club de arte
c. el club de historia
d. el club de teatro
e. el club de música
f. el club de ciencias

Match the clubs and the guests.

lo = *one male*
la = *one female*
los = *all males, or males + females*
las = *all females*

Buenos Aires, Argentina: El club de tenis de un colegio argentino invita a un tenista profesional a dar clases.

Relaciones entre amigos

▶ Tu compañero/a te pregunta si tus amigos hacen estas cosas. Usa **a veces, siempre** o **casi nunca** para contestar.

MODELO: saludar en la escuela →

COMPAÑERO/A: *¿Te saludan en la escuela?*

TÚ: Sí, a veces *me saludan.*
(No, casi nunca *me saludan.*)

1. saludar en la escuela
2. visitar los fines de semana
3. llamar por teléfono por la tarde
4. esperar después de las clases
5. invitar a sus fiestas
6. ayudar con la tarea

EJERCICIO 3

La telenovela «Los enamorados»

▶ En este episodio de la telenovela, Amada Santamaría y José Ángel Bueno están muy enamorados. Completa los diálogos con **me, te** o **nos**.

El sábado por la tarde...

AMADA: Papá, esta noche voy a un baile.

SR. SANTAMARÍA: ¿Y quién _____[1] lleva?

AMADA: José, un chico muy serio e inteligente.

SR. SANTAMARÍA: Está bien, Amada. Pero tu mamá y yo _____[2] esperamos en casa a las once. Y si hay un problema, _____[3] llamas y _____[4] buscamos con el carro. ¡Si digo a las once es porque _____[5] quiero!

AMADA (aparte): ¡A las once! ¡Qué anticuado! ¡Y dice que _____[6] quiere!

El sábado por la noche...

JOSÉ ÁNGEL: Amada, cuando yo _____[7] miro, me siento muy contento.

AMADA: Ay, mi Ángel, cuando tú _____[8] miras soy la mujer más feliz del mundo.

JOSÉ ÁNGEL: Querida, ¿ _____[9] quieres mucho?

AMADA: _____[10] adoro, mi amor. Quiero estar contigo toda la vida, pero... hay un problema.

JOSÉ ÁNGEL: ¿Qué pasa, corazón?

AMADA: Tenemos que regresar a casa. Mis padres _____[11] esperan antes de las once. Mi papá es muy anticuado y _____[12] trata como a una niña de cinco años.

JOSÉ ÁNGEL: ¡Ay, pobrecita! Yo _____[13] llevo a casa ahora mismo.

AMADA: Gracias, mi amor.

JOSÉ ÁNGEL: De nada, corazón.

DO YOU KNOW THEM?
The Verb *conocer*

A The verb **conocer** means *to know* in the sense of being familiar or acquainted with someone. It has regular **-er** verb endings, except for the **yo** form: **conozco**. Here are its present-tense forms.

Present Tense of **conocer**		
SINGULAR	PLURAL	
yo **conozco**	nosotros/nosotras	conocemos
tú conoces	vosotros/vosotras	conocéis
usted conoce	ustedes	conocen
él/ella conoce	ellos/ellas	conocen

In the infinitive form, **conocer** can mean *to meet; to get to know.*

—**Quiero conocer a Eduardo.**   —*I want to meet Eduardo.*

—Mariana, ¿**conoces** a Gloria?   —*Mariana, do you know Gloria?*
—Sí, la **conozco** muy bien.   —*Yes, I know her very well.*

B When you speak of knowing a person, use the personal **a**.

—¿**Conocen** ustedes **a** la chica con el pelo castaño?   —*Do you (all) know the girl with brown hair?*
—Sí, la **conocemos**. Se llama Gloria Ruiz.   —*Yes, we know her. Her name is Gloria Ruiz.*

San Juan, Puerto Rico: Mariana les presenta a Eduardo y a Gloria.

¿A quién conoces en la escuela?

Tell whether you know these people.

▶ Con tu compañero/a, inventa preguntas y respuestas según el modelo. **¡OJO!** Usa **lo, la, los** o **las** en las respuestas.

MODELO: ¿al director / a la directora de la escuela? →

TÚ: ¿Conoces *al director de la escuela?*
COMPAÑERO/A: Sí, *lo* conozco. Es el Sr. (*López*).
(No, no *lo* conozco.)

TÚ: ¿Conoces *a la directora de la escuela?*
COMPAÑERO/A: No, no *la* conozco.

¿Conoces...

a + el = al

1. al director / a la directora de la escuela?

2. al secretario / a la secretaria de la escuela?

3. a la enfermera de la escuela?

4. a todas las profesoras de educación física?

5. a todos los consejeros?

6. al presidente / a la presidenta del club de español?

7. al entrenador / a la entrenadora de fútbol americano?

8. al director / a la directora de la banda?

¿Quién conoce a quién?

Complete the sentences.

▶ Primero, completa las oraciones con la forma correcta de **conocer** y la **a** personal. Luego decide si es **cierto** o **falso**.

MODELO: Ana Alicia / Chela → *Ana Alicia* conoce a *Chela*. Es *cierto*.

1. Ana Alicia / Chela

2. los estudiantes de la Srta. García / José Campos

3. yo / Marisa Bolini

4. mis padres / mi mejor amigo/a

5. tú / el director de cine Steven Spielberg

6. mis amigos y yo / los padres de Luis Fernández

7. la Srta. García / Sr. Álvarez

8. los amigos por correspondencia de Puerto Rico / Felipe Iglesias

VOCABULARIO PALABRAS NUEVAS

Fiestas y celebraciones
el aniversario de bodas
el bautismo
la boda
las bodas de oro
las decoraciones
la fiesta de Barmitzva
la fiesta de fin de año (escolar)
la fiesta de quince años
la fiesta sorpresa
el globo
la invitación
el ponche
las serpentinas
las velitas

Palabras de repaso: el
cumpleaños, el pastel, el
regalo, la tarjeta

Actividades relacionadas con las fiestas
abrazar
besar
casarse
conocer
    conozco / conoces
cumplir años
decorar
disfrutar
felicitar
poner música
querer (ie)
    quiero / quieres

recibir
soplar (las velitas)

Palabras de repaso: celebrar,
presentar, saludar

Las personas
el cura
el fotógrafo / la fotógrafa
el invitado / la invitada
la madrina
el músico
el novio / la novia
el padrino
la quinceañera

Palabras de repaso: los
abuelos, el bebé, los padres, los
parientes

Los sustantivos
el comportamiento
el éxito
los modales
el rincón
el vals

Palabra semejante: **la cortesía**

Los verbos
dejar
esconderse
gritar

llevar (en brazos)
mejorar
olvidarse (de)

Palabra semejante: **devorar**

Los adjetivos
casado/a
feroz
satisfecho/a

Palabra semejante: **correcto/a**

Los pronombres
lo/la, los/las
me
nos
te

Palabras útiles
alguien
de todos modos
inmediatamente
me gustaría
mejor
se me olvidó
te gustaría
un poco de todo

Palabras del texto
el punto
el resultado
suma
túrnate

VAMOS A COMER

Buenos Aires, Argentina.

«En este restaurante puedes disfrutar de un típico asado argentino», dice Marisa Bolini. «Mmm, ¡qué sabrosa está la carne!»

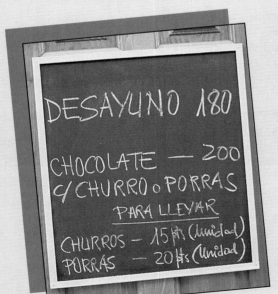

Restaurante-Cafetería

El Figón de Benavente

Pza. del Angel, 1 - Tno 531 89 65 - 28012 - MADRID

Madrid, España: Un menú para el desayuno.

Sevilla, España.

FELIPE: ¡Esta paella está deliciosa hoy!
SRA. IGLESIAS: ¿Cómo que hoy? ¡Mi paella siempre es buena!
FELIPE: Pero mamá, ¡es un chiste! Nadie hace paellas tan sabrosas como tú.

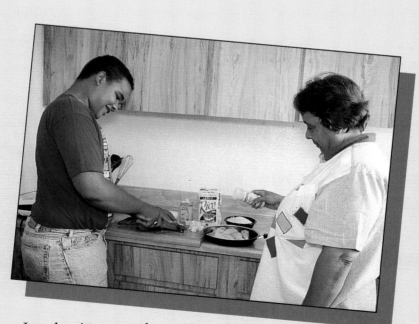

San Juan, Puerto Rico.

Los domingos por la mañana, siempre puedes encontrar a Humberto, el «gran chef», en la cocina. ¿Qué hay para comer hoy? Arroz con pollo y tostones, la comida favorita de toda la familia.

En los Estados Unidos, Esteban cena con su familia en un restaurante mexicano.

- la carne de res
- el arroz con guisantes
- el brócoli
- la piña
- los plátanos
- las chuletas de cerdo
- las fresas
- el melón
- los frijoles
- la sandía
- las habichuelas

ESTEBAN:	**¿Sirven enchiladas?**
MESERO:	**Por supuesto. Servimos** enchiladas de pollo y de **carne de res**.
ESTEBAN:	Entonces quiero una enchilada de pollo, pero no muy **picante**, por favor.
MESERO:	¿Y para tomar?
ESTEBAN:	**Una botella** de agua mineral. ¿Puede **traerla** ahora mismo?
MESERO:	**En seguida** la traigo.

En España, Alicia y su mamá cenan juntas en un restaurante.

- la tortilla
- las espinacas
- el café
- el té
- las salchichas
- los espárragos
- el flan
- las uvas
- el bistec

ALICIA:	¿Qué verduras sirven hoy?
MESERO:	Esta noche servimos **espárragos, espinacas** y **zanahorias**.
ALICIA:	Entonces voy a **pedir** espárragos.

Y TÚ, ¿QUÉ DICES?

Conexión gramatical
Estudia las páginas 410–414
en **¿Por qué lo decimos así?**

ACTIVIDADES ORALES Y LECTURAS

1 • OPCIONES   **Los alimentos en casa y en los restaurantes**

Paso 1. ¿Con qué frecuencia desayunas estos alimentos?

How often do you eat the following for breakfast?

	CON MUCHA FRECUENCIA	UNA O DOS VECES A LA SEMANA	CASI NUNCA
1. huevos fritos con tocino	☐	☐	☐
2. panqueques	☐	☐	☐
3. pan tostado con mantequilla	☐	☐	☐
4. café con leche	☐	☐	☐
5. cereal con fruta	☐	☐	☐
6. ¿ ?	☐	☐	☐

Paso 2. Cuando vas a un restaurante, ¿qué plato pides? *What do you order?*

	SÍ	NO
1. pollo	☐	☐
2. bistec	☐	☐
3. chuletas de cerdo	☐	☐
4. pescado	☐	☐
5. hamburguesas	☐	☐
6. ¿ ?	☐	☐

¡A charlar!

Here are some ways to say why you like or dislike a particular dish:

Sabe bien / mal.	*It tastes good/bad.*
Está agrio/a.	*It's sour.*
Está salado/a.	*It's salty.*
Está dulce.	*It's sweet.*
Está picante.	*It's spicy.*

Paso 3. ¿Sirven estos postres en tu restaurante favorito?

Do they serve these desserts?

	SÍ	NO	NO SÉ
1. flan	☐	☐	☐
2. helado de fresas o vainilla	☐	☐	☐
3. pastel de manzana	☐	☐	☐
4. frutas frescas, como piña, sandía o uvas	☐	☐	☐
5. ¿ ?	☐	☐	☐

LECCIÓN 2

cuatrocientos tres   **403**

Mis bebidas favoritas

▶ Pregúntale a tu compañero/a qué bebidas pide en cada situación.

un refresco   una taza de café / té
una taza de chocolate caliente   un vaso de leche / agua fría
un vaso de ponche   una botella de agua mineral

MODELO:

TÚ: ¿Qué pides cuando *tienes mucho frío*?
COMPAÑERO/A: Normalmente, pido *una taza de chocolate caliente.*

¿Qué pides cuando...

1. desayunas por la mañana?

2. comes algo picante?

3. estás enfermo/a?

4. comes carne muy salada?

5. no puedes dormir?

6. estás en una fiesta?

7. cenas con tu familia en un restaurante?

8. ¿ ?

Busca el error

▶ Di qué palabra o frase no pertenece a la lista y explica por qué.

MODELO: el melón, las uvas, la salchicha, el plátano →
La salchicha no pertenece porque *no es una fruta. La salchicha es carne.*

Categorías

1. el bróculi, los espárragos, las espinacas,
   el helado

2. el café, el té, la sandía, la leche

3. el flan, el helado, el pastel, el jamón

4. las chuletas de cerdo, el bistec, el pollo, el
   chocolate caliente

5. la piña, el melón, las habichuelas, las toronjas

carne
fruta
verdura
postre
bebida

▶ Con tu compañero/a, busca las nueve diferencias que hay entre
estos dibujos del restaurante Super Joe's. Aquí tienes unas pistas de
ayuda.

*Find the
differences.*

PISTAS

1. Miren a las personas que piden la cuenta.

2. Miren a las personas que sirven o preparan la comida.

MODELO: En el dibujo A, Joe prepara las hamburguesas, pero
en el dibujo B, Ernesto prepara las hamburguesas.

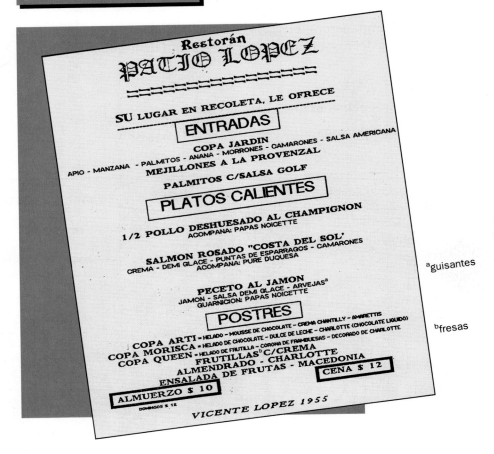

Restorán
PATIO LOPEZ

SU LUGAR EN RECOLETA, LE OFRECE

ENTRADAS

COPA JARDIN
APIO - MANZANA - PALMITOS - ANANA - MORRONES - CAMARONES - SALSA AMERICANA
MEJILLONES A LA PROVENZAL

PALMITOS C/SALSA GOLF

PLATOS CALIENTES

1/2 POLLO DESHUESADO AL CHAMPIGNON
ACOMPANA: PAPAS NOICETTE

SALMON ROSADO "COSTA DEL SOL'
CREMA - DEMI GLACE - PUNTAS DE ESPARRAGOS - CAMARONES
ACOMPANA: PURE DUQUESA

PECETO AL JAMON
JAMON - SALSA DEMI GLACE - ARVEJAS[a]
GUARNICION: PAPAS NOICETTE

POSTRES

COPA ARTI - HELADO - MOUSSE DE CHOCOLATE - CREMA CHANTILLY - AMARETTIS
COPA MORISCA - HELADO DE CHOCOLATE - DULCE DE LECHE - CHARLOTTE (CHOCOLATE LIQUIDO)
COPA QUEEN - HELADO DE FRUTILLA - CORONA DE FRAMBUESAS - DECORADO DE CHARLOTTE
FRUTILLAS[b] C/CREMA
ALMENDRADO - CHARLOTTE
ENSALADA DE FRUTAS - MACEDONIA

ALMUERZO $ 10
DOMINGOS $ 12

CENA $ 12

VICENTE LOPEZ 1955

[a]guisantes

[b]fresas

Say true or false.

▶ Mira el menú del restaurante argentino Patio López, y di si las siguientes oraciones son **ciertas** o **falsas**.

1. Patio López es un restaurante vegetariano.

2. Puedes pedir pollo y pescado como platos calientes.

3. De verduras, Patio López ofrece espárragos y guisantes.

4. De postre, Patio López sirve helados y ensalada de frutas.

5. El almuerzo es más caro que la cena.

Y AHORA, ¿QUÉ DICES TÚ? 〰〰〰〰〰〰〰〰〰

What would you order at Patio López?

▶ Imagínate que vas a comer en Patio López. Contesta las siguientes preguntas.

1. ¿Qué vas a pedir de entrada?

2. ¿Qué plato caliente prefieres? ¿y qué postre?

Compara tus respuestas con las de tu compañero/a.

VISTAZO CULTURAL

LOS SORBETES DE FRUTA

En los países hispanos hay una abundancia de frutas tropicales. Con ellas se hacen sorbetes (jugos) de mango, papaya, piña y muchas otras frutas. Son refrescos deliciosos y naturales.

Se vende jugo (zumo) de frutas en Madrid, España...

y en Caracas, Venezuela...

y también en la Ciudad de México, México.

¡TE INVITAMOS A LEER!

OTRAS VOCES

PREGUNTAS: «¿Qué te gusta comer? ¿Qué comidas no te gustan?»

Read what foods these Hispanic teens prefer.

María Gabriela Mellace
Tucumán, Argentina

«Me gustan las verduras y las frutas y soy una "adicta" al dulce de leche.° No me gustan las sopas ni los pescados u° otros animales marinos. Un almuerzo ideal para mí consiste en asado criollo,° ensalada y frutillas° como postre. ¡Mmm!...»

dulce... *dessert made from condensed milk*
ni... *neither fish nor*

asado... *barbecue, Argentine style / fresas*

José Alberto Rojas Chacón
Alajuela, Costa Rica

«Me gusta comer filetes de res y de cerdo, patatas,° comida china, pizza, hamburguesas, etcétera. No me gustan las verduras como el ayote° o el arracachá.° Una cena ideal para mí es el arroz con frijolitos, tamales (un platillo típico costarricense), puré de patatas y té frío.»

papas

squash / celery

Y AHORA, ¿QUÉ DICES TÚ?

1. ¿Te gustan algunas de las comidas que ellos mencionan? ¿Cuáles?

2. ¿Cuál es tu almuerzo o cena ideal?

PRONUNCIACIÓN

THE LETTER r WITH CONSONANTS

When the letter **r** precedes or follows any consonant except **n** or **l**, it is pronounced as a single tap. When it follows an **n** or an **l**, it is usually a trilled **r** (several taps).

PRÁCTICA Listen to your teacher, and then pronounce these popular tongue twisters.

Consonant + **r**:

Tres tristes tigres
tragan trigo en tres tristes trastos.
*(Three sad tigers
gulp wheat from three sad bowls.)*

r + consonant:

Compre poca capa° parda porque
el que poca capa parda compra,
poca capa parda paga.

° outer cigar leaf

And now try this silly sentence to practice the sound of **l** or **n** + **r**:

¡Honramos a Enrique Conrado alrededor del radio!

Caracas, Venezuela:
Un restaurante chino.

Una frutería en Sevilla, España.

¿POR QUÉ LO DECIMOS ASÍ?

ORDERING AND SERVING FOOD
The Verbs *pedir* (*i*) and *servir* (*i*)

To talk about ordering and serving food, use the stem-changing verbs **pedir** (*to order; to ask for*) and **servir** (*to serve*). The **e** of their stems changes to **i** in all the present-tense forms except **nosotros** and **vosotros**.

¡OJO! Pedir = to ask for. The "for" is included in the verb; you don't need to add it in Spanish. **Nunca pide leche. =** He never asks for milk.

servir = to serve

e → i (*except in* **nosotros** *and* **vosotros** *forms*)

Present Tense of **pedir** (i)

yo	pido	nosotros/nosotras	pedimos
tú	pides	vosotros/vosotras	pedís
usted	pide	ustedes	piden
él/ella	pide	ellos/ellas	piden

Present Tense of **servir** (i)

yo	sirvo	nosotros/nosotras	servimos
tú	sirves	vosotros/vosotras	servís
usted	sirve	ustedes	sirven
él/ella	sirve	ellos/ellas	sirven

—¿Qué **pides** en un restaurante mexicano?

—Siempre **pido** tacos de pollo.

—¿Qué platos buenos **sirven** aquí?

—**Sirven** unos sándwiches de jamón deliciosos.

—What do you order in a Mexican restaurant?

—I always order chicken tacos.

—What good dishes do they serve here?

—They serve delicious ham sandwiches.

Ciudad de México, México: Un platillo de enchiladas.

Un platillo de tacos en la Ciudad de México, México.

El menú de un restaurante típico en la Ciudad de México, México.

EJERCICIO 1   Comida mexicana

▶ Imagínate que estás en un restaurante mexicano por primera vez. Pregúntale al mesero o a la mesera si sirven estas comidas.

Ask the waiter or waitress whether these foods are served.

MODELO: pizza →

TÚ: ¿Sirven *pizza*?
MESERO/A: No, señor(ita). No servimos *pizza*.

*sirven = you (plural) serve
servimos = we serve*

1. pizza
2. chile con carne
3. tacos de pollo
4. enchiladas suizas
5. hamburguesas
6. burritos de carne
7. espaguetis
8. tamales
9. salchichas

Complete the conversation with the appropriate form of pedir.

▶ Humberto lleva a sus amigos a un restaurante en el Viejo San Juan. Completa la conversación con **pido, pides, pide, pedimos** o **piden**.

pido = I order
pides = you (informal) order
pide = he/she orders
pedimos = we order
piden = they order

MARIANA:　Ay, no sé qué comer. ¿_____^{1} arroz o fritura de pescado?

HUMBERTO:　Aquí yo siempre _____^{2} arroz con pollo. Pero el pescado es muy sabroso también.

MARIANA:　Entonces, voy a pedir fritura de pescado.

EDUARDO:　Bueno, si tú _____^{3} pescado y Humberto _____^{4} pollo, yo _____^{5} carne asada con papas fritas. ¿Y tú, Carolina?

CAROLINA:　No sé. No tengo mucha hambre. ¿Por qué no _____^{6} ustedes un plato de tostones y lo compartimos?

EDUARDO:　Buena idea. Y de postre, ¿tú y yo _____^{7} pastel y lo compartimos también?

HUMBERTO:　¡Qué chistoso, Eduardo! No, chico, en este restaurante cada uno _____^{8} su propio postre.

Tell what these people are doing.

▶ Imagínate que estás en un restaurante con tu familia. Describe lo que pasa. Usa el verbo **pedir** y palabras de cada columna.

MODELO:　Un cliente vegetariano →
　　　　　Un cliente vegetariano pide zanahorias y bróculi.

1. un cliente vegetariano
2. dos niños que quieren algo dulce
3. un cliente que está a dieta
4. una joven que quiere carne
5. una señora que quiere pagar
6. yo
7. mamá y yo
8. una familia mexicana

a. más helado
b. enchiladas
c. la cuenta
d. bistec con guisantes
e. una ensalada de lechuga
f. los refrescos
g. zanahorias y bróculi
h. arroz con frijoles
i. ¿ ?

I'M GOING TO DO IT
Direct Object Pronouns with Infinitives

In verb combinations such as **ir a** + an infinitive, the direct object pronoun may come *before the conjugated verb* or it may be *attached to the infinitive*.

—¿Cuándo vas a servir los refrescos?
—Voy a servir**los** más tarde. (**Los** voy a servir más tarde.)

—When are you going to serve the soft drinks?
—I'm going to serve them later.

—¿Vas a servir la fruta ahora?

—Are you going to serve the fruit now?

—Sí, pero primero voy a lavar**la**. (Sí, pero primero **la** voy a lavar.)

—Yes, but first I'm going to rinse it.

—¿Vas a invitar**me**?
—Claro que voy a invitar**te**. (Claro que **te** voy a invitar.)

—Are you going to invite me?
—Of course I'm going to invite you.

Several verb-infinitive combinations you have learned:
ir a + inf. = to be going to (do something)
poder + inf. = to be able to (do something)
preferir + inf. = to prefer to (do something)
querer + inf. = to want to (do something)
saber + inf. = to know how to (do something)
tener que + inf. = to have to (do something)

EJERCICIO 4

¿Qué pueden comer los vegetarianos?

Talk about foods vegetarians may eat.

▶ Con tu compañero/a, decidan si las comidas de la lista forman parte de la dieta vegetariana.

MODELOS: el bistec →

TÚ: ¿Pueden comer *bistec*?
COMPAÑERO/A: No, no pueden comerlo. (No, no *lo* pueden comer.)

la ensalada →

TÚ: ¿Pueden comer *ensalada*?
COMPAÑERO/A: Sí, pueden comerla. (Sí, *la* pueden comer.)

1. el tocino
2. los guisantes
3. la carne asada
4. las chuletas de cerdo
5. las espinacas
6. el jamón
7. los plátanos
8. los frijoles
9. la sandía

¿Recuerdas?

▶ In **Unidad 5**, **Lección 3**, and **Unidad 7**, **Lección 1**, you learned impersonal and personal direct object pronouns. Here is the complete list. (Remember that direct object pronouns come *before* the conjugated verb forms.)

me	*me*
te	*you* (informal)
lo	*you* (masculine polite)
	him, *it* (masculine singular)
la	*you* (feminine polite)
	her, *it* (feminine singular)
nos	*us*
os	*you* (informal plural)
los	*you* (masculine plural)
	them (masculine plural)
las	*you* (feminine plural)
	them (feminine plural)

► Con tu compañero/a, pregunta y contesta con una actividad y un pronombre apropiado.

MODELO: la muchacha con los discos compactos →

TÚ: ¿Qué va a hacer *la muchacha con los discos compactos*?

COMPAÑERO/A: Va a *escucharlos*.

1. la muchacha con los discos compactos
2. el joven con la guitarra
3. la niña con las tiras cómicas
4. la profesora con los exámenes
5. el muchacho con el video
6. el estudiante con los apuntes
7. la chica con el refresco
8. el atleta con las pesas

a. tomar...
b. levantar...
c. escuchar...
d. ver...
e. repasar...
f. tocar...
g. corregir...
h. leer...

Dos chicas en Caracas, Venezuela, hacen la tarea.

María Luisa toca la guitarra; Ángela y Luis la escuchan.

VOCABULARIO 2 PALABRAS NUEVAS

Las bebidas
el café
el café con leche
el chocolate caliente
el té

la botella
la taza
el vaso

Palabras de repaso: el agua mineral, el batido, el jugo, la leche, el ponche, el refresco

El postre
el flan

Palabras de repaso: la ensalada de fruta, el helado, el pastel, el yogur

Las frutas
las fresas
el melón
la piña
los plátanos
la sandía
la toronja
las uvas

Palabra de repaso: la manzana

Los vegetales
el bróculi
los espárragos

las espinacas
los frijoles
los guisantes
las habichuelas
la zanahoria

El desayuno
los huevos fritos
el pan tostado
los panqueques
el tocino

Palabras de repaso: el cereal, la mantequilla

La carne
el bistec
la carne de res
la chuleta de cerdo
la salchicha

Palabras de repaso: la hamburguesa, el jamón, el pescado, el pollo

Otros alimentos
la enchilada
la tortilla (*Spain*)

Palabra de repaso: el arroz

¡A charlar!
Sabe bien / mal.

Está agrio/a.
Está dulce.
Está picante.
Está salado/a.

Los sustantivos
la cuenta
el plato

Palabra de repaso: el mesero / la mesera

Los verbos
pedir (i)
    pido/pides
servir (i)
    sirvo/sirves

Palabras de repaso: cenar, desayunar

Palabras útiles
en seguida
por supuesto

Palabra del texto
pertenece

Palabra semejante: **el error**

3 LOS DÍAS FERIADOS

«Si quieres conocer una feria andaluza, ven a Sevilla en abril», dice Felipe Iglesias. «Vas a hacer muchos amigos y vas a probar comidas y bebidas típicas. Y si también quieres aprender a bailar sevillanas, ¡ésta es tu feria!»

Sevilla, España.

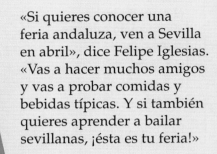

«Durante la Navidad, los niños de los vecindarios van cantando de casa en casa», dice Luis Fernández García. «Todos los invitan a compartir dulces y pasteles típicos de las fiestas navideñas.»

Ciudad de México, México.

Alicia Vargas Dols y su familia siempre celebran el Año Nuevo juntos. Una costumbre típica española es comer doce uvas para saludar el nuevo año.

Madrid, España.

conoce tu ciudad.

PARA MI MADRE
En el Día de las Madres

la víspera de Año Nuevo (31 de diciembre) en Buenos Aires

las campanas

los fuegos artificiales

A medianoche las campanas de la iglesia **anuncian el comienzo** del año nuevo. El señor Bolini **le da un beso** a su hija y **le desea** un **¡Feliz Año Nuevo!**

el Día de los Enamorados en San Juan

el corazón

el ramo de flores

Eduardo **les da** flores a sus amigas.

la Semana Santa, las Pascuas en Sevilla

El domingo de Pascuas, Felipe Iglesias **fue** a misa con su familia.

VOCABULARIO

el Día de la Independencia en la Ciudad de México

El 16 de septiembre, María Luisa Torres y Ángela Robles **fueron** al Zócalo para ver **un desfile.**

el Día de los Muertos en la Ciudad de México (2 de noviembre)

el cementerio

la tumba

la calavera

El 2 de noviembre la familia de Luis Fernández **les** lleva comida y flores a los parientes **difuntos.**

la Nochebuena y la Navidad en San Juan

Paola y Pedro, los hermanos de Carolina Márquez, **le** piden un gatito a **Papá Noel.**

Y TÚ, ¿QUÉ DICES?

ACTIVIDADES ORALES Y LECTURAS

Conexión gramatical
Estudia las páginas 425–432
en **¿Por qué lo decimos así?**

1 • PIÉNSALO TÚ   Asociaciones: Los días feriados

▶ Lee las definiciones y di a qué día feriado se refieren.

Tell what holiday is being described.

1. En este día especial un novio le da a su novia una tarjeta que dice «Te quiero».

2. Este día es para recordar a los parientes difuntos.

3. Durante este día feriado la gente hace picnics en el parque. Hay banderas por todas partes y muchas personas participan en desfiles. Por la noche hay fuegos artificiales.

4. Es una fiesta religiosa que celebra el nacimiento de Jesús. Muchos asisten a misa.

5. A la medianoche, las campanas de la iglesia anuncian el comienzo del primer día del año. Mucha gente lo celebra con fiestas.

6. Durante este día feriado en los Estados Unidos, las familias preparan pavo asado y le dan gracias a Dios por la comida.

a. el Día de los Muertos
b. el Día de Acción de Gracias
c. la Navidad
d. el Día de la Independencia
e. el Día de los Enamorados
f. el Año Nuevo

¡A charlar!

▶ Here are some expressions that people often say to each other on holidays or other special occasions.

¡Feliz cumpleaños!
¡Feliz aniversario!
¡Felicidades! /
    ¡Felicitaciones!
Te quiero.
Gracias por el regalo.
¡Feliz Navidad y
    Próspero Año Nuevo!
¡Felices Pascuas!

Feliz Pascua Florida

> Pregúntale a tu compañero/a qué regalos les da y qué les dice a sus parientes y amigos en estos días especiales.

MODELO:

TÚ:	Para *Navidad*, ¿qué le das a *tu mejor amigo/a*?
COMPAÑERO/A:	Le doy *libros*.
TÚ:	¿Y qué le dices?
COMPAÑERO/A:	Le digo *¡Feliz Navidad!*

Para...

1. Navidad o Jánuca
2. el Día del Padre
3. el Día de la Madre
4. el Día de los Enamorados
5. el cumpleaños de un pariente
6. la graduación de un compañero o de una compañera

Y AHORA, ¡CON TU PROFESOR(A)!

1. ¿En qué ocasiones recibe usted muchos regalos? ¿Quién le trae regalos?
2. ¿En qué ocasiones manda usted tarjetas? ¿A quién le manda usted tarjetas?
3. ¿Cuál es su día feriado favorito? ¿Qué hace usted para celebrarlo? ¿Con quién lo celebra?

¡A charlar!

> Here are the names of some U.S. holidays you can talk about in Spanish class. Match the holidays and the descriptions. Give the date for each holiday this year.

Talk about presents for special occasions.

1. el Día de los Presidentes
2. el Día del Trabajador
3. el Día de las Brujas
4. el cumpleaños de Martin Luther King, Jr.
5. el Día de los Veteranos

a. Los niños van de puerta en puerta para pedir dulces. Se ponen máscaras y disfraces.
b. En este día de fiesta en septiembre la gente hace picnics.
c. En este día de enero, recordamos el cumpleaños del líder de la lucha por los derechos civiles.
d. En este día de fiesta celebramos los cumpleaños de Lincoln y Washington.
e. Es un día en que recordamos a todos los soldados.

¿Cómo es tu memoria?

Find out where your partner went.

▶ Pregúntale a tu compañero/a adónde fue el año pasado para celebrar estos días especiales.

MODELO: para celebrar tu cumpleaños →

TÚ: ¿Adónde fuiste el año pasado *para celebrar tu cumpleaños*?

COMPAÑERO/A: Fui *a un restaurante*.

TÚ: ¿Con quién fuiste?

COMPAÑERO/A: Fui con *mi familia*.

Compañero/a 1

1. para el domingo de Pascuas
2. para la Navidad o Jánuca
3. para el Día de Acción de Gracias

Compañero/a 2

1. para la víspera de Año Nuevo
2. para el Día de las Brujas
3. para el Día de la Independencia

Lugares

a la playa
al cementerio
a una fiesta
a un restaurante
al desfile

a la iglesia
a un parque
al templo
a la casa de...
¿ ?

Los días feriados y las actividades

▶ Los estudiantes de la Srta. García hablan de los días feriados.

PACO: Normalmente, ¿qué haces el Día de la Independencia?

FELICIA: Por la mañana, voy al centro y veo el desfile.

PACO: ¿Y por la noche?

FELICIA: Voy al parque para ver los fuegos artificiales.

Y AHORA, PRACTICA CON TU COMPAÑERO/A

TÚ: ¿Qué haces el/la _____?

COMPAÑERO/A: Normalmente, _____ y _____.

TÚ: ¿Con quién _____?

COMPAÑERO/A: Con _____ o, a veces, con _____.

¡TE INVITAMOS A LEER!

LOS DÍAS FERIADOS Y LAS CELEBRACIONES

PERO ANTES... ¿Qué celebraciones te gustan? Ahora vas a aprender cómo se celebran ciertas fiestas en el mundo hispano.

Find out how certain holidays are celebrated in Spain and Latin America.

La víspera de Año Nuevo en Madrid, España.

La familia de Alicia Vargas Dols en Madrid, España, celebra el último día del año con una comida. A medianoche, cuando suenan las 12 campanadas° del reloj de la Puerta del Sol, cada miembro de la familia come 12 uvas, una por cada campanada. Según la tradición, las uvas traen suerte para el año que comienza.

strokes of a bell

La Semana Santa en Guatemala.

En Semana Santa, los estudiantes están de vacaciones para celebrar las Pascuas. En Hispanoamérica y España hay grandes fiestas populares durante esta semana. La celebración de Semana Santa en Sevilla, España, es famosa en todo el mundo.

El 6 de enero es el Día de los Reyes Magos.° Según la tradición, los tres reyes, Gaspar, Melchor y Baltasar, quienes le llevaron° regalos al niño Jesús, regresan todos los años con juguetes para los niños. La noche anterior, antes de acostarse, los niños dejan agua y paja° para los camellos junto a° sus zapatos. Y en la mañana del 6 de enero, encuentran regalos en los zapatos.

Día... *Three Kings' Day (Epiphany)*

quienes... *who brought*

straw

junto... *next to*

La víspera del Día de los Reyes Magos en Puerto Rico.

El 2 de noviembre, el Día de los Muertos, es un día feriado bastante importante en Hispanoamérica, y muy especialmente en México. Allí, la gente va a los cementerios. También hace altares en la casa para honrar a sus parientes difuntos°. Los niños comen dulces típicos en forma de esqueletos y de calaveras hechos° especialmente para este día.

para... *to honor their deceased ancestors*

made

Una pastelería en la Ciudad de México, México.

¿QUÉ IDEAS CAPTASTE? Completa las oraciones según la lectura.

1. En España, se celebra el 31 de diciembre con _____
   a. un baile.
   b. una comida con la familia.
   c. una ceremonia religiosa.

2. A medianoche, los miembros de la familia _____
   a. van a dormir.
   b. les dan 12 besos a sus amigos.
   c. comen 12 uvas.

3. Durante la Semana Santa, los estudiantes están _____
   a. en la escuela.
   b. de vacaciones.
   c. en el cementerio.

4. El 6 de enero, _____ les trae(n) regalos a los niños.
   a. los Reyes Magos
   b. los abuelos
   c. Papá Noel

5. Antes de acostarse, los niños dejan _____ para los camellos.
   a. sus calcetines
   b. regalos
   c. agua y paja

6. Durante el Día de los Muertos en México, la gente visita el cementerio para _____
   a. hablar con sus parientes.
   b. comprar flores.
   c. honrar a los difuntos.

RETRATO CULTURAL

JOSÉ GUADALUPE POSADA (1851–1913)

El Día de los Muertos es una celebración muy especial en México. Y los grabados° del artista mexicano José Guadalupe Posada se asocian con este día. Las calaveras, muy típicas de esa celebración, aparecen° con frecuencia en sus 20.000 grabados. El grabado que ves aquí se llama *Calavera de los ciclistas*. Está en el Museo de Arte Moderno de Nueva York.

engravings

appear

GRAMÁTICA

TELL ME THE TRUTH
Indirect Object Pronouns

> **ORIENTACIÓN**
>
> An *indirect object* tells *to whom* or *for whom* something is done. In the sentence "I'm giving you and your sister a puppy," *sister* is an indirect object noun and *you* is an indirect object pronoun.

A Except for **le** and **les**, indirect object pronouns are the same as direct object pronouns. Here is a list of all the indirect object pronouns.

INDIRECT OBJECT PRONOUNS			
me	*(to/for) me*	**nos**	*(to/for) us*
te	*(to/for) you* (informal)	**os**	*(to/for) you* (informal plural)
le	*(to/for) you* (polite)	**les**	*(to/for) you* (plural)
le	*(to/for) him, her*	**les**	*(to/for) them*

—¿**Nos** prestas la cámara?
—**Les** presto la cámara si **me** prestan la videocasetera.

—*Will you lend us the camera?*
—*I'll lend you the camera if you lend me the videocassette player.*

Madrid, España: Alicia le escribe una carta a una amiga.

B Indirect object pronouns accompany or replace indirect object nouns. Note that you always use the indirect object pronoun in Spanish even when the indirect object noun is present.

> *Remember to use indirect object pronouns even when the indirect object noun is present. Le doy un regalo a mi mamá.*

—¿**Les** mandas flores **a tus abuelos**?
—Sí, **les** mando flores para su aniversario.

—*Are you sending flowers to your grandparents?*
—*Yes, I'm sending them flowers for their anniversary.*

—¿**Le** escribes muchas cartas **a tu hermana**?
—Sí, **le** escribo todos los días.

—*Do you write many letters to your sister?*
—*Yes, I write her every day.*

C To clarify exactly who is meant by **le** and **les**, you can use the preposition **a** + a name, noun, or pronoun.

> *Use a + name/ noun/pronoun to clarify who is meant by le and les.*

—¿**Le** escribes **a Mariana** o **a Humberto**?
—**Le** escribo **a ella**, no **a él**.

—*Are you writing to Mariana or to Humberto?*
—*I'm writing to her, not to him.*

To ask to or for whom something is done, use the questions **¿A quién le... ?** for one person and **¿A quiénes les... ?** for more than one.

> *Use ¿A quién le... ? for one person; ¿A quiénes les...? for more than one person.*

—¿**A quién le** compras un regalo?
—**A ella**.

—*For whom are you buying a present?*
—*For her.*

—¿**A quiénes les** dices secretos?
—**A mis hermanos**.

—*To whom do you tell secrets?*
—*To my brothers.*

D Like direct object pronouns, indirect object pronouns can go before the conjugated verb or they may be attached to an infinitive.

> *Indirect object pronouns can go before the conjugated verb or may be attached to an infinitive.*

Te mando una tarjeta.

I'm sending you a card.

Te voy a mandar una tarjeta.
(Voy a mandar**te** una tarjeta.)

I'm going to send you a card.

E Here are several verbs you know that frequently take indirect objects.

comprar	explicar	preguntar
contestar	hablar	presentar
creer	leer	prestar
dar	llevar	regalar
decir	mandar	servir (i)
escribir	pedir (i)	traer

▶ Con tu compañero/a, inventa preguntas y respuestas según el modelo.

Make up questions and answers.

MODELO: prestar dinero →

TÚ:	¿Quién te *presta dinero*?
COMPAÑERO/A:	Mi mamá (Mi amigo/a) me *presta dinero*.

The object pronoun comes before the conjugated verb;
me = me
te = you (*inf.*)

1. prestar dinero
2. comprar ropa nueva
3. presentar a nuevos amigos
4. regalar revistas
5. explicar las lecciones
6. mandar tarjetas de cumpleaños
7. traer dulces
8. escribir cartas

Raúl mira revistas en un quiosco de Caracas, Venezuela.

Dos mujeres jóvenes en una tienda de ropa de Caracas, Venezuela.

Study Hint

▶ Are you having trouble understanding the difference between *direct* and *indirect* objects? That's not unusual. Try looking at it this way: A *direct* object answers the questions "Whom?" or "What?" with respect to the verb. An *indirect* object answers the questions "To whom?" or "For whom?"

In the sentence "My brother tells me jokes," the verb is *tells*. So the answer to "Tells *what*?" is the direct object, *jokes*. The answer to the question "Tells jokes *to whom*?" is the indirect object, *me*.

What is María Luisa going to do for each person?

María Luisa Torres planea varias sorpresas para su familia y amigos. Di lo que va a hacer para cada uno, según el contexto. Usa **le** o **les**.

The object pronoun can be attached to the infinitive.
le = him/her
les = them

MODELO: A mamá le gustan las joyas de plata. →
Voy a *comprarle una pulsera.*

1. A mamá le gustan las joyas de plata.
2. A los abuelos les gusta escuchar música.
3. A papá le gusta sacar fotos.
4. A Pancho y a Luis les gusta comer bien.
5. A mi primo Gregorio le gusta leer poesía.
6. A María José le gusta toda mi ropa.
7. A mis tíos les gusta comer dulces.
8. A Leticia y a Ángela les gusta ver videos.

a. mandar dulces
b. regalar una cámara
c. comprar una pulsera
d. prestar mi chaqueta favorita
e. cantar una canción
f. alquilar una película
g. servir una comida especial
h. escribir un poema

Complete the paragraph with the correct pronouns.

Juanito Fernández habla de los regalos de Navidad que su familia va a recibir. Completa el párrafo con **me, te, le, nos** o **les**. **¡OJO!** Las frases en itálica indican la persona apropiada.

Ya sé cuáles son casi todos los regalos de la Navidad. Mi papá _____[1] va a regalar un anillo *a mi mamá* y ella _____[2] va a regalar *a él* una chaqueta de cuero. *A mí* _____[3] van a comprar patines nuevos y *a mi hermana Mercedes* _____[4] van a regalar una videocasetera. Creo que *a Luis y a Jorge* _____[5] van a comprar ropa nueva, pero no estoy seguro. Mis abuelos, claro está, siempre _____[6] traen regalos *a mí y a mis hermanos*, pero la verdad es que no sé qué _____[7] van a regalar este año. Y a ti, ¿qué _____[8] van a regalar?

GIVING AND TELLING
The Verbs *dar* and *decir*

Two verbs that frequently take an indirect object are **dar** (*to give*) and **decir** (*to say; to tell*). Note that **dar** has regular **-ar** endings except for the **yo** form: **doy**. Here are its present-tense forms.

Present Tense of **dar**		
SINGULAR	PLURAL	
yo **doy**	nosotros/nosotras	damos
tú das	vosotros/vosotras	dais
usted da	ustedes	dan
él/ella da	ellos/ellas	dan

—Mamá, ¿me **das** una galletita?   —Mom, (will you) give me a cookie?

—No. Si te **doy** una galletita ahora, no vas a comer después.   —No. If I give you a cookie now, you won't eat later.

Decir is also irregular in the **yo** form (**digo**), and the **e** of the stem changes to **i** in all forms except **nosotros** and **vosotros**. Here are its present-tense forms.

Present Tense of **decir**		
SINGULAR	PLURAL	
yo **digo**	nosotros/nosotras	decimos
tú dices	vosotros/vosotras	decís
usted dice	ustedes	dicen
él/ella dice	ellos/ellas	dicen

—¿Qué le **dices** a una persona que te **da** un libro?   —What do you say to someone who gives you a book?

—Le **digo** «Muchas gracias».   —I tell him/her, "Thank you very much."

«Muchas gracias por el regalo.»

EJERCICIO 4   Trueques

▶ Esteban tiene la costumbre de intercambiar cosas. Completa las conversaciones con **doy**, **das**, **da**, **damos** o **dan**.

—Víctor, ¿qué me _____¹ si yo te _____² mis apuntes de historia?
—Te _____³ mis apuntes de ciencias.

—Ernesto y Roberto, ¿qué me _____⁴ si les _____⁵ los apuntes de ciencias?
—Te _____⁶ estas galletitas.

—Srta. García, ¿qué me _____⁷ usted si le _____⁸ dos galletitas?
—Te _____⁹ una manzana.

—Chicas, ¿qué me _____¹⁰ si les _____¹¹ esta manzana?
—Te _____¹² un beso.

EJERCICIO 5   ¿Es cierto?

▶ Primero, completa cada oración con **digo**, **dices**, **dice**, **decimos** o **dicen**. Luego di si es cierto o no.

MODELO: Tus amigos te _____ «Feliz cumpleaños» en enero. →
Tus amigos te *dicen* «Feliz cumpleaños» en enero. No es cierto. Me dicen «Feliz cumpleaños» en mayo. (Es cierto.)

1. Tus amigos te _____ «Feliz cumpleaños» en enero.

2. Tu profesor te _____ «Feliz Navidad» en diciembre.

3. El Día de los Enamorados, tu amigo o amiga te _____ «Te quiero».

4. En Pascuas, los padres les _____ a los niños «Vamos a decorar los huevos».

5. El primero de enero, nosotros les _____ a todos «Feliz Día de Acción de Gracias».

6. En el otoño, tú le _____ a tu mamá «Feliz Día de la Madre».

Un pastel de cumpleaños en San Juan, Puerto Rico.

WHERE DID YOU GO?
Past Tense (Preterite) of the Verb *ir*

ORIENTACIÓN

The *past tense* refers to events that have already happened. For example: "Yesterday I *played* tennis." In English, most past-tense verbs have the regular ending *-ed*: *talked, listened, played, worked*. Many common verbs, however, have irregular past-tense forms: *ate, ran, sang, gave, took, won, wrote*.

To ask questions or make negative statements about the past in English, you often use the word *did* + the main verb: "*Did you win* the game?" "Where *did they go* yesterday?" "They *didn't go* to school." In Spanish, however, you simply use the past-tense verb form.

Up to this point you have used Spanish to talk about events in the present. In this lesson you will use the past tense (preterite) of the verb **ir** (*to go*).

Past Tense of **ir**		
yo	**fui**	*I went*
tú	**fuiste**	*you (informal) went*
usted	**fue**	*you (polite) went*
él/ella	**fue**	*he/she went*
nosotros/nosotras	**fuimos**	*we went*
vosotros/vosotras	**fuisteis**	*you (informal plural) went*
ustedes	**fueron**	*you (plural) went*
ellos/ellas	**fueron**	*they went*

¡OJO! The past-tense forms of ir do not resemble the infinitive.

—Julio, ¿**fuiste** al desfile el domingo?

—No, no **fui** al desfile porque **fui** al campo con Marcos.

—Julio, did you go to the parade on Sunday?

—No, I didn't go to the parade because I went to the country with Marcos.

—¿Y adónde **fueron** ustedes el sábado por la noche?

—**Fuimos** al cine.

—And where did you (all) go Saturday night?

—We went to the movies.

In a question or negative statement, the English equivalent of all forms = did . . . go? / didn't go.

¿Adónde fuiste?

Ask where your partner went last week.

▶ Pregúntale a tu compañero/a adónde fue la semana pasada.

MODELO: una fiesta →

TÚ: ¿Fuiste a *una fiesta*?
COMPAÑERO/A: Sí, fui a *una fiesta*.
(No, no fui a *una fiesta* pero fui a *un concierto de rock*.)

1. una fiesta
2. el cine
3. un concierto de rock
4. el teatro
5. el museo
6. el centro comercial

7. un partido de fútbol americano
8. una tienda de discos

Saludos de Madrid

Complete the letter.

▶ Leticia y su familia están de vacaciones en Madrid. Leticia le escribe una carta a su amiga María Luisa. Completa la carta con **fui, fuiste, fue, fuimos** o **fueron**.

¡Hola, María Luisa!

¿Cómo estás? Yo estoy súper bien. Madrid es una ciudad maravillosa. Hay muchas cosas para hacer y ver. Ayer por la mañana nosotros _____[1] al Museo del Prado para ver los cuadros de Goya y de El Greco. ¡Son magníficos! Por la tarde, mamá _____[2] de compras al Corte Inglés, una gran tienda donde venden de todo. Yo _____[3] sola a la Plaza Mayor para merendar y mirar a la gente que pasa por allí. Mi papá y mis hermanos _____[4] al Parque del Buen Retiro. Por la noche, todos nosotros _____[5] a un restaurante muy famoso que se llama Casa Botín. Después de cenar, mis padres _____[6] al Teatro Español para ver una obra de Lope de Vega. Mis hermanos y yo _____[7] a una discoteca divertidísima. Esta mañana, yo _____[8] de compras por la Gran Vía, que está muy cerca del hotel. Venden cosas muy bonitas, pero... ¡los precios son carísimos!

Bueno, querida María Luisa, te mando más noticias de Madrid en dos o tres días.

Muchos cariños,
Leticia

VOCABULARIO PALABRAS NUEVAS

Los días feriados
el Día de Acción de Gracias
Jánuca
las Pascuas
la Semana Santa
la víspera de Año Nuevo

Dios
Papá Noel

Palabras de repaso: el Día de la Independencia, el Día de la Madre, el Día del Padre, el Día de los Enamorados, la Navidad

Los sustantivos
el beso
la calavera
la campana
el cementerio
el comienzo
el corazón
los derechos civiles
el desfile
el disfraz
los fuegos artificiales
el líder
la máscara

la medianoche
el nacimiento
el pavo asado
el ramo (de flores)
el soldado
el templo

Palabras semejantes: la graduación, la ocasión

¡A charlar!
¡Felicidades! / ¡Felicitaciones!
¡Feliz aniversario!
¡Feliz cumpleaños!
¡Feliz Navidad y Próspero Año Nuevo!
¡Felices Pascuas!
Gracias por el regalo.
Te quiero.

el Día de las Brujas
el Día de los Presidentes
el Día de los Veteranos
el Día del Trabajador

Palabra de repaso: el cumpleaños de Martin Luther King, Jr.

Los verbos
anunciar
dar
    doy / das
decir
    digo / dices
desear
durar
ir (*past*)
    fui / fuiste
recordar (ue)
    recuerdo / recuerdas

El adjetivo
difunto/a

Los pronombres
le/les
me
nos
te

Palabras útiles
el año pasado
dar gracias
de puerta en puerta

Conversation Tip

▶ When you cannot accept an invitation, it's important to decline politely so that you don't hurt the other person's feelings. Try to say something positive about the invitation and explain why you can't go. Here are some suggestions:

Lo siento mucho, pero tengo otros planes.
I'm really sorry, but I have other plans.

Me gustaría ir, pero no puedo. Tengo que trabajar esa noche.
I'd really like to go, but I can't. I have to work that night.

¡Qué lástima! No estoy libre esa noche.
What a shame! I'm not free that evening.

When someone declines your invitation, it's also important to let the person know that you aren't offended. Here are some useful replies:

No te preocupes. Voy a invitarte la próxima vez.
Don't worry about it. I'll invite you the next time.

Es una lástima, pero comprendo.
It's too bad, but I understand.

SITUACIONES

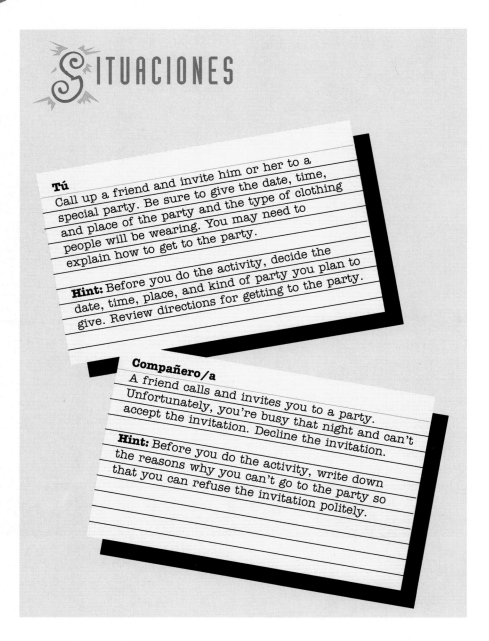

Tú
Call up a friend and invite him or her to a special party. Be sure to give the date, time, and place of the party and the type of clothing people will be wearing. You may need to explain how to get to the party.

Hint: Before you do the activity, decide the date, time, place, and kind of party you plan to give. Review directions for getting to the party.

Compañero/a
A friend calls and invites you to a party. Unfortunately, you're busy that night and can't accept the invitation. Decline the invitation.

Hint: Before you do the activity, write down the reasons why you can't go to the party so that you can refuse the invitation politely.

¿SABÍAS QUE...

- el tomate es una fruta?

- hay más de treinta variedades de chiles?

- el plato más popular en los Estados Unidos es el pollo frito?

- la palabra «¡Olé!» que gritan los españoles durante las corridas de toros° es de origen árabe y viene del° nombre de Allah?

corridas... *bullfights*
viene... *comes from*

¡TE INVITAMOS A ESCRIBIR!

UNA INVITACIÓN

Imagínate que tu clase va a invitar a una persona que es de España o Hispanoamérica para compartir su cultura y experiencia con ustedes. Puede ser un amigo o una amiga, una persona que vive en tu vecindario o ciudad, un(a) estudiante de intercambio, etcétera. Ahora tienes que escribirle una invitación formal en nombre de la clase.

Primero, piensa...
en lo que ustedes quieren aprender de esa visita. ¿De qué temas van a hablar? ¿Van a hablar español solamente? ¿Quieren ver fotos y otras cosas del país de esa persona?

Decide what you want to find out.

Luego, organiza tu información...
en categorías como las siguientes:

Organize your information.

a. fecha, hora y lugar
b. propósito de la visita
c. comidas y refrescos que piensan servir
d. otras personas a quienes piensan invitar (otras clases de español, reporteros del periódico de la escuela, etcétera.)

Por último, escribe la invitación.
Si quieres, puedes seguir el modelo de la página 436 como guía.

Write the invitation.

MODELO:

Estimado Sr. / Sra. / Srta. (Dr. / Dra.)...
Nos gustaría invitarlo / invitarla a usted a visitar
nuestra clase de español el día 12 de abril, a las 2:00 de
la tarde en el auditorio de la Escuela Central para...
Pensamos invitar a otras clases de español también.
Vamos a servirles a los invitados ponche y galletitas. Si
necesita más información, puede comunicarse con...

Atentamente,

Y AHORA, ¿QUÉ DECIMOS?

Paso 1. Mira otra vez las fotografías de las páginas 382–383 y contesta las siguientes preguntas.

■ ¿Qué ocasiones celebran las personas en estas fotos? ¿Qué hacen ellas? Y tú, ¿fuiste a una fiesta de cumpleaños el mes pasado?

■ ¿Qué comida sirven en la foto número 2? ¿Dónde te gusta comer más, en casa o en un restaurante? ¿Por qué? ¿Qué tipo de restaurante prefieres? ¿Fuiste a un restaurante la semana pasada? ¿Con quién?

■ ¿Qué fiesta celebran en la foto número 1? ¿Hay fiestas en las calles de tu pueblo o ciudad? ¿Qué día feriado prefieres? ¿Qué actividades asocias con ese día? ¿Adónde fuiste el año pasado para celebrarlo?

Paso 2. Imagínate que vas a dar una fiesta para celebrar tu día feriado favorito. Escribe una invitación divertida para mandar a tus invitados. Incluye la siguiente información:

■ el lugar, el día y la hora de la fiesta

■ lo que vas a servir (comidas y bebidas)

■ las actividades que van a hacer durante la fiesta

■ si es necesario o no llevar disfraz

Y ¡no olvides de incluir tu número de teléfono y una fecha de contestación! ¡Buena suerte!

NOVEDADES 3

SI!! AL SANTUARIO OCEANO AUSTRAL

NUNCA MÁS

GREENPEACE
AMERICA LATINA

GREENPEACE ESPAÑA: S.O.S. LAS BALLENAS

LA PAPAYA, ¡RICA Y NUTRITIVA!

Portada: Voluntarios de Greenpeace en una campaña para salvar las ballenas

EL PÍCARO PACO

GREENPEACE ESPAÑA:

S.O.S. las ballenas[1]

La organización ecologista Greenpeace España tiene muchas campañas.[2] Una de ellas es la de protección de las ballenas. ¿Cuál es su meta? ¡Prohibir su caza[3] y crear un santuario de ballenas en el Hemisferio Sur! ¿Quiénes se oponen? El Japón, Islandia y Noruega, que prefieren continuar con la caza de ballenas. ¿Qué puedes hacer para ayudar a salvar[4] las ballenas? Aquí tienes una lista.

- Hazte voluntario de Greenpeace y colabora con esta campaña.

- Explica a tus amigos por qué hay que preservar las ballenas.

- Usa la camiseta del Santuario de Ballenas para ayudar a esta campaña.

- Diseña carteles o escribe poemas sobre las ballenas y mándalos a Greenpeace España.

[1]whales
[2]campaigns
[3]¡Prohibir... *To forbid the hunting* (of whales)
[4]ayudar... *help save*

Tito Comprende

Querido Tito:

Mi hermana mayor y yo siempre nos llevamos muy bien. Pero desde que tiene novio, no me toma en cuenta.[1] Las 24 horas del día son todas para él; casi no nos hablamos. Yo la echo de menos.[2] No hay mucha diferencia de edad entre nosotras; ella tiene 17 años y yo 15. ¿Qué puedo hacer para tener una relación como la de antes? La quiero mucho y me duele[3] su actitud.

Hermana menor en Venezuela

Querida Hermana menor:

Comprendo cómo te sientes... pero no te preocupes;[4] la actitud de tu hermana es pasajera.[5] Cuando una chica tiene novio, vive en otro mundo; sólo piensa en él. Pero poco a poco los novios tienen necesidad de estar con otras personas. Ten paciencia que pronto tu hermana va a cambiar de actitud. Puedes hablar con ella y decirle que «el resto del mundo la echa de menos...» ¡Suerte!

Tu amigo Tito

FRUTAS DEL PARAÍSO

¿Sabes que el mango, la piña, la papaya y el aguacate[1] son frutas muy nutritivas? La papaya, por ejemplo, tiene más vitamina C que la naranja. También tiene mucha vitamina A y es muy buena para la digestión. Aquí tienes los ingredientes para preparar un delicioso jugo de papaya.

JUGO de PAPAYA

INGREDIENTES

1 papaya
2 vasos de leche o agua
1 cucharadita[2] de azúcar
hielo[3]

PREPARACIÓN

1. Pelar y cortar[4] la papaya.
2. Poner los ingredientes en la licuadora.[5]
3. Licuar[6] por 1/2 minuto.

¡Buen provecho!

---

[1]no... *she ignores me*
[2]Yo... *I miss her.*
[3]me... *hurts me*

[4]no... *don't worry*
[5]*temporary*

[1]*avocado*
[2]*teaspoon*
[3]*ice*

[4]Pelar... *Peel and cut*
[5]*blender*
[6]*Blend*

¡PERDIDOS en el zoológico!

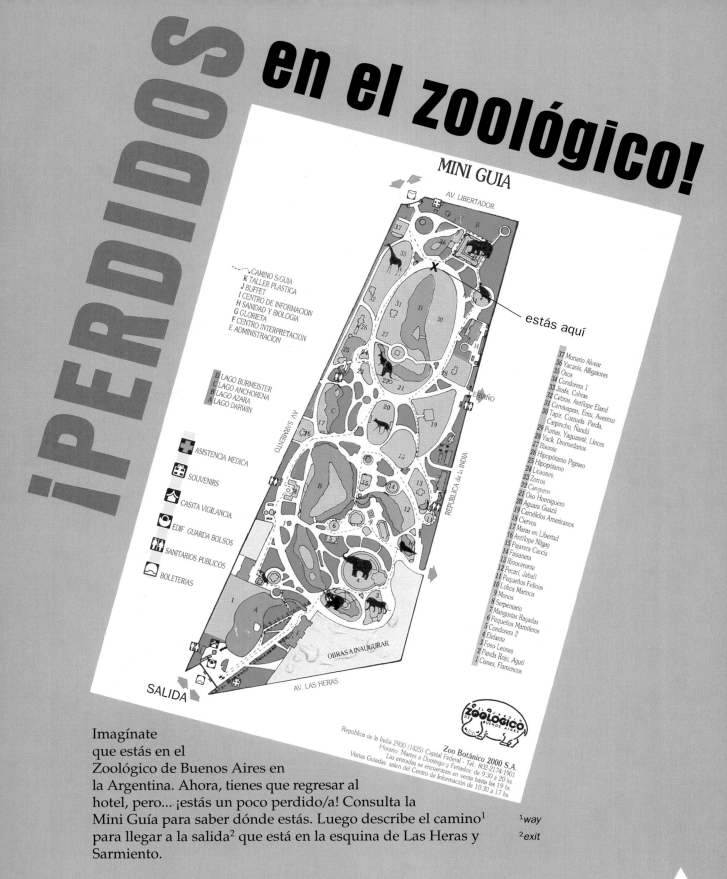

MINI GUIA

AV. LIBERTADOR

CAMINO S/GUIA
K TALLER PLASTICA
J BUFFET
I CENTRO DE INFORMACION
H SANIDAD Y BIOLOGIA
G GLORIETA
F CENTRO INTERPRETACION
E ADMINISTRACION

D LAGO BURMEISTER
C LAGO ANCHORENA
B LAGO AZARA
A LAGO DARWIN

➕ ASISTENCIA MEDICA

SOUVENIRS

CASITA VIGILANCIA

EDIF. GUARDA BOLSOS

SANITARIOS PUBLICOS

BOLETERIAS

estás aquí

AV. SARMIENTO

REPUBLICA de la INDIA

SALIDA

AV. LAS HERAS

OBRAS A INAUGURAR

37 Monario Alvear
36 Yacarés, Alligatores
35 Osos
34 Condorera 1
33 Jirafa, Cabras
32 Cebras, Antílope Eland
31 Cervivapras, Emu, Avestruz
30 Tapir, Corzuela Parda, Carpincho, Ñandú
29 Pumas, Yaguareté, Linces
28 Yack, Dromedarios
26 Bisonte
26 Hipopótamo Pigmeo
25 Hipopótamo
24 Licaones
23 Zorros
22 Canguros
21 Oso Hormiguero
20 Aguara Guazú
19 Camélidos Americanos
18 Ciervos
17 Maras en Libertad
16 Antílope Nilgay
15 Faisarera Caccia
14 Faisanera
13 Rinoceronte
12 Pecarí, Jabalí
11 Pequeños Felinos
10 Lobos Marinos
9 Monos
8 Serpentario
7 Mangostas Rayadas
6 Pequeños Mamíferos
5 Condorera 2
4 Elefánte
3 Foso Leones
2 Panda Rojo, Agutí
1 Cisnes, Flamencos

ZOOLÓGICO
Zoo Botánico 2000 S.A.
República de la India 2900 (1425) Capital Federal - Tel: 802-2174 1901
Horario: Martes a Domingo y Feriados: de 9.30 a 20 hs.
Las entradas se encuentran en venta hasta las 19 hs.
Visitas Guiadas: salen del Centro de Información de 10.30 a 17 hs.

Imagínate
que estás en el
Zoológico de Buenos Aires en
la Argentina. Ahora, tienes que regresar al
hotel, pero... ¡estás un poco perdido/a! Consulta la
Mini Guía para saber dónde estás. Luego describe el camino[1]
para llegar a la salida[2] que está en la esquina de Las Heras y
Sarmiento.

[1] way

[2] exit

MI CASA ES TU CASA

UNIDAD 8

Caracas, Venezuela.

Caracas, Venezuela.

¿QUÉ PODEMOS DECIR?

Mira las fotografías. ¿Qué fotos asocias con las siguientes descripciones?

- En el mundo hispano, muchas personas viven en edificios de apartamentos.

- Estos chicos prefieren quedarse en casa.

- A esta familia le gusta trabajar afuera, en el jardín de su casa.

Y ahora, ¿qué más puedes decir de estas fotos? ¿Quiénes son las personas en las fotos número 2 y 3? ¿De dónde son? ¿Qué diferencias ves entre las casas hispanas y las casas en este país?

LECCIÓN

LAS ACTIVIDADES EN CASA

In this lesson you will:

- **learn names for rooms and parts of a house**
- **talk about activities that take place at home**
- **talk about activities going on right now**

LECCIÓN

¿QUÉ HAY EN TU CASA?

In this lesson you will:

- **talk about furniture and appliances in a house**
- **make comparisons**
- **use adjectives to point out people and things**

LECCIÓN

ACTIVIDADES DE LA SEMANA PASADA

In this lesson you will:

- **talk about what you and your friends did recently**
- **express negative reactions**

Sevilla, España.

LAS ACTIVIDADES EN CASA

Aquí vive Humberto Figueroa.
Su casa está en el Viejo San Juan.

San Juan, Puerto Rico.

El vecindario donde vive Alicia
Vargas Dols es muy viejo, pero
también es muy pintoresco.

Madrid, España.

San Juan, Puerto Rico.

Mariana Peña vive en una casa en las afueras de San Juan. Su casa tiene un jardín muy bonito.

Sitúese en la zona alta

PISOS EN **EL PINAR DE CHAMARTIN**

Con jardines y piscina

1 DORMITORIO	15.960.000 ptas.
2 "	19.990.000 "
3 "	27.890.000 "
4 "	29.530.000 "

EN REGIMEN DE COMUNIDAD

Informa: CHAMARTIN P.V.S.A.
CLARA DEL REY, 27 - 1ª A.
TEL. 416 19 99

SALON DEL JARDIN

2° SALÓN DEL JARDÍN
UN NUEVO CERTAMEN PARA UN MERCADO EN AUGE
OFERTA DEL SALON:
MAQUINARIA Y HERRAMIENTAS PARA EL JARDÍN
ELEMENTOS Y SISTEMAS DE RIEGO
JARDINERÍA
ELEMENTOS ACUÁTICOS
ILUMINACIÓN
MUEBLES Y ARTÍCULOS COMPLEMENTARIOS
ELEMENTOS AUXILIARES PARA JARDÍN
JUEGOS, SUELOS Y ZONAS DEPORTIVAS

SALÓN DEL JARDÍN *Iberflora*

Feria, Internacional de Horticultura
Ornamental y Elementos Auxiliares
DEL **14** AL **17** DE OCTUBRE DE **1993**

Oferta, casita 2 plantas zona residencial...

Cámara Inmobiliaria Uruguaya

LA CASA DE LA FAMILIA CISNEROS

Querido Víctor: Aquí te mando un plano de mi casa y unas fotos de mi familia.

3. Mamá y yo estamos en **la cocina, preparando** el almuerzo.

4. Ésta es mi prima Carolina. **Está en el comedor poniendo la mesa**.

1. A mi papá le gusta leer en **la sala**. Aquí **está leyendo** su revista favorita.

5. Mi hermano Miguel **está lavando** su bicicleta en el jardín. ¡Cómo trabaja este chico!

2. ¡**Qué fastidio**! Aquí **estoy limpiando** mi dormitorio.

6. Perla, nuestra gata, **está jugando** en el patio, **como de costumbre**. ¡Miau!

Conexión gramatical
Estudia las páginas 454–456
en **¿Por qué lo decimos así?**

Y TÚ, ¿QUÉ DICES?

ACTIVIDADES ORALES Y LECTURAS

1 • OPCIONES   **Mi casa**

▶ Indica las respuestas apropiadas según tu experiencia. Luego comparte la información con tus compañeros.

Pick the ones for you.

1. Vivo en...
   a. una casa.
   b. un edificio de apartamentos.
   c. un rascacielos.
   d. ¿ ?

2. Mi casa/edificio tiene...
   a. dos pisos.
   b. un solo piso.
   c. más de tres pisos.
   d. ¿ ?

3. En mi casa/edificio hay...
   a. un jardín.
   b. un patio.
   c. un garaje.
   d. ¿ ?

4. Mi casa/apartamento tiene...
   a. un solo dormitorio.
   b. dos o más dormitorios.
   c. un baño.
   d. ¿ ?

5. El cuarto más cómodo es...
   a. el comedor.
   b. mi dormitorio.
   c. el baño.
   d. ¿ ?

6. El cuarto más incómodo es...
   a. la sala.
   b. la cocina.
   c. el sótano.
   d. ¿ ?

7. Toda mi familia tiene que...
   a. ayudar en la cocina.
   b. limpiar el baño.
   c. hacer las camas.
   d. ¿ ?

el décimo (10°) piso
el noveno (9°) piso
el octavo (8°) piso
el séptimo (7°) piso
el sexto (6°) piso
el quinto (5°) piso
el cuarto (4°) piso
el tercer (3er) piso
el segundo (2°) piso
el primer (1er) piso
la planta baja

¡A charlar!

▶ If you live in a tall building and want to refer to a particular floor, use **el** + an ordinal number + **piso** (*floor*). In Spanish-speaking countries, the first (ground) floor is called **la planta baja**, the second floor is **el primer piso**, the third is **el segundo piso**, and so on. The drawing to the left shows floors numbered in the Spanish system from the ground floor to the tenth.

¿Extraño o normal?

Tell whether these activities are strange or normal.

▶ Di si las siguientes actividades son extrañas o normales.

MODELOS:

Un bebé está sacando la basura. → *¡Es extraño!*

Un pez está nadando. → *Es normal.*

1. Un hombre está cocinando en la cocina.

2. Una criada está haciendo la cama.

3. Un perro está poniendo la mesa.

4. Una tarántula está durmiendo en el jardín.

5. Un niño está limpiando su dormitorio.

6. Una mujer está lavando el carro en el comedor.

7. Dos hermanos están comiendo en la sala.

8. Un elefante está mirando la televisión.

Asociaciones

Where do you do the following?

▶ Pregúntale a tu compañero/a en qué parte de su casa/apartamento hace estas actividades.

MODELO: cepillarse los dientes →

TÚ: Normalmente, ¿dónde *te cepillas los dientes*?

COMPAÑERO/A: *Me cepillo los dientes en el baño.*

1. lavar los platos
2. cenar
3. estudiar
4. lavarse el pelo
5. dormir
6. guardar las cosas viejas
7. mirar la televisión
8. lavar la ropa sucia

en la sala
en el jardín
en la cocina
en el garaje
en el comedor
en el sótano
en el baño
en mi dormitorio

▶ Di quién tiene que hacer estas actividades en tu
casa/apartamento.

Tell who does the
following things
in your house.

MODELOS: poner la mesa → Por lo general, yo tengo que *poner
la mesa.*

cortar el césped → Nadie. No tenemos que *cortar el
césped porque vivimos en un apartamento.*

1. lavar la ropa
2. planchar
3. sacar la basura
4. hacer las camas
5. cocinar
6. lavar el carro

Y AHORA, ¡CON TU PROFESOR(A)! ∼∼∼∼∼∼∼∼∼∼∼∼∼

1. ¿Qué quehaceres no le gusta hacer? ¿Por qué?

2. ¿Quién pone la mesa en su casa/apartamento? ¿Quién cocina?
   Y ¿quién lava los platos después?

3. ¿Qué quehaceres hace usted todos los días? ¿Qué quehaceres hace
   dos o tres veces a la semana?

San Juan, Puerto Rico: Mariana está lavando los platos.

Un sábado por la mañana con la familia Fernández

Tell what is happening in Luis's house.

▶ Describe dónde están y qué están haciendo los miembros de la familia Fernández.

Mercedes
la mamá
Jorge
1.
2.
3.
Luis
doña Matilde, la abuela
4.
5.
el papá
la criada
6.
7.
Juanito
Cazán
8.

RETRATO CULTURAL

ANTONIO GAUDÍ (1852–1926)

- Lugar de nacimiento: Reus, España
- Profesión: Arquitecto y escultor°   *sculptor*

La Casa Batlló en Barcelona, España.

La Casa Batlló fue diseñada° por el famoso arquitecto y escultor catalán Antonio Gaudí en el año 1904. Está en el Paseo de Gracia, Barcelona, y tiene una fachada° de mosaicos multicolores. El estilo de Gaudí es original, con formas sinuosas° y temas naturalistas y orgánicos, como hojas° y plantas. Otros ejemplos importantes de la arquitectura de Gaudí son la iglesia de la Sagrada Familia, la Casa Milá, el Parque Güell y el Palacio Güell.

fue... was designed

front, façade
wavy
leaves

¡TE INVITAMOS A LEER!

ALICIA Y LOS FANTASMAS°

ghosts

PERO ANTES… ¿Vives en un apartamento o en una casa? ¿Es vieja tu casa? Mira las fotos. ¿Dónde vive Alicia? ¿Cómo es el edificio?

Read about where Alicia lives

Esteban:

¡Qué alegría recibir tu carta! Las fotos de tu casa son muy bonitas. ¡Y qué grande es!

Yo vivo en un edificio de pisos.° Es un edificio viejo porque está en un barrio antiguo. Creo que es de la década de los años 20. De noche las escaleras° hacen ruidos° misteriosos como en las películas de terror. Doña Dolores, la vecina° del primer piso, dice que aquí hay fantasmas. Yo no creo en los fantasmas. ¿Y tú?

Bueno, con o sin fantasmas, mi piso es muy bonito. Tiene una sala, comedor, cocina, baño y tres dormitorios. El dormitorio más grande es el de mis padres, el otro, también grande, es el de mis dos hermanos y el más pequeño es el mío.

Es verdad que mi dormitorio es pequeño, pero tiene mucha luz.° Tengo carteles de arte y de grupos de música en la pared. Además hay una cama antigua de madera° (era de° la casa de mis abuelos), una cómoda° también de madera, un ropero° que siempre es un desastre, dos lámparas modernas, estantes° para mis libros y mi escritorio.

Hasta pronto, Esteban. ¡Y cuidado con los fantasmas!

Alicia Vargas Dols

P.D.: ¡Escribe pronto!

apartamentos (Spain)

stairs / noises

neighbor

light

de… wooden / era… it belonged to dresser / closet shelves

Mi edificio de pisos. Es viejo, pero bonito, ¿verdad?

Esteban, éste es mi cuarto. ¿Te gusta o te parece un desastre?

Find a word to describe each item.

¿QUÉ IDEAS CAPTASTE? Lee la lista de cosas que Alicia menciona en su carta. Luego busca un adjetivo para describir cada cosa. Puedes usar el mismo adjetivo varias veces.

MODELO: la casa de Esteban →
La casa de Esteban es bonita y grande.

1. la casa de Esteban
2. el edificio de pisos
3. el piso de Alicia
4. el barrio de Alicia
5. los ruidos de las escaleras
6. los fantasmas
7. el dormitorio de los padres
8. el dormitorio de Alicia
9. la cama de Alicia

a. bonito
b. grande
c. viejo
d. imaginario
e. misterioso
f. pequeño

Y AHORA, ¿QUÉ DICES TÚ?

1. ¿Vives en una casa o en un edificio de apartamentos?
2. Si vives en un edificio, ¿en qué piso está tu apartamento?
3. Si vives en una casa de dos o más pisos, ¿en qué piso está tu dormitorio? ¿la sala? ¿el baño?

WHAT ARE YOU DOING?
The Present Progressive

*In Spanish, the present progressive describes an action occurring right now. To describe actions in the general present, use the present tense. Compare these actions: Juan **está estudiando** matemáticas. = Juan is studying math right now. Juan **estudia** matemáticas este año. = Juan is studying math this year.*

ORIENTACIÓN

The *present progressive* expresses an action that is going on in the present. The *present participle* is the *-ing* form of a verb. English forms the present progressive using the verb *to be* + a present participle (*I am studying, she is reading, we are walking*). Spanish uses the verb **estar** (*to be*) to express a present progressive action.

A Spanish speakers use the present progressive to describe an action that is taking place *as they speak*. To express the present progressive in Spanish, use the form of **estar** that agrees with the subject + a present participle.

—¿Qué **estás haciendo** ahora?　　—*What are you doing now?*
—**Estoy estudiando**.　　　　　　—*I'm studying.*

B To form a present participle, drop the ending (**-ar, -er, -ir**) from the infinitive and then add **-ando** to the stem of **-ar** verbs and **-iendo** to the stem of **-er** or **-ir** verbs.

-ndo = -ing
estar + -ndo = to be doing (something)

-ar → -ando
-er/-ir → -iendo

jugar	→	(jug + **ando**)	→	**jugando**	*playing*
comer	→	(com + **iendo**)	→	**comiendo**	*eating*
escribir	→	(escrib + **iendo**)	→	**escribiendo**	*writing*

Examples of **estar** + **-ndo** *Verb Forms*		
estoy	hablando	*I am talking*
estás	comiendo	*you (informal) are eating*
está	caminando	*you (polite) are walking*
está	estudiando	*he/she is studying*
estamos	escribiendo	*we are writing*
estáis	corriendo	*you (informal plural) are running*
están	aprendiendo	*you (plural) are learning*
están	limpiando	*they are cleaning*

(The **+** symbol appears between the *está/estamos* group and the *estudiando/escribiendo* group.)

C If the stem of an **-er** or **-ir** verb ends in a vowel, change **-iendo** to **-yendo**.

vowel + **-er/-ir**
→ **-yendo**

leer	→ (le + **yendo**)	→ **leyendo**	*reading*
traer	→ (tra + **yendo**)	→ **trayendo**	*bringing*

—Patricia, ¿qué estás **leyendo**?   —*Patricia, what are you reading?*
—Estoy **leyendo** el periódico.   —*I'm reading the paper.*

To form the present participle of the verb **dormir**, change the **o** of the stem to **u** and add **-iendo**.

dormir   →   d**u**rmiendo   *sleeping*

—¿Qué está **haciendo** Paco?   —*What's Paco doing?*
—Está **durmiendo** en este momento.   —*He's sleeping at the moment.*

EJERCICIO 1   ¿Qué están haciendo?

▶ La clase de español da una fiesta en la escuela. Mira el dibujo y pregúntale a tu compañero/a lo que está pasando. Sigue el modelo.

Tell what is happening in the drawing.

MODELO: la Srta. García →

          TÚ: ¿Qué está haciendo *la Srta. García*?
COMPAÑERO/A: Está *bailando con Ernesto.*

1. la Srta. García
2. Paco y Roberto
3. Felicia
4. Ana Alicia y Chela
5. Joe y Beatriz
6. Víctor
7. Juana
8. el Sr. Álvarez

a. leyendo una novela
b. trayendo la comida
c. bailando con Ernesto
d. cantando
e. durmiendo
f. tocando la guitarra
g. cocinando
h. charlando
i. comiendo tacos
j. escuchando música

Pick an activity that each person might be doing.

▶ Imagínate que son las cuatro de la tarde. ¿Qué están haciendo estas personas? Usa tu imaginación y escoge una actividad lógica para cada una. Sigue el modelo.

MODELO: el director / la directora de la escuela →

TÚ: ¿Qué está haciendo *la directora de la escuela*?

COMPAÑERO/A: Está *hablando con los consejeros.*

1. el director / la directora de la escuela
2. tu mamá o tu papá
3. tu mejor amigo/a
4. el bibliotecario / la bibliotecaria
5. tus compañeros de español
6. el equipo de fútbol
7. los estudiantes de inglés
8. ¿y tú?

a. escuchando al profesor / a la profesora
b. trabajando
c. leyendo el ejercicio
d. escribiendo una composición
e. jugando un partido
f. hablando con los consejeros
g. practicando en el campo de deportes
h. buscando libros
i. hablando con un compañero / una compañera
j. comiendo
k. limpiando la casa
l. haciendo la tarea
m. ¿ ?

Complete each sentence.

-ar → -ando
-er/-ir → -iendo

▶ Un amigo te cuenta sobre las actividades extracurriculares de su escuela. Completa cada oración lógicamente. Sigue el modelo.

MODELO: El club de español _____.→
El club de español *está viajando por México.*

1. El club de español _____.
2. Un grupo de estudiantes _____.
3. El equipo de educación física _____.
4. La clase de arte _____.
5. El club de teatro _____.

a. visitar el museo de arte moderno
b. participar en un maratón
c. viajar por México
d. asistir a una comedia musical
e. escribir cartas a sus amigos por correspondencia
f. entrevistar a un actor famoso

VOCABULARIO PALABRAS NUEVAS

Los cuartos
la cocina
el comedor
el dormitorio
el jardín
la sala
el sótano

Palabras semejantes: **el garaje,
el patio**

Palabras de repaso: el baño, la
casa, el cuarto, el edificio de
apartamentos, el rascacielos

Los quehaceres
cocinar
cortar el césped
hacer las camas

lavar
  el carro
  los platos
  la ropa
planchar
sacar la basura

Palabra de repaso: poner la
mesa

¡A charlar!
el piso
la planta baja

primer
segundo
tercer
cuarto
quinto
sexto

séptimo
octavo
noveno
décimo

Los sustantivos
la criada
el pez

Palabra semejante: **la tarántula**

Los adjetivos
cómodo/a
incómodo/a
sucio/a

Palabras útiles
como de costumbre
más de
¡Qué fastidio!

¿QUÉ HAY EN TU CASA?

Hola, Felicia:

Te mando unas fotos de mi casa en Caracas. Como ves, mi dormitorio no es tan grande como el dormitorio de mis hermanas, pero es muy cómodo.

·2·

Por supuesto, mis hermanas son menos ordenadas que yo. ¡Tienen ropa por todas partes!

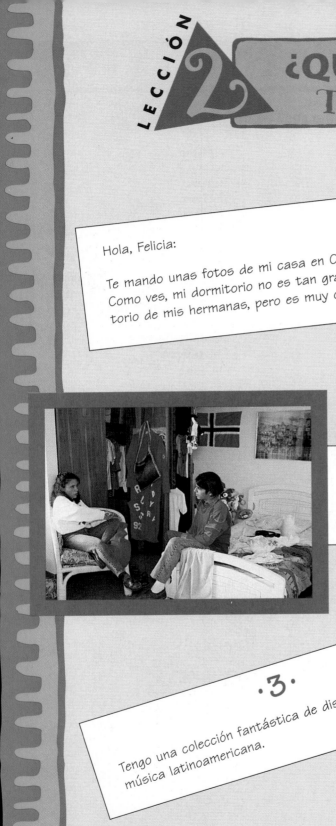

·3·

Tengo una colección fantástica de discos compactos de música latinoamericana.

LA CASA DE LA FAMILIA FERNÁNDEZ

- las cortinas de tela
- el ropero
- el baño
- el dormitorio
- el televisor
- el dormitorio
- el dormitorio
- los estantes
- el espejo de vidrio
- la cama
- la cómoda de madera
- el comedor
- ESTE SILLÓN ES MÁS PEQUEÑO QUE ESE SOFÁ, POR SUPUESTO.
- la lámpara
- la sala
- el sillón
- la alfombra
- el sofá
- los gabinetes
- el refrigerador
- LA ESTUFA NO ES TAN RÁPIDA COMO EL MICROONDAS.
- el horno de microondas
- el fregadero
- la cocina
- la estufa

Y TÚ, ¿QUÉ DICES?

Conexión gramatical
Estudia las páginas 468–472
en **¿Por qué lo decimos así?**

ACTIVIDADES ORALES Y LECTURAS

1 • OPCIONES   **¿Cómo es tu casa?**

▶ Indica las opciones apropiadas. Luego comparte la información
con tus compañeros.

Pick the ones for you.

1. En mi casa hay...
   a. muchos estantes con libros.
   b. cortinas en todas las ventanas.
   c. muebles modernos.
   d. alfombras en todos los cuartos.
   e. ¿ ?

2. Mi dormitorio es... la sala.
   a. más pequeño que
   b. casi tan grande como
   c. más bonito que
   d. menos ordenado que
   e. ¿ ?

3. En mi dormitorio hay...
   a. dos camas.
   b. una cama.
   c. carteles de mi cantante favorito.
   d. un espejo.
   e. ¿ ?

4. En nuestra sala puedes ver...
   a. un televisor de pantalla grande.
   b. un sofá cómodo y bonito.
   c. una lámpara antigua.
   d. un estéreo.
   e. ¿ ?

5. En la cocina de nuestra casa hay...
   a. un horno de microondas.
   b. un lavaplatos.
   c. gabinetes de madera.
   d. un refrigerador.
   e. ¿ ?

*Find a definition
for each item.*

▶ Lee las definiciones y di a qué mueble o aparato se refieren.

a. el espejo
b. la cama
c. el ropero
d. el horno de microondas

e. el refrigerador
f. las cortinas
g. el sillón

Definiciones

1. Es un mueble de madera. Es más grande que una cómoda y tiene ropa.

2. Es un mueble para sentarse. No es tan grande como un sofá. Puede ser de tela, de plástico o de cuero.

3. Este aparato está en la cocina. Es de metal y es tan útil como una estufa. Lo usas para guardar la comida.

4. Este mueble está en todos los dormitorios. Por lo general, es más cómodo para dormir que un sofá.

5. Las pones en las ventanas. Son de tela y pueden ser tan largas como las ventanas o más largas que ellas.

6. Lo usas para cocinar. Es más práctico que un horno común porque es más rápido.

7. Este objeto es de vidrio o de plástico. Puede ser más pequeño que una cartera o tan grande como una pared. Lo usas para mirarte cuando te peinas o te pones la ropa.

Frigorífico **PHILIPS ARG-637**, capacidad de 280 L,
descongelación automática,
dimensiones: 159 x 55 x 59 cm,
49.500

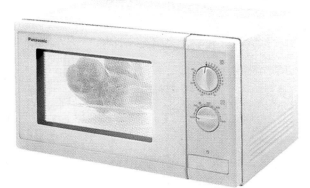

Horno microondas **PANASONIC NN-5252**, capacidad
de 23 L, plato giratorio, potencia variable de 100 a
900 W,
24.900

▶ Busca las nueve diferencias entre los dos dibujos.

Find the nine differences.

MODELO: La lámpara en el dibujo B es más antigua que la lámpara en el dibujo A.

VOCABULARIO ÚTIL

más... que	feo/a
menos... que	largo/a
alto/a	moderno/a
antiguo/a	pequeño/a
bonito/a	viejo/a

Choose a present for each person.

▶ Mira estos anuncios y escoge el regalo ideal para cada una de las siguientes personas.

Juguetes que chillan, no tóxicos, $5,5

Portacolgadores para la tabla de planchar............................$7,0

Figuras de payasos en cerámica, en varios modelos...................$7,0

Vela perfumada..................$7,0

1. una persona que plancha mucha ropa

2. una niña de nueve años

3. una persona que tiene un perro

4. una pareja que vive en una casa nueva

5 • CONVERSACIÓN   Entrevista: ¿Más o menos?

Interview your classmate.

▶ Entrevista a tu compañero/a. Luego comparte las respuestas con la clase.

1. ¿Qué es más divertido, ...
   a. invitar a tus amigos a tu casa o ir a la casa de ellos? ¿Por qué?
   b. comer en casa o cenar en un restaurante? ¿Por qué?
   c. ver videos en casa o ir al cine? ¿Por qué?

2. ¿Qué es menos desagradable, ...
   a. sacar la basura o cortar el césped? ¿Por qué?
   b. preparar la comida o lavar la ropa sucia? ¿Por qué?
   c. poner la mesa o lavar los platos? ¿Por qué?

Y en tu casa...

1. ¿Cuál es más grande, tu dormitorio o la sala?

2. ¿Dónde hay menos muebles, en el comedor o en la sala?

3. ¿Cuál es más pequeño, el baño o la cocina?

VISTAZO CULTURAL

LA ARQUITECTURA DEL MUNDO HISPANO

¿Cómo te imaginas una casa o edificio típicos de España o América Latina? Pues aquí tienes varios ejemplos.

Esta casa en Cartagena, Colombia, representa la arquitectura colonial.

Éste es el patio de una casa en la ciudad de Carmona, España.

La Casa Pueblo fue diseñada° por Carlos Páez Vilaró, un artista uruguayo. Está en Punta del Este, una playa del Uruguay.

fue... was designed

La Iglesia de la Virgen Milagrosa fue diseñada por Félix Candela. Está en la Colonia Navarte, en la Ciudad de México, México.

OTRAS VOCES

PREGUNTAS: «¿Qué hay en tu cuarto? De todas las cosas que tienes, ¿cuál es tu favorita?»

Find out what two Hispanic teens have in their rooms.

Diana Lucero Hernández
Cali, Colombia

«Bueno, tengo mi cama, mi mesita de noche, mi radio despertador,° un cuadro de la Virgen, un baúl de mimbre,° un escritorio con una pequeña biblioteca,° muñecos,° fotos y un clóset en donde tengo mi ropa y mis zapatos. En el baúl tengo cosas que he recolectado° como calcomanías,° libros y otras cosas personales. Todas son mis favoritas porque me las dio° alguien especial.»

radio... *clock radio*
baúl... *wicker trunk*
bookcase / dolls

he... *I have collected*
stickers

me... *gave them to me*

María Gabriela Mellace
Tucumán, Argentina

«Las cosas materiales en mi dormitorio son mis cassettes, mis CDs, mi radiograbador, mi Walkman, libros (de texto, ciencia ficción y literatura), mis flautas dulces,° mis partituras,° mi maquillaje y perfumes, cosméticos, cartas y tarjetas, fotos, carteles y mis muebles: un escritorio, mi cama, una silla, un sofá, un librero,° una mesa de luz° y mi ropa. De lo que tengo, mi radio, mis flautas y partituras son mis favoritas porque me gusta escuchar y hacer música.»

flautas... *recorders (musical instruments)*
libros de música

estante / mesa... *night table*

Y AHORA, ¿QUÉ DICES TÚ?

1. Describe tu dormitorio. ¿Qué muebles hay? ¿Qué otras cosas hay?

2. De todas tus cosas, ¿cuál es tu favorita? ¿Por qué?

PRONUNCIACIÓN

PRACTICE WITH *l*

The letter **l** is pronounced like the *l* in the English *last*, with the tongue right against the back of the teeth. It is not at all like the *l* at the end of the English *call*, with the tongue pulled back from the teeth.

PRÁCTICA Listen to your teacher, and then practice this tongue twister.

Lana, Lena, Lina y Lulú
van y ven al bobo bebé.
Al bobo bebé van y ven
Lana, Lena, Lina y Lulú.

¿POR QUÉ LO DECIMOS ASÍ?

GRAMÁTICA

WHAT'S THE DIFFERENCE?
Comparisons with *más/menos... que, tan... como*

> **más/menos...**
> **que = more/**
> **less . . . than**

A To make comparisons of more or less, you can use **más** or **menos** + an adjective + **que**.

Juana es **más curiosa que** Chela.	*Juana is more curious than Chela.*
Las cortinas son **más largas que** las ventanas.	*The curtains are longer than the windows.*
La alfombra es **menos cara que** la lámpara.	*The rug is less expensive than the lamp.*

> **tan... como =**
> **as . . . as**

B To make comparisons of equality, use **tan** + an adjective + **como**.

Yo soy **tan alto como** los estantes.	*I'm as tall as the bookshelves.*
El baño es **tan moderno como** la cocina.	*The bathroom is as modern as the kitchen.*

C Note that the adjective used in a comparison agrees in gender and number with the first noun of the comparison.

> **The adjective agrees in gender and number with the first noun of the comparison.**

El sillón es tan **cómodo** como el sofá.	*The armchair is as comfortable as the sofa.*
La cómoda es más **alta** que el espejo.	*The dresser is taller than the mirror.*

¿Recuerdas?

▶ Since **Unidad 1**, you have used the words **más** or **menos** + an adjective to compare people or things.

—¿Quién es **más organizado,** Esteban o Víctor?
—*Who is more organized, Esteban or Víctor?*
—Víctor es **más organizado**.
—*Víctor is more organized.*

—¿Cuál es **menos cómodo,** el sofá o el sillón?
—*Which is less comfortable, the sofa or the armchair?*
—El sofá es **menos cómodo**.
—*The sofa is less comfortable.*

Raúl habla con su hermana Andrea en su dormitorio en Caracas, Venezuela.

468 *cuatrocientos sesenta y ocho*   *UNIDAD 8*

▶ Eduardo y Humberto están delante de un escaparate, comparando los precios de varios artículos. Mira el dibujo y di de qué artículo están hablando.

Decide which item is being described.

1. Es más caro que el televisor, pero menos caro que la computadora.

2. Es tan barata como los patines.

3. Es más caro que el video, pero más barato que el radio portátil.

4. Es más barata que el televisor y más cara que la bicicleta.

5. Es menos caro que el video.

6. Es más cara que la lámpara y tan cara como la bicicleta.

7. Es más barato que la lámpara y más caro que el reloj.

8. Es más caro que la cámara, pero más barato que el estéreo.

Estos músicos tocan música folklórica en Caracas, Venezuela.

Un anuncio para el conjunto popular U2 en Madrid, España.

EJERCICIO 2   ¿Qué piensas tú?

*Make comparisons using **más** (**más** = more).*

Paso 1. Pregúntale a tu compañero/a su opinión sobre estas cosas. Haz comparaciones con **más**.

MODELO: un elefante o un tigre (inteligente) →

      TÚ: ¿Cuál es más *inteligente, un elefante o un tigre*?
   COMPAÑERO/A: (*Un elefante*) es más *inteligente*.

1. un elefante o un tigre (inteligente)
2. una bicicleta o una motocicleta (rápida)
3. una película de aventuras o una película romántica (divertida)
4. el ciclismo o la natación (difícil)
5. el dinero o la salud (importante)

*Make comparisons using **menos** (**menos** = less).*

Paso 2. Ahora, pregúntale a tu compañero/a su opinión sobre estas cosas. Haz comparaciones con **menos**.

MODELO: el béisbol o el golf (difícil) →

      TÚ: ¿Cuál es menos *difícil, el béisbol o el golf*?
   COMPAÑERO/A: (*El golf*) es menos *difícil*.

1. el béisbol o el golf (difícil)
2. la música rock o la música folklórica (popular)
3. un carro pequeño o un carro grande (cómodo)
4. un examen o una fiesta (divertido/a)
5. un reloj de plástico o un reloj de oro (caro)

▶ Haz comparaciones con **más/menos... que** o **tan... como** según tu opinión. Sigue el modelo.

Make comparisons.

MODELO: (caro) un disco compacto / un cassette →
Un disco compacto es más *caro* que *un cassette.*
(*Un disco compacto* es tan *caro* como *un cassette.*)

¡OJO! Adjectives agree with the first noun of the comparison.

1. (caro)   un disco compacto / un cassette
                 una patineta / una bicicleta

2. (cómodo)   una cama / un sofá cama
                 una silla / un sillón

3. (divertido)   el béisbol / el fútbol
                 la radio / la televisión

4. (barato)   un bate / una raqueta
                 una mochila de cuero / una bolsa de tela

5. (eficiente)   una computadora / una máquina de escribir
                 una estufa / un horno de microondas

POINTING THINGS OUT
Demonstrative Adjectives: *ese, esa, esos, esas*

A One set of Spanish demonstrative adjectives that corresponds to English *that/those* refers to things nearer to the listener than to the speaker.

—¿Te gusta **ese** sillón?

—No, es muy incómodo.

—¿Quiénes son **esas** chicas?

—Son las hermanas de Raúl.

—Do you like that armchair?

—No, it's very uncomfortable.

—Who are those girls?

—They're Raúl's sisters.

ese/esa = *that*
esos/esas = *those*

B Remember that demonstrative adjectives come before the noun. Like other adjectives, they agree in gender and number with the noun they modify.

Demonstrative adjectives come before the noun.

	SINGULAR	PLURAL
MASCULINE	**ese** espejo	**esos** espejos
FEMININE	**esa** lámpara	**esas** lámparas

¿Recuerdas?

▶ In **Unidad 4** you learned the Spanish demonstrative adjectives that correspond to the English *this/these.* Those adjectives refer to people and things near the speaker.

	SINGULAR	PLURAL
MASCULINE	**este** libro	**estos** libros
FEMININE	**esta** chica	**estas** chicas

¿Dónde pongo los muebles?

Tell where you will put each of these items.

▶ Imagínate que tienes que decorar tu casa y decidir dónde poner los muebles y aparatos. Haz oraciones con **ese, esa, esos** o **esas** y un cuarto o lugar apropiado.

MODELO: sillón viejo →
Voy a poner *ese sillón viejo* en *mi cuarto.*

Demonstrative adjectives agree in number and gender with the nouns they modify.

1. sillón viejo
2. gabinetes de madera
3. cortinas de plástico
4. sillas de metal
5. horno eléctrico
6. estantes blancos
7. alfombra oriental
8. lámparas de vidrio

a. la cocina
b. el comedor
c. el baño
d. el patio
e. mi cuarto
f. la sala
g. el garaje

EJERCICIO 5
De compras

Complete the dialogue using ese, esa, esos, or esas.

▶ Carolina Márquez y su hermana Raquel van de compras en San Juan, Puerto Rico. Completa la conversación con **ese, esa, esos** o **esas**.

Delante de una mueblería...

CAROLINA: ¿Te gusta _____¹ sofá verde?
RAQUEL: Mmm. Prefiero _____² sillón con las flores amarillas.
CAROLINA: ¿Y _____³ sillas modernas de plástico?
RAQUEL: Son bonitas, pero un poco incómodas, ¿no?
CAROLINA: Es verdad. ¿Quieres mirar otras cosas?
RAQUEL: Sí. ¿Por qué no vamos a _____⁴ tienda de ropa que está en la esquina?

Delante de la tienda de ropa...

CAROLINA: ¿Te gusta _____⁵ vestido morado?
RAQUEL: ¡Ay no, es horrible!
CAROLINA: ¿Y _____⁶ camisetas verdes?
RAQUEL: Son bonitas, pero el verde no es mi color favorito.
CAROLINA: _____⁷ pantalones de cuero son muy elegantes, ¿no?
RAQUEL: Sí, pero son muy caros.
CAROLINA: ¡Ay, Raquelita, no es fácil ir de compras contigo!

VOCABULARIO PALABRAS NUEVAS

Los muebles y aparatos
la alfombra
la cómoda
las cortinas
el espejo
los estantes
la estufa
el fregadero
los gabinetes
el horno
el horno de microondas
la lámpara
el lavaplatos
la pantalla
el refrigerador
el ropero
el sillón

Palabra semejante: **el sofá**

Palabras de repaso: la cama, el cartel, el cuadro, el espejo, el estéreo, el televisor

Los materiales
de madera
de tela
de vidrio

Palabras semejantes: **de metal, de plástico**

Palabra de repaso: de cuero

Los verbos
mirarse
sentarse (ie)
    me siento / te sientas

Los adjetivos
antiguo/a
desagradable
ese/esa
esos/esas
rápido/a

Palabras semejantes:
atractivo/a, moderno/a, práctico/a

Palabras de repaso: bonito/a, favorito/a, feo/a, grande, largo/a, ordenado/a, pequeño/a, sucio/a, útil

Las comparaciones
más... que
menos... que
tan... como

Palabras útiles
en busca de
por supuesto

Palabra del texto
se refieren

LECCIÓN 3

ACTIVIDADES DE LA SEMANA PASADA

Raúl Galván: «Por la tarde fui al quiosco de la esquina para buscar libros y revistas de ciencia ficción. Los cuentos de monstruos, extraterrestres, robots y viajes espaciales son fascinantes.»

Caracas, Venezuela.

UN LIBRO MUERE CUANDO LO FOTOCOPIAS

YO RESPETO LOS DERECHOS DE AUTOR

EL FORO DE LA RIBERA S.C. presenta

ASI QUE PASEN CINCO AÑOS
LEYENDA DEL TIEMPO
de Federico García Lorca
TEATRO LEGARIA
Calz. Legaria y Lago Gran Oso
Tacuba Tel. 527.19.20 (metro Tacuba)

VIERNES 20:00 HRS.
SABADOS 19:00 HRS.
DOMINGOS 18:00 HRS.
2 X 1
Válido sólo en la compra de un boleto

TRAGICOMEDIA

BALLET CLÁSICO
TEMPORADA DE BALLET ABRIL - JUNIO 1993

BALLET DE ZARAGOZA
Del 14 al 18 de Abril

ESCUELA COREOGRAFICA DE PERM, CON LOS SOLISTAS
DE LOS PRINCIPALES TEATROS DE RUSIA
Del 21 de Abril al 2 de Mayo

BALLET CLAS   MADRID. LOS   S DE MADRID
Del 5 al 15 de Mayo

Madrid, España.

Alicia Vargas Dols: «El sábado pasado Miguel y yo fuimos a este teatro en Madrid para ver un ballet.»

Julio Bustamante: «Ayer pasé el día en el campo con unos compañeros de mi escuela. ¡Caminamos más de 40 kilómetros! Ahora, por supuesto, ¡estoy requetecansado!»

San José, Costa Rica.

¿QUÉ HICIERON LOS AMIGOS POR CORRESPONDENCIA EL FIN DE SEMANA PASADO?

Marisa Bolini: Buenos Aires, Argentina

El sábado por la mañana **me levanté** tarde. ¡Casi a las diez!

Más tarde, mis amigos y yo fuimos **al centro de reciclaje**. **Separamos** el papel, **las latas** y las botellas de vidrio.

Por la tarde, **jugué** al tenis con Adriana. **Nadie ganó** el partido porque **empezó** a llover.

Eduardo Rivas: San Juan, Puerto Rico

El sábado por la tarde, Eduardo **cortó** el césped y luego **lavó** el carro.

Por la noche, Eduardo y sus amigos **pescaron** y **cocinaron** juntos.

Esa noche, Eduardo **se acostó** muy tarde. ¡**Qué cansancio**!

María Luisa Torres: Ciudad de México, México

El domingo **pasado**, mi familia y yo **pasamos** el día en el campo.

Allí **saqué** muchas fotos.

Mamá **preparó** tamales para la cena. Mmm, ¡qué deliciosos!

Y TÚ, ¿QUÉ DICES?

ACTIVIDADES ORALES Y LECTURAS

Conexión gramatical
Estudia las páginas 487–493
en **¿Por qué lo decimos así?**

1 • OPCIONES
¿Qué hiciste?

▶ Di **sí** o **no**, según tu experiencia. Después comparte tus respuestas con tus compañeros.

Say whether you did these activities.

1. Esta mañana, yo...
   a. me levanté a las siete.
   b. preparé el desayuno.
   c. desayuné con mi familia.
   d. limpié mi cuarto antes de salir.
   e. ¿ ?

2. Ayer por la tarde, yo...
   a. me quedé en casa.
   b. cociné para mi familia.
   c. trabajé afuera en el jardín.
   d. estudié un poco.
   e. ¿ ?

3. Anoche, antes de acostarme, ...
   a. lavé los platos.
   b. saqué la basura.
   c. repasé mis lecciones.
   d. me cepillé los dientes.
   e. ¿ ?

4. El sábado pasado, mis amigos y yo...
   a. pasamos el día en el campo.
   b. miramos los escaparates de las tiendas.
   c. alquilamos videos.
   d. reciclamos latas y envases de vidrio.
   e. ¿ ?

¡A charlar!

▶ Here are useful expressions for talking about past activities.

anoche
last night
ayer
yesterday
anteayer
the day before yesterday
la semana pasada
last week
el mes/año pasado
last month/year

Talk about what the Puerto Rican pen pals did.

▶ Conversa con tu compañero/a sobre lo que hicieron nuestros amigos de Puerto Rico.

TÚ:	¿Qué hizo *Carolina el viernes*?	
COMPAÑERO/A:	*Lavó su vestido y lo planchó para ir a una fiesta.*	
TÚ:	¿Quién *se quedó en casa el sábado*?	
COMPAÑERO/A:	*Mariana.*	

¡A charlar!

▶ To ask what someone did, use the past-tense forms of **hacer**.

—Mariana, ¿qué **hiciste** anoche?
—*Mariana, what did you do last night?*
—No **hice** nada.
—*I didn't do anything.*
—Y Carolina, ¿qué **hizo**?
—*And what did Carolina do?*
—Estudió para un examen.
—*She studied for a test.*

You will learn all past forms of **hacer** in **Unidad 9, Lección 2**.

	EL VIERNES	EL SÁBADO	EL DOMINGO
Carolina	Lavó su vestido y lo planchó para ir a una fiesta.	Bailó toda la noche.	Se levantó tarde.
Eduardo	Jugó al fútbol con sus amigos.	Tocó la batería en una boda.	Descansó en la playa.
Humberto	Limpió su cuarto.	Pasó el día en el campo.	Cantó en el coro de la iglesia.
Mariana	Tomó una clase de violín.	Se quedó en casa y miró la televisión.	Repasó sus lecciones para un examen.

Y AHORA, ¡CON TU PROFESOR(A)!

1. ¿A qué hora se levantó esta mañana? ¿Qué hizo después? ¿A qué hora llegó a la escuela?

2. ¿Cuándo fue la última vez que limpió su casa? ¿que lavó la ropa? ¿que cocinó? ¿que sacó la basura?

Eduardo y Humberto juegan al fútbol americano con sus amigos en San Juan, Puerto Rico.

▶ Pregúntale a tu compañero/a cuándo fue la última vez que hizo estas actividades.

When did you do these things?

MODELO:

TÚ: ¿Cuándo (fue la última vez que) miraste la televisión?

COMPAÑERO/A: *Miré la televisión anoche. (Nunca. No miro la televisión.)*

1. ¿Cuándo reciclaste papel o envases de vidrio en tu casa?
2. ¿Cuándo hablaste con un amigo o una amiga por teléfono?
3. ¿Cuándo limpiaste tu cuarto?
4. ¿Cuándo alquilaste una película?
5. ¿Cuándo pescaste?
6. ¿Cuándo sacaste la basura?
7. ¿Cuándo miraste el cielo o las estrellas?
8. ¿Cuándo te acostaste tarde?

VOCABULARIO ÚTIL

ayer	la semana pasada
anoche	ayer por la mañana/tarde/noche
anteayer	el lunes/martes/... pasado
esta mañana	nunca

Qué Reciclar

Plástico, Vidrio, Metal & Papel de Aluminio

Sí

■ Botellas y jarras plásticas
(*limpiadores, soda, jugos, leche, agua, etc.*)

■ Botellas de vidrio
(*jugo, vino, etc.*)

■ Envases de vidrio
(*mayonesa, mermelada, etc.*)

■ Latas
(*atún, sopa, alimento para mascotas, etc.*)

■ Papel de aluminio y estaño
(*platos para pastel y para comida que se lleva a casa*)

No

✗ "Styrofoam"
(*vasos, cajas de huevos, etc.*)

✗ Papel plastificado
(*cajas de leche, envolturas de caramelos*)

✗ Bolsas de plástico, plástico de envolver o rollos de película
(*para envolver sandwiches, víveres, bolsas de lavado en seco*)

✗ Utensilios, platos, tasas, tazones, bandejas de plástico

✗ Electrodomésticos, juguetes, muebles

✗ Envases de aerosol o atomizadores

✗ Latas de pintura o envases de productos químicos

✗ Objectos de cerámica

✗ Bombillas

✗ Espejos

✗ Tapas o coberturas

Si usted no ha estado reciclando estos artículos, ¡comience ahora mismo!
Simplemente enjuague el artículo y colóquelo en el recipiente designado para el reciclaje en su edificio.

5¢ de depósito: *Traiga las botellas y latas con derecho a depósito de vuelta a la tienda para obtener el reembolso. Si no, colóquelas en su recipiente para reciclaje.*

Talk about last week's activities.

▶ Conversa con tu compañero/a sobre las actividades de la semana pasada.

MODELO: el sábado pasado →

TÚ: ¿Qué hiciste *el sábado pasado*?
COMPAÑERO/A: *Fui a una fiesta.*

TÚ: ¿Y qué *hiciste en la fiesta*?
COMPAÑERO/A: Pues... *bailé y conversé con mis amigos.*

1. ayer por la tarde
2. anoche
3. esta mañana
4. el lunes por la noche
5. el sábado pasado
6. ¿ ?

bailar
jugar con videojuegos
quedarse en casa
alquilar una película
almorzar con mis abuelos
sacar fotos
lavar la ropa
tocar la guitarra
escuchar un disco compacto
conversar con amigos
buscar un libro en la biblioteca
¿ ?

María Luisa saca fotos en la Ciudad de México, México.

María Luisa baila en una fiesta en la Ciudad de México, México.

El fin de semana de Chela

▶ ¿Qué hizo Chela el fin de semana pasado?

Tell what Chela did during the weekend.

EL VIERNES

EL SÁBADO

EL DOMINGO

Interview your classmate.

▶ Hazle las siguientes preguntas a tu compañero/a.

Esta mañana...

1. ¿A qué hora te levantaste? ¿Te bañaste o te duchaste?

2. ¿Qué desayunaste?

3. ¿A qué hora llegaste a la escuela?

Anoche...

4. ¿Estudiaste? ¿Miraste la televisión? ¿Hablaste por teléfono con tus amigos?

5. ¿A qué hora cenaste?

6. ¿A qué hora te acostaste?

El fin de semana pasado...

7. ¿Limpiaste tu cuarto?

8. ¿Practicaste algún deporte? ¿cuál? ¿con quién?

9. ¿Miraste el cielo? ¿Contaste las estrellas?

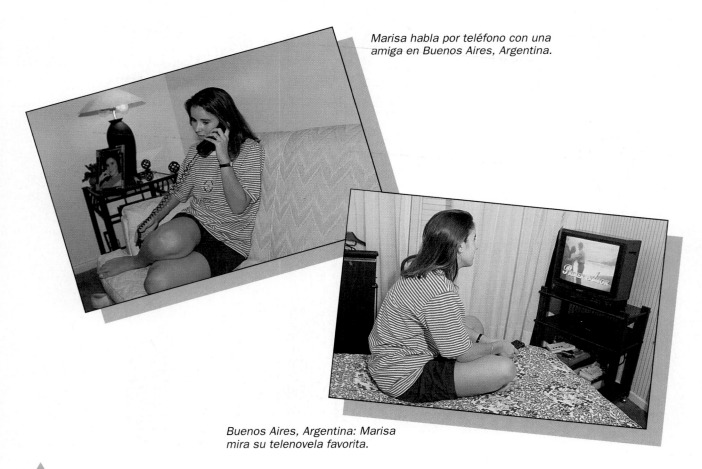

Marisa habla por teléfono con una amiga en Buenos Aires, Argentina.

Buenos Aires, Argentina: Marisa mira su telenovela favorita.

¡NUNCA LOS LAVAMOS ASÍ!

Miss García and her Spanish class are again discussing cultural differences. Víctor's grandmother is from Mexico, so she shares one of her observations about culture in the United States.

Can you guess why Víctor's grandmother has the impression that people in this country are more wasteful than Mexicans?

a. She notices that Americans leave many dirty dishes.

b. She thinks that people in this country waste a lot of water.

If you guessed (b), you know what Víctor's grandmother is thinking. Her impression of customs in this country is based primarily on what she sees on television and on what her friends tell her. She knows that in many American homes people wash dishes in a sink full of hot, sudsy water—or in a dishwasher. In Mexico and other Latin American countries, people do not fill the sink with water to wash dishes. Instead, they mix a little soap and water in a small container and wash each dish separately. Afterward, they rinse all the dishes quickly before drying them. While this may seem more time-consuming, you can see how much water is saved.

Thinking About Culture

▶ Television programs from the United States are broadcast all over the world. How accurately do they convey life in the United States to people in other countries? Can you see why many Hispanics get the impression that Americans are wasteful?

SCAN FOR SPECIFIC INFORMATION

Scanning is similar to skimming, but instead of trying to get an overall picture, as you do in skimming, you are seeking specific information such as names or dates. You know what you are looking for *before* you begin, and instead of glancing over the whole page or paragraph at once, you run your eyes quickly along each line, ignoring everything that *isn't* what you want. Doing this helps you learn to focus on the more important parts of a reading and also helps you organize the information in case you plan to read more carefully later on.

Scan the next reading for the following information.

1. ¿Cómo se llama el periódico donde aparece el artículo sobre Felipe?
2. ¿Cuántos kilómetros por hora corrió Felipe?
3. ¿Qué trofeo ganó Felipe?
4. ¿Cómo se llaman los padres de Felipe?

¡TE INVITAMOS A LEER!

EL CAMPEÓN°

champion

Read about Felipe's bicycle race.

PERO ANTES... ¿Te gusta andar en bicicleta? ¿Te gusta el ciclismo? ¿Sabes la diferencia entre andar en bicicleta y hacer ciclismo?

Estimado Ernesto:

El domingo pasado... ¡gané la carrera de bicicletas más importante de Sevilla! Ayer salió° esta nota en el periódico *La Voz de Andalucía*. Te mando el artículo y espero que te guste° tanto como a mí. Escríbeme pronto.

appeared

espero... *I hope that you like it*

Tu amigo,
Felipe

Nuevo Campeón de Ciclismo para Sevilla

Con un gran público presente, el domingo pasado se corrió[a] la Copa[b] de Sevilla. Como de costumbre, esta carrera de ciclismo fue organizada[c] por el Club Deportivo Sevilla. El nuevo campeón juvenil de ciclismo, Felipe Iglesias, llegó en primer lugar con un tiempo de 1 hora, 45 minutos y 2 segundos. Su promedio de velocidad[d] fue excelente: ¡20 kilometros por hora!

Por la noche, se celebró la ocasión con una gran fiesta en el Club donde el joven campeón recibió su trofeo,[e] La Copa de Oro Juvenil. Felipe, muy emocionado, dijo[f]: «Me entrené muy duro[g] por varios meses y así gané. Pero este triunfo es para mi familia, que me ayudó en todo momento. ¡Gracias!»

Al nuevo campeón siempre le gustaron los deportes. Jugó al fútbol desde muy pequeño y hoy juega en el equipo de su colegio. Felipe vive con sus padres, Alejandro Iglesias y Sofía Montes de Iglesias, en un cortijo[h] cerca de Sevilla. Esperamos que así como hoy ganó la Copa de Sevilla, alguna vez gane la Copa de España.

[a]se... *was run*
[b]*Cup*
[c]fue... *was organized*
[d]promedio... *average speed*
[e]*trophy*
[f]*said* / [g]Me... *I trained very hard*
[h]*farm*

Felipe Iglesias, nuevo campeón de la Copa de Sevilla.

¿QUÉ IDEAS CAPTASTE? Escoge las palabras correctas para completar cada oración, según la información en el artículo.

> Complete the sentences with the correct choice.

1. La Copa de Sevilla es una carrera de (caballos / bicicletas).

2. Felipe llegó en (primer / último) lugar.

3. Su promedio de velocidad fue (20 / 45) kilómetros por hora.

4. Felipe celebró su victoria el (lunes / domingo) por la noche.

5. En la fiesta, Felipe recibió (un trofeo / una bicicleta).

6. Felipe dijo que se entrenó muy duro por varios (días / meses).

7. Felipe (practica / no practica) otros deportes.

8. La familia Iglesias vive en (la ciudad / el campo).

1. ¿Qué deportes practica? ¿Jugó en algún equipo de la escuela?

2. ¿Participó alguna vez en una carrera de bicicletas? ¿Y en un maratón?

PRONUNCIACIÓN

PRACTICE WITH *za*, *ce*, *ci*, *zo*, AND *zu*

You have learned that, for most Spanish speakers, the letter *z* is pronounced just like the letter *s*. This is also true for the letter *c* before *e* or *i*.*

PRÁCTICA Listen to your teacher, then pronounce these sounds.

za, ce, ci, zo, zu

Now practice these sounds as you describe these silly creatures.

El zorro zuato° corta zacate.   *silly*

¡Cielos! El cerdo está otra vez en el césped de la plaza.

El ciempiés es bastante civilizado.

*See note in "**Pronunciación:** *s* and *z*," **Unidad 1**, p. 68.

¿POR QUÉ LO DECIMOS ASÍ?

GRAMÁTICA

TELLING WHAT YOU DID (PART 1)
Past Tense (Preterite) of Regular *-ar* Verbs

A As in the present tense, past-tense (preterite) endings change according to the subject. To conjugate any regular **-ar** verb in the past tense, drop the **-ar** and add the following endings: **-é, -aste, -ó; -amos, (-asteis), -aron.** To conjugate **escuchar** (*to listen*), for example, add the endings to the stem **escuch-.** In the following table, note the ending that corresponds to each subject pronoun.

Past Tense (*Preterite*) of **escuchar**		
yo	escuch**é**	*I listened*
tú	escuch**aste**	*you* (informal) *listened*
usted	escuch**ó**	*you* (polite) *listened*
él/ella	escuch**ó**	*he/she listened*
nosotros/nosotras	escuch**amos**	*we listened*
vosotros/vosotras	escuch**asteis**	*you* (informal plural) *listened*
ustedes	escuch**aron**	*you* (plural) *listened*
ellos/ellas	escuch**aron**	*they listened*

—¿**Escuchaste** el nuevo disco?

—Sí, lo **escuché** y Chela también lo **escuchó**. Pero Juana **no** lo **escuchó**.

—*Did you listen to the new record?*

—*Yes, I listened to it and Chela did too. But Juana didn't listen to it.*

B The **nosotros** form is the same in the present and in the preterite of **-ar** verbs. You can usually tell from context which tense is appropriate.

Hablamos con el Sr. Álvarez todos los días.

Juana y yo **hablamos** por teléfono anoche.

We talk to Mr. Álvarez every day.

Juana and I talked on the telephone last night.

LECCIÓN 3

¿**Recuerdas?**

In **Unidad 7** you learned the past-tense forms of the verb **ir** (*to go*), to ask or tell where someone went. You learned that in a question or negative statement, the English equivalent of all forms is *did . . . go*: "Did they go to school? We didn't go." The past-tense forms of **ir** are unusual because they do not resemble the infinitive.

yo... **é**
tú... **aste**
usted... **ó**
él/ella... **ó**
nosotros/as... **amos**
ustedes... **aron**
ellos/as... **aron**

In a question or a negative statement, the English equivalent of all forms = *Did . . . listen*

Remember to watch for words such as **anoche, ayer, la semana pasada** to help you recognize the past tense.

¡OJO! There are no stem vowel changes in **-ar** verbs in the past tense.

C The stem vowels of **-ar** verbs do *not* change in the past tense, even in verbs with a present-tense stem change.

—Julio, ¿te ac**o**staste tarde anoche?

—Sí, me ac**o**sté tarde. Casi siempre me ac**ue**sto tarde.

—Julio, did you go to bed late last night?

—Yes, I went to bed late. I almost always go to bed late.

EJERCICIO 1 ¿Qué hiciste ayer?

Ask your classmate what he/she did yesterday.

▶ Pregúntale a tu compañero/a qué hizo ayer.

MODELO: escuchar la radio →

TÚ: ¿Escuchaste la radio?
COMPAÑERO/A: Sí, escuché la radio. (No, no escuché la radio, pero miré la televisión.)

1. escuchar la radio
2. limpiar tu cuarto
3. reciclar papel o botellas
4. usar la computadora
5. lavar los platos
6. trabajar en el jardín
7. mirar la televisión
8. preparar el desayuno

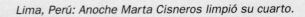

Lima, Perú: Anoche Marta Cisneros limpió su cuarto.

Felipe Iglesias trabajó en el jardín con su familia en Sevilla, España.

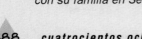

▶ Di qué hicieron estas personas, según el contexto.

Tell what the
following people
did.

MODELOS: la entrenadora →
           La entrenadora *ayudó al equipo de fútbol.*

           los astrónomos →
           Los astrónomos *contaron las estrellas.*

1. la entrenadora
2. los astrónomos
3. la astronauta
4. el presidente
5. los estudiantes
6. los secretarios

a. caminar en el espacio
b. contestar el teléfono
c. hablar por televisión
d. estudiar para un examen
e. contar las estrellas
f. ayudar al equipo de fútbol

Complete the
dialogue with the
appropriate form
of comprar.

▶ Humberto Figueroa, Eduardo Rivas y Mariana Peña hablan de los discos que compraron. Completa el diálogo con **compré, compraste, compró, compramos** o **compraron.**

HUMBERTO: Mariana, ¿dónde _____¹ este cassette? Tiene canciones buenísimas.

MARIANA: Lo _____² en la nueva tienda de discos, al lado del Café La Paz. También _____³ ese disco compacto de Luis Miguel.

HUMBERTO: ¡No me digas! Creo que ésa es la tienda donde Eduardo y yo _____⁴ el último disco de Juan Luis Guerra.

EDUARDO: Tiene música moderna, pop, rap, clásica... de todo y ¡barato! Hasta mis padres _____⁵ uno.

MARIANA: Y ustedes, ¿_____⁶ algún cassette interesante hoy?

HUMBERTO: ¡Sí! Eduardo y yo _____⁷ uno fantástico de Jon Secada que ganó un Grammy. ¿Quieres escucharlo?

MARIANA: ¡Por supuesto!

Un empleado del hotel contesta el teléfono en San Juan, Puerto Rico.

HOW DO YOU SPELL IT? (PART 1)
Spelling Changes in the Past Tense: -ar Verbs

A In the past tense, some **-ar** verbs have a spelling change in the **yo** form. This keeps the pronunciation from changing.

Verbs that end in **-car** (**buscar, explicar, sacar, tocar**) change the **c** of the stem to **qu**. This keeps the *k* sound before the **-é** ending. Here are the past-tense forms of **sacar** (*to take out*).

Past Tense (Preterite) of **sacar**			
SINGULAR		PLURAL	
yo	saqué	nosotros/nosotras	sacamos
tú	sacaste	vosotros/vosotras	sacasteis
usted	sacó	ustedes	sacaron
él/ella	sacó	ellos/ellas	sacaron

—¿Qué libro **sacaste** de la biblioteca?

—**Saqué** uno de aventuras.

—*What book did you take out of the library?*

—*I took out one on adventures.*

B Verbs that end in **-gar** (**jugar, llegar, pagar**) change the **g** of the stem to **gu**. This keeps the hard *g* sound before the **-é** ending. Here are the past-tense forms of **jugar** (*to play*).

Past Tense (Preterite) of **jugar**			
SINGULAR		PLURAL	
yo	jugué	nosotros/nosotras	jugamos
tú	jugaste	vosotros/vosotras	jugasteis
usted	jugó	ustedes	jugaron
él/ella	jugó	ellos/ellas	jugaron

—¿Quién **jugó** al tenis con Chela?

—Yo **jugué** con ella ayer por la mañana.

—*Who played tennis with Chela?*

—*I played with her yesterday morning.*

C Verbs that end in **-zar** (**almorzar, empezar**) change the **z** of the stem to **c** before the **-é** ending because modern Spanish does not use the combinations **ze** and **zi**. Here are the past-tense forms of **almorzar** (*to lunch*).

Verbs ending in -zar:
z → c.

Past Tense (*Preterite*) of **almorzar**	
SINGULAR	PLURAL
yo almorcé	nosotros/nosotras almorzamos
tú almorzaste	vosotros/vosotras almorzasteis
usted almorzó	ustedes almorzaron
él/ella almorzó	ellos/ellas almorzaron

—¿Ya **almorzaste**?
—Sí, **almorcé** a las once.

—*Did you already eat lunch?*
—*Yes, I ate lunch at eleven.*

EJERCICIO 4   **¿Cómo es tu memoria?**

Can you remember what you did lately?

▶ ¿Puedes contestar estas preguntas sobre las actividades de los últimos días?

MODELO: ¿A qué jugaste el sábado? →
         Jugué al béisbol.

c → qu
g → gu
z → c

1. ¿A qué jugaste el sábado?

2. ¿Qué deporte(s) practicaste la semana pasada?

3. ¿Dónde almorzaste anteayer?

4. ¿Qué libro (película, disco) sacaste de la biblioteca?

5. ¿A qué hora llegaste hoy a la escuela?

6. ¿Qué buscaste en tu lóquer esta mañana?

7. ¿Qué le explicaste a un compañero o a una compañera de clase?

8. ¿A qué hora empezaste tu tarea anoche?

EJERCICIO 5   **¡Qué mala suerte!**

Complete the sentences on p. 492 with a logical verb in the past tense.

▶ Humberto nos cuenta lo que le pasó. Completa sus oraciones en la página 492 con un verbo lógico de la lista.

almorzar	jugar	pescar
buscar	llegar	sacar

1. Ayer fui a pescar, pero ¡no ____ nada!

2. Luego empezó a llover. Entonces, ____ una toalla para secarme... ¡pero no la encontré!

3. Esta mañana, ____ tardísimo a la clase de inglés y la profesora se enojó.

4. Al mediodía, me quedé en la biblioteca para estudiar y no ____ . Ahora, claro está, ¡tengo un hambre feroz!

5. Por la tarde, ____ al fútbol con el equipo de mi escuela, pero no ganamos.

6. Bueno, por fin me pasó algo bueno. ¡ ____ una «A» en ciencias!

¿Recuerdas?

▶ In **Unidad 1** you learned to make a sentence negative by putting the word **no** before the verb.

Vivo en el campo.
I live in the country.

No vivo en el campo.
I don't live in the country.

Mi casa tiene jardín.
My house has a garden.

Mi casa no tiene jardín.
My house doesn't have a garden.

⎡ **negative + verb or no + verb + negative** ⎤

EXPRESSING NEGATIVE IDEAS
Negative and Affirmative Words

A You have already used the negative words below to indicate negative situations. You have also used the contrasting affirmative words to express the opposite situations.

NEGATIVE		AFFIRMATIVE	
nada	*nothing, (not) anything*	**algo**	*something*
nadie	*nobody, no one, (not) anyone*	**alguien**	*anyone, someone*
nunca	*never, (not) ever*	**siempre**	*always*

—¿**Alguien** tiene mis discos?
—**Nadie** los tiene.

—*Does anyone have my records?*
—*No one has them.*

—¿**Siempre** vas al campo los fines de semana?
—**Nunca** voy al campo.

—*Do you always go to the country on weekends?*
—*I never go to the country.*

B Like **no**, these negative words can go before the verb. But if a negative word *follows* the verb, the word **no** precedes the verb.

—¿Pescaste algo?
—No, **no** pesqué **nada**.

—*Did you catch anything?*
—*No, I didn't catch anything.*

—¿**No** van **nunca** a la playa?
—No, **nunca** vamos.

—*Don't you ever go to the beach?*
—*No, we never go.*

—¿Quién vive en la luna?
—**No** vive **nadie** en la luna.
(**Nadie** vive en la luna.)

—*Who lives on the moon?*
—*No one lives on the moon.*

Cambio de rutina

▶ Durante las vacaciones, Luis Fernández cambia su rutina diaria. Di lo que hace o no hace, usando **siempre** o **nunca**. Sigue los modelos.

Tell what Luis
probably does or
does not do
during vacation.

MODELOS: estudiar → Nunca *estudia*. (No *estudia* nunca.)

   visitar a sus amigos → Siempre *visita a sus amigos*.

1. estudiar

2. visitar a sus amigos

3. ir a la escuela

4. levantarse tarde

5. llevar uniforme

6. hablar con sus profesores

7. jugar al fútbol

8. acostarse tarde

nunca = never,
not ever
nunca + verb or
no + verb +
nunca

siempre =
always

De mal humor

▶ Imagínate que estás de mal humor. Tu amigo/a te hace estas preguntas. Completa el diálogo con **nada, nadie** o **nunca**.

Complete the
dialogue.

MODELO:

AMIGO/A: ¿Qué estás haciendo ahora?

TÚ: No estoy haciendo *nada*.

nada = nothing,
not anything
nadie = no one,
not anyone
nunca = never,
not ever

AMIGO/A: ¿Cuándo vas a comer?

TÚ: No sé. No hay _____[1] en el refrigerador.

AMIGO/A: ¿Alguien cocina en tu casa?

TÚ: No, en mi casa _____[2] cocina.

AMIGO/A: Entonces, ¿quieres comer algo?

TÚ: No, gracias. No quiero comer _____[3] ahora. No tengo hambre.

AMIGO/A: ¿Quieres ir al centro comercial esta tarde?

TÚ: No, _____[4] tengo tiempo para ir de compras.

AMIGO/A: ¿Con quién vas a salir este fin de semana?

TÚ: No voy a salir con _____.[5] Estoy un poco cansado/a.

AMIGO/A: Entonces, ¿por qué no vas al campo por unos días?

TÚ: _____[6] voy allí. No me gusta.

*Ángela habla con Luis y Francisco
en un centro comercial en la
Ciudad de México, México.*

VOCABULARIO PALABRAS NUEVAS

El campo
el árbol
el cielo
la estrella
la luna

Palabras de repaso: el césped,
el jardín

Los sustantivos
la batería
el centro de reciclaje
el coro
el envase
la lata

Palabras de repaso: la basura,
la boda, la botella, el carro, la
casa, la clase, el cuarto, el
deporte, el desayuno, el
escaparate, el examen, la
familia, la fiesta, la foto, la
guitarra, la iglesia, la lección,
el papel, el partido, la película,
el plato, la playa, la televisión,
la tienda, el vestido, el video,
el videojuego, el vidrio, el
violín

Los verbos en el pasado
acostarse
    me acosté / se acostó
almorzar
    almorcé / almorzó
alquilar
    alquilé / alquiló
bailar
    bailé / bailó
bañarse
    me bañé / se bañó

buscar
    busqué / buscó
cantar
    canté / cantó
cepillarse
    me cepillé / se cepilló
cocinar
    cociné / cocinó
conversar
    conversé / conversó
cortar
    corté / cortó
descansar
    descansé / descansó
ducharse
    me duché / se duchó
empezar
    empecé / empezó
estudiar
    estudié / estudió
ganar
    gané / ganó
hablar
    hablé / habló
hacer
    hice / hiciste / hizo /
        hicieron
jugar
    jugué / jugó
lavar
    lavé / lavó
levantarse
    me levanté / se levantó
limpiar
    limpié / limpió
mirar
    miré / miró
pasar
    pasé / pasó
pescar
    pesqué / pescó

planchar
    planché / planchó
practicar
    practiqué / practicó
preparar
    preparé / preparó
quedarse
    me quedé / se quedó
reciclar
    reciclé / recicló
repasar
    repasé / repasó
sacar
    saqué / sacó
separar
    separé / separó
tocar
    toqué / tocó
tomar
    tomé / tomó
trabajar
    trabajé / trabajó

¡A charlar!
anoche
anteayer
ayer
el fin de semana pasado
el mes / año pasado
la semana pasada

¿Qué hiciste?
¿Qué hizo?
No hice nada.

Palabra útil
¡Qué cansancio!

SITUACIONES

Tú

You think it's very important for the environment that as many products as possible be recycled. Your partner, on the other hand, thinks recycling is too much trouble and doesn't want to bother. Try to persuade your partner that it is useful and easy.

Hint: Before you do this activity, think of materials people can recycle, recycling centers in your town, and reasons why recycling is important. Include items like **Todo el mundo empieza a reciclar** and **Es muy importante reciclar en las ciudades.**

Compañero/a

You know that many people think it's very important to recycle glass, plastic, and paper items, but you think recycling is too much trouble, so you throw everything away. When your partner tries to persuade you to recycle everything you can, explain your reasons for not doing so. Listen carefully, though, because your partner may have some good points!

Hint: Before you do the activity, jot down all the arguments against recycling you've heard. Include items like **Nadie en mi familia recicla** and **Nunca tengo tiempo para reciclar.**

Conversation Tip

The best way to persuade people is to give them the facts, right? However, companies often try to convince us to buy their products by telling us that some famous person thinks the product is great or that no one should be without it. This technique isn't very logical, but it often works. Here are some phrases to use when you're trying to persuade someone to do something.

Todo el mundo necesita...
A Michael Jordan le gusta...
Es mejor...
Nunca hago esto.
No hago nada sin...

- nadie sabe de dónde son los perros?

- nadie sabe cuántas Islas Filipinas hay?

- hay menos homicidios per capita en España que en cualquier otro país europeo?

- nadie sabe quién fue° el inventor de los lentes?   was

- cuatro de cada diez norteamericanos admiten leer en el baño?

¡TE INVITAMOS A ESCRIBIR!

TU CASA IDEAL

Imagínate que tú eres rico/a y famoso/a. Vas a construir la casa de tus sueños. Por supuesto, ¡el precio no es importante! Describe la casa, por dentro y por fuera.

Think about the type of house you'll need.

Primero, piensa...
en tu situación personal. Por ejemplo, ¿quién vive contigo? ¿Tienes familia? ¿criada? ¿Hay animales? ¿Cuáles son las actividades que te gusta hacer? ¿Cuáles son las reglas de tu casa?

Luego, organiza tus ideas...
con un mapa semántico. Puedes empezar con la frase principal: **mi casa ideal**. Algunas ideas secundarias que puedes incluir son la ubicación (campo o ciudad), los cuartos, los colores, los muebles. Algunas palabras útiles: **cómodo/a**, **hermoso/a**, **lujoso/a**, **enorme**, **formal**, **impresionante**.

Por último, escribe una composición...

usando la información de tu mapa semántico. Si quieres, haz un dibujo de la casa para ilustrar tu composición.

Y AHORA, ¿QUÉ DECIMOS?

Paso 1. Mira otra vez las fotografías en las páginas 442–443. ¿Qué más puedes decir de ellas?

- ¿Qué están haciendo las personas en cada una? ¿Hiciste tú estas actividades? ¿Cuándo? ¿Qué otras actividades puedes hacer en estos lugares?

- ¿Quién hace los quehaceres en tu casa? ¿Qué quehacer o quehaceres hiciste ayer? ¿Cuáles son los quehaceres que no te gusta hacer?

- ¿Cuántas habitaciones tiene tu casa o apartamento? ¿Cuál es tu habitación favorita? ¿Cómo es? ¿Qué muebles o aparatos hay en esa habitación?

- ¿Conoces a muchas personas que reciclan objetos de plástico, de vidrio o de metal? ¿Es una buena idea reciclar? Y tú, ¿qué reciclaste esta semana? Si no reciclaste nada, explica por qué.

Paso 2. Imagínate que durante el verano trabajas para «Casas Para Todos», una agencia de inmuebles.° Quieres vender una casa muy cara con muebles y tienes que convencer a tus clientes que ¡ésta es la casa más bonita del mundo! Diseña un cartel para tus clientes. Usa tu imaginación e incluye lo siguiente:

agencia... *real estate agency*

- una foto o un dibujo de la casa

- un plano con todas las habitaciones

- una lista con la siguiente información:
  el número de habitaciones
  los colores del interior
  los muebles
  las características especiales de la casa (piscina, patio, jardín, aparatos eléctricos, etcétera)
  una descripción del vecindario

EXPERIENCIAS Y RECUERDOS

¿QUÉ PODEMOS DECIR?

Mira las fotografías. ¿Qué fotos asocias con las siguientes descripciones?

- Un lugar donde aprendes de otras civilizaciones y culturas
- Una actividad relacionada con el fin del año escolar
- Una actividad relacionada con un deporte

Ahora, ¿qué más puedes decir de estas fotos? ¿Dónde están estos jóvenes? ¿Qué hacen? ¿Qué estación del año es? ¿Se divierten?

Teotihuacán, México.

2

Ciudad de México, México.

LECCIÓN 1

OCASIONES ESPECIALES

In this lesson you will:

- **talk about things you, your family, and your friends have done together in the past**

LECCIÓN 2

DE VIAJE

In this lesson you will:

- **talk about trips that you took with family or friends**

LECCIÓN 3

RECUERDOS DE ESTE AÑO

In this lesson you will:

- **talk about special events of this past year**

San Juan, Puerto Rico.

LECCIÓN 1

OCASIONES ESPECIALES

«El verano pasado practiqué tenis todos los días en el club», dice Marisa Bolini. «Participé en un campeonato de tenis para juniors y ¡gané este trofeo!»

Buenos Aires, Argentina.

MINISTERIO DE CULTURA

MUSEO NACIONAL CENTRO DE ARTE
REINA SOFIA

ENTRADA

Nº 2386

400 Pesetas

Durante las vacaciones de primavera, Mariana Peña asistió con sus padres a la boda de su tía en Nueva York. Allí conoció a mucha gente joven y se divirtió muchísimo.

San Juan, Puerto Rico.

«Cuando voy de excursión a los parques nacionales me gusta sacar fotos de la naturaleza», dice Julio Bustamente. «Necesito una cámara nueva. Tiene que ser buena, pero ¡no muy cara!»

San José, Costa Rica.

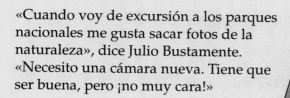

TEATRO LOPE DE VEGA
Ayuntamiento de Sevilla

T E M P O R A D A 9 2 - 9 3

CHAVELA VARGAS EN SEVILLA

ACTUACIONES LOS DÍAS 14 Y 15 DE MAYO,
A LAS 21.00 HORAS

MIGUEL A. ZOTTO ■ MILENA PLEBS ■ Y ELENCO
Coreografía y Dirección General

TANGO X2

Homenaje a Gardel

Dirección Musical: Daniel Binelli
Violín Solista: F. Suárez Paz

Sala Martín Coronado
TEATRO MUNICIPAL GENERAL SAN MARTIN
Av. Corrientes 1530 - Bs. As.

Temporada
1993

Felicia **asistió** a un concierto de rock por primera vez.

Esteban **recibió un trofeo** por su **participación** en **el campeonato** de fútbol.

Paco **conoció** a una chica muy simpática en una fiesta de Año Nuevo.

La Srta. García y el Sr. Álvarez **comieron** en un restaurante elegante para celebrar el cumpleaños de ella.

VOCABULARIO

¿QUÉ HICIERON ESTE AÑO?

Juana **actuó** en una obra de teatro de la escuela y recibió **un gran aplauso**.

Víctor y su familia **asistieron** a la boda de una prima en México.

Esteban **aprendió** a **manejar** el carro.

ACTIVIDADES ORALES Y LECTURAS

Conexión gramatical
Estudia las páginas 510–514
en **¿Por qué lo decimos así?**

1 • OPCIONES　　　**Días especiales**

▶ Di qué hiciste en las siguientes ocasiones. Luego comparte la información con tus compañeros.

Pick the best answer for you.

1. El 4 de julio, yo...
   a. fui a un picnic en el campo.
   b. decidí participar en un desfile.
   c. vi los fuegos artificiales.
   d. ¿ ?

2. El día de mi cumpleaños, mis amigos y yo...
   a. salimos a bailar.
   b. dimos una fiesta.
   c. comimos pastel y helado.
   d. ¿ ?

3. El año pasado para Navidad, mi familia y yo...
   a. les escribimos muchas tarjetas a nuestros parientes y amigos.
   b. abrimos regalos antes del desayuno.
   c. encendimos las luces del árbol.
   d. ¿ ?

4. Durante las vacaciones de verano, yo...
   a. aprendí a manejar el carro.
   b. leí muchas novelas.
   c. fui a acampar en las montañas.
   d. ¿ ?

Talk about what
each person did.

▶ Éstas son las experiencias especiales del año pasado de algunas personas de la Escuela Central. ¿Qué hizo cada una?

¿CUÁNDO?	¿QUIÉN?	¿QUÉ HIZO?
septiembre	Sr. Álvarez	salió con la Srta. García por primera vez
	Felicia	cumplió 14 años
	Esteban	vendió su bicicleta
octubre	Ana Alicia	asistió a una fiesta del Día de las Brujas
	Esteban	aprendió a manejar el carro
	Sr. Álvarez	comió en un restaurante elegante con la Srta. García
noviembre	Chela	recibió una invitación para visitar una universidad
	Esteban	sufrió un pequeño accidente con el carro
	Juana	vio una obra de teatro en español
diciembre	José Campos	fue a Puerto Rico para visitar a sus parientes
	Sr. Álvarez	le dio un collar de perlas a la Srta. García para Navidad
	Paco	conoció a una chica muy bonita en el baile de Año Nuevo

MODELOS:

TÚ: ¿Quién *recibió una invitación para visitar una universidad*?
COMPAÑERO/A: *Chela la recibió.*

TÚ: ¿Cuándo *vendió Esteban su bicicleta*?
COMPAÑERO/A: *La vendió en septiembre.*

Say whether you
did these things
and with whom.

▶ Piensa en lo que hiciste con tus amigos o parientes el año pasado. ¿Hiciste las siguientes actividades? ¿Cuándo? ¿Con quién? Si no las hiciste, explica por qué.

MODELO: Asistimos a una boda. →
Mis padres y yo asistimos a la boda de mi hermano el año pasado. (No, no asistimos a una boda porque nadie de mi familia se casó.)

RETRATO CULTURAL

ANTONI MIRALDA (1942–   )

- Lugar de nacimiento: Terrassa (Barcelona), España
- Profesión: artista

El pastel de cumpleaños de la Torre Eiffel. París, Francia.

El vestido de novia para la Estatua de la Libertad.

Antoni Miralda es un artista español que estudia los símbolos y rituales que tiene toda cultura. Sus proyectos son instalaciones monumentales por todo el mundo. Cuando la Torre Eiffel cumplió 100 años, hizo un pastel de ¡22 metros de altura! En su proyecto *La luna de miel,*° Miralda celebró el aniversario de los 500 años de la llegada de Cristóbal Colón a América con la boda de sus símbolos: la estatua de la Libertad y la estatua de Colón. La boda se realizó° en Las Vegas, Nevada, y los novios recibieron regalos muy originales y... monumentales.

La... Honeymoon

se... took place

OTRAS VOCES

PREGUNTA: «Describir una experiencia inolvidable.°»   *unforgettable*

Describe an unforgettable experience.

Clara López Rubio
Madrid, España

«Una experiencia muy divertida fue° cuando
fui con el grupo de "supervivencia"° de mi
colegio a hacer acampadas en el monte.°
Salimos por la mañana para pasar el día
entero comiendo cosas del monte y dormir al
aire libre.° Muchas de nosotras salimos a
buscar ortigas.° Las cocimos° para sacar las
espinas° e hicimos una tortilla con ellas.
¡Estaba° deliciosa! Por la noche pasamos un
poco de frío y nos acostamos debajo de un
árbol. ¡Por la mañana estábamos rodeadas de
vacas°!»

was
survival
hacer... to camp out in the hills

dormir... sleep outdoors
nettles / we boiled
thorns
It was

estábamos... we were surrounded by cows

Erick José Leiton Solano
Alajuela, Costa Rica

«Una experiencia inolvidable de mi niñez° fue
cuando visité por primera vez los Estados
Unidos con mi mamá y allí conocí parte de
ese país. La parte que mejor recuerdo es
cuando me llevaron a conocer Disneyland y
pude° jugar en la mayoría de las atracciones
que hay allí.»

childhood

I was able

Cecilia Beatriz Borri
Córdoba, Argentina

«Una experiencia inolvidable fue cuando mi amiga y yo decidimos pasar el verano en las playas del Uruguay. Trabajamos durante el año para ganar el dinero y finalmente, en enero, salimos para ese país. Viajamos toda una noche en colectivo° y al día siguiente llegamos a Montevideo. Cuando llegamos al camping, otros chicos nos ayudaron a armar la carpa.° El lugar era hermosísimo,° a dos cuadras del mar, con muchos árboles y lleno de gente joven. Nos quedamos allí un mes, sin más lujos que° una carpa y las instalaciones del camping, pero teníamos todo lo que hacía falta° para pasar unas vacaciones inolvidables: sol, playas, gente joven y mucha diversión.»

autobús

armar... *to pitch the tent* / muy bonito

sin... *with no other luxuries than*

teníamos... *we had all that was needed*

Y AHORA, ¿QUÉ DICES TÚ?

1. ¿Cuál de las experiencias de estos jóvenes te gustó más? ¿Por qué?

2. Describe una experiencia inolvidable de tu niñez. Puede ser un cumpleaños, un viaje o una excursión, una visita a un parque de diversiones o al jardín zoológico, etcétera. ¿Qué hiciste? ¿Qué viste? ¿Adónde fuiste?

3. ¿Participaste alguna vez en un evento especial como un campeonato, un desfile, una obra de teatro? Describe lo que hiciste.

¿POR QUÉ LO DECIMOS ASÍ?

GRAMÁTICA

TELLING WHAT YOU DID (PART 2)
Past Tense (Preterite) of -er and -ir Verbs

yo... í
tú... iste
usted... ió
él/ella... ió
nosotros/
nosotras... imos
ustedes... ieron
ellos/as... ieron

A To conjugate any regular **-er** or **-ir** verb in the past tense, drop the **-er** or **-ir** from the infinitive and add the following endings: **-í, -iste, -ió; -imos, -isteis, -ieron**. Here are the past-tense forms of **comer** (*to eat*) and **escribir** (*to write*). Note the ending that corresponds to each subject pronoun.

Past Tense (Preterite) of **comer**		
yo	com**í**	*I ate*
tú	com**iste**	*you (informal) ate*
usted	com**ió**	*you (polite) ate*
él/ella	com**ió**	*he/she ate*
nosotros/nosotras	com**imos**	*we ate*
vosotros/vosotras	com**isteis**	*you (informal plural) ate*
ustedes	com**ieron**	*you (plural) ate*
ellos/ellas	com**ieron**	*they ate*

In a question or a negative statement, the English equivalent of all forms = did . . . eat.

—¿A qué hora **comiste** anoche?
—¡Uf! No **comí** hasta las diez.

—What time did you eat last night?
—I didn't eat until ten.

As with -ar verbs, the nosotros form of -ir verbs is the same in the present as in the past tense. You can usually tell which tense is appropriate from the context.

Past Tense (Preterite) of **escribir**		
yo	escrib**í**	*I wrote*
tú	escrib**iste**	*you (informal) wrote*
usted	escrib**ió**	*you (polite) wrote*
él/ella	escrib**ió**	*he/she wrote*
nosotros/nosotras	escrib**imos**	*we wrote*
vosotros/vosotras	escrib**isteis**	*you (informal plural) wrote*
ustedes	escrib**ieron**	*you (plural) wrote*
ellos/ellas	escrib**ieron**	*they wrote*

—¿Le **escribieron** Luis y Juanito a su abuela Matilde?
—Luis le **escribió** ayer, pero Juanito **no** le **escribió**.

—*Did Luis and Juanito write to their grandmother Matilde?*
—*Luis wrote to her yesterday, but Juanito didn't write to her.*

In a question or a negative statement, the English equivalent of all forms = did . . . write.

B The verbs **ver** (*to see*) and **dar** (*to give*) take **-er/-ir** past-tense endings but have no written accents.

ver and dar take -er/-ir past-tense endings but have no written accents.

Past Tense (Preterite) of **ver** and **dar**		
yo	**vi**	**di**
tú	**viste**	**diste**
usted	**vio**	**dio**
él/ella	**vio**	**dio**
nosotros/nosotras	**vimos**	**dimos**
vosotros/vosotras	**visteis**	**disteis**
ustedes	**vieron**	**dieron**
ellos/ellas	**vieron**	**dieron**

—¿**Vieron** ustedes a Paco hoy?
—Sí, yo lo **vi** a las once y Chela lo **vio** a las dos. Yo le **di** dinero para el almuerzo y ella le **dio** un bolígrafo.

—*Did you (all) see Paco today?*
—*Yes, I saw him at eleven and Chela saw him at two. I gave him money for lunch and she gave him a ballpoint pen.*

C In **Unidad 7** you used the verb **conocer** (*to know*) to tell about people you are familiar with. The past-tense forms of **conocer** usually correspond to the English *met/was introduced to.*

Present tense of conocer = to know
past tense of conocer = met/was introduced to.

—**Conozco** a Juana.
—Yo también.
—¿**Conociste** a su prima el sábado?
—Sí, la **conocí** en la fiesta.

—*I know Juana.*
—*So do I.*
—*Did you meet her cousin on Saturday?*
—*Yes, I was introduced to her at the party.*

D Stem-changing **-er** verbs such as **perder** (*to lose*) and **encender** (*to light; to turn on a light*) do not have a stem change in the past.

¡OJO! There are no stem vowel changes in most -er verbs in the past tense.

—Ernesto **perdió** el dinero para el almuerzo.
—¡Este Ernesto siempre p**ie**rde algo!

—*Ernesto lost his lunch money.*
—*This Ernesto is always losing something!*

La semana pasada

Ask your partner what he/she did last week.

▶ Pregúntale a tu compañero/a qué hizo la semana pasada.

MODELO: ver una película →

TÚ: ¿*Viste* una película?
COMPAÑERO/A: Sí, *vi* una película.
(No, *no vi* una película.)

1. ver una película
2. salir con amigos
3. escribir una carta
4. compartir tu almuerzo con un amigo
5. asistir a un concierto de rock
6. comer en un restaurante de comida rápida
7. correr en el campo de deportes
8. dar una fiesta

EJERCICIO 2 **¡Uf, qué día!**

Complete the letter.

▶ Completa la carta que Ana Alicia le escribió a Marisa, su amiga por correspondencia. Usa formas del pretérito.

Remember that dar has -er/-ir endings in the past tense, and that the endings for dar and ver have no written accent marks.

> Querida Marisa:
>
> Ayer pasé un día horrible. Por la mañana, ＿＿＿ (salir)[1] de casa muy tarde, y ＿＿＿ (correr)[2] para tomar el autobús, pero el autobús no me esperó. Cuando llegué a la escuela (un poco tarde), la profesora de historia nos ＿＿＿ (dar)[3] una prueba sorpresa. ¡Qué horror! Al mediodía cuando fui a la cafetería, no encontré mi cartera. Creo que la ＿＿＿ (perder)[4] ayer en el cine. Por suerte, unas amigas me ＿＿＿ (dar)[5] dinero para comprar un sandwich, y Esteban, un compañero de clase, ＿＿＿ (compartir)[6] sus galletitas conmigo. Por la tarde, durante la clase de educación física, mi amiga Beatriz y yo ＿＿＿ (correr)[7] en una carrera pero las dos ＿＿＿ (perder).[8] ¡Uf, qué día!
>
> Cariños,
> Ana Alicia

HOW DO YOU SPELL IT? (PART 2)
Orthographic Changes in the Preterite of *-er* Verbs

Some **-er** verbs, such as **creer** (*to believe*) and **leer** (*to read*), have spelling changes in the past tense. In these verbs, the **usted, él/ella** ending changes from **-ió** to **-yó** and the **ustedes, ellos/ellas** ending changes from **-ieron** to **-yeron**. Here are the past-tense (preterite) forms of the verb **leer**.

note

When the stem ends in e:
-ió → -yó,
-ieron → -yeron.

Past Tense (*Preterite*) of **leer**		
SINGULAR	PLURAL	
yo leí	nosotros/nosotras	leímos
tú leíste	vosotros/vosotras	leísteis
usted **leyó**	ustedes	**leyeron**
él/ella **leyó**	ellos/ellas	**leyeron**

—¿**Leyeron** ustedes el cuento para la clase de literatura?
—Sí, Graciela y yo lo **leímos** juntas.

—*Did you (all) read the story for literature class?*
—*Yes, Graciela and I read it together.*

EJERCICIO 3   ¿Qué leyeron?

▶ Conversa con tu compañero/a sobre lo que leyeron estas personas. Usen **leyó** o **leyeron**.

Tell what each person read.

MODELO: la clase de inglés →

TÚ: ¿Qué *leyó la clase de inglés?*
COMPAÑERO/A: *Leyó Las aventuras de Tom Sawyer.*

1. la clase de inglés
2. la entrenadora de tenis
3. los niños
4. el profesor de geografía
5. las adolescentes
6. los turistas
7. los clientes del restaurante
8. el actor

a. las tiras cómicas
b. la revista *Diecisiete*
c. una guía de la ciudad
d. una obra de teatro
e. *Las aventuras de Tom Sawyer*
f. la revista *Deportes ilustrados*
g. la revista *Geomundo*
h. el menú
i. ¿ ?

LECCIÓN 1   *quinientos trece*   513

Se pueden comprar libros, revistas y periódicos
en muchos lugares del mundo hispano...

...al aire libre en la Ciudad de México, México,

...en una librería en Madrid, España,

...y en quioscos en Buenos Aires, Argentina, y en Caracas, Venezuela.

VOCABULARIO PALABRAS NUEVAS

Las experiencias
el campeonato
el trofeo
la universidad
las vacaciones

Palabra semejante: el aplauso

Palabras de repaso: la boda, el concierto, el cumpleaños, el desfile, la fiesta, los fuegos artificiales, la invitación, la obra de teatro, el pastel, el picnic, el regalo, la tarjeta, las velitas

Otros sustantivos
la luz
las palomitas
la participación

Palabras de repaso: el árbol, el campo, el carro, el desayuno, el helado, la montaña, la novela, el pastel, el restaurante

Los verbos en el pasado
abrir
  abrí / abrió
acampar
  acampé / acampó
actuar
  actué / actuó
aprender
  aprendí / aprendió
asistir
  asistí / asistió
comer
  comí / comió
conocer
  conocí / conoció
cumplir
  cumplí / cumplió
dar
  di / dio
decidir
  decidí / decidió
encender
  encendí / encendió

escribir
  escribí / escribió
leer
  leí / leyó
manejar
  manejé / manejó
recibir
  recibí / recibió
romper
  rompí / rompió
salir
  salí / salió
sufrir
  sufrí / sufrió
vender
  vendí / vendió
ver
  vi / vio

Adjetivo
estimado/a

LECCIÓN 2

DE VIAJE

Teotihuacán, México.

Argentina
Tu próxima tentación

«¡Bienvenidos a Teotihuacán!», dicen Ángela Robles y su amiga. «¿Quieres subir a esa pirámide con nosotras?»

Alicia Vargas Dols y su prima Carla caminaron mucho hoy. Fueron de compras y visitaron varias galerías de arte y el Museo del Prado. Ahora están descansando en el Parque del Retiro.

Madrid, España.

Sevilla, España.

«Aquí, en la Isla de la Cartuja, se celebró la EXPO '92», dice Felipe Iglesias. «Millones de turistas visitaron la Exposición para celebrar el Quinto Centenario del Descubrimiento de América.»

MEXICO
OPCIONAL "LA FLORIDA"

México/Taxco/Acapulco
8 días
México Arqueológico
16 días
Lo mejor de México
16 días

MARSANS INTERNATIONAL

VIERAMA

Operador responsable (Viajes Internacional Expreso S.A - VIE
Res. D.N.S.T. N° 726/85 Legajo N° 4510)

AEROLINEAS ARGENTINAS

**HOTEL
PARIS
Alcalá, 2**
(PUERTA DEL SOL)
Teléfonos:
521 64 91 al 96
Telex: 43448 HPPS
28014 MADRID

Querida abuelita:
Aquí te mando unas fotos de mis vacaciones a México este año. ¡Qué **excursiones** tan bonitas!, ¿verdad? **Me divertí** mucho.

Muchos cariños de
Ángela

ASÍ SE DICE...

VOCABULARIO

Teotihuacán, México.

Un día **hice una excursión** en autobús a **la zona arqueológica** de Teotihuacán.

La pirámide del Sol, Teotihuacán, México.

Seguí a los otros turistas y **subí** con ellos a **la pirámide** del Sol.

El Zócalo, Ciudad de México, México.

Otro día, **hice** planes con mi amiga Leticia para ir **al Zócalo** y ver la **catedral** y el **Palacio Nacional**.

Palacio Nacional, Ciudad de México, México.

En el Palacio Nacional vimos los **hermosos murales** de Diego Rivera. ¡Las dos **nos sentimos** muy **emocionadas**!

Ballet Folklórico de México, Ciudad de México, México.

Por la noche, mis amigos me invitaron al Palacio de **Bellas Artes** para ver el **Ballet Folklórico**. Yo, por supuesto, **acepté** su invitación. Todos disfrutamos del espectáculo.

Acapulco, México.

El fin de semana pasado, mi familia y yo fuimos **en avión** a Acapulco. **Hicimos** una excursión **en barco** por **la bahía** de Acapulco y ¡**nos divertimos** muchísimo en la playa!

Y TÚ, ¿QUÉ DICES?

Conexión gramatical
Estudia las páginas 526–530
en **¿Por qué lo decimos así?**

ACTIVIDADES ORALES Y LECTURAS

1 • PIÉNSALO TÚ **De vacaciones en México**

► Con tu compañero/a, adivina dónde hizo Ángela estas actividades.

Tell where Ángela did these activities.

MODELO: Sacó fotos de muchos animales. →

TÚ: ¿Dónde *sacó Ángela fotos de muchos animales*?

COMPAÑERO/A: En *el jardín zoológico*.

Lugares

1. Pidió un folleto de las pirámides de Teotihuacán.
2. Escuchó un concierto de música religiosa.
3. Asistió a un espectáculo de baile folklórico.
4. Durmió bajo una sombrilla.
5. Se divirtió en los juegos.
6. Regateó con una vendedora.
7. Miró los murales de Diego Rivera.
8. Vio una corrida de toros y gritó «¡Olé!».

a. el museo
b. el jardín zoológico
c. la plaza de toros
d. la agencia de viajes
e. la catedral
f. el mercado
g. la playa
h. el parque de diversiones
i. el teatro
j. ¿ ?

Estos dos jóvenes practican el toreo en el Parque de Chapultepec en la Ciudad de México, México.

Un viaje por España

Talk about Mercedes's trip to Spain.

▶ A Mercedes Fernández, la hermana de Luis, le gusta mucho viajar. Conversa con tu compañero/a sobre el viaje que Mercedes hizo a España este año.

Las Ramblas en Barcelona, España.

CIUDADES	TRANSPORTE	ACTIVIDADES
De México, D.F., a Madrid	en avión	En Madrid pidió tapas en un restaurante.
De Madrid a Barcelona	en tren	En Barcelona dio un paseo por las Ramblas.
De Barcelona a Valencia	en autobús	En Valencia durmió en un parador.
De Valencia a Ibiza	en barco	En Ibiza se divirtió en la playa.

MODELO:

TÚ: ¿En qué viajó *Mercedes de Madrid a Barcelona*?

COMPAÑERO/A: Viajó *en tren*.

TÚ: ¿Qué hizo *Mercedes* en *Ibiza*?

COMPAÑERO/A: *Se divirtió en la playa.*

▶ Describe lo que Ángela y Leticia hicieron durante su excursión a Teotihuacán.

Describe the excursion to Teotihuacán.

Y AHORA, ¿QUÉ DICES TÚ?

1. ¿Hiciste una excursión con tu clase o con un grupo este año? ¿Adónde fueron ustedes?

2. ¿Cuánto tiempo se quedaron allí?

3. ¿Qué vieron? ¿Qué hicieron ustedes?

Interview your partner about an imaginary student trip.

▶ Imagínate que tu compañero/a hizo el viaje de estudiantes de este anuncio. Hazle las siguientes preguntas.

Viaje de Estudiantes a
EUROPA
31 días

Visitando 12 países:
España, Francia, Inglaterra, Bélgica,
Holanda, Alemania, Austria, Suiza, Liechtenstein, Italia,
Ciudad del Vaticano, Mónaco

Salida: 10 de junio
Regreso: 10 de julio

$3,595.00
(Precio especial para estudiantes)

Precio incluye:

- Tarifa aérea ida y vuelta con IBERIA
- 28 desayunos, 2 almuerzos, 15 cenas
- Entradas y guías especializados en varios museos (incluyendo Museo de Louvre en París)
- Tarjeta Internacional de Estudiantes

TRAVEL EXPRESS
763-0909
Calle Paraná 1711, Río Piedras, Puerto Rico, 99026

1. ¿En qué viajaste?
2. ¿Cuántos países visitaste?
3. ¿Cuándo saliste y cuándo regresaste?
4. ¿Cuántas veces desayunaste? ¿almorzaste? ¿cenaste?
5. ¿Qué museo visitaste?

Y AHORA, ¡CON TU PROFESOR(A)! 〰〰〰〰〰〰〰〰〰〰

1. ¿Qué le gusta más, viajar en tren, en avión o en barco? ¿Por qué?
2. ¿Hizo usted un viaje a Europa o a Hispanoamérica? ¿Qué país o países visitó? ¿Qué vio? ¿Dónde se divirtió más?

LOS CAMELLOS DE LOS ANDES

¿Sabías que hay camellos en los Andes?
Las llamas, los guanacos, las vicuñas y las
alpacas son parientes del camello, pero
no tienen joroba.° Con excepción de la   *hump*
vicuña, todos son excelentes animales de
carga.°   *de... pack*

*Un grupo de guanacos en
los Andes de la Argentina.*

*Las alpacas tienen el pelo
largo. La ropa de lana de
alpaca es muy apreciada
por su calidad.*

*Las llamas están consideradas como el mejor
animal de carga para el difícil terreno de los
Andes. Son grandes, inteligentes y pueden llevar
mucha carga. Hoy día, estos animales también
se usan en excursiones de turismo.*

*La vicuña es más pequeña que sus parientes, pero
es un animal muy valioso.° La lana de vicuña es la
más fina° del mundo. Durante el Imperio de los
Incas,° sólo los reyes podían° llevar ropa de
vicuña. Hoy día, no es necesario ser rey para llevar
ropa de lana de vicuña. Pero sí hay que tener
mucho dinero, porque ¡es carísima!*

valuable
la... the finest
Imperio... Inca Empire (Perú) /
* sólo... only the kings were*
* allowed*

¡TE INVITAMOS A LEER!

DE PASEO POR MADRID

PERO ANTES… ¿Te gusta viajar? ¿Fuiste alguna vez a visitar a un pariente en otra ciudad? En esta carta, Alicia Vargas Dols le escribe a su amigo Esteban sobre la visita de su prima Carla a Madrid.

Find out about a visit to Madrid.

Querido Esteban:

¿Qué tal? ¿Cómo estás? Yo estoy feliz porque anteayer vino de° Barcelona mi prima Carla y se va a quedar ¡una semana en casa! Carla es muy divertida y somos buenas amigas.

A Carla le gusta mucho Madrid, ¿sabes? Es que Barcelona es una ciudad muy maja° y cosmopolita, pero Madrid es la capital... Ayer fui con ella al Museo del Prado. Cuando lo vio, Carla se quedó boquiabierta.° Sé que a ti no te gusta mucho el arte, Esteban. Pero, como dice el refrán,° «Nunca es tarde para comenzar...». A Carla le encantó el cuadro de Velázquez Las Meninas°. Es su obra maestra.° A mí me gusta mucho más el Guernica de Picasso que está en el Casón del Buen Retiro. Es un cuadro bastante fuerte, que Picasso pintó como protesta a la guerra.°

Cuando salimos del museo, dimos un paseo por el Parque del Retiro. Es un parque muy bonito del siglo XVI. Y los churros° que comí cerca de allí, pues eran... ¡riquísimos°!

Por la noche fuimos todos a comer tapas a las tascas° de la Plaza Mayor. Escuchamos una tuna muy buena y nos divertimos mucho. Te explico: las tunas son grupos de estudiantes universitarios que andan° por las calles vestidos al estilo medieval. Cantan canciones tradicionales españolas y tocan la guitarra. Luego, pasan la gorra° para que la gente les dé° dinero.

Bueno, Esteban, mi prima quiere ir ya mismo° al Rastro,° así que hasta pronto.

Cariños de tu amiga Alicia

P.D.: Si vienes a Madrid, te prometo que no vamos a visitar ningún museo. ¡Ja, ja!

vino... arrived from

atractiva
con la boca abierta (sorprendida)

como... as the saying goes
Las... The Maids of Honor / obra... masterpiece

como... as a protest against the (Spanish Civil) war
fried pastries
eran... they were delicious
pequeños restaurantes

caminan

pasan... they pass the hat
para... so that people give them
ya... right now / Rastro... outdoor market

Las Meninas *de Velázquez.*

El Guernica *de Picasso.*

Vista de la Plaza Mayor en Madrid.

¿QUÉ IDEAS CAPTASTE? Da una explicación para cada oración según la información en la lectura.

Explain why each sentence is true.

> MODELO: Alicia está muy contenta de ver a su prima. →
> Porque ellas son buenas amigas. (Porque Carla es muy divertida.)

1. Madrid es una ciudad especial para Carla.
2. El Museo del Prado le gustó mucho a Carla.
3. Para Alicia, el *Guernica* es una pintura importante.
4. El Parque del Retiro es muy antiguo.
5. Es divertido ir a la Plaza Mayor.
6. Alicia tiene que terminar la carta a Esteban.

Y AHORA, ¿QUÉ DICES TÚ?

1. La última vez que alguien de otro estado te visitó, ¿qué hicieron ustedes? ¿Adónde fueron?
2. ¿Comieron en un restaurante? ¿Qué pidieron?
3. ¿Fueron a ver un espectáculo? ¿Dónde se divirtieron más?

¿POR QUÉ LO DECIMOS ASÍ?

GRAMÁTICA

¿Recuerdas?

▶ In **Unidad 3** you learned the present tense of **hacer** (to do; to make) plus several idiomatic expressions that use **hacer**. In **Unidad 8, Lección 3**, you learned singular past-tense forms of **hacer**.

Note that c → z in the stem of the usted, él/ella form: hizo. This keeps the "s" sound before the -o ending.

WHAT DID YOU DO?
The Past Tense (Preterite) of the Verb *hacer*

A To ask or tell what someone did, use the past tense (preterite) of **hacer**. **Hacer** has irregular past-tense forms. The stem becomes **hic-** (except for **usted, él/ella**), and the endings have no written accent marks.

	Past Tense (Preterite) of **hacer**	
yo	hice	*I did*
tú	hiciste	*you (informal) did*
usted	**hizo**	*you (polite) did*
él/ella	**hizo**	*he/she did*
nosotros/nosotras	hicimos	*we did*
vosotros/vosotras	hicisteis	*you (informal plural) did*
ustedes	hicieron	*you (plural) did*
ellos/ellas	hicieron	*they did*

—Paco, ¿qué **hiciste** ayer?

—**Hice** mucho ejercicio.
—¿Y qué **hizo** Ernesto?
—Creo que no **hizo** nada.

—Paco, what did you do yesterday?

—I got a lot of exercise.
—And what did Ernesto do?
—I don't think he did anything.

B Here are a few more idiomatic expressions that use **hacer**.

hacer una excursión	*to go on an outing/tour*
hacer la maleta	*to pack one's suitcase*
hacer un viaje	*to take a trip*

Juanito **hizo una excursión** al jardín zoológico.

Juanito went on an outing to the zoo.

Antes de ir al campo, **hice la maleta**.

Before going to the country, I packed my suitcase.

El Sr. Álvarez **hizo un viaje** a Puerto Rico.

Mr. Álvarez took a trip to Puerto Rico.

EJERCICIO 1   ¿Qué hicieron?

▶ Completa las oraciones con **hice, hiciste** o **hizo** y frases de la lista.

Complete the sentences logically, using the appropriate form of **hacer**.

> MODELO: El estudiante de educación física... →
> El estudiante de educación física *hizo mucho ejercicio.*

1. El estudiante de educación física...
2. Antes de viajar, el turista...
3. Y usted, ¿qué papel... ?
4. Antes de ver la película, yo...
5. Esta mañana después de levantarte, ¿ ... ?
6. Yo (no)...

a. cola por dos horas
b. ningún error en este ejercicio
c. la cama
d. en la comedia musical
e. mucho ejercicio
f. sus maletas

**yo hice
tú hiciste
él/ella hizo**

EJERCICIO 2   Los problemas del lunes

▶ Roberto habla con Víctor sobre los problemas del lunes. Completa el siguiente párrafo con **hice, hiciste, hizo, hicimos** o **hicieron**.

Complete Roberto's story.

Ayer, lunes, fue un día malísimo para mí. En casa, Paco no ____[1] su cama, así que yo ____[2] mi cama y también la cama de él. Por suerte, llegué a la escuela a tiempo. En la clase de historia la profesora nos dio un examen sorpresa. Yo ____[3] muchos errores. Luego, en la cafetería (yo) ____[4] cola por veinte minutos, ¡sólo para comprar leche! En la clase de educación física, nosotros ____[5] ejercicios de todo tipo por 45 minutos. Cuando llegué a casa, mis padres me ____[6] limpiar el garaje. Fue un día desastroso, ¿no? Y tú, Víctor, ¿qué ____[7] ayer?

En un colegio de Sevilla, España.

DID YOU HAVE A GOOD TIME?
Stem-Changing *-ir* Verbs in the Past Tense (Preterite)

e → i and o → u (in usted, él/ella and ustedes, ellos/ellas forms)

A In the past tense (preterite) of stem-changing **-ir** verbs, the last vowel of the stem changes from **e** to **i**, or from **o** to **u**, in the **usted, él/ella** and the **ustedes, ellos/ellas** forms. Two such verbs are **divertirse** (*to enjoy oneself; to have a good time*) and **dormir** (*to sleep*).

Note that past-tense stem changes do not follow the "shoe" pattern of present-tense stem changes.

Past Tense (Preterite) of **divertirse (ie, i)**		
SINGULAR	**PLURAL**	
yo me divertí	nosotros/nosotras nos divertimos	
tú te divertiste	vosotros/vosotras os divertisteis	
usted se divirtió	ustedes se divirtieron	
él/ella se divirtió	ellos/ellas se divirtieron	

—¿**Te divertiste** en la playa?

—Yo **me divertí**, pero Humberto no **se divirtió**.

—*Did you have a good time at the beach?*

—*I had a good time, but Humberto didn't.*

Past Tense (Preterite) of **dormir (ue, u)**		
SINGULAR	**PLURAL**	
yo dormí	nosotros/nosotras dormimos	
tú dormiste	vosotros/vosotras dormisteis	
usted durmió	ustedes durmieron	
él/ella durmió	ellos/ellas durmieron	

—¿Dónde **durmieron** ustedes anoche, Carolina?

—Mis abuelos **durmieron** en mi cuarto, yo **dormí** en la cama de Tomás y él **durmió** en el sofá.

—*Where did you (all) sleep last night, Carolina?*

—*My grandparents slept in my room, I slept in Tomás's bed, and he slept on the sofa.*

San Juan, Puerto Rico: Carolina en el patio de su casa.

B Other **e → i** stem-changing verbs you have learned include:

preferir (ie, i)	*to prefer*
sentirse (ie, i)	*to feel* (emotions, physical conditions)
pedir (i, i)	*to ask for*
repetir (i, i)	*to repeat*
seguir (i, i)	*to follow*
servir (i, i)	*to serve*

In vocabulary lists, the present- and past-tense vowel changes appear in parentheses after an -ir stem-changing verb: **dormir (ue, u).**

One other **o → u** stem-changing verb is **morir (ue, u)** (*to die*).

EJERCICIO 3   ¿Quién se divirtió?

▶ Decide si estas personas se divirtieron o no según la situación. Usa (**no**) **se divirtió** o (**no**) **se divirtieron**.

Tell whether or not the following people had a good time.

MODELO: Juana vio un programa de televisión muy aburrido. →
No se divirtió.

1. Juana vio un programa de televisión muy aburrido.
2. Felicia asistió a un concierto de rock fabuloso.
3. Paco y Roberto se quedaron en casa todo el sábado.
4. Chela fue a una fiesta y nadie la invitó a bailar.
5. Beatriz y Ana Alicia subieron a todos los juegos del parque de diversiones.
6. Víctor hizo una excursión muy interesante a una zona arqueológica.

e → i only in **usted, él/ella** *and* **ustedes, ellos/ellas** *forms*

EJERCICIO 4   ¿Dónde durmieron?

▶ Completa las oraciones con **durmió** o **durmieron** y di dónde durmieron estas personas o personajes.

Tell where each person slept.

MODELO: La Bella Durmiente... →
La Bella Durmiente *durmió cien años en la torre del castillo.*

1. La Bella Durmiente...	a. en la Casa Blanca
2. Los reyes de España...	b. en la casa de la bruja
3. El capitán Hook...	c. veinte años bajo un árbol
4. El presidente y su esposa...	d. en el Palacio de la Zarzuela
5. Rip van Winkle...	e. cien años en la torre del castillo
6. Hansel y Gretel...	f. en su barco

o → u only in **usted, él/ella** *and* **ustedes, ellos/ellas** *forms*

El sábado de Luis Fernández

Complete the paragraph with the correct form of the verb in parentheses.

▶ Luis le cuenta a su abuela lo que hizo el sábado pasado. Completa el párrafo con la forma correcta del verbo.

El sábado me levanté muy tarde. ¡_____¹ (dormir) hasta las diez! Para el desayuno, mamá me _____² (servir) cereal con fruta, pero yo _____³ (preferir) comer pan tostado con mantequilla.

Por la tarde salí con Pancho. Fuimos al parque de diversiones y _____⁴ (divertirse) muchísimo en los juegos. Luego fuimos a un café y _____⁵ (pedir) unos refrescos. Pancho también _____⁶ (pedir) tres sándwiches para comer.

Por la noche, Pancho y yo fuimos con Ángela, Leticia y María Luisa a una discoteca. Las chicas _____⁷ (divertirse) mucho y yo también, pero Pancho no _____⁸ (divertirse) porque de repente no _____⁹ (sentirse) muy bien. Claro, después de comer tres sándwiches y bailar toda la noche, ¡nadie se siente bien!

Ciudad de México, México: Luis sale con sus amigos.

VOCABULARIO 2 PALABRAS NUEVAS

Los viajes

hacer
    una excursión
    la maleta
    un viaje
ir / viajar
    en avión
    en barco
el parador

Palabras de repaso: la agencia de viajes, el autobús, el/la guía, el país, el tren, el/la turista

Los lugares

la bahía
la catedral
el palacio
el parque de diversiones
la pirámide
la plaza de toros

el zócalo
la zona arqueológica

Palabras de repaso: el jardín zoológico, el mercado, el museo, la playa, el restaurante, el teatro

Los sustantivos

las bellas artes
la corrida (de toros)
el espectáculo
el folleto
los juegos
la sombrilla

Palabras semejantes: **el ballet, el mural**

Los verbos en el pasado

aceptar
    acepté / aceptó
divertirse (ie, i)
    me divertí / se divirtió

hacer
    hice / hizo
incluir
    incluí / incluyó
pedir (i, i)
    pedí / pidió
seguir (i, i)
    seguí / siguió
sentirse (ie, i)
    me sentí / se sintió
subir
    subí / subió

Los adjetivos

arqueológico/a
emocionado/a
folklórico/a
hermoso/a
religioso/a

Palabra de repaso: bonito/a

Palabras útiles

bajo
¡Olé!

LECCIÓN 3

RECUERDOS DE ESTE AÑO

Este año, Felipe Iglesias ganó la carrera de ciclismo más importante de Sevilla. ¡Felicitaciones, Felipe!

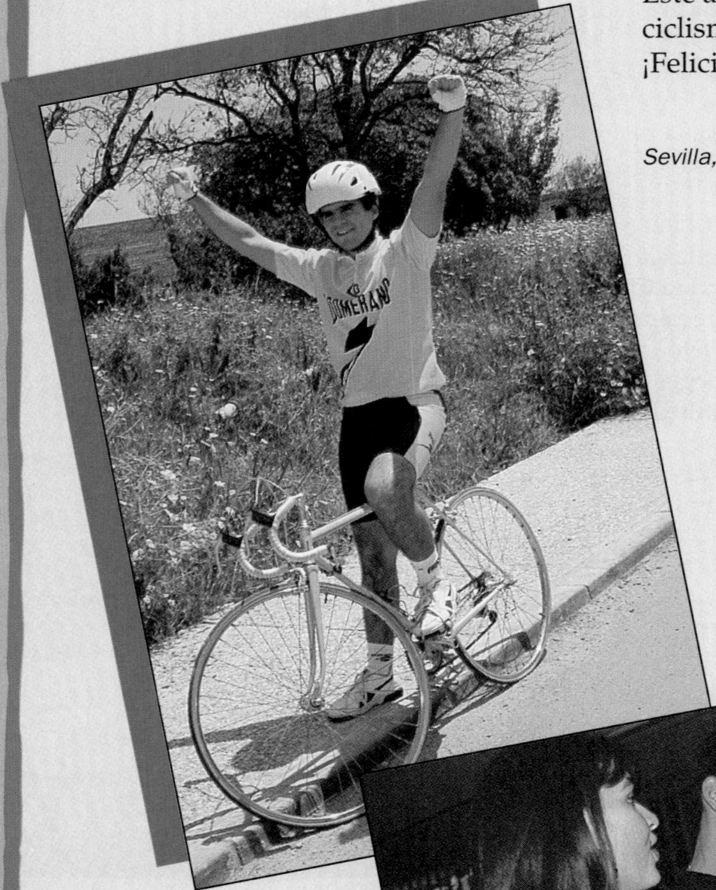

Sevilla, España.

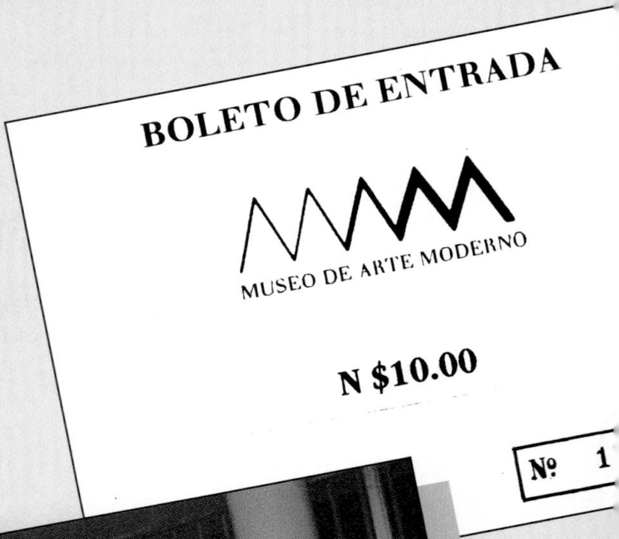
BOLETO DE ENTRADA
MUSEO DE ARTE MODERNO
N $10.00
№ 1

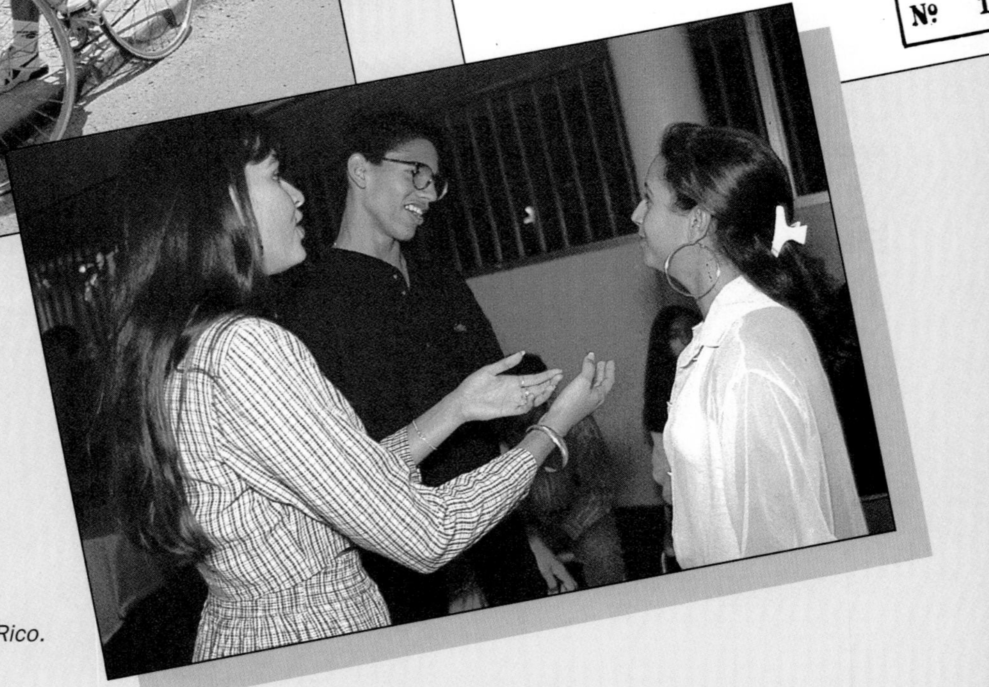

San Juan, Puerto Rico.

En esta fiesta, Eduardo Rivas conoció a Gloria Ruiz, una muchacha muy simpática.

«Si te gusta el arte de Diego Rivera», dice María Luisa Torres, «tienes que visitar el Palacio Nacional. Ángela y yo fuimos allí la semana pasada y vimos unos murales muy bellos de este gran artista.»

Ciudad de México, México.

TEATRO COLON

VISITAS GUIADAS

GUIDED TOURS

REAL ACADEMIA DE BELLAS ARTES
DE SAN FERNANDO

1679

UNA COLECCIÓN DE ESCULTURA MODERNA ESPAÑOLA
con dibujo

COLECCIÓN DEL INSTITUTO DE CRÉDITO OFICIAL
MADRID, MAYO - JUNIO. 1993

Ministerio de Cultura
Museo Nacional del Prado

ORGANISMO AUTONOMO
MUSEO NACIONAL DEL PRADO

1 1 JUN. 1993
Por. GO BAJA

Casón
Salas Siglo XIX

Serie B № 549683

Entrada 400 pesetas

DURANTE ESTE AÑO ESCOLAR...

El Sr. Álvarez conoció a la Srta. García en el otoño.

Juana hizo el papel de María en la obra de teatro *West Side Story*.

Roberto sacó excelentes notas en todas las materias.

Felicia asistió a un concierto **en vivo** por primera vez.

Los estudiantes comieron muchas veces en Super Joe's, el restaurante favorito de la clase de español.

Los estudiantes recibieron cartas de sus amigos por correspondencia.

Beatriz, Chela y Ernesto tocaron en la orquesta de la escuela.

Todos **pensaron** en el Sr. Álvarez y la Srta. García como **futuros** novios.

Y TÚ, ¿QUÉ DICES?

Conexión gramatical
Estudia las páginas 542–545
en **¿Por qué lo decimos así?**

ACTIVIDADES ORALES Y LECTURAS

---

1 • PIÉNSALO TÚ　　　**Una encuesta: Mi clase de español**

▶ Lee en voz alta las siguientes oraciones y dile a un compañero/a
por qué son ciertas o falsas.

Say which statements are true or false.

1. Este año comprendí todo lo que explicó nuestro profesor/nuestra
   profesora.

2. Aprendí a cantar canciones en español.

3. Me porté muy bien en clase.

4. Ayudé a mis compañeros con las tareas.

5. Fui a clase todos los días.

6. Entregué todas las tareas y composiciones.

7. Nunca hablé en inglés en la clase de español.

8. Estoy muy contento/a con las notas que saqué en esta clase.

---

2 • INTERACCIÓN　　　**Los días de fiesta**

▶ Di cómo celebraron los días de fiesta este año tú y tu familia.

Tell how you celebrated these holidays.

MODELO:

　　　　　　　　TÚ:　¿Qué hicieron *el Día de Acción de
　　　　　　　　　　　Gracias?*
　COMPAÑERO/A:　*Comimos demasiado pavo.*

1. Día de Acción de Gracias
2. Navidad o Jánuca
3. Año Nuevo
4. Día de los Enamorados
5. las vacaciones de primavera
6. ¿ ?

a. fuimos de vacaciones a...
b. comimos demasiado pavo
c. vimos un programa especial
   por televisión
d. compramos regalos
e. invitamos a unos amigos a
   casa
f. fuimos a la casa de unos
   parientes
g. dimos una gran fiesta
h. ¿ ?

Describe Mr. Álvarez's activities during the past year.

▶ Describe lo que hizo el Sr. Álvarez durante este año.

Entrevista: Recuerdos de este año

▶ Hazle las siguientes preguntas a tu compañero/a.

Interview your partner.

En la escuela

1. ¿Qué cosas interesantes aprendiste este año? ¿En qué clases las aprendiste?

2. ¿Cuál fue la materia más difícil del año? ¿y la más fácil? ¿Por qué?

3. ¿En qué actividades extracurriculares participaste este año? ¿Te divertiste? ¿Por qué?

Los amigos y la familia

4. ¿Conociste a una persona de otro estado o de otro país este año? ¿Dónde la conociste? ¿Cómo la conociste? ¿Cómo es esa persona?

5. ¿Cuál fue la canción más popular este año entre los jóvenes de tu edad? ¿Cómo se llama? ¿Quién la canta? ¿Dónde la escuchaste por primera vez?

6. ¿Qué hiciste durante las vacaciones de verano? ¿Viajaste con tu familia? ¿Adónde fueron ustedes?

Cristina versus la Mona Lisa

▶ Univisión es la cadena más importante de televisión en español. Mira el anuncio de Univisión y di si las siguientes oraciones son ciertas o falsas. Si son falsas, corrígelas.

Tell whether the following statements are true or false. If they are false, correct them.

MODELO: Cristina y la Mona Lisa tienen un programa en Univisión. → Falso. Solamente Cristina tiene un programa de televisión.

1. Cristina y la Mona Lisa tienen pelo largo y castaño.

2. Las dos mujeres llevan ropa oscura.

3. Ellas viven actualmente.

4. Cristina nació en Cuba y la Mona Lisa nació en Italia.

5. Las dos conocieron al famoso pintor Leonardo da Vinci.

6. Las dos tienen algo en común.

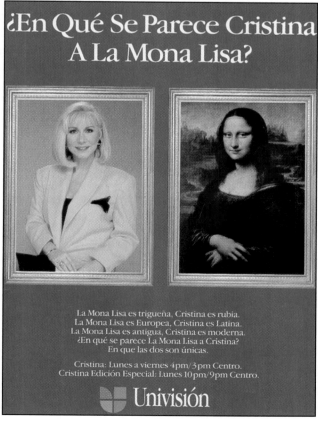

¿En Qué Se Parece Cristina A La Mona Lisa?

La Mona Lisa es trigueña, Cristina es rubia.
La Mona Lisa es Europea, Cristina es Latina.
La Mona Lisa es antigua, Cristina es moderna.
¿En qué se parece La Mona Lisa a Cristina?
En que las dos son únicas.

Cristina: Lunes a viernes 4pm/3pm Centro.
Cristina Edición Especial: Lunes 10pm/9pm Centro.

Univisión

SORPRESA CULTURAL

JUST CALL ME BETTY

One day Víctor Cárdenas's paternal grandmother came to talk to the Spanish class. Mrs. Cárdenas and her husband immigrated to the United States from Mexico in the 1940s as part of the **bracero** program. When Ernesto asked Víctor's grandmother if she could remember any **sorpresas culturales**, she told the class this story.

Why do you think Mrs. Cárdenas felt uncomfortable?

a. She didn't realize that "Betty" is a nickname for "Elizabeth."

b. She wasn't used to calling strangers by their first names.

The answer is (b). People in many other parts of the world tend to be much more formal when speaking to employers or to people they hardly know.

COMBINE ALL YOUR READING SKILLS

When you read, remember to use all your skills. Do you recall the ones we've already discussed? *Before* you read, (1) look at the title, pictures, and any other cues outside the main text; (2) skim rapidly to get the general idea; and (3) scan for cognates or any specific information you want to find. By this point you will have some idea of what the reading is about.

Then, *as* you read, (4) watch for cognates; (5) use the context to figure out unfamiliar words; (6) make intelligent guesses based on your own experience; (7) practice "picturing" the ideas instead of translating; and (8) save the dictionary for last (but *do* use it!).

As these skills become habits, you will automatically use them all without even thinking about them, and reading in Spanish will become as natural to you as reading in English.

Now practice your reading skills in the selection that follows.

¡TE INVITAMOS A LEER!

ADIÓS, SRTA. GARCÍA

PERO ANTES… Aquí tienes cuatro cartas cortas. ¿Quiénes las escribieron? ¿A quién? ¿Por qué las escribieron?

Find out what Miss García's students thought about their class.

> Querida Srta. García:
> En su clase aprendí mucho español y me divertí bastante. También ahora sé muchas cosas interesantes del mundo hispano. ¿Sabe qué es lo más importante que aprendí? Que desde Alaska hasta la Antártida todos somos americanos.
> ¡Muchas gracias!
> Esteban

Profesora:

Estoy un poco triste porque esta clase va a terminar muy pronto. Usted es una profesora fantástica. Ahora sé mucho más español que antes. Además conocí a nuevos amigos y me divertí mucho, especialmente con los chistes de Ernesto. Y no sólo yo, todos los estudiantes hicimos cosas divertidas en su clase; hablamos, cantamos, aprendimos y nos divertimos mucho. ¡Qué maravilla! Buena suerte en su viaje a España. ¡Qué envidia![a] A mí también me gustaría ir... quizás[b] el año próximo, ¿no? Bueno, profesora, adiós y muchas, muchas gracias.

Con afecto,
Juana

[a]¡Qué... ! *How I envy you!*
[b]*perhaps*

¡Hola, profesora!
Usted es la profesora más simpática del mundo. Siempre fue muy paciente y, por suerte, nunca se enojó con mis chistes. Gracias por su paciencia y por todo el español que aprendí. Le deseo un buen viaje a España. Ah, y mucha suerte con el Sr. Álvarez. ¡Ay, soy incorregible!, ¿verdad? Adiós.

Ernesto

Estimada Srta. García:
Este año fue muy interesante. Conocí a Marisa Bolini, mi amiga por correspondencia de la Argentina, por carta. También hice nuevos amigos en la clase. Aprendí de la moda del mundo hispano y a hablar un nuevo idioma, ¡el español! Muchas gracias y adiós.
Ana Alicia

¿QUÉ IDEAS CAPTASTE? Indica quién escribió sobre lo siguiente en su carta. **¡OJO!** Puede ser más de un(a) estudiante.

Who wrote the following?

1. La Srta. García es una buena profesora.
2. Ernesto contó muchos chistes en la clase.
3. ¡Buena suerte con su novio!
4. Me gustó conocer y escribirle a mi amiga por correspondencia.
5. No todos los «americanos» son de los Estados Unidos.
6. Quiero visitar España algún día.

PRONUNCIACIÓN

THE LETTER x

Before a vowel, before **ce** or **ci**, or at the end of a word, the letter **x** sounds like the English *ks* or the *x* in *taxi*.

PRÁCTICA Listen to your teacher, then pronounce this sentence.

Un examen excepcional.

At the beginning of a word or before a consonant, **x** is pronounced like the English *s* in *same*.

PRÁCTICA Listen to your teacher, and pronounce this sentence.

Explosiones extraordinarias de xilófonos. Más información a las once...

Many Latin American countries have chosen to preserve the historical spelling and pronunciation of proper nouns. In Mexico and Central America, the letter **x** has several sounds:

Spanish **j**: México, Oaxaca, Xalapa
English *ks*: Mixteca, Tlaxcala, Temex
Spanish **s**: Taxco, Ixtlán, Xochimilco
English *sh*: Ixtepec, Uxmal

¿POR QUÉ LO DECIMOS ASÍ?

GRAMÁTICA

WHAT DID YOU LEARN?
Past Tense (Preterite) of Regular Verbs (Review)

yo... é
tú... aste
usted... ó
él/ella... ó
nosotros/as...
amos
ustedes... aron
ellos/as... aron

A The past-tense (preterite) endings for regular **-ar** verbs are **-é**, **-aste, -ó; -amos, -asteis, -aron**. Here are the past-tense forms of **visitar** (*to visit*).

Past Tense (Preterite) of **visitar**	
SINGULAR	PLURAL
yo visit**é**	nosotros/nosotras visit**amos**
tú visit**aste**	vosotros/vosotras visit**asteis**
usted visit**ó**	ustedes visit**aron**
él/ella visit**ó**	ellos/ellas visit**aron**

In a question or a negative statement, the English equivalent of all forms = Did . . . visit

—¿A quién **visitaste** este año?
—**Visité** a mis primos para la Navidad.

—Whom did you visit this year?
—I visited my cousins for Christmas.

—¿**Visitaron** un lugar interesante durante las vacaciones?
—Sí. **Visitamos** el Museo del Prado.

—Did you (all) visit an interesting place during your vacation?
—Yes. We visited the Prado Museum.

Some -ar verbs have spelling changes in the past tense of the yo form:
-car = c → qu
-gar = g → gu
-zar = z → c

B Regular **-ar** verbs that end in **-car, -gar,** or **-zar** have a spelling change before the **-é** ending of the **yo** form: c → qu, g → gu, z → c. Compare the **yo** with the **tú** forms of these verbs.

buscar (*to look for*)
yo bus**qué**
tú buscaste

llegar (*to arrive*)
yo lle**gué**
tú llegaste

abrazar (*to hug*)
yo abra**cé**
tú abrazaste

Some other verbs that have the same spelling changes are:

-car explicar, pescar, practicar, sacar, tocar
-gar jugar, pagar
-zar almorzar, comenzar, empezar

C Regular **-er** and **-ir** verbs have the following endings: **-í, -iste, -ió; -imos, -isteis, -ieron.** Here are the past-tense forms of **aprender** (*to learn*) and **recibir** (*to receive; to get*).

Past Tense (Preterite) of **aprender**		
SINGULAR	PLURAL	
yo aprend**í**	nosotros/nosotras aprend**imos**	
tú aprend**iste**	vosotros/vosotras aprend**isteis**	
usted aprend**ió**	ustedes aprend**ieron**	
él/ella aprend**ió**	ellos/ellas aprend**ieron**	

yo... **í**
tú... **iste**
usted... **ió**
él/ella... **ió**
nosotros/as... **imos**
ustedes... **ieron**
ellos/as... **ieron**

Past Tense (Preterite) of **recibir**		
SINGULAR	PLURAL	
yo recib**í**	nosotros/nosotras recib**imos**	
tú recib**iste**	vosotros/vosotras recib**isteis**	
usted recib**ió**	ustedes recib**ieron**	
él/ella recib**ió**	ellos/ellas recib**ieron**	

—¿Qué **aprendió** Patricia este año?

—**Aprendió** mucho sobre la vida de Mariana Peña en Puerto Rico. **Recibió** diez cartas de ella.

—¿Y los otros estudiantes **recibieron** muchas cartas también?

—Sí, y también **escribieron** muchas cartas.

—What did Patricia learn this year?

—She learned a lot about Mariana Peña's life in Puerto Rico. She received ten letters from her.

—And did the other students get many letters too?

—Yes, and they also wrote many letters.

When the stem ends in e:
-ió → -yó
-ieron → -yeron

D In verbs that end in **-eer,** the **-ió** ending changes to **-yó** in the **usted, él/ella** form, and the **-ieron** ending changes to **-yeron** in the **ustedes, ellos/ellas** form. Look at those forms in the following verbs:

leer (*to read*)	él/ella le**yó**	ellos/ellas le**yeron**
creer (*to believe*)	él/ella cre**yó**	ellos/ellas cre**yeron**

E In stem-changing **-ir** verbs, the last vowel of the stem changes from **e → i** or from **o → u** in the **usted, él/ella** and the **ustedes, ellos/ellas** forms. (There are no stem changes in most **-ar** or **-er** verbs in the past tense.) Compare the **yo** form with the **él** form and the **nosotros** form with the **ellos** form in these verbs.

e → i
o → u (in usted, el/ella and ustedes, ellos/ellas forms)

divertirse (*to have a good time*)

yo me divertí   nosotros nos divertimos
él se divirtió   ellos se divirtieron

dormir (*to sleep*)

yo dormí   nosotros dormimos
él durmió   ellos durmieron

Other verbs that have stem changes in the past include

e → i   pedir, preferir, seguir, sentirse, servir
o → u   morir

F The verbs **ir** (*to go*) and **hacer** (*to do; to make*) have irregular past (preterite) forms.

¡OJO! The past-tense forms of ir do not resemble the infinitive.

Past Tense (Preterite) of **ir**			
SINGULAR		PLURAL	
yo	fui	nosotros/nosotras	fuimos
tú	fuiste	vosotros/vosotras	fuisteis
usted	fue	ustedes	fueron
él/ella	fue	ellos/ellas	fueron

Hacer has irregular past-tense forms. The stem becomes hic- except in the usted, el/ella forms, and the endings have no written accent marks.

Past Tense (Preterite) of **hacer**			
SINGULAR		PLURAL	
yo	hice	nosotros/nosotras	hicimos
tú	hiciste	vosotros/vosotras	hicisteis
usted	hizo	ustedes	hicieron
él/ella	hizo	ellos/ellas	hicieron

¿Qué hiciste?

▶ Con tu compañero/a, pregunta y contesta usando la forma correcta del pasado.

Ask and answer these questions in the past tense.

MODELO: ¿Qué materia (estudiar) tú anoche? →

TÚ: ¿Qué materia *estudiaste* anoche?
COMPAÑERO/A: *Estudié historia. (No estudié nada.)*

1. ¿Qué materia (estudiar) tú anoche?

2. ¿Qué (enseñar) el profesor / la profesora de español ayer?

3. ¿Qué programas de televisión (mirar) tú ayer por la tarde?

4. ¿Con quién (hablar) por teléfono ayer tu mamá (tu papá / tu hermano/a)?

5. ¿Qué (tomar) tu familia para el desayuno esta mañana?

6. ¿Dónde (almorzar) tú ayer?

7. ¿Qué (sacar) de tu lóquer antes de la clase?

8. ¿Qué libros (buscar) en la biblioteca recientemente?

9. ¿A qué hora (acostarte) anoche?

EJERCICIO 2   **Carla en Madrid**

▶ Carla está hablando con su prima Alicia Vargas Dols de su visita a Madrid. ¿Qué hicieron todos? Inventa oraciones con palabras de cada columna.

Make up sentences with words from each column.

1. yo
2. tú y yo
3. tus padres
4. tú
5. Miguel
6. Alejandro y Antonio

a. dio una fiesta fabulosa
b. saqué muchas fotos
c. fuiste de compras al Corte Inglés
d. contaron muchos chistes
e. vi muchos cuadros en El Prado
f. me divertí en el Parque del Retiro
g. pedimos tapas en un mesón
h. durmieron en un parador
i. subieron a los juegos

VOCABULARIO PALABRAS NUEVAS

Los sustantivos
la cadena
el pintor
el recuerdo
la vida

Palabras de repaso: la canción, la carta, la clase, la composición, el concierto, la escuela, el estado, la fiesta, la materia, la nota, la obra (de teatro), el país, el papel, el pavo, el pelo, el restaurante, la ropa, la tarea, las vacaciones

Los verbos
explicar
   expliqué / explicó
nacer
   nací / nació
pensar
   pensé / pensó
portarse (bien / mal)
ser
   fue

El adjetivo
futuro/a

Palabras de repaso: contento/a, difícil, especial, excelente, fácil, famoso/a, favorito/a, interesante, largo/a, moderno/a, popular

Palabras útiles
actualmente
en vivo
extracurricular

DIME ALGO MÁS

SITUACIONES

Tú
Last fall, you won $100,000 in the state lottery. Now a reporter for the school newspaper is going to interview you for an article about how you used your prize money.

Hint: Make a list of what you did. Think of the trips you took, the things you bought, whom you gave money to and why, what you saved money for, and so on.

Compañero/a
You're going to write an article about a student who won $100,000 in the lottery last fall. Find out how winning the money affected the student's life.

Hint: Find out what the student did with the money. In particular, you may want to ask if the student took a trip, bought special things, gave money away, saved for the future, and so on. Be sure to find out what the student's reasons were for doing what she or he did.

Conversation Tip

▶ Sometimes in a conversation people give so many small details that the conversation gets bogged down. Here are two things you can do to prevent that from happening.

• Say what you would do in a similar situation and then ask a question.

¡Ay, qué bueno! A mí también me gustaría comprar un carro deportivo. ¿Y qué otras cosas compraste?

• Summarize what the person has said and then change the subject.

Entonces, hiciste un viaje en barco alrededor del mundo. ¿Y conociste a gente interesante? ¿Hablaste español en algún lugar?

¿ＳABÍAS QUE...

- Cristóbal Colón firmó° su nombre Colombo, Colomo, Colom y Colón pero nunca usó Columbus?

  signed

- en la época de tu bisabuelo,° un avión costaba trescientos dólares?

  great-grandfather

- los chinos y los indios tupí del Brasil tienen las mismas palabras para «norte», «sur», «este» y «oeste»?

- nueve millones de personas nacieron la misma fecha que tú en todo el mundo?

¡TE INVITAMOS A ESCRIBIR!

UN VIAJE A...

Imagínate que eres reportero/a para una revista de turismo. Escribe un corto artículo sobre un viaje (real o imaginario) que hiciste este año.

Primero, piensa...
en toda la información que vas a incluir. Por ejemplo: ¿Cuándo fuiste? ¿Adónde fuiste? ¿En qué fuiste? (avión, tren, barco) ¿Qué lugares visitaste? ¿Dónde te divertiste más? ¿Qué lugares recomiendas para tus lectores°? ¿Por qué?

readers

Think about what you are going to include.

Luego, usa un esquema°...
para organizar tu información. Si quieres, puedes usar las siguientes categorías o agregar otras.

outline

Organize your information into an outline.

1. Nombre y ubicación geográfica° del lugar adonde viajaste

   ubicación... geographic location

2. Medio(s) de transporte que usaste

3. Dos o tres lugares de importancia histórica o cultural que visitaste (museo, teatro, zona arqueológica, etcétera)

4. Dos lugares donde te divertiste mucho (discoteca, parque de diversiones, playa, etcétera)

5. Lugares que recomiendas a tus lectores

Por último, usa la información en tu esquema...
para escribir tu artículo, ¡y no olvides de ponerle un título interesante!

Write the article.

Y AHORA, ¿QUÉ DECIMOS?

Paso 1. **Mira otra vez las fotos en las páginas 498–499. ¿Qué más puedes decir ahora de estas fotos?**

- ¿Qué vieron las personas que hicieron una excursión a esta zona arqueológica? Y tú, ¿hiciste un viaje o una excursión este año? ¿Adónde fuiste? ¿Qué viste?

- ¿Están tristes los jóvenes en la foto número 3? Y tú, ¿cómo te vas a sentir este fin de año escolar? ¿Por qué?

- ¿Quién participó en esta carrera? Y tú, ¿en qué actividades extracurriculares participaste este año? ¿Te divertiste mucho?

Paso 2. **Túrnate con tu compañero/a para jugar este juego de adivinanzas. Piensa en un evento especial de este año. Tu compañero/a tiene que hacerte preguntas para adivinar el evento. ¡OJO! Sólo puedes contestar con sí o no.**

MODELO:

TÚ:	Pienso en una actividad que hice en abril.
COMPAÑERO/A:	¿Hiciste esta actividad con otra persona?
TÚ:	Sí.
COMPAÑERO/A:	¿Bailaron ustedes?
TÚ:	Sí.
COMPAÑERO/A:	¿Fuiste al baile de primavera de la escuela?
TÚ:	Sí.

VERBS

A. Regular Verbs: Simple Tenses

Infinitive Present Participle	Indicative Present	Preterite
hablar hablando	hablo hablas habla hablamos habláis hablan	hablé hablaste habló hablamos hablasteis hablaron
comer comiendo	como comes come comemos coméis comen	comí comiste comió comimos comisteis comieron
vivir viviendo	vivo vives vive vivimos vivís viven	viví viviste vivió vivimos vivisteis vivieron

B. Irregular Verbs

Infinitive Present Participle	Indicative Present	Preterite
dar dando	doy das da damos dais dan	di diste dio dimos disteis dieron
decir diciendo	digo dices dice decimos decís dicen	dije dijiste dijo dijimos dijisteis dijeron
estar estando	estoy estás está estamos estáis están	estuve estuviste estuvo estuvimos estuvisteis estuvieron
hacer haciendo	hago haces hace hacemos hacéis hacen	hice hiciste hizo hicimos hicisteis hicieron
ir yendo	voy vas va vamos vais van	fui fuiste fue fuimos fuisteis fueron
poder pudiendo	puedo puedes puede podemos podéis pueden	pude pudiste pudo pudimos pudisteis pudieron
poner poniendo	pongo pones pone ponemos ponéis ponen	puse pusiste puso pusimos pusisteis pusieron

B. Irregular Verbs (continued)

Infinitive Present Participle	Present	Preterite
querer queriendo	quiero quieres quiere queremos queréis quieren	quise quisiste quiso quisimos quisisteis quisieron
saber sabiendo	sé sabes sabe sabemos sabéis saben	supe supiste supo supimos supisteis supieron
salir saliendo	salgo sales sale salimos salís salen	salí saliste salió salimos salisteis salieron
ser siendo	soy eres es somos sois son	fui fuiste fue fuimos fuisteis fueron
tener teniendo	tengo tienes tiene tenemos tenéis tienen	tuve tuviste tuvo tuvimos tuvisteis tuvieron
traer trayendo	traigo traes trae traemos traéis traen	traje trajiste trajo trajimos trajisteis trajeron
ver viendo	veo ves ve vemos veis ven	vi viste vio vimos visteis vieron

C. Stem-Changing and Spelling-Change Verbs

Infinitive Present Participle	Indicative Present	Preterite
dormir (ue, u) durmiendo	duermo duermes duerme dormimos dormís duermen	dormí dormiste durmió dormimos dormisteis durmieron
pedir (i, i) pidiendo	pido pides pide pedimos pedís piden	pedí pediste pidió pedimos pedisteis pidieron
pensar (ie) pensando	pienso piensas piensa pensamos pensáis piensan	pensé pensaste pensó pensamos pensasteis pensaron
seguir (i, i) (g) siguiendo	sigo sigues sigue seguimos seguís siguen	seguí seguiste siguió seguimos seguisteis siguieron
sentir (ie, i) sintiendo	siento sientes siente sentimos sentís sienten	sentí sentiste sintió sentimos sentisteis sintieron

VOCABULARIO ESPAÑOL-INGLÉS

This Spanish-English vocabulary contains all the words that appear in the text except most identical cognates that do not appear in the chapter vocabulary lists. Only meanings used in this text are given. An abbreviation and a number in parentheses follow some entries; the abbreviation refers to the unit, the number in parentheses to the lesson in which the word or phrase is listed in the end-of-lesson **Vocabulario. U4 (3)**, for example, refers to **Unidad 4, Lección 3**. The abbreviations **PP** and **SP** refer to **Primer paso** and **Segundo paso**, respectively.

Gender of nouns is indicated as *m.* (masculine) or *f.* (feminine). When a noun refers to a person, both masculine and feminine forms are given. Adjective listings give both the masculine and the feminine endings. When only one form of an adjective is shown, such as **inteligente**, the given word is identical for both masculine and feminine forms. Verbs are listed in the infinitive form. In addition, conjugated verb forms listed in the end-of-lesson **Vocabulario** are also included. Stem-changing verbs are indicated by giving the change in parentheses after the infinitive: **dormir (ue, u)**. Spelling changes are also indicated in parentheses: **leer (y)**. When only the **yo** form is irregular, it is written out in parentheses after the infinitive: **conocer (conozco)**. Verbs with other irregularities are followed by *irreg.*

Words beginning with **ch** or **ll** are under separate headings following the letters **c** and **l**, respectively. The letters **ch**, **ll**, **ñ**, and **rr** within words follow **c**, **l**, **n**, and **r**, respectively. For example, **coche** follows **cocinero**, **calle** follows **calvo/a**, **piña** follows **pintura**, and **perro** follows **pero**.

The following abbreviations are used.

abbrev.	abbreviation	*irreg.*	irregular
adj.	adjective	*m.*	masculine
adv.	adverb	*Mex.*	Mexico
Arg.	Argentina	*n.*	noun
chron.	chronological	*obj. of prep.*	object of a preposition
coll.	colloquial	*pl.*	plural
contr.	contraction	*pol.*	polite
d.o.	direct object	*poss.*	possessive
f.	feminine	*prep.*	preposition
gram.	grammatical	*pron.*	pronoun
inf.	informal	*refl. pron.*	reflexive pronoun
infin.	infinitive	*sing.*	singular
inv.	invariable	*Sp.*	Spain
i.o.	indirect object	*sub. pron.*	subject pronoun

A

a to **PP (3)**; for
 ¡a charlar! let's talk!
  PP (4)
 a la(s)... at . . . o'clock
  U1 (2)
 al (*contr. of* **a** + **el**) to the;
  for the
abecedario *m.* alphabet
abierto/a open; opened
 U5 (1)
abra(n) open **PP (3)**
abrazar (c) to hug, embrace
 U7 (1)
abrazo *m.* hug
abrigo *m.* coat **U4 (3)**
abril *m.* April **U1 (3)**
abrir to open **U9 (1)**
absurdo/a absurd **U6 (2)**
abuelito *m.*, **abuelita** *f.*
 grandfather, grand-
 mother
abuelo *m.*, **abuela** *f.* grandfather, grandmother
 U2 (3)
 abuelos *m.* grandparents
  U2 (3)
abundar to abound
aburridísimo/a very boring
aburrido/a boring **SP (4)**,
 U1 (2)
acá here
acampadas *f.*: **hacer**
 acampadas to go
 camping
acampar to camp **U9 (1)**
acción *f.* action
 Día (*m.*) **de Acción de**
 Gracias Thanksgiving
 U7 (3)
aceptar to accept **U9 (2)**
acercarse to approach
acompañar to accompany
acordarse (ue) (de) to
 remember
acostarse (ue) to go to bed
 U6 (1), U8 (3)
actitud *f.* attitude
actividad *f.* activity **U1 (3)**

actor *m.*, **actriz** *f.* (*pl.*
 actrices) actor, actress
actuación *f.* acting
actuar to act **U9 (1)**
además *adv.* moreover,
 besides
 además de *prep.* besides,
  in addition to
adentro: de adentro interior
adicto *m.*, **adicta** *f.* addict
adiós good-bye **PP (4)**
adivinanza *f.* riddle, puzzle
 U2 (1)
 juego (*m.*) **de adivinanza**
  guessing game
adivinar to guess
 adivina guess **SP (4)**
adjetivo *m.* adjective **U1 (1)**
 adjetivo posesivo
  possessive adjective
  U2 (3)
admirador *m.*, **admiradora**
 f. admirer
admirar to admire **U6 (3)**
adolescente *m.*, *f.*
 adolescent, teenager
¿adónde? (to) where? **U3 (2)**
adulto *m.*, **adulta** *f.* adult
aeróbico/a *adj.* aerobic
afecto *m.*: **con afecto**
 affectionately
afeitarse to shave
afiche *m.* poster
afrocubano/a *adj.* Afro-Cuban
afuera out, outside **U4 (2)**
agarrar to grab
agencia *f.* agency
 agencia de inmuebles
  real estate agency
 agencia de viajes travel
  agency
agenda *f.* notebook, binder
agente *m.*, *f.* agent
ágil agile **U4 (1)**
agosto *m.* August **U1 (3)**
agrio/a sour
agua *f.* (*but* **el agua**) water
 agua dulce fresh water
 agua mineral mineral
  water **U3 (1)**

esquiar en el agua to
 water-ski **U4 (1)**
aguacate *m.* avocado
ahogarse (gu) to drown,
 drown oneself
ahora now
 ahora mismo right now
 y ahora, con tu profesor(a)
  and now, with your
  teacher **SP (1)**
 y ahora, ¿qué dices tú?
  and now, what do you
  say? **SP (2)**
aire *m.* : **al aire libre** open-
 air, outdoor(s) **U5 (3)**
ajá aha
al (*contr. of* **a** + **el**) to the; at
 the
álbum *m.* album
alcalde *m.*, **alcaldesa** *f.*
 mayor
alegre happy
alegría *f.* happiness
alfabeto *m.* alphabet **PP (1)**
alfombra *f.* carpet, rug
 U8 (2)
álgebra *f.* (*but* **el álgebra**)
 algebra **U1 (2)**
algo something
 algo para comer
  something to eat
algodón *m.* cotton **U5 (3)**
alguien someone
algún, alguno/a some, any
 alguna vez once, ever
alimento *m.* food **U6 (2)**,
 U7 (2)
 alimentos *pl.* food
almacén *m.* department
 store **U5 (2)**
almorzar (ue) (c) to have
 lunch, eat lunch **U8 (3)**
almuerzo *m.* lunch **U1 (2)**,
 U3 (1)
alpaca *f.* alpaca (*South*
 American animal related
 to the llama)
alquilar to rent **U8 (3)**
 alquilar una película to
  rent a movie **U4 (2)**

alrededor de *prep.* around

alrededores *m.* suburbs, outskirts

altitud *f.* altitude

alto/a tall **U2 (1)**; high

en voz alta out loud, aloud

altura *f.* height

allá there

allí there **U3 (2)**

amado/a loved; beloved

amar to love

amarillo/a yellow **PP (2)**

ambición *f.* ambition

ambos/as both

América *f.* America

América del Sur South America

América Latina Latin America

fútbol (*m.*) **americano** football **U1 (3)**

americano *m.*, **americana** *f.* (*n. & adj.*) American

amigo *m.*, **amiga** *f.* friend **SP (1)**

amigo/a por correspondencia pen pal **U2 (1)**

ésta es mi amiga... this is my friend . . . **SP (1)**

éste es mi amigo... this is my friend . . . **SP (1)**

mejor amigo/a best friend **U2 (1)**

amiguito *m.*, **amiguita** *f.* little friend

amo (*m.*) **de casa, ama** *f.*, (*but* **el ama**) **de casa** homemaker

amor *m.* love

analista *m.*, *f.* analyst

analizar (c) to analyze

anaranjado/a *adj.* orange **SP (3)**

andaluz(a) (*m. pl.* **andaluces**) Andalusian, from Andalusia (*region in southern Spain*)

andar *irreg.* to walk

andar a caballo to go horseback riding

andar en bicicleta to ride a bicycle **U1 (3)**

andar en patineta to go skateboarding **U4 (2)**

ángel *m.* angel

angelito *m.* little angel; dear little child

anillo *m.* ring **U5 (3)**

animado/a: dibujos (*m.*) **animados** cartoons **U1 (3)**

animal *m.* animal

animal de carga pack animal

ánimo *m.*: **estado** (*m.*) **de ánimo** mood, frame of mind **U6 (3)**

aniversario *m.* anniversary

aniversario de bodas wedding anniversary **U7 (1)**

feliz aniversario happy anniversary **U7 (3)**

anoche last night **U8 (3)**

Antártida *f.* Antarctic

anteayer the day before yesterday **U8 (3)**

antepasados *m.* ancestors

anterior previous

antes *adv.* before

antes de *prep.* before **U3 (3)**

pero antes... but first . . . **U1 (1)**

antibiótico *m.* antibiotic **U6 (2)**

anticuado/a old-fashioned

antiguo/a old, ancient **U8 (2)**

antropología *f.* anthropology

anuario *m.* yearbook

anunciar to announce **U7 (3)**

anuncio *m.* ad, advertisement **PP (1)**, announcement

anuncio comercial commercial

año *m.* year

Año Nuevo New Year's Day

año pasado last year **U7 (3), U8 (2)**

¿cuántos años tienes? how old are you? **U2 (2)**

cumplir... años to have one's birthday **U7 (1)**

el próximo año next year **U4 (2)**

este año this year **U4 (2)**

¡Feliz Navidad y Próspero Año Nuevo! Merry Christmas and Happy New Year! **U7 (3)**

fiesta (*f.*) **de fin de año** year-end party **U7 (1)**

fiesta (*f.*) **de quince años** fifteenth birthday party **U7 (1)**

tener... años to be . . . years old **U2 (2)**

tengo... años I am . . . years old **U2 (2)**

víspera (*f.*) **de Año Nuevo** New Year's Eve **U7 (3)**

aparato *m.* appliance **U5 (3), U8 (2)**

aparecer (aparezco) to appear

apariencia *f.* appearance

apartado (*m.*) **postal** post office box

apartamento *m.* apartment **U2 (2)**

edificio (*m.*) **de apartamentos** apartment building **U5 (1)**

apellido *m.* last name **U2 (2)**

aplauso *m.* applause **U9 (1)**

aplicación *f.* application

apreciado/a appreciated

aprender to learn **U2 (2), U9 (1)**

aprender un programa to learn a program **U3 (2)**

apropiado/a appropriate PP (1)

aptitud *f.* ability, capability

apuntes *m.* notes U3 (3)
  tomar apuntes to take notes U3 (3)

aquel, aquella *adj.* that (*over there*)

aquél *m.*, **aquélla** *f.* (*pron.*) that (one) (*over there*)

aquellos/as *adj.* those (*over there*)

aquéllos *m.*, **aquéllas** *f.* (*pron.*) those (ones) (*over there*)

aquí here U3 (2)
  aquí mismo right here
  está a... cuadras de aquí it is . . . blocks from here U5 (1)
  ¿hay un(a)... cerca de aquí? is there a . . . near here? U5 (1)

árabe *adj.* Arabic

araña *f.* spider

árbol *m.* tree U8 (3)

arete *m.* earring U5 (3)

argentino *m.*, **argentina** *f.* (*n. & adj.*) Argentine

armar to put up, pitch (*a tent*)

arqueológico/a archaeological U9 (2)
  zona (*f.*) **arqueológica** archaeological zone U9 (2)

arquitecto *m.*, **arquitecta** *f.* architect

arquitectura *f.* architecture

arracachá *f.* (*but* **el arracachá**) celery

arreglo (*m.*) **personal** personal grooming U6 (1)

arroz *m.* (*pl.* **arroces**) rice
  arroz con pollo chicken and rice U3 (1)

arte *f.* (*but* **el arte**) art U1 (2)
  bellas artes fine arts U9 (2)

artesanía *f. sing.* handicrafts

artículo *m.* article U5 (3)

artificial: fuegos (*m.*) **artificiales** fireworks U7 (3)

artista *m.*, *f.* artist

artístico/a artistic

asado *n. m.* roast meat; barbecue (*outdoor party*) (*Arg.*)
  asado criollo Argentine barbecue

asado/a *adj.* roasted
  pavo asado roast turkey U7 (3)

así so, thus; like this, like that
  así como as soon as
  así que so
  así se dice... that's how you say . . .
  ¿por qué lo decimos así? why do we say it that way?

asistir to attend U4 (2), U9 (1)
  asistir a un concierto to attend a concert U4 (2)

asociación *f.* association

asociar to associate
  asociarse to be associated

aspirina *f.* aspirin U5 (1)

astronauta *m.*, *f.* astronaut

astrónomo *m.*, **astrónoma** *f.* astronomer

atención *f.*: **presta atención** pay attention U1 (2)
  prestar atención to pay attention U6 (2)

atentamente yours truly, sincerely (*used to close a letter*)

atleta *m.*, *f.* athlete U4 (1)

atlético/a athletic U2 (1)

atracción *f.* attraction, amusement

atractivo/a attractive U6 (1), U8 (2)

atún *m.* tuna U3 (1)

auditorio *m.* auditorium U3 (2)

aun even, although U6 (2)

aún yet, still
  aún no not yet

ausente absent
  estar ausente to be absent U3 (3)
  mañana voy a estar ausente tomorrow I'm going to be absent U3 (3)

autobús *m.* bus U3 (2)
  tomar el autobús to take the bus U3 (2)

autodisciplina *f.* self-discipline

autor *m.*, **autora** *f.* author U5 (2)

autoservicio *m.* self-service U5 (2)

avenida *f.* avenue U2 (2)

aventura *f.* adventure
  película (*f.*) **de aventuras** adventure film

averiguar (gü) to verify

avión *m.* airplane
  ir/viajar en avión to go/travel by airplane U9 (2)

ay oh; alas, woe

ayer yesterday U8 (3)

ayote *m.* pumpkin; gourd (*Mex.*)

ayuda *f.* help

ayudar to help, help out

azúcar *m.* sugar

azul blue PP (2), U2 (1)

azulito/a blue

B

bahía *f.* bay U9 (2)

bailar to dance U1 (3), U8 (3)

bailarín *m.*, **bailarina** *f.* dancer

baile *m.* dance

bajo *prep.* under, below U9 (2)

bajo/a *adj.* short (*in height*) U2 (1); low
  más bajo lower U5 (3)

planta (*f.*) **baja** ground floor **U8 (1)**

baloncesto *m.* basketball (Sp.)

ballena *f.* whale

ballet *m.* (*pl.* **ballets**) ballet **U9 (2)**

banco *m.* bank **U5 (2)**

banda *f.* band **PP (3)**

bandera *f.* flag **PP (2)**

bañarse to bathe **U6 (1)**, **U8 (3)**

baño *m.* bathroom **U3 (2)**
   traje (*m.*) **de baño** bathing suit **U4 (3)**

barato/a cheap, inexpensive **U5 (2)**
   es muy barato/a it's very cheap **U5 (3)**

barba *f.* beard

barbaridad *f.* : **¡qué barbaridad!** how awful! **SP (1)**

barco *m.* boat **U3 (2)**
   ir/viajar en barco to go/travel by boat **U9 (2)**

barmitzva *m.*: **fiesta** (*f.*) **de barmitzva** bar mitzvah celebration (*Jewish*) **U7 (1)**

barra (*f.*) **horizontal:** horizontal bar

barril *m.* barrel

barrio *m.* neighborhood

basado/a en based on

básquetbol *m.* basketball **U1 (3)**

bastante *adv.* fairly, pretty; quite **SP (1)**; quite a bit; rather, somewhat **U1 (2)**
   bastante bien pretty well **SP (1)**

basura *f.* garbage
   sacar la basura to take out the trash **U8 (1)**

bate *m.* (baseball) bat **U5 (3)**

batería *f. sing.* drums, drum set; battery **U8 (3)**

batido *m.* milkshake **U3 (1)**

baúl *m.* trunk, chest

bautismo baptism **U7 (1)**

bebé *m., f.* baby

bebida *f.* drink **U3 (1)**, **U7 (2)**

beca *f.* scholarship

béisbol *m.* baseball
   guante (*m.*) **de béisbol** baseball glove **U5 (3)**
   jugar al béisbol to play baseball **U4 (4)**

beisbolista *m., f.* baseball player

bello/a beautiful
   la Bella Durmiente Sleeping Beauty
   bellas artes (*f.*) fine arts **U9 (2)**

besar to kiss **U7 (1)**

beso *m.* kiss **U7 (3)**
   dar un beso to kiss

biblioteca *f.* library **U3 (2)**

bibliotecario *m.*, **bibliotecaria** *f.* librarian

bicicleta *f.* bicycle **U1 (3)**
   andar en bicicleta to ride a bicycle **U1 (3)**
   bicicleta de... velocidades . . . -speed bicycle **U5 (3)**

bien well
   bastante bien pretty well **SP (1)**
   está bien that's fine **U5 (3)**
   muy bien great **PP (4)**
   (muy) bien, gracias (very) well, thanks **PP (4)**
   sabe bien it tastes good **U7 (2)**
   (yo) estoy muy bien I'm fine **PP (4)**

bienvenido/a welcome

bigote *m.* mustache
   tiene bigote he has a mustache **U2 (1)**

biología *f.* biology **U1 (2)**

bisabuelo *m.*, **bisabuela** *f.* great-grandfather, great-grandmother
   bisabuelos *m.* great-grandparents

bistec *m.* steak **U7 (2)**

blanco/a white **PP (2)**

blusa *f.* blouse **PP (2)**

bobo/a dumb, silly

boca *f.* mouth **U2 (1)**

bocadillo *m.* sandwich (*Sp.*)

boda *f.* wedding **U7 (1)**
   aniversario (*m.*) **de bodas** wedding anniversary **U7 (1)**
   bodas de oro fiftieth wedding anniversary **U7 (1)**

boleto *m.* ticket **U5 (2)**

boliche *m.* bowling
   jugar al boliche to go bowling **U4 (2)**

bolígrafo *m.* (ballpoint) pen **U1 (1)**

bolsa *f.* bag; purse, handbag **SP (3)**

bonito/a pretty **U2 (1)**

boquiabierto/a open-mouthed

borrador *m.* (chalkboard) eraser **U1 (1)**

bota *f.* boot **U4 (3)**

botella *f.* bottle **U7 (2)**

Brasil *m.* Brazil

brazo *m.* arm **U2 (1)**

británico/a *adj.* British

bróculi *m.* broccoli **U7 (2)**

bromista *m., f.* joker **U1 (2)**

bronce *m.* bronze

brujo *m.*, **bruja** *f.* sorcerer, witch
   Día (*m.*) **de las Brujas** Halloween **U7 (3)**

buen, bueno/a good **SP (1)**
   buenas noches good evening **SP (1)**; good night
   buenas tardes good afternoon **PP (4)**
   buenos días good morning **PP (4)**
   de buen gusto in good taste
   estar/sentirse de buen humor to be/feel in a good mood **U6 (3)**

buen (*continued*)

hace buen tiempo it's good weather **U4 (3)**

¡qué bueno! how nice! **SP (1)**

sacar buenas notas to get good grades **U3 (3)**

buenísimo/a very good

bueno... well . . .

bufanda *f.* scarf **U4 (3)**

burrito *m.* burrito (*beans and meat wrapped in a tortilla and covered with cheese and salsa*) (*Mexican-American*)

busca: en busca de in search of **U8 (2)**

buscar (qu) to look for **U3 (2), U8 (3)**

busca look for, search for **PP (1)**

buscar palabras en el diccionario to look up words in the dictionary **U3 (2)**

C

caballo *m.* horse

andar a caballo to go horseback riding

montar a caballo to ride horseback **U4 (1)**

cabello *m.* hair; head of hair

cabeza *f.* head **U2 (1)**

dolor (*m.*) **de cabeza** headache **U6 (2)**

cacahuete (*m.*)**: mantequilla** (*f.*) **de cacahuete** peanut butter **U3 (1)**

cada *inv.* each, every **PP (1)**

cada vez each time **U6 (3)**

cadena *f.* chain; television network **U9 (3)**

café *m.* coffee **U7 (2)**; café **U5 (1)**

café con leche coffee with milk **U6 (1), U7 (2)**

(de) color (*m.*) **café** brown **PP (2), U2 (1)**

cafetería *f.* cafeteria **SP (1)**

calavera *f.* skull **U7 (3)**

calcetín *m.* sock **SP (3)**

calcomanía *f.* decal, sticker

calculadora *f.* calculator

calendario *m.* calendar **SP (2)**

calidad *f.* quality

es de muy buena calidad it's (of) very good quality **U5 (3)**

caliente warm, hot **U6 (1)**

chocolate (*m.*) **caliente** hot chocolate **U7 (2)**

calmarse to calm down

¡cálmense! calm down! **U4 (2)**

calor *m.*: **hace calor** it's hot (*weather*) **U4 (3)**

caloría *f.* calorie

calvo/a bald **U2 (1)**

calle *f.* street **U2 (2)**

cama *f.* bed

hacer las camas to make the beds **U8 (1)**

cámara *f.* camera **U5 (3)**

cambiar to change **U6 (3)**

cambiar de humor to change moods

camello *m.* camel

caminar to walk **U3 (3)**

camine... cuadras hasta... walk . . . blocks up to . . . **U5 (1)**

camino *m.* road, path

camisa *f.* shirt **PP (2)**

camiseta *f.* T-shirt **SP (3)**

campamento *m.* campground

campana *f.* bell **U7 (3)**

campanada *n. f.* ringing (*of a bell*)

campaña *f.* campaign

campeón *m.*, **campeona** *f.* champion

campeonato *m.* championship **U9 (1)**

camping *m.* campground

campo *m.* field; country, countryside **U2 (2), U8 (3)**

campo de deportes playing field **U3 (2)**

Canadá *m.* Canada

canal *m.* channel **U1 (2)**

canal (de televisión) (TV) channel **U4 (2)**

cancelar to cancel

canción *f.* song **U6 (3)**

candidato *m.*, **candidata** *f.* candidate

cangrejo *m.* crab

cansado/a tired **SP (2)**

estoy cansado/a I'm tired **SP (1)**

cansancio *m.* weariness

¡qué cansancio! what fatigue! **U8 (3)**

cantante *m.*, *f.* singer

cantar to sing **U8 (3)**

capítulo *m.* chapter

captar to capture, grasp

¿qué ideas captaste? what ideas did you get? **U1 (1)**

cara *f.* face **U6 (1)**

lavarse/secarse la cara to wash/dry one's face **U6 (1)**

carabela *f.* caravel (*light, fast sailing ship used especially in the sixteenth century*)

caracol *m.* snail

característica *f.* characteristic

¡caray! my goodness! **U6 (2)**

carga *f.* load, cargo

animal (*m.*) **de carga** pack animal

Caribe *m.* Caribbean

cariño *m.* affection

cariñoso/a affectionate **U2 (3)**

carísimo/a very expensive

carne *f.* meat **U7 (2)**

carne de res beef **U7 (2)**

carnicería *f.* butcher shop **U5 (1)**

caro/a expensive **U5 (3)**

carpa *f.* tent

carpeta *f.* folder

carrera *f.* race; career; track U4 (1)

carro *m.* car U3 (2)

  lavar el carro to wash the car U8 (1)

carta *f.* letter U1 (3); card

  jugar a las cartas to play cards U4 (2)

cartel *m.* poster U1 (1)

cartera *f.* wallet U5 (3)

cartero *m.*, **mujer** (*f.*) **cartero** mail carrier U5 (1)

casa *f.* house U1 (1), U2 (2)

  en casa at home U1 (3)

casado/a married U7 (1)

  (50) años de casados (50) years of marriage

casarse to get married U7 (1)

  casarse con to get married to

casi almost

  casi nunca almost never U3 (3)

caso *m.* case

cassette *m.* cassette

  radio (*m.*) **cassette portátil** portable radio cassette player U5 (3)

castaño/a brown (*hair, eyes*) U2 (1)

castillo *m.* castle

catalán *m.* Catalan (*language spoken in the Catalonian region in northeastern Spain*)

catálogo *m.* catalogue

catarro *m.* cold (*illness*) U6 (2)

catedral *f.* cathedral U9 (2)

categoría *f.* category

catorce fourteen SP (2)

causar to cause

caza *n. f.* hunting

cebra *f.* zebra

ceja *f.* eyebrow

celebración *f.* celebration U4 (3)

celebrar to celebrate U4 (3)

cementerio *m.* cemetery U7 (3)

cena dinner, supper

cenar to have dinner, supper U4 (2)

  cenar fuera to eat out U4 (2)

  salir a cenar to eat out

centígrado/a: grados centígrados degrees centigrade U4 (3)

centro *m.* center; downtown

  centro de espectáculos arena

  centro de reciclaje recycling center U8 (3)

  (ir a un) centro comercial (to go to a) shopping center, mall U4 (2)

cepillarse los dientes to brush one's teeth U6 (1), U8 (3)

cepillo *m.* brush U6 (1)

  cepillo de dientes toothbrush U6 (1)

cerca *adv.* near, nearby

  cerca de *prep.* near, close to U5 (1)

  ¿hay un(a)... cerca de aquí? is there a . . . nearby? U5 (1)

cerdo *m.* pork; pig

  chuleta (*f.*) **de cerdo** pork chop U7 (2)

cereal *m.* cereal U5 (1)

ceremonia *f.* ceremony

cero zero SP (2)

cerrado/a closed

cerrar (ie) to close

césped *m.* lawn

  cortar el césped to mow the lawn U8 (1)

ciclismo *m.* cycling U4 (1)

  ciclismo de pista bicycle racing (*on an indoor track*)

ciclista *m., f.* cyclist

cielo *m.* sky U8 (2); heaven

  ¡cielos! good heavens!

ciempiés *m. sing. and pl.* centipede

cien, ciento/a one hundred U1 (1), U5 (3)

  por ciento percent

ciencia(s) *f.* science(s) U1 (2)

  ciencia ficción science fiction

  laboratorio (*m.*) **de ciencias** science lab U3 (2)

científico/a scientific

cierre(n) close, shut PP (3)

cierto/a true; certain U2 (1)

cinco five SP (2)

cincuenta fifty U1 (1)

cine *m.* movie theater

  ir al cine to go to the movies U1 (3)

cinturón *m.* belt U5 (3)

círculo *m.* circle

circunstancia *f.* circumstance U6 (3)

cita *f.* date, appointment

  hacer una cita to make an appointment U3 (3)

  me gustaría hacer una cita con usted I would like to make an appointment with you U3 (3)

ciudad *f.* city U1 (2), U2 (2)

civil: derechos (*m.*) **civiles** civil rights U7 (3)

civilización *f.* civilization

civilizado/a civilized

¡claro! of course! SP (1)

  ¡claro que no! of course not!

  ¡claro que sí! of course!

claro/a *adj.* clear; light

clase *f.* class PP (1), SP (1), U1 (2); people in the class PP (1)

  clase de español Spanish class PP (2)

  compañero/a de clase classmate PP (1)

  horario (*m.*) **de clases** class schedule U1 (2)

  salón (*m.*) **de clase** classroom U1 (1)

clase (continued)
tomar una clase de...
to take a . . . class
U4 (2)
clásico/a classical **U1 (3)**
clave *adj.* key, important
cliente *m., f.* client **U5 (1)**
clima *m.* climate, weather
club *m.* club
cocer (ue) (cuezo) to cook;
to boil
cocina *f.* kitchen **U8 (1)**
cocinar to cook **U8 (1, 3)**
cocinero *m.*, **cocinera** *f.*
cook, chef
coche *m.* car
código (*m.*) **postal** zip code
cognado *m.* cognate
**coincidencia: ¡qué coinci-
dencia!** what a
coincidence! **SP (3)**
cojito *m.*, **cojita** *f.* lame;
crippled
col *f.* cabbage
cola *f.*: **hacer cola** to wait in
line **U3 (3)**
colaborar to collaborate
colección *f.* collection
colectivo *m.* bus (*Arg.,
Peru*)
colegio *m.* elementary or
secondary school
colita *f.* ponytail (*hair*)
colocar (qu) to put, place
Colón: Cristóbal Colón
Christopher Columbus
colonia *f.* colony
color *m.* color **PP (2),
SP (3)**
(de) color café brown
PP (2), U2 (1)
¿de qué color es... ? what
color is . . . ? **PP (2)**
colosal colossal, huge
columna *f.* column
collar *m.* necklace **U5 (3)**
combinación *f.* combination
comedia *f.* comedy
comedor *m.* dining room
U8 (1)

comentario *m.* comment
U6 (3)
comenzar (ie) (c) to begin
comenzar a + *infin.* to
begin to (*do something*)
**nunca es tarde para
comenzar** it's never
too late to begin
comer to eat **U1 (3), U9 (1)**
¡a comer! let's eat!
comerse las uñas to bite
one's nails **U6 (3)**
comercial: anuncio (*m.*)
comercial commercial
(ir a un) centro comercial
(to go to a) shopping
center, mall **U4 (2)**
comercio *m.* business **U1 (2)**
comestibles *m.*: **tienda** (*f.*)
de comestibles
grocery store **U5 (1)**
cómico/a comical
leer las tiras cómicas to
read the comics,
funnies **U4 (2)**
tira (*f.*) **cómica** comic
strip **U3 (2)**
comida *f.* food **U3 (1)**; meal;
dinner, supper
comida (*f.*) **rápida** fast
food **U6 (2)**
comienzo *n. m.* beginning
U7 (3)
comilón *m.*, **comilona** *f.*
hearty eater **U3 (1)**
como like; as
como de costumbre as
usual **U8 (1)**
tan... como as . . . as
U8 (2)
¿cómo? how?; what?
¿cómo eres? what are
you like?
¿cómo es... ? what is . . .
like? **U1 (2), U2 (1)**
¿cómo está él/ella? how
is he/she? **PP (4)**
¿cómo está usted? how
are you (*pol. sing.*)?
SP (1)

¿cómo estás? how are
you (*inf. sing.*)? **PP (4)**
¿cómo llego a... ? how do
I get to . . . ? **U5 (1)**
**¿cómo se dice esto en
español?** how do you
say this in Spanish?
SP (4)
¿cómo se escribe... ? how
do you spell . . . ? **SP (4)**
¿cómo se llama él/ella?
what is his/her name?
PP (1)
¿cómo son? what are
they like? **U2 (1)**
¿cómo te llamas? what is
your name? **PP (1)**
cómoda *f.* chest of drawers
U8 (2)
cómodo/a comfortable **U8 (1)**
compacto/a: disco (*m.*)
compacto compact
disc **U4 (2)**
compañero *m.*, **compañera**
f. companion
compañero/a de clase
classmate **PP (1)**
compañía *f.* company **U3 (1)**
comparación *f.* comparison
U8 (2)
comparar to compare
compartir to share
compartan share **U3 (1)**
comparte share **U1 (3)**
competición *f.* competition
U4 (1)
completar to complete
completa complete **PP (1)**
complicado/a complicated
componer (*like* **poner**) to
comprise, make up
comportamiento *m.*
behavior **U7 (1)**
composición *f.* composition
U3 (3)
compositor *m.*, **compositora**
f. composer
compra *f.* purchase
ir de compras to go
shopping **U1 (3)**

comprar to buy **U3 (1)**

comprender to understand **U3 (3)**

no comprendo I don't understand **SP (4)**

comprensivo/a *adj.* understanding **U2 (3)**

computación *f.* computer science **U1 (2)**

laboratorio (*m.*) **de computación** computer science lab **U3 (2)**

computadora *f.* computer **U1 (2)**

común common

tener en común to have in common **U3 (3)**

comunicarse (con) to communicate (with)

con with **PP (1)**

con frecuencia frequently **U3 (3)**

con permiso pardon me, may I (get by / leave)? **SP (4)**

¿con quién? with whom? **U3 (1)**

concierto *m.* concert **U1 (3)**

asistir a un concierto to attend a concert **U4 (2)**

conductor *m.*, **conductora** *f.* driver; conductor

conexión *f.* connection

conferencia *f.* lecture, presentation

confundido/a confused

estar/sentirse confundido/a to be/feel confused **U6 (3)**

conmigo with me **U5 (2)**

conocer (conozco) to know, be acquainted with; to meet (*for the first time*) **U7 (1), U9 (1)**

conquistar to conquer

consejero *m.*, **consejera** *f.* counselor

oficina (*f.*) **de los consejeros** advisers' office **U3 (2)**

consejo *m.* (piece of) advice **U6 (2)**

consejos *pl.* advice

considerado/a considered

consistir en to consist of

construir (y) to build

consultar to consult

contagioso/a contagious **U6 (2)**

contar (ue) to tell (*a story*); to count

contar chistes to tell jokes **U2 (3)**

cuenta count **SP (2)**

contenido *m. sing.* contents

contento/a happy **SP (1)**

estar/sentirse súper contento/a to be/feel extremely happy **U6 (3)**

estoy contento/a I'm happy **SP (1)**

contestar to answer

contesta answer **PP (2)**

contexto *m.* context **U1 (2)**

contigo with you (*inf. sing.*) **U5 (2)**

continuar to continue

contra against

convencer (convenzo) to convince

conversación *f.* conversation **SP (1)**

conversar to converse, talk **U8 (3)**

conversa talk **U1 (2)**

conversen en grupos talk in groups **U3 (3)**

coordinación *f.* coordination **U4 (1)**

copa *f.* cup (*in sporting events*)

corazón *m.* heart **U7 (3)**

corbata tie (*clothing*) **SP (3)**

coro *m.* choir **U8 (3)**

corra(n) run **PP (3)**

correcto/a correct, right **PP (1), SP (3), U7 (1)**

corregir (i, i) (j) to correct

correo *m.* post office **U5 (1)**

correr to run **U1 (3)**

correspondencia *f.* correspondence

amigo/a por correspondencia pen pal **U2 (1)**

corresponder to correspond

corresponde corresponds **SP (4)**

corrida *f.* (**de toros**) bullfight **U9 (2)**

corrige correct **U1 (1)**

cortada *f.* cut, wound **U6 (2)**

cortar to cut **U8 (3)**

cortar el césped to mow the lawn **U8 (1)**

cortejo *m.* retinue, entourage

cortesía *f.* courtesy **U7 (1)**

expresiones (*f.*) **de cortesía** courteous expressions **SP (4)**

cortijo *m.* farm; country home (*Sp.*)

cortinas *f.* curtains, drapes **U8 (2)**

corto/a short (*in length*) **U2 (1)**

cosa *f.* thing **PP (2)**

cosmopolita *adj. m., f.* cosmopolitan

costar (ue) to cost

¿cuánto cuesta(n)... ? how much does/do . . . cost? **U5 (3)**

cuesta(n) it costs/ they cost **U5 (2)**

costarricense Costa Rican

costumbre *f.* custom

como de costumbre as usual **U8 (1)**

costurera *f.* seamstress

crear to create

creativo/a creative **U2 (1)**

creer (y) to believe, think **U5 (1), U6 (2)**

creo que... I think that . . . **U1 (3)**

creer (*continued*)

    creo que no I don't think so

    creo que sí I think so

    ¿no crees? don't you think (so)?

crema *f.* cream

criada *f.* maid **U8 (1)**

criollo/a: asado (*m.*) **criollo** Argentine barbecue *adj.* Creole

cruzar (c) to cross

    cruce... cross . . . **U5 (1)**

cuaderno *m.* notebook **U1 (1)**

cuadra *f.* (*city*) block **U5 (1)**

    camine... cuadras hasta... walk . . . blocks up to . . . **U5 (1)**

    está a... cuadras de aquí it's . . . blocks from here **U5 (1)**

cuadro *m.* painting **U5 (2)**

¿cuál? *pron.* which (one)?; *adj.* which? **SP (1)**

    ¿cuál es la fecha de hoy? what's today's date? **U4 (3)**

    ¿cuál es la temperatura máxima/mínima? what is the high/low temperature? **U4 (3)**

    ¿cuál es tu nombre? what is your name? **PP (1)**

    ¿cuál fue el tanteo? what was the score? **U4 (1)**

cualquier any

cuando when **U3 (1)**

    de vez en cuando from time to time **U3 (3)**

¿cuándo? when? **U1 (3)**

¿cuánto/a? how much?

    ¿cuánto cuesta(n)... ? how much does/do . . . cost? **U5 (3)**

¿cuántos/as? how many? **SP (2)**

    ¿cuántas veces? how many times? **U3 (1)**

    ¿cuántos años tienes? how old are you? **U2 (2)**

cuarenta forty **U1 (1)**

cuarto *m.* room **U8 (1);** bedroom **U1 (1)**

    menos cuarto quarter to

    y cuarto quarter past **U1 (2)**

cuarto/a fourth **U8 (1)**

cuate *m.*, **cuata** *f.* buddy, pal (*Mex.*)

cuatro four **SP (2)**

cuatrocientos/as four hundred **U5 (3)**

cubano *m.*, **cubana** *f.* Cuban

cucaracha *f.* cockroach

cucharadita *f.* teaspoon

cuenta *f.* bill, invoice **U7 (2)**

    tomar en cuenta to take into account

cuente(n) count **SP (2)**

cuento *m.* short story

cuero *m.* leather **U5 (3)**

cuerpo *m.* body **U2 (1)**

cuervo *m.* crow; raven

cuidado *m.* care, attention

    cuidado con... look out for . . .

cuidar (de la salud) to take care (of one's health) **U6 (2)**

    cuidar niños to take care of children, babysit **U1 (3)**

culinario/a culinary

cultural cultural **U1 (1)**

cumpleaños *m. sing. & pl.* birthday **U4 (2)**

    ¡feliz cumpleaños! happy birthday! **U7 (3)**

cumplir to fulfill **U9 (1)**

    cumplir años to have one's birthday **U7 (1)**

    cumplir (quince años) to be (fifteen) years old, reach (fifteen years) of age

cuñado *m.*, **cuñada** *f.* brother-in-law, sister-in-law **U6 (3)**

cura *m.* priest **U7 (1)**

curarse to get well

curioso/a curious; strange **U1 (2), U2 (3)**

curita *f.* adhesive bandage **U6 (2)**

CH

chamarra *f. coarse cloth jacket*

chambelán *m.* male escort (*at a 15th birthday party*)

champú *m.* shampoo **U5 (1)**

chaqueta *f.* jacket **SP (3)**

charlar to chat, talk

    ¡a charlar! let's talk! **PP (4), U1 (2)**

charro *m.* cowboy (*Mex.*)

chau good-bye **PP (4)**

cheque *m.* check

chévere *coll.* terrific, great (*Cuba, Puerto Rico*)

chico *m.*, **chica** *f.* guy, young man; girl, young woman **U1 (1)**

chino *m.*, **china** *f.* (*n. & adj.*) Chinese

chiste *m.* joke

    contar chistes to tell jokes **U2 (3)**

chistoso/a funny, amusing **U2 (1)**

chocolate *m.* chocolate **U1 (3)**

    chocolate caliente hot chocolate **U7 (2)**

chuleta (*f.*) **de cerdo** pork chop **U7 (2)**

churro *m. deep-fried pastry covered with sugar and cinnamon* (*Sp.*)

D

danza *f.* dance

dar *irreg.* to give **U7 (3), U9 (3)**

    dar un beso to kiss

    dar un paseo to go for a walk

dar una vuelta to turn around

darle gracias to thank **U7 (3)**

me da igual it's all the same to me **U1 (3)**

datos *m. pl.* information, facts **U2 (2)**

de of; from **PP (1)**; about **U1 (1)**

de nada you're welcome **SP (4)**

¿de qué color es... ? what color is . . . ? **PP (2)**

del (*contr. of* **de** + **el**) of the; from the

dé give

dé una vuelta turn around **PP (3)**

déme give me **PP (3)**

debajo de under, underneath

deber should, must, ought to; to owe

década *f.* decade

decidir to decide **U9 (1)**

decide decide **PP (3)**

décimo/a tenth **U8 (1)**

decimos: ¿por qué lo decimos así? why do we say it that way? **PP (1)**

¿y ahora qué decimos? and now, what shall we say?

decir *irreg.* to say, tell **U7 (3)**

¿puede usted decirme dónde está... ? can you tell me where . . . is? **U5 (1)**

¿qué podemos decir? what can we say?

querer decir to mean

decisión *f.* decision

decoración *f.* decoration **U7 (1)**

decorar to decorate **U7 (1)**

dedicación *f.* dedication

dedo *m.* finger **U6 (2)**

definición *f.* definition **U3 (1)**

dejar to leave **U7 (1)**

del (*contr. of* **de** + **el**) of the; from the

del mundo hispano from the Hispanic world **PP (1)**

delante de in front of **U5 (1)**

delgado/a thin, slender **U2 (1)**

delicioso/a delicious **U3 (1)**

demasiado too; too much **U5 (3)**

demostración *f.* demonstration

den give

den una vuelta turn around **PP (3)**

denme give me **PP (3)**

dental: higiene (*f.*) **dental** dental hygiene

hilo (*m.*) **dental** dental floss **U6 (1)**

pasta (*f.*) **dental** toothpaste

dentista *m., f.* dentist **U2 (3)**

ir al dentista to go to the dentist **U1 (3)**

dentro: por dentro inside

departamento *m.* department

depender (de) to depend (on)

depende it depends **U6 (2)**

dependiente *m.,* **dependienta** *f.* clerk **U5 (1)**

deporte *m.* sport **U1 (2), U2 (1), U4 (1)**

¿a qué deporte juega(n)? what sport does he/she, do you (*pol. sing.*)/they play? **U4 (1)**

campo (*m.*) **de deportes** playing field **U3 (2)**

deporte de equipo/individual team/individual sport **U4 (1)**

practicar deportes to play sports **U3 (2), U4 (1)**

deportista *m., f.* athlete

deportivo/a *adj.* sports **U4 (1)**

depositar to deposit **U5 (2)**

deprimido/a depressed

estar/sentirse deprimido/a to be/feel depressed **U6 (3)**

derecha *f.* right (side)

a la derecha de to the right of **U5 (1)**

doble a la derecha turn right **U5 (1)**

mire(n) a la derecha look to the right **PP (3)**

derecho *m.* (*legal*) right

derechos civiles civil rights **U7 (3)**

siga derecho continue straight ahead **U5 (1)**

desagradable disagreeable, unpleasant **U8 (2)**

desastre *m.* disaster **U4 (2)**

desastroso/a disastrous

desayunar to have breakfast **U6 (1)**

desayuno *m.* breakfast **U4 (2), U7 (2)**

descansar to rest **U1 (3), U8 (3)**

describir to describe

describe describe **U2 (1)**

descripción *f.* description **SP (1), U2 (1)**

descubridor *m.,* **descubridora** *f.* discoverer

descubrir to discover

descuento *m.* discount

desde from

desde muy pequeño/a from a very young age

desde que since

desear to wish **U7 (3)**

desesperado/a desperate

desfile *m.* parade **U7 (3)**

desilusionado/a disillusioned

desordenado/a disorderly **U4 (2)**

despedida *f.* leave-taking **PP (4)**

despertador: radio (*m.*) **despertador** clock radio

después *adv.* after, afterward **U6 (1)**

    después de *prep.* after **U3 (3)**

detestar to detest, hate **U3 (1)**

detrás de behind **U5 (1)**

devorar to devour **U7 (1)**

di say, tell **SP (4)**

    dime algo más tell me more

día *m.* day **SP (2)**

    al día per day

    buenos días good morning **PP (4)**

    de día y de noche by day and by night

    Día de Acción de Gracias Thanksgiving **U7 (3)**

    día de fiesta holiday

    Día de la Independencia Independence Day **U4 (3)**

    Día de la Madre Mother's Day **U4 (3)**

    Día de la Raza Columbus Day **U4 (3)**

    Día de las Brujas Halloween **U7 (3)**

    Día de los Enamorados Valentine's Day **U4 (3)**

    Día de los Muertos All Souls' Day

    Día de los Presidentes Presidents' Day **U7 (3)**

    Día de los Veteranos Veterans' Day **U7 (3)**

    Día del Padre Father's Day

    Día del Trabajador Labor Day **U7 (3)**

    día feriado holiday **U4 (3), U7 (3)**

    días de la semana days of the week **SP (2)**

hoy (en) día nowadays

otro día another day, the other day

por día per day

todo el día all day, all day long **U1 (3)**

todos los días every day **U1 (2)**

diálogo *m.* dialogue **PP (1)**

diamante *m.* diamond **U5 (3)**

diariamente daily

diario *m.* diary; newspaper **U5 (2)**

diario/a daily

    rutina (*f.*) **diaria** daily routine **U6 (1)**

dibujar to draw **U3 (3)**

dibujo *m.* drawing **PP (1)**

    dibujos animados cartoons **U1 (3)**

diccionario *m.* dictionary **U3 (2)**

    buscar palabras en el diccionario to look up words in the dictionary **U3 (2)**

dice he/she says, you (*pol. sing.*) say **U1 (1)**

    así se dice... that's how you say . . .

    ¿cómo se dice esto en español? how do you say this in Spanish? **SP (4)**

    se dice... you say . . . **SP (4)**

dices: y ahora, ¿qué dices tú? and now, what do you say? **SP (2)**

    y tú, ¿qué dices? and you, what do you have to say? **PP (1)**

diciembre *m.* December **U1 (3)**

dicho *m.* saying

diecinueve nineteen **SP (2)**

dieciocho eighteen **SP (2)**

dieciséis sixteen **SP (2)**

diecisiete seventeen **SP (2)**

diente *m.* tooth **U6 (1)**

    cepillarse los dientes to brush one's teeth **U6 (1)**

    cepillo (*m.*) **de dientes** toothbrush **U6 (1)**

    lavarse los dientes to brush one's teeth

    pasta (*f.*) **de dientes** toothpaste **U6 (1)**

dieta *f.* diet **U6 (2)**

    estar a dieta to be on a diet

diez ten **SP (2)**

diferencia *f.* difference **SP (3)**

difícil hard, difficult **U1 (2)**

dificilísimo/a very difficult

difunto *m.*, **difunta** *f.* dead person, deceased **U7 (3)**; *adj.* dead

digas: no me digas you (*inf. sing.*) don't say

Dinamarca *f.* Denmark

dinero *m.* money **U3 (1)**

Dios *m.* God **U7 (3)**

    ¡Dios mío! my goodness!

dirección *f.* address **U2 (2)**

director *m.*, **directora** *f.* principal **PP (3)**

    oficina (*f.*) **del director/de la directora** principal's office **U3 (2)**

directorio *m.* directory (*containing addresses, etc.*) **U5 (3)**

diría: ¿quién diría... ? who would say . . . ? **U1 (2)**

disco *m.* record

    disco compacto compact disc **U4 (2)**

    tienda (*f.*) **de discos** record store

discoteca *f.* discotheque

diseñado/a designed

diseñador *m.*, **diseñadora** *f.* designer

diseñar to design

diseño *m.* design

disfraz *m.* (*pl.* **disfraces**) costume **U7 (3)**

disfrutar de to enjoy **U7 (1)**

distinto/a different

distraído/a absent-minded, distracted U3 (2)

distrito *m.* district

diversión *f.* diversion; entertainment

parque (*m.*) **de diversiones** amusement park U9 (2)

divertidísimo/a very fun

divertido/a amusing, fun U1 (2)

divertirse (ie, i) to have a good time U6 (3), U9 (2)

doblar to turn

doble a la izquierda/derecha turn to the left/right U5 (1)

doce twelve SP (2)

docena *f.* dozen

doctor *m.*, **doctora** *f.* doctor

dólar *m.* dollar U5 (3)

doler (ue) to hurt

dolor *m.* pain, ache

dolor de cabeza headache U6 (2)

dolor de estómago stomachache U6 (3)

dolor de garganta sore throat U6 (2)

doméstico/a: animal (*m.*) **doméstico** pet

domingo *m.* Sunday SP (2)

el domingo on Sunday U1 (3)

los domingos on Sundays U1 (3)

Don *title of respect preceding a man's first name*

dona *f.* doughnut U3 (1)

donde where

¿dónde? where?

¿de dónde eres? where are you (*inf. sing.*) from? U2 (2)

¿de dónde es? where is he/she from? U2 (2)

¿dónde vives? where do you (*inf. sing.*) live? U2 (2)

¿puede usted decirme dónde está... ? can you tell me where . . . is? U5 (1)

doña *title of respect preceding a woman's first name*

dormir (ue, u) to sleep U6 (2)

dormir hasta tarde to sleep late U4 (2)

dormir la siesta to take a nap

dormirse to fall asleep

dormitorio *m.* bedroom U8 (1)

dos two SP (2)

dos veces twice U3 (1)

doscientos/as two hundred U5 (3)

doy I give U7 (3)

ducha *f.* shower

ducharse to take a shower U6 (1), U8 (3)

dueño *m.*, **dueña** *f.* owner

dulce *m.* (piece of) candy U6 (2); *adj.* sweet

agua (*f., but* **el agua**) **dulce** fresh water

dulce de leche *candy made from sweetened condensed milk*

está dulce it's sweet U7 (2)

pan (*m.*) **dulce** sweet bread U5 (1)

durante during U3 (3)

durar to last U7 (3)

duro/a hard

E

e and (*used instead of* **y** *before words beginning with* **i** *or* **hi**)

ecología *f.* ecology

ecologista *adj.* ecology

economía *f.* economy

echar de menos to miss, long for

edad *f.* age U2 (2)

edición *f.* edition

edificio *m.* building

edificio de apartamentos apartment building U5 (1)

edificio de pisos apartment building

educación (*f.*) **física** physical education, P.E. U1 (2)

EE.UU. *m. pl.* (*abbrev. for* **Estados Unidos**) United States

eficiente efficient

ejemplo *m.* example U2 (2)

por ejemplo for example U3 (1)

ejercicio *m.* exercise PP (1)

clase (*f.*) **de ejercicio** exercise class

hacer ejercicio to exercise U1 (3), U2 (3)

el *m. sing. definite article* the

él *m. sub. pron.* he; *obj. of prep.*, him

eléctrico/a electrical

electrónico/a electronic U5 (3)

elefante *m.* elephant

elegante elegant U2 (3), U4 (1)

ella *f. sub. pron.* she; *obj. of prep.* her

ello that, that thing, that fact

ellos *m.*, **ellas** *f. sub. pron.* they U3 (1); *obj. of prep.* them

embargo: sin embargo however, nevertheless

emoción *f.* emotion U6 (3)

emocionado/a excited U9 (2)

emocionante exciting U4 (1)

empezar (ie) (c) to begin U8 (3)

¿a qué hora empieza la clase? when does class begin?

empezar a + *infin.* to begin to (*do something*)

empieza begins U1 (2)

empleado *m.*, **empleada** *f.* employee

en in **PP (1)**; at; on

en casa at home

en seguida right away **U7 (2)**

en total in all, in total **U1 (1)**

en vivo live **U9 (3)**

enamorado *m.*, **enamorada** *f.* lover

Día (*m.*) **de los Enamorados** Valentine's Day **U4 (3)**

enamorado/a (de) in love (with)

encantado/a pleased to meet you

encantar to charm, delight

encender (ie) to light, light up **U9 (1)**

encontrar (ue) to find

encontrarse (con) to meet (with)

encuesta *f.* survey

enchilada *f.* enchilada (*corn tortilla filled with meat and topped with cheese and sauce*) (*Mex., Guatemala*) **U7 (2)**

energía *f.* energy

enero *m.* January **U1 (3)**

enfermería *f.* infirmary, nurse's office **U3 (2)**

enfermero *m.*, **enfermera** *f.* nurse

enfermo/a sick, ill

estoy enfermo/a I'm sick **SP (1)**

enfrente de in front of **U5 (1)**

enojado/a angry

enojarse to get angry

enorme enormous **U2 (1)**

ensalada *f.* salad **U3 (1)**

enseñar to teach

entender (ie) to understand

entonces then, well

entrada *f.* entrance

entrar to enter **U4 (2)**

entre between, among **SP (3)**, **U3 (1)**

entre paréntesis in parentheses **U3 (3)**

entregar (gu) to turn in, hand in **U3 (3)**

entrenador *m.*, **entrenadora** *f.* trainer, coach

entrenarse to train

entrevista *f.* interview

entrevistar to interview

entusiasmado/a enthusiastic

envase *m.* container; bottle, jar **U8 (3)**

envidia *f.*: **¡qué envidia!** I'm so envious!

época *f.* epoch, era, age **U9 (3)**

equipo *m.* team **U4 (1)**

deporte (*m.*) **de equipo** team sport **U4 (1)**

¿qué equipo ganó/ perdió? what team won/lost? **U4 (1)**

era he/she/it was

eres you (*inf. sing.*) are **U2 (1)**

¿cómo eres? what are you like?

¿de dónde eres? where are you from? **U2 (2)**

error *m.* error **U2 (3)**, **U7 (2)**

es he/she is **PP (1)**; you (*pol. sing.*) are **U2 (1)**

¿cómo es? what is it like? **U2 (1)**

¿de dónde es? where is he/she from?; where are you (*pol. sing.*) from? **U2 (2)**

¿de quién es? whose is it? **U2 (3)**

es de... he/she is from . . . ; you (*pol. sing.*) are from . . . **U2 (2)**

es de muy buena calidad it's (of) very good quality **U5 (3)**

es el... de... it is the . . .th of . . . (*date*) **U4 (3)**

es el primero de... it is the first of . . . (*date*) **U4 (3)**

es la una it's one o'clock **SP (4)**

¡es muy barato/a! it's very cheap! **U5 (3)**

¡es un regalo! it's a gift! **U5 (3)**

¡es una ganga! it's a bargain! **U5 (3)**

¿qué hora es? what time is it? **SP (4)**

¿quién es... ? who is . . . ? **U2 (1)**

escaparate *m.* display window **U5 (2)**

mirar los escaparates to window shop, go window shopping

escena *f.* scene

escoger (j) to choose

escoge pick, choose **PP (1)**

escolar: año (*m.*) **escolar** school year

esconderse to hide **U7 (1)**

escriba(n) write **PP (3)**

escribir to write **U1 (3)**, **U3 (3)**, **U9 (1)**

¿cómo se escribe... ? how do you spell . . . ? **SP (4)**

máquina (*f.*) **de escribir** typewriter

escritor *m.*, **escritora** *f.* writer

escritorio *m.* desk **U1 (1)**

escuchar to listen (to) **U1 (3)**

escuche(n) listen **PP (3)**

escuela *f.* school **PP (2)**, **U3 (2)**

escuela primaria elementary school

escuela secundaria high school

escultor *m.*, **escultora** *f.* sculptor, sculptress

escultura *f.* sculpture **U5 (2)**

ese, esa *adj.* that **U8 (2)**

ése *m.*, ésa *f. pron.* that (one)
esencial essential **U5 (3)**
esmalte *m.* nail polish
esmeralda *f.* emerald
eso *pron.* that, that thing, that fact **U4 (2)**
ésos *m.*, ésas *f. pron.* those (ones)
esos/as *adj.* those **U8 (2)**
espacial: viajes (*m.*) espaciales space travel
espacio *m.* space
espaguetis *m. pl.* spaghetti **U3 (1)**
España *f.* Spain
español *m.* Spanish (*language*) **SP (1)**
  clase (*f.*) de español Spanish class **PP (2)**
  ¿cómo se dice esto en español? how do you say this in Spanish? **SP (4)**
español *m.*, española *f.* Spaniard; *adj.* Spanish
espárragos *m. pl.* asparagus **U7 (2)**
especial special
especialmente especially **U3 (1)**
espectáculo *m.* show, performance **U9 (2)**
  centro (*m.*) de espectáculos arena
espejo *m.* mirror **U6 (1)**, **U8 (2)**
esperar to wait (for); to hope; to expect **U3 (3)**
  ¿a quién esperas? whom are you waiting for?
espina *f.* thorn
espinacas *f. pl.* spinach **U7 (2)**
espíritu *m.* spirit
esposo *m.*, esposa *f.* spouse; husband, wife **U2 (3)**
esqueleto *m.* skeleton
esquí *m.* ski **U5 (3)**; skiing **U4 (1)**
esquiar to ski (esquío) **U1 (3)**, **U4 (1)**

esquiar en el agua to water-ski **U4 (1)**
esquina *f.* corner
  en la esquina (de) on the corner (of) **U5 (1)**
estación *f.* station; season **U4 (3)**
  ¿cuál es la estación que menos te gusta? which season do you like least?
  ¿en qué estación estamos? what season is this?
  estación de metro subway station **U5 (2)**
  estación de radio radio station **U6 (3)**
estacionamiento *m.* parking, parking lot **U3 (1)**
estadio *m.* stadium **U5 (2)**
estado *m.* state
  estado de ánimo mood, frame of mind **U6 (3)**
  Estados Unidos United States **PP (2)**
estampilla *f.* stamp **U5 (1)**
estante *m.* bookshelf **U8 (2)**
estar *irreg.* to be **SP (1)**
  ¿cómo está él/ella? how is he/she? **PP (4)**
  ¿cómo está usted? how are you (*pol. sing.*)? **SP (1)**
  ¿cómo estás? how are you (*inf. sing.*)? **PP (4)**
  está he/she is; you (*pol. sing.*) are **SP (1)**
  está nublado it's cloudy **U4 (3)**
  estar ausente to be absent **U3 (3)**
  estar de buen/mal humor to be in a good/bad mood
  estar en forma to be in (good) shape (*physically*)

estar fuerte en to be strong, proficient in (*a subject*) **U3 (3)**
  estar más o menos to be (feeling) OK, not bad
  estás you (*inf. sing.*) are **SP (1)**
  ¿puede usted decirme dónde está... ? can you tell me where . . . is? **U5 (1)**
estatua *f.* statue
  Estatua de la Libertad Statue of Liberty
estatura *f.*: de estatura mediana of medium height
este, esta *adj.* this **U4 (2)**
  esta mañana/tarde this morning/afternoon **U4 (2)**
  esta noche tonight **U4 (2)**
  esta semana this week **U4 (2)**
  este mes/año this month/year **U4 (2)**
éste *m.*, ésta *f. pron.* this (one)
  ésta es mi amiga... this is my friend . . . **SP (1)**
  éste es mi amigo... this is my friend . . . **SP (1)**
estéreo *m.* stereo **U5 (3)**
estereotipo *m.* stereotype **U6 (2)**
estilo *m.* style
  al estilo medieval in medieval style
estimado/a dear (*salutation in a letter*)
esto *pron.* this, this thing, this fact
  ¿cómo se dice esto en español? how do you say this in Spanish? **SP (4)**
estómago *m.* stomach
  dolor (*m.*) de estómago stomachache **U6 (3)**
estos, estas *adj.* these **SP (1)**, **U4 (2)**

hazle estas preguntas a... ask . . . these questions **U1 (2)**

éstos *m.*, **éstas** *f. pron.* these (ones)

estoy I am **SP (1)**

estoy (cansado/a, contento/a, enfermo/a, nervioso/a, ocupado/a) I'm (tired, happy, sick, nervous, busy) **SP (1)**

(yo) estoy muy bien I'm fine **PP (4)**

estrella *f.* star **U8 (3)**

estrés *m.* stress

estricto/a strict **U2 (3)**

estudiante *m.*, *f.* student **PP (1)**

estudiante de intercambio exchange student **U3 (3)**

estudiantil *adj.* student

estudiar to study **U1 (3)**, **U8 (3)**

estudia study **PP (1)**

estudiar para un examen to study for a test **U3 (2)**

estudie(n) study **PP (3)**

estudio *m.* study

hora (*f.*) **de estudio** study hall (*period*) **U1 (2)**

sala (*f.*) **de estudio** study (*room*)

estudioso/a studious **U2 (1)**

estufa *f.* stove **U8 (2)**

ética *f. sing.* ethics

europeo/a European

evitar to avoid **U6 (2)**

exageración *f.* exaggeration

exagerado/a exaggerated

exagerar to exaggerate

examen *m.* exam, test **PP (3)**

estudiar para un examen to study for a test **U3 (2)**

excelente excellent **U1 (2)**

excepción *f.*: **con excepción de** except for

exclamar to exclaim

excursión *f.*: **hacer una excursión** to go on an excursion **U9 (2)**

exhibir to exhibit

exigente demanding **U2 (1)**

éxito *m.* success **U7 (1)**

tener éxito to be successful

experimento *m.* experiment **U3 (2)**

hacer experimentos to do experiments **U3 (2)**

experto *m.*, **experta** *f.* expert

explicación *f.* explanation

explicar (qu) to explain **U9 (3)**

explica explain **U2 (1)**

expresar to express

expresa tu opinión express your opinion **U6 (1)**

expresión *f.* expression

expresiones de cortesía courteous expressions **SP (4)**

extraño/a strange

extraterrestre *adj.* extraterrestrial, from outer space

extrovertido/a extroverted

F

fabuloso/a fabulous

fácil easy **U1 (2)**

fácilmente easily

facultad *f.* school (*of a university*)

fachada *f.* facade

falda *f.* skirt **PP (2)**

falso/a false **U2 (1)**

falta *f.*: **hacer falta** to be lacking, be needed

fallar to fail

fallar en una prueba to fail a quiz **U3 (3)**

fama *f.* fame

familia *f.* family **U2 (3)**

famoso/a famous **U3 (1)**

fanático/a fanatical

fandango *m. Spanish regional dance*

fantasma *m.* ghost

fantástico/a fantastic **U1 (2)**

farmacia *f.* pharmacy **U2 (2)**

fascinante fascinating

fascinar to fascinate

fastidio *m.*: **¡qué fastidio!** how annoying! **U8 (1)**

fatal terrible

favor *m.*: **por favor** please **SP (4)**

favorito/a favorite **U1 (2)**

febrero *m.* February **U1 (3)**

fecha *f.* date

¿cuál es la fecha de hoy? what's today's date? **U4 (3)**

fecha de nacimiento birthdate

¿qué fecha es hoy? what's today's date? **U4 (3)**

¡felicidades! *f.* congratulations **U7 (3)**

¡felicitaciones! *f.* congratulations **U7 (3)**

felicitar to congratulate **U7 (1)**

feliz (*pl.* **felices**) happy

estar/sentirse feliz to be/feel happy **U6 (3)**

¡Felices Pascuas! Merry Christmas! **U7 (3)**

¡feliz aniversario! happy anniversary! **U7 (3)**

¡feliz cumpleaños! happy birthday! **U7 (3)**

¡Feliz Navidad y Próspero Año Nuevo! Merry Christmas and Happy New Year! **U7 (3)**

feo/a ugly **U2 (1)**

feria *f.* fair

feriado/a: día (*m.*) **feriado** holiday **U4 (3)**, **U7 (3)**

feroz *adj.* (*pl.* **feroces**) ferocious **U7 (1)**

tener un hambre feroz to be starving

ferrocarril *m.* railway, railroad

festivo/a: día (*m.*) **festivo** holiday

ficción *f.*: **ciencia ficción** science fiction

fideos noodles **U3 (1)**

fiebre *m.* fever **U6 (2)**

fiesta *f.* party **U1 (3)**, **U4 (2)**, **U7 (1)**

día (*m.*) **de fiesta** holiday

fiesta de barmitzva bar mitzvah celebration **U7 (1)**

fiesta de fin de año end-of-year party **U7 (1)**

fiesta de quince años fifteenth birthday party **U7 (1)**

fiesta sorpresa surprise party **U7 (1)**

fila *f.* line, row

filete *m.* fillet

Filipinas: Islas (*f.*) **Filipinas** Philippine Islands

fin *m.* end

fiesta (*f.*) **de fin de año/clase** end-of-year party

fin de semana weekend **U1 (3)**

fin de semana pasado last weekend **U8 (3)**

por fin finally **U5 (1)**, **U6 (1)**

finalmente finally

fino/a fine

física *f. sing.* physics

físicamente physically

físico/a *adj.* physical **U2 (1)**

educación (*f.*) **física** physical education, **P.E. U1 (2)**

flaco/a skinny

flan *m.* baked custard, flan **U7 (2)**

flauta *f.* flute

flor *f.* flower **SP (3)**

ramo (*m.*) **de flores** bouquet of flowers **U7 (3)**

folklórico/a folkloric **U9 (2)**

folleto *m.* brochure, pamphlet **U9 (2)**

forma *f.* form

estar en forma to be in (good) shape (*physically*)

ponerse en forma to get into shape **U6 (2)**

formalidad *f.* formality

formidable great

foto *f.* photo **SP (3)**

sacar fotos to take pictures **U4 (2)**

fotografía *f.* photograph

fotógrafo *m.*, **fotógrafa** *f.* photographer **U7 (1)**

francés *m.* French (*language*) **U2 (2)**

frase *f.* phrase **SP (2)**

frecuencia *f.*: **con frecuencia** frequently **U3 (3)**

¿con qué frecuencia... ? how often . . . ?

fregadero *m.* kitchen sink **U8 (2)**

frenesí *m.* frenzy

fresa *f.* strawberry **U7 (2)**

helado (*m.*) **de fresas** strawberry ice cream

fresco/a fresh

hace fresco it's cool (*weather*) **U4 (3)**

frescura *f.* freshness

frijoles *m.* beans **U7 (2)**

frijolitos *m.* small beans

frío/a cold **U6 (1)**

hace frío it's cold (*weather*) **U4 (3)**

pasamos un poco de frío we got a little cold

té (*m.*) **frío** iced tea

frito/a fried **U3 (1)**

huevos (*m.*) **fritos** fried eggs **U7 (2)**

papas (*f.*) **fritas** french fries **U3 (1)**

fritura (*f.*) **de pescado** fried fish

frívolo/a frivolous

fruta *f.* fruit **U3 (1)**, **U7 (2)**

frutilla *f.* strawberry (*Arg., Chile*)

fue (*past tense of* **ser**) he/she was, you (*pol. sing.*) were **U9 (3)**; (*past tense of* **ir**) he/she/you (*pol. sing.*) went

¿cuál fue el tanteo? what was the score? **U4 (1)**

fuegos (*m.*) **artificiales** fireworks **U7 (3)**

fuente *f.* source; origin

fuera: cenar fuera to eat out **U4 (2)**

por fuera outside

fueron they, you (*pol. pl.*) went

fuerte strong **U2 (1)**

estar fuerte en to be strong, proficient in (*a subject*) **U3 (3)**

fui (*past tense of* **ir**) I went **U7 (3)**

fuimos (*past tense of* **ir**) we went

fuimos de vacaciones we went on vacation

fuiste (*past tense of* **ir**) you (*inf. sing.*) went **U7 (3)**

fuiste de compras you went shopping

fuisteis (*past tense of* **ir**) you (*inf. pl. Sp.*) went

fumar to smoke

función *f.* function

fútbol *m.* soccer **U1 (3)**

fútbol americano football **U1 (3)**

futbolista *m., f.* football player; soccer player

futuro/a future **U9 (3)**

G

gabinete *m.* cabinet **U8 (2)**

galería *f.* gallery

galleta *f.* cookie, cracker

galletita *f.* cookie, cracker **U3 (1)**

ganador *m.*, **ganadora** *f.* winner **U4 (1)**

ganar to win; to earn **U8 (3)**

¿qué equipo ganó? what team won? **U4 (1)**

ganga *f.* bargain

¡es una ganga! it's a bargain! **U5 (3)**

garaje *m.* garage **U8 (1)**

garganta *f.* throat

dolor *(m.)* **de garganta** sore throat **U6 (2)**

gastar to spend *(money)* **U5 (3)**

gatito *m.*, **gatita** *f.* kitten

gato *m.*, **gata** *f.* cat **U1 (2)**

gemelos *m.*, **gemelas** *f.* twins **U6 (1)**

genealógico/a genealogical

general: por lo general in general **U3 (3)**

generalmente generally

generoso/a generous **U2 (1)**

genio *m.* genius

gente *f. sing.* people **U5 (1)**

geografía *f.* geography **U1 (2)**

geólogo *m.* geologist

geometría *f.* geometry **U1 (2)**

gerente *m.* manager

gigante *m.* giant **U2 (1)**; *adj.* gigantic, huge **U2 (1)**

gimnasia *f. sing.* gymnastics

hacer gimnasia to do gymnastics **U4 (1)**

gimnasio *m.* gym, gymnasium **U1 (2)**, **U3 (2)**

gimnasta *m.*, *f.* gymnast

girar to spin around

gitano *m.*, **gitana** *f.* gypsy

globo *m.* balloon **U7 (1)**

glotón *m.*, **glotona** *f.* glutton

gobierno *m.* government

golf *m.* golf

jugar al golf to play golf **U4 (1)**

gordito/a chubby, a little overweight **U2 (1)**

gordo/a fat **U2 (1)**

gorra *f.* cap

grabado *m.* engraving

grabar to record **U5 (3)**

gracias thank you; thanks **PP (4)**

dar gracias to thank **U7 (3)**

Día *(m.)* **de Acción de Gracias** Thanksgiving **U7 (3)**

gracias por el regalo thank you for the gift **U7 (3)**

muchas gracias thank you very much

(muy) bien, gracias (very) well, thanks **PP (4)**

grado *m.* degree **U4 (3)**; grade

grados centígrados degrees centigrade **U4 (3)**

graduación *f.* graduation **U7 (3)**

gran, grande great; big, large **U1 (1)**

gran parte a great part, a large part

grasa *f.* fat **U6 (2)**

gratis *adj. inv.* free **U5 (2)**

gripe *f.* flu, cold

gris gray **PP (2)**, **U2 (1)**

gritar to shout **U7 (1)**

grupo *m.* group

conversen en grupos talk in groups **U3 (3)**

guacamole *m.* guacamole *(dip made of avocado, onions, herbs, and chili peppers) (Mex., Central America)*

guagua *f.* bus *(Cuba, Puerto Rico)*

guanaco *m.*, **guanaca** *f.* guanaco *(South American animal related to the llama)*

guante *m.* glove

guante de béisbol baseball glove **U5 (3)**

guapo/a handsome **U2 (1)**

guardar to keep **U5 (3)**

guerra *f.* war

guía *m.*, *f.* guide *(person)* **U1 (2)**

guía *(f.)* **de programas de televisión** TV guide

guisantes *m.* peas **U7 (2)**

guiso *m.* stew; casserole dish

guitarra *f.* guitar

guitarrista *m.*, *f.* guitarist

gusano *m.* worm

gustar to like, be pleasing to **U1 (3)**, **U4 (1)**, **U5 (2)**

¿a quién le gusta... ? who likes . . . ? **U1 (3)**

¿a quiénes les gusta... ? who *(pl.)* likes . . . ? **U4 (1)**

gusta/gustan is/are pleasing **U5 (2)**

les gusta + *infin.* they/you *(pl.)* like to *(do something)* **U4 (1)**

me gusta más... I like . . . better / best **U1 (3)**

me gusta muchísimo I like it a lot **U1 (3)**

me/te gustaría I/you *(inf. sing.)* would like **U7 (1)**

me/te/le gusta I/you *(inf. sing.)*/you *(pol. sing.)*, he, she like(s) **U1 (3)**

no me gusta nada I don't like it at all **U1 (3)**

nos gusta + *infin.* we like to *(do something)* **U4 (1)**

gustaría: me gustaría I would like

me gustaría hacer una cita con usted I would like to make an appointment with you **U3 (3)**

gusto *m.* taste **U1 (3)**

  de buen gusto in good taste

  el gusto es mío the pleasure's mine

  gustos *pl.* likes, preferences

  mucho gusto pleased to meet you **SP (1)**

gustoso/a tasty

H

haber *irreg.* to have (*auxiliary*)

habichuelas *f.* kidney, green beans **U7 (2)**

habitación *f.* room; bedroom

hábito *m.* habit **U6 (2)**

hablar to speak, talk **U1 (3)**, **U8 (3)**

  habla he/she speaks, is speaking **PP (3)**

  hablan they speak, are speaking **SP (1)**

  hablar por teléfono to talk on the telephone **U1 (3)**

  hablas you (*inf. sing.*) speak, are speaking **SP (1)**

hacer *irreg.* to do; to make **U9 (2)**

  hace he/she does/makes, you (*pol. sing.*) do/make **U3 (2)**

  hace buen/mal tiempo it's good/bad weather **U4 (3)**

  hace calor/fresco/frío/sol/viento it's hot/cool/cold/sunny/windy **U4 (3)**

  hacemos we do/make **U3 (2)**

  hacer ejercicio to exercise **U1 (3)**, **U2 (3)**

  hacer el papel to play the role

hacer experimentos to do experiments **U3 (2)**

hacer falta to be lacking, be needed

hacer gimnasia to do gymnastics **U4 (1)**

hacer la maleta to pack one's suitcase **U9 (2)**

hacer las camas to make the beds **U8 (1)**

hacer mandados to run errands **U5 (1)**

hacer preguntas to ask questions

hacer un viaje to take a trip **U9 (2)**

hacer una cita to make an appointment **U3 (3)**

hacer una excursión to go on an excursion **U9 (2)**

haces you (*inf. sing.*) do/make **U3 (2)**

me gustaría hacer una cita con usted I would like to make an appointment with you **U3 (3)**

me olvidé de hacer la tarea I forgot to do the homework **U3 (3)**

¿qué tiempo hace? what's the weather like? **U4 (3)**

hagan ambos papeles play both roles **U5 (3)**

hago I do/make **U3 (2)**

hallar to find

hambre *f.* (*but* **el hambre**) hunger

  tener (mucha) hambre to be (very) hungry **U3 (1)**

  tener un hambre feroz to be starving

hamburguesa *f.* hamburger **U3 (1)**

hasta *prep.* up to, until; *adv.* even **U1 (1)**

  camine... cuadras hasta... walk . . . blocks up to . . . **U5 (1)**

dormir hasta tarde to sleep late **U4 (2)**

hasta la vista see you later

hasta luego see you later; until later **PP (4)**

hasta mañana see you tomorrow; until tomorrow **PP (4)**

hasta pronto see you soon

hay there is; there are **SP (1)**

  hay que + *infin.* one must (*do something*)

  ¿hay un(a)... cerca de aquí? is there a . . . near here? **U5 (1)**

haz do; make

  hazle estas preguntas a... ask . . . these questions **U1 (2)**

  hazte become

hecho/a done; made

heladería *f.* ice-cream parlor, stand **U4 (2)**

helado *m.* ice cream **U1 (3)**

  tomar helado to eat ice cream **U1 (3)**, **U4 (2)**

hemisferio *m.* hemisphere

hermanastro *m.*, **hermanastra** *f.* stepbrother, stepsister **U2 (3)**

hermanito *m.*, **hermanita** *f.* little brother, little sister

hermano *m.*, **hermana** *f.* brother, sister **U2 (3)**

  hermano/a mayor older brother/sister **U2 (3)**

  hermano/a menor younger brother/sister **U2 (3)**

  hermanos *pl.* brothers and sisters, siblings **U2 (3)**

hermosísimo/a very beautiful

hermoso/a beautiful **U9 (2)**

hice (*past tense of* **hacer**) I did; I made

  no hice nada I didn't do/make anything **U8 (3)**

hicieron (*past tense of* **hacer**) they did/made; you (*pol. pl.*) did/made

hicimos (*past tense of* **hacer**) we did; we made

hiciste (*past tense of* **hacer**) you (*inf. sing.*) did/made

¿qué hiciste? what did you (*inf. sing.*) do/make? **U8 (3)**

hicisteis (*past tense of* **hacer**) you (*inf. pl.*) did/made

hielo *m.* ice

patinaje (*m.*) **sobre hielo** ice skating

patinar sobre hielo to ice-skate **U4 (1)**

hierba *f.* grass

mala hierba weed

hijito *m.*, **hijita** *f.* little son, little daughter; dear son, dear daughter **U6 (3)**

hijo *m.*, **hija** *f.* son, daughter **U2 (3)**

hijos *pl.* sons and daughters, children **U2 (3)**

hilo (*m.*) **dental** dental floss **U6 (1)**

hipocondríaco *m.*, **hipocondríaca** *f.* hypochondriac

hispánico/a Hispanic

Hispaniola *f.* Hispaniola (*island consisting of Haiti and the Dominican Republic*)

hispano/a Hispanic **SP (2)**

del mundo hispano from the Hispanic world **PP (1)**

Hispanoamérica *f.* Spanish America

hispanohablante *m.*, *f.* Spanish speaker

historia *f.* history **SP (4)**; story

historia universal world history **U1 (2)**

hizo (*past tense of* **hacer**) he/she did/made; you (*pol. sing.*) did/made

¿qué hizo? what did he/she/you (*pol. sing.*) do/make? **U8 (3)**

¡hola! hello **PP (1)**, **PP (4)**

hombre *m.* man **U2 (1)**

homicidio *m.* homicide

honestamente honestly

honrar to honor

hora *f.* hour **SP (4)**; time

a la hora del almuerzo at lunchtime

¿a qué hora (es)... ? at what time is . . . ? **U1 (2)**

hora de estudio study hall (*period*) **U1 (2)**

por hora per hour

¿qué hora es? what time is it? **SP (4)**

(ya) es hora de + *infin.* it's time to (*do something*) **U6 (1)**

horario *m.* schedule

horario de clases class schedule **U1 (2)**

horno *m.* oven **U8 (2)**

horno de microondas microwave oven **U8 (2)**

horror *m.*: **¡qué horror!** how awful! **U1 (3)**

hospital *m.* hospital **U5 (2)**

hotel *m.* hotel **U5 (2)**

hoy today **PP (2)**

¿cuál es la fecha de hoy? what's today's date? **U4 (3)**

hoy (en) día nowadays

¿qué fecha es hoy? what's today's date? **U4 (3)**

huevo *m.* egg

huevos fritos fried eggs **U7 (2)**

humor *m.* humor; mood

cambiar de humor to change moods

estar/sentirse de buen/mal humor to be/feel in a good/bad mood **U6 (3)**

sentido (*m.*) **del humor** sense of humor

I

idea *f.*: **¡qué buena idea!** what a good idea!

¿qué ideas captaste? what ideas did you get? **U1 (1)**

ideal ideal **U5 (2)**

idéntico/a identical **U6 (1)**

identificación *f.* identification

identificar (qu) to identify

identifica identify **U6 (1)**

idioma *m.* language **SP (4)**

ídolo *m.* idol, admired or loved person

iglesia *f.* church **U4 (2)**, **U5 (1)**

igual: me da igual it's all the same to me **U1 (3)**

igualmente likewise **SP (1)**

ilustrado/a illustrated

ilustrar to illustrate

imagen *f.* image

imaginación *f.* imagination

imaginar(se) to imagine

imagínate imagine **SP (1)**

impacientemente impatiently **U6 (1)**

imperio *m.* empire

impermeable *m.* raincoat **U4 (3)**

importado/a imported

importancia importance

importante important

impresionante impressive

impulsivo/a impulsive **U2 (1)**

incluir (y) to include **U9 (2)**

incluso including

incómodo/a uncomfortable **U8 (1)**

incorregible incorrigible

increíble unbelievable

indeciso/a indecisive

independencia f.: **Día** (m.) **de la Independencia** Independence Day **U4 (3)**

Indias: las Indias the Indies

indicar (qu) to indicate, tell **indica** indicate, tell **PP (2)**

indio m., **india** f. (n. & adj.) Indian

individual: deporte (m.) **individual** individual sport **U4 (1)**

información f. information

informe m. report **U3 (3)** **escribir informes** to write reports **U3 (3)**

ingerir (ie, i) to ingest, eat

inglés m. English (language) **U1 (2)**

injusto/a: ¡qué injusto! how unfair!

inmediatamente immediately **U5 (3)**, **U7 (1)**

inmuebles: agencia (f.) **de inmuebles** real estate agency

inolvidable unforgettable

instalación f. installation, plant **instalación del camping** campground

instrucciones f. instructions **PP (3)**

instrumento m. instrument **tocar un instrumento** to play an instrument **U3 (3)**

insurgente m., f. insurgent, rebel

inteligente intelligent **U2 (1)**

interacción f. interaction, exchange **SP (1)**

intercambiar to exchange

intercambio m.: **estudiante** (m., f.) **de intercambio** exchange student **U3 (3)**

interesado/a interested

interesante interesting **¡qué interesante!** how interesting!

interesar to interest

introvertido/a introverted

inventar to make up **SP (1)**

inventor m., **inventora** f. inventor

investigación f. research

invierno m. winter **U4 (3)**

invitación f. invitation **U7 (1)**

invitado m., **invitada** f. guest **U7 (1)**

invitar to invite **¡te invitamos a escribir!** we invite you to write! **¡te invitamos a leer!** we invite you to read! **U1 (1)**

ir irreg. to go **U1 (3)**, **U3 (2)**, **U4 (2)** **ir en avión/barco** to go by airplane/boat **U9 (2)**

irlandés m., **irlandesa** f. Irishman, Irishwoman

irritado/a irritated

isla f. island **Islas Filipinas** Philippine Islands

Islandia f. Iceland

Italia f. Italy

italiano m. Italian (language)

italiano m., **italiana** f. (n. & adj.) Italian **U3 (1)**

izquierda f. left (side) **U2 (2)** **a la izquierda de** to the left of **U5 (1)** **doble a la izquierda** turn left **U5 (1)** **mire(n) a la izquierda** look to the left **PP (3)**

J

ja, ja ha, ha

jabón m. soap **U6 (1)**

jamón m. ham **U3 (1)** **medialuna** (f.) **de jamón** ham croissant

Jánuca m. Hanukkah **U7 (3)**

Japón m. Japan

jarabe m. syrup **jarabe para la tos** cough syrup **U6 (2)**

jardín m. garden; yard **U8 (1)** **jardín zoológico** zoo

jaula f. cage

jeans m. jeans **SP (3)**

jinete m. rider

jirafa f. giraffe

joven m., f. young person **U2 (2)**; adj. young **U2 (1)**

jovencito m., **jovencita** f. young boy, young girl

joya f. jewel **joyas** pl. jewelry **U5 (3)**

jubilado/a retired

judías (f.) **verdes** green beans

juego m. game **U9 (2)** **Juegos Olímpicos** Olympic Games

jueves m. sing. & pl. Thursday **SP (2)**

juez m., f. (pl. **jueces**) judge

jugador m., **jugadora** f. player **U4 (1)**

jugar (ue) (gu) to play (a sport) **U1 (3)**, **U4 (1, 2)**, **U8 (3)** **¿a qué (deportes) juega(n)?** what (sports) does he/she, do you (pol. sing., pl.) play? **U4 (1)** **¿a qué deportes juegas?** what sports do you (inf. sing.) play? **juega al** he/she plays, you (pol. sing.) play **U3 (2)** **juego al** I play **U3 (2)** **jugar al béisbol/golf** to play baseball/golf **U4 (1)**

jugo m. juice **U3 (1)** **jugo de manzana/ naranja** apple/orange juice

juguete m. toy **U4 (2)**

julio m. July **U1 (3)**

junio *m.* June **U1 (3)**
junto a next to
juntos/as together **U3 (2)**
justo/a fair **U4 (2)**
juvenil: campeón (*m.*),
    campeona (*f.*) **juvenil**
    junior champion
    copa (*f.*) **de oro juvenil**
    junior gold cup

K

kilómetro *m.* kilometer

L

la *f. sing. definite article* the
la *d.o.* you (*pol. f. sing.*); her,
    it (*f.*) **U5 (3), U7 (1)**
laboratorio *m.* laboratory
    laboratorio de ciencias
    science lab **U3 (2)**
    laboratorio de
    computación
    computer science lab
    U3 (2)
lacio/a straight (*hair*) **U2 (1)**
lado *m.* side
    al lado next door
    al lado de next to **U5 (1)**
    por todos lados on all
    sides **U1 (3), U4 (2)**
lago *m.* lake **U1 (3), U4 (3)**
lámpara *f.* lamp
lana *f.* wool **U5 (3)**
lápiz *m.* (*pl.* **lápices**) pencil
    PP (3)
largo/a long **U2 (1)**
las *f. pl. definite article* the
las *d.o.* you (*pol. f. pl.*); them
    (*f.*) **U5 (3), U7 (1)**
lasaña *f.* lasagna
lástima *f.*: **¡qué lástima!**
    what a shame! **SP (1)**
lata *f.* can **U8 (3)**
latino/a *adj.* Latin, Latino
Latinoamérica *f.* Latin
    America
latinoamericano/a *adj.* Latin
    American

lavaplatos *m. sing. & pl.*
    dishwasher **U8 (2)**
lavar to wash **U8 (3)**
    lavar el carro / la ropa /
    los platos to wash the
    car / the clothes / the
    dishes **U8 (1)**
    lavarse (la cara / el pelo /
    las manos) to wash
    (one's face/hair/hands)
    U6 (1)
    lavarse los dientes to
    brush one's teeth
le *i.o.* to/for him, her, it, you
    (*pol. sing.*) **U7 (3)**
lea(n) read **PP (3)**
lección *f.* lesson **PP (1)**
lectura *n. f.* reading **U1 (2)**
leche *f.* milk **U3 (1)**
    café (*m.*) **con leche** coffee
    with milk **U6 (1), U7 (2)**
lechuga *f.* lettuce **U3 (1)**
leer (y) to read **U1 (3),**
    U9 (1)
    leer las tiras cómicas to
    read the comics,
    funnies **U4 (2)**
    leer poemas to read
    poetry **U3 (3)**
    ¡te invitamos a leer! we
    invite you to read!
    U1 (1)
legumbre *f.* vegetable
lejos *adv.* far away
    lejos de *prep.* far away
    from **U5 (1)**
lengua *f.* language **U2 (2)**
lentes *m.* eyeglasses
    lentes de sol sunglasses
    SP (3)
lento/a slow
león *m.* lion
les *i.o.* to/for them, you (*pl.*)
    U7 (3)
letra *f.* letter (*of the alphabet*)
letrero *m.* sign **U3 (2)**
levantar to lift
    levantar pesas to lift
    weights **U4 (1)**
    levantarse to get up
    U6 (1), U8 (3)

levante(n) (la mano) raise
    (your hand) **PP (3)**
libertad *f.* liberty
libre free
    al aire libre open-air,
    outdoor(s) **U5 (3)**
    lucha (*f.*) **libre** *n.*
    wrestling
librería *f.* bookstore **U5 (2)**
librero *m.* bookshelf
libro *m.* book **PP (3)**
licuadora *f.* blender
licuar to blend (*in a blender*)
líder *m.* leader **U7 (3)**
liga *f.* league
limonada *f.* lemonade **U3 (1)**
limpiar to clean **U8 (3)**
    limpiarse to clean oneself
    U6 (1)
    limpiarse las uñas to
    clean one's fingernails
    U6 (1)
limpio/a clean
línea *f.* line
lista *f.* list **SP (1)**
literatura *f.* literature **U1 (2),**
    U3 (3)
lo *d.o.* him, it (*m.*), you (*pol.*
    m. sing.) **U5 (3), U7 (1)**
    lo primero que the first
    thing that **U3 (3)**
    lo que what, that which
    U3 (2), U6 (1)
    lo siento I'm sorry **U2 (3)**
    lo siento, pero no sé I'm
    sorry, but I don't know
    U5 (1)
    por lo general in general
    U3 (3)
local *m.* locale, site
loción (*f.*) **protectora para el**
    sol sunscreen **U6 (1)**
loco *m.*, **loca** *f. n.* crazy
    person; *adj.* crazy **PP (2)**
lógicamente logically
lógico/a logical
lóquer *m.* locker **U1 (2)**
los *m. pl. definite article* the
los *d.o.* you (*pol. m. pl.*);
    them (*m.*) **U5 (3),**
    U7 (1)

lucha (*f.*) **libre** *n.* wrestling
practicar lucha libre to wrestle **U4 (1)**
luchador(a) *adj.* fighting
luego then **U6 (1)**
hasta luego see you later; until later **PP (4)**
lugar *m.* place **PP (2), U1 (1)**
lugar de nacimiento birthplace
lujo *m.* luxury
sin más lujos que with no more luxuries than
lujoso/a luxurious
luna *f.* moon **U8 (3)**
luna de miel honeymoon
lunes *m. sing. & pl.* Monday **SP (2)**
luz *f.* (*pl.* **luces**) light **U9 (1)**
mesa (*f.*) **de luz** night table

LL

llamar to call
¿cómo se llama él/ella? what is his/her name? **PP (1)**
¿cómo te llamas? what is your (*inf. sing.*) name? **PP (1)**
(él/ella) se llama... his/her name is . . . **PP (1)**
llamarse to be named
te llamas... your name is . . . **PP (1)**
(yo) me llamo... my name is . . . **PP (1)**
llave *f.* key
llegada *f.* arrival
llegar (gu) to arrive **U3 (3)**
¿cómo llego a... ? how do I get to . . . ? **U5 (1)**
llevar to wear **SP (3)**; to bring; to carry **U5 (1, 3), U7 (1)**
entonces lo llevo then I'll take it
está bien; lo/la/los/las llevo that's fine, I'll take it/them **U5 (3)**

lleva he/she wears, is wearing **PP (2), SP (3)**; you (*pol. sing.*) wear, are wearing **SP (3)**
llevan they wear, are wearing **PP (2)**; you (*pl.*) wear, are wearing
llevarse (bien/mal) to get along (well/badly) **U6 (3)**
llevas you (*inf. sing.*) wear, are wearing **SP (3)**
llevo I wear, am wearing **SP (3)**
llorar to cry **U6 (3)**
llorona *f.* weepy
llover (ue) to rain
llueve it's raining **U4 (3)**
lluvia *f.* rain

M

madera *f.* wood
de madera of wood **U8 (2)**
madrastra *f.* stepmother **U2 (3)**
madre *f.* mother **U2 (3)**
Día (*m.*) **de la Madre** Mother's Day **U4 (3)**
madrina *f.* godmother **U7 (1)**
maestra: obra (*f.*) **maestra** masterpiece
magnífico/a magnificent
Magos: Reyes (*m.*) **Magos** Three Wise Men, Magi
mahones *m.* jeans (*Puerto Rico*)
mal *adv.* badly
mal, malo/a *adj.* bad
estar/sentirse de mal humor to be/feel in a bad mood **U6 (3)**
hace mal tiempo it's bad weather **U4 (3)**
hierba mala weed
sacar malas notas to get bad grades **U3 (3)**

maldito/a darned
maleta *f.* suitcase
hacer la maleta to pack one's suitcase **U9 (2)**
maletín *m.* attaché case; backpack
malísimo/a very bad
mamá mom **U2 (3)**
mami *f.* mom
mandado *m.* errand
hacer mandados to run errands **U5 (1)**
mandar to send; to order **U5 (1)**
mandato *m.* command **PP (3)**
manejar to drive **U5 (3), U9 (1)**
mano *f.* hand **U2 (1)**
lavarse/secarse las manos to wash/dry one's hands **U6 (1)**
levante(n) la mano raise your hand **PP (3)**
mantequilla *f.* butter **U3 (1)**
mantequilla de cacahuete peanut butter **U3 (1)**
pan (*m.*) **con mantequilla** bread and butter
manzana *f.* apple **PP (2)**
jugo (*m.*) **de manzana** apple juice
mañana *f.* morning; tomorrow
de la mañana in the morning, A.M. **SP (4)**
esta mañana this morning **U4 (2)**
hasta mañana see you tomorrow; until tomorrow **PP (4)**
mañana por la mañana/ tarde tomorrow morning/afternoon **U4 (2)**
mañana voy a estar ausente tomorrow I'm going to be absent **U3 (3)**
por la mañana in the morning **SP (1)**

mañana (*continued*)

todas las mañanas every morning

mapa *m.* map **U1 (1)**

maquillaje *m.* makeup **U6 (1)**

maquillarse to put on makeup **U6 (1)**

máquina *f.* machine; (exercise) machine

máquina de escribir typewriter

maquinita *f.* electronic game (*Mex.*)

mar *m.* sea **U1 (3)**

maratón *m.* marathon

maravilla *f.*: ¡qué maravilla! how marvelous!, how wonderful!

maravilloso/a marvelous

marcador *m.* marker, felt-tip pen; bookmark

marinero *m.* sailor

marino/a: animal (*m.*) **marino** sea animal

marrón brown

martes *m. sing. & pl.* Tuesday **SP (2)**

marzo *m.* March **U1 (3)**

más more **PP (4), U2 (1)**; most

más bajo lower **U5 (3)**

más de... more than . . . (+ *number*) **U8 (1)**

más o menos OK, hanging in there (*coll.*) **PP (4)**

más... que more . . . than **U8 (2)**

más tarde later

me gusta más... I like . . . more **U1 (3)**

no pago más de... I won't pay more than . . . (+ *number*) **U5 (3)**

máscara *f.* mask **U7 (3)**

mascota *f.* pet

masticar (qu) to chew

matemáticas *f. pl.* mathematics **SP (1)**

materia *f.* subject (*academic*) **U1 (2)**

material *m.* material **U8 (2)**

máximo/a maximum

¿cuál es la temperatura máxima? what is the high temperature? **U4 (3)**

mayo *m.* May **U1 (3)**

mayor older; oldest

mayoría *f.* majority

me *d.o.* me; *i.o.* to/for me; *refl. pron.* myself **U6 (1), U7 (1, 3)**

medalla *f.* medal

medalla de oro/bronce gold/bronze medal

medialuna (*f.*) **de jamón** ham croissant

mediano/a: de estatura mediana of average height

medianoche *f.* midnight **U7 (3)**

médico *m., f.* doctor **U6 (2)**

medio (*m. sing.*) **de transporte** means of transportation

medio/a *adj.* average

...y media . . . thirty, half past . . . **U1 (2)**

mediodía *m.* noon

mejor better; best **U7 (1)**

mejor amigo/a best friend **U2 (1)**

mejorar to improve **U7 (1)**

melón *m.* melon **U7 (2)**

memoria *f.* memory

mencionar to mention

menor younger; youngest

menos less, fewer; least; (*minutes*) til **U1 (2)**

echar de menos to miss, long for

más o menos more or less; OK, hanging in there (*coll.*) **PP (4)**

menos cuarto quarter to

menos... que less . . . than **U8 (2)**

por lo menos at least

menú *m.* menu **U3 (1)**

menudo: a menudo often **U5 (1)**

mercado *m.* market **U5 (1)**

mercado al aire libre open-air market

merendar (ie) to have a snack

merienda *f.* snack **U3 (1)**

mermelada *f.* marmalade **U3 (1)**

mes *m.* month **U1 (3)**

al mes per month

el próximo mes next month **U4 (2)**

este mes this month **U4 (2)**

el mes pasado last month **U8 (3)**

una vez por mes once a month

mesa *f.* table **U1 (1)**

poner la mesa to set the table **U6 (1)**

mesero *m.,* **mesera** *f.* waiter, waitress **U5 (1)**

mesita (*f.*) **de noche** nightstand

mesón *m.* inn, tavern

meta *f.* goal

metal *m.*: **de metal** of metal **U8 (2)**

metro *m.* metro, subway **U5 (2)**; meter

estación (*f.*) **de metro** metro/subway station **U5 (2)**

metros sur de... meters south of . . . **U2 (2)**

mexicano *m.,* **mexicana** *f.* (*n. & adj.*) Mexican **SP (1)**

México *m.* Mexico

mi(s) *poss. adj.* my **SP (1), U2 (3)**

mí *obj. of prep.* me **U5 (2)**

a mí to me **U4 (1)**

miau *m.* meow

microondas *f.*: **horno** (*m.*) **de microondas** microwave oven **U8 (2)**

microscopio *m.* microscope

miedo *m.* fear
  tener miedo to be afraid **U6 (3)**
miel *f.* honey **U6 (2)**
  luna (*f.*) **de miel** honeymoon
miembro *m.* member
mientras while
miércoles *m. sing. & pl.* Wednesday **SP (2)**
mil *m.* one thousand **U5 (3)**, a thousand
millón *m.* million
minifalda *f.* miniskirt
mínimo *m.* minimum
mínimo/a *adj.* minimum
  ¿cuál es la temperatura mínima? what is the low temperature? **U4 (3)**
mío/a my, (of) mine
  ¡Dios mío! my goodness!
  el gusto es mío the pleasure is mine
mirar to look (at) **U1 (3)**, **U8 (3)**
  mira look; look at **PP (3)**
  mirar la televisión to watch television **U1 (3)**
  mirarse to look at oneself **U8 (2)**
mire(n) look at/to **PP (3)**
  mire(n) a la derecha/ izquierda look to the right/left **PP (3)**
misa *f.* Mass (*Catholic religious ceremony*)
misión *f.* mission
mismo/a same
  ahora mismo right now
  lo mismo the same thing
  ya mismo right away
misterio *m.* mystery
misterioso/a mysterious
mochila *f.* backpack **SP (3)**
moda *f.* fashion, style
  de moda in style
modales *m.* manners **U7 (1)**
modelo *m.* model **PP (1)**

moderno/a modern **U8 (2)**
modesto/a modest **U2 (3)**
modo *m.:* **de todos modos** anyway **U7 (1)**
moneda *f.* currency; coin
monstruo *m.* monster **U2 (1)**
monstruoso/a monstrous
montaña *f.* mountain **U4 (3)**
montar to ride
  montar a caballo to ride horseback **U4 (1)**
monte *m.* mount, mountain
morado/a purple **SP (3)**
morir (ue, u) to die
  ya murió has (already) died **U6 (3)**
mosaico *m.* mosaic
mostrar (ue) to show
motocicleta *f.* motorcycle
muchacho *m.,* **muchacha** *f.* boy, girl
muchísimo *adv.* a lot, a great deal
  me gusta muchísimo I like it a lot **U1 (3)**
muchísimo/a *adj.* a great deal (of)
mucho *adv.* a lot
mucho/a *adj.* much, a lot (of) **U1 (1)**
  con mucha frecuencia frequently
  mucho gusto pleased to meet you **SP (1)**
  tener mucha hambre/ sed/suerte to be very hungry/thirsty/ lucky
muchos/as many **U1 (1)**
  muchas gracias thank you very much
mueble *m.* piece of furniture
  muebles *pl.* furniture **U8 (2)**
mueblería *f.* furniture store
muerto *m.,* **muerta** *f.* dead person
  Día (*m.*) **de los Muertos** All Souls' Day
mujer *f.* woman **U2 (1)**;

mujer policía female police officer
mundial *adj.* world; worldwide
mundo *m.* world **PP (2)**
  del mundo hispano from the Hispanic world **PP (1)**
  todo el mundo everybody
muñeco *m.* doll, toy figure
mural *m.* mural **U9 (2)**
museo *m.* museum
música *f.* music **PP (3)**
  poner música to put on music **U7 (1)**
músico *m.* musician **U7 (1)**
muy very
  ¡muy bien! great! **PP (4)**
  muy bien, gracias very well, thanks **PP (4)**
  (yo) estoy muy bien I'm fine **PP (4)**

N

nacer (nazco) to be born **U9 (3)**
nacimiento *m.* birth **U7 (3)**
  fecha (*f.*) **de nacimiento** birthdate
  lugar (*m.*) **de nacimiento** birthplace
nacional national
nada nothing, not anything
  de nada you're welcome **SP (4)**
  no me gusta nada I don't like it at all **U1 (3)**
nadador *m.,* **nadadora** *f.* swimmer **U4 (1)**
nadar to swim **U1 (3)**
nadie nobody, not anybody **SP (3)**, **U2 (1)**
  a nadie (to) no one **U2 (1)**
naranja *f.* orange **U3 (1)**
  jugo (*m.*) **de naranja** orange juice
nariz *f.* (*pl.* **narices**) nose **U2 (1)**

narración *f.* narration

natación *n. f.* swimming U4 (1)

naturalmente naturally

Navidad *f.* Christmas U4 (3)

¡Feliz Navidad y Próspero Año Nuevo! Merry Christmas and Happy New Year! U7 (3)

navideño/a of or pertaining to Christmas

necesario/a necessary U1 (2)

necesitar to need U5 (2)

negro/a black PP (2), U2 (1)

nene *m.,* nena *f.* baby, infant (*coll.*)

nervioso/a nervous

estoy nervioso/a I'm nervous SP (1)

nevar (ie) to snow

nieva it's snowing U4 (3)

ni nor

ni... ni neither . . . nor

nieto *m.,* nieta *f.* grandson, granddaughter U6 (3)

nietos *pl.* grandchildren U6 (3)

nieve *f.* snow

ningún, ninguno/a none, not any

niñez *f.* (*pl.* niñeces) childhood

niño *m.,* niña *f.* little boy, little girl; child U1 (2)

niños *pl.* children

nivel *m.* level U1 (1)

no no, not PP (1)

¿no? right?, correct? PP (1)

noche *f.* night

buenas noches good evening SP (1); good night

de día y de noche by day and by night

de la noche in the evening, P.M. SP (4)

esta noche tonight U4 (2)

mañana por la noche

tomorrow evening/ night U4 (2)

mesita (*f.*) **de noche** nightstand

por la noche in the evening SP (1)

toda la noche all night long U4 (2)

Nochebuena *f.* Christmas Eve

Noel: Papá (*m.*) Noel Father Christmas, Santa Claus U7 (3)

nombre *m.* name PP (1)

¿cuál es tu nombre? what is your (*inf. sing.*) name? PP (1)

mi nombre es... my name is . . . PP (1)

normal normal, ordinary PP (2)

normalmente normally

norte *m.* north

norteamericano/a *adj.* North American

nos *d.o.* us; *i.o.* to/for us; *refl. pron.* ourselves U6 (2), U7 (1, 3)

nos vemos see you later PP (4)

nosotros *m.,* nosotras *f. sub. pron.* we U3 (1); *obj. of prep.* us

nota *f.* grade U3 (3)

sacar buenas/malas notas to get good/bad grades U3 (3)

noticias *f.* news

novecientos/as nine hundred U5 (3)

novedad *f.* novelty

novedades *pl.* news

novela *f.* novel U1 (3)

noveno/a ninth U8 (1)

noventa ninety U1 (1)

noviembre *m.* November U1 (3)

novio *m.,* novia *f.* boyfriend, girlfriend U1 (1); groom, bride U7 (1)

nublado/a cloudy

está nublado it's cloudy U4 (3)

nuestro/a *poss. adj.* our U6 (3)

nuestros/as *poss. adj.* our U6 (3)

nueve nine SP (2)

nuevo/a new PP (1)

¡Feliz Navidad y Próspero Año Nuevo! Merry Christmas and Happy New Year! U7 (3)

fiesta (*f.*) **de Año Nuevo** New Year's party

¡Próspero Año (*m.*) **Nuevo!** Happy New Year!

víspera (*f.*) **de Año Nuevo** New Year's Eve U7 (3)

numerar to number

número *m.* number PP (3), U1 (1)

número de teléfono telephone number U2 (2)

nunca never, not ever

casi nunca almost never U3 (3)

nunca es tarde para comenzar it's never too late to begin

nutritivo/a nutritious

O

o or PP (1)

objeto *m.* object

obligación *f.* obligation

obligatorio/a required

obra *f.* work

obra de teatro play U5 (2)

obra maestra masterpiece

observar to observe

obtener (*like* tener) to obtain

ocasión *f.* occasion U7 (3)

océano *m.* ocean

octavo/a eighth U8 (1)

octubre *m.* October **SP (2)**, **U1 (3)**

ocupado/a busy
   estoy ocupado/a I'm busy **SP (1)**

ocurrir to occur

ochenta eighty **U1 (1)**

ocho eight **SP (2)**

ochocientos/as eight hundred **U5 (3)**

odiar to hate

oeste *m.* west

oficina *f.* office **U3 (2)**
   oficina de los consejeros / del director advisers' / principal's office **U3 (2)**

ofrecer (ofrezco) to offer
   ofrece he/she offers, you (*pol. sing.*) offer **U5 (1)**

ojito *m.* little eye

ojo *m.* eye **U2 (1)**
   ¡Ojo! pay attention, take note **PP (4)**

¡olé! olé! (*cheer for a bullfight*) **U9 (2)**

Olimpiadas *f.* Olympics

olímpico/a Olympic
   Juegos (*m.*) **Olímpicos** Olympics, Olympic Games

olvidar to forget
   me olvidé de hacer la tarea I forgot to do the homework **U3 (3)**
   olvidarse (de) to forget **U7 (1)**
   se me olvidó I forgot **U7 (1)**

once eleven **SP (2)**

onda *f.* wave (*ocean*)
   estar en onda to be in style (*coll.*)

opción *f.* option **U1 (3)**

ópera *f.* opera

opinar to think, have an opinion **U4 (1)**
   ¿qué opinas de... ? what do you (*inf. sing.*) think of/about . . . ? **U4 (1)**

opinión *f.* opinion **SP (3)**
   expresa tu opinión express your opinion **U6 (1)**

optativo/a optional

optimista optimistic

opuesto/a opposite; opposed **U6 (1)**

oración *f.* sentence (*gram.*) **SP (1)**

orden *m.* order (*chron.*)
   poner en orden to put into order

ordenado/a orderly, neat **U4 (2)**

oreja *f.* (outer) ear **U2 (1)**

organización *f.* organization

organizado/a organized **U2 (1)**

organizar (c) to organize

orgulloso/a proud
   estar/sentirse orgulloso/a to be/feel proud **U6 (3)**

orientación *f.* orientation **PP (1)**

origen *m.* origin

oro *m.* gold **U5 (3)**
   bodas (*f. pl.*) **de oro** golden wedding anniversary **U7 (1)**
   copa (*f.*) **de oro juvenil** junior gold cup
   medalla (*f.*) **de oro** gold medal

orquesta *f.* orchestra

os *d.o.* you (*inf. pl. Sp.*); *i.o.* to/for you (*inf. pl. Sp.*); *refl. pron.* yourselves (*inf. pl. Sp.*)

oscuridad *f.* darkness

oscuro/a dark

otoño *m.* autumn, fall **U4 (3)**

otro/a other, another **U1 (1)**
   otra vez again

¡oye! hey, listen! **U5 (3)**

P

paciencia *f.* patience

paciente *adj.* patient **U2 (1)**

padrastro *m.* stepfather **U2 (3)**

padre *m.* father **U2 (3)**;
   padres *pl.* parents **U2 (3)**

padrino *m.* godfather **U7 (1)**

padrísimo/a awesome (*Mex.*)

paella *f.* paella (*Valencian dish made with rice, shellfish, often chicken, and flavored with saffron*)

pagar (gu) to pay (for)
   no pago más de... I won't pay more than . . . (*number*) **U5 (3)**

página *f.* page **PP (1)**

país *m.* country **U2 (2)**

pájaro *m.* bird

palabra *f.* word
   buscar palabras en el diccionario to look up words in the dictionary **U3 (2)**
   palabras del texto words from the text
   palabras útiles useful words **PP (1)**

palacio *m.* palace **U9 (2)**

paleta *f.* popsicle (*Mex.*)

palmear to clap

paloma *f.* pigeon, dove

palomitas *f. pl.* popcorn **U9 (1)**

pan *m.* bread **U3 (1)**
   pan con mantequilla bread and butter
   pan dulce sweet bread, sweet rolls **U5 (1)**
   pan tostado toast **U7 (2)**

panadería *f.* bakery **U5 (1)**

Panamá *m.* Panama

panqueque *m.* pancake **U7 (2)**

pantalones *m.* pants **PP (2)**
   pantalones cortos shorts

pantalla *f.* screen **U8 (2)**
   televisor (*m.*) **de pantalla grande** large-screen television set
pañuelo *m.* handkerchief
papa *f.* potato
   papas fritas french fries **U3 (1)**
papá *m.* dad **U2 (3)**
   Papá Noel Santa Claus **U7 (3)**
   papás *pl.* parents
papel *m.* (piece of) paper **U1 (1)**
   hacer el papel de to play the role of
   hagan ambos papeles play both roles **U5 (3)**
papelera *f.* wastebasket **U1 (1)**
papelería *f.* stationery store **U5 (1)**
par *m.* pair
para for **PP (1)**; in order to **U5 (1)**
parada (*f.*) **de autobús** bus stop
parador *m.* inn **U9 (2)**
paraguas *m. inv.* umbrella **U4 (3)**
paraíso *m.* paradise
parar to stop
pardo/a brown
parecer (parezco) to seem, appear
   ¿qué te/le parece? what do he/she/you think?
parecido/a alike
pared *f.* wall
pareja *f.* couple **U5 (2)**
paréntesis *m. inv.* **entre paréntesis** in parentheses **U3 (3)**
pariente *m., f.* relative **U2 (3)**
parque *m.* park **U1 (3)**
   parque de atracciones amusement park
   parque de diversiones amusement park **U9 (2)**

parqueo *m.* parking lot
párrafo *m.* paragraph **U5 (2)**
parrillada *f.* barbecue
parte *f.* part **U2 (1)**
   parte de adentro interior
   por todas partes everywhere
participación *f.* participation **U9 (1)**
participar to participate **U4 (3)**
particular *adj.* particular; private
partido *m.* game **U4 (1)**
partitura *f.* (musical) score
pasado *m.* past
pasado/a *adj.* last; past
   el año (*m.*) **pasado** last year **U7 (3)**, **U8 (3)**
   el fin (*m.*) **de semana pasado** last weekend **U8 (3)**
   la semana (*f.*) **pasada** last week **U8 (3)**
pasajero/a passing, fleeting
pasar to pass; to happen; to spend (*time*) **U4 (2)**, **U8 (3)**
   ¿qué te pasa? what's wrong (with you)?
pasatiempo *m.* pastime
Pascua *f.* Easter
   domingo (*m.*) **de Pascuas** Easter Sunday
   ¡Felices Pascuas! Merry Christmas! **U7 (3)**
   ¡Feliz Pascua! Happy Easter!
   las Pascuas *pl.* Easter **U7 (3)**
pasear to take a walk **U5 (2)**
paseo *m.* promenade, avenue
   dar un paseo to take a walk
   de paseo on a walk
pasillo *m.* corridor, hall **U3 (2)**
paso *m.* step **PP (1)**

pasta (*f.*) **de dientes** toothpaste **U6 (1)**
   pasta dental toothpaste
pastel *m.* pie; cake **U3 (1)**
pastilla *f.* pill **U6 (2)**
patata *f.* potato (*Sp.*)
   puré (*m.*) **de patatas** mashed potatoes
patín *m.* skate **U5 (3)**
patinaje *m.* skating **U4 (1)**
   patinaje sobre hielo ice skating
patinar to skate **U1 (3)**, **U4 (1)**
   patinar sobre hielo to ice-skate **U4 (1)**
   patinar sobre ruedas to roller-skate **U4 (1)**
patineta *f.* skateboard
   andar en patineta to skateboard **U4 (2)**
patio *m.* patio **U3 (2)**, **U8 (1)**
pavo (*m.*) **asado** roast turkey **U7 (3)**
paz *f.* (*pl.* **paces**) peace
pedir (i, i) to ask for, request; to order (*in a restaurant*) **U7 (2)**, **U9 (2)**
   pídele ask him/her **U5 (3)**
peinarse to comb one's hair **U6 (1)**
peine *m.* comb **U6 (1)**
peinilla *f.* comb, dressing comb (*Colombia*)
pelar to peel
película *f.* film, movie **U3 (2)**, **U4 (2)**
   alquilar una película to rent a movie **U4 (2)**
   película de aventuras adventure film
   ver una película to see a movie **U3 (2)**
peligroso/a dangerous **U4 (1)**
pelirrojo/a redheaded **U2 (1)**
pelo *m.* hair **U2 (1)**
   cepillarse/lavarse/secarse

el pelo to brush/wash/ dry one's hair **U6 (1)**

pelota *f.* ball **U5 (3)**

pena *f.* : **¡qué pena!** what a pity!

pensar (ie) to think **U6 (2), U9 (3)**

　pensar + *infin.* to plan to (*do something*)

　pensar de to think of, have an opinion about

　pensar en to think about

　piénsalo tú think about it

peor: lo peor the worst thing

pequeño/a small **U1 (1)**

perdedor *m.*, **perdedora** *f.* loser **U4 (1)**

perder (ie) to lose

　¿qué equipo perdió? what team lost? **U4 (1)**

perdido/a lost **U5 (1)**

　oficina (*f.*) **de objetos perdidos** lost and found office

¡perdón! excuse me! **PP (4)**; sorry! **PP (4)**; pardon me, may I have your attention? **SP (4), U5 (1)**

perfume *m.* perfume **U5 (3)**

periódico *m.* newspaper **U1 (3)**

　quiosco (*m.*) **de periódicos** newspaper stand **U5 (1)**

período *m.* period

perla *f.* pearl **U5 (3)**

permiso *m.*: **con permiso** pardon me, may I (get by, leave)? **SP (4)**

pero but **SP (1)**

　lo siento, pero no sé I'm sorry, but I don't know **U5 (1)**

　pero antes... but before . . . **U1 (1)**

perro *m.*, **perra** *f.* dog **U1 (2)**

persona *f.* person **U1 (1)**; *pl.* people **PP (1)**

personaje *m.* character (*in a story*) **U2 (3)**

personal personal **U2 (2)**

　arreglo (*m.*) **personal** personal grooming **U6 (1)**

personalidad *f.* personality

pertenecer (pertenezco) to belong **U3 (2)**

pesar to weigh

pesas *f.* weights

　levantar pesas to lift weights **U4 (1)**

pescado *m.* fish (*caught*)

　fritura (*f.*) **de pescado** fried fish

pescar (qu) to fish; to catch (*fish*) **U8 (3)**

peso *m.* peso (*monetary unit of Mexico and several other Latin American countries*)

pez *m.* (*pl.* **peces**) fish (*live*) **U8 (1)**

pianista *m.*, *f.* pianist

piano *m.* piano **U3 (3)**

picante spicy, hot

　está picante it's spicy **U7 (2)**

picar (qu) to prick, puncture

pícaro/a mischievous

pico *m.* beak, bill

pie *f.* foot **U2 (1)**

　a pie on foot **U5 (2)**

　pónga(n)se de pie stand up **PP (3)**

piedra *f.* rock

piénsalo tú think about it **PP (2)**

pierna *f.* leg **U2 (1)**

pijama *m. sing.* pajamas **U6 (1)**

pingüino *m.* penguin

pintar to paint

　pintarse to put makeup on **U6 (1)**

　pintarse las uñas to

polish one's finger- nails **U6 (1)**

pintor *m.*, **pintora** *f.* painter **U9 (3)**

pintoresco/a picturesque

pintura *n. f.* painting

piña *f.* pineapple **U7 (2)**

pirámide *f.* pyramid **U9 (2)**

piscina *f.* (swimming) pool **U1 (3)**

piso *m.* floor; ground floor; story (*of a building*) **U8 (1)**

　primer piso second story

pista *f.* track, racetrack **U2 (3)**

　ciclismo (*m.*) **de pista** bicycle racing

pizarra *f.* chalkboard **PP (3)**

pizza *f.* pizza **U1 (3)**

plan *m.* plan **U4 (2)**

planchar to iron **U8 (1, 3)**

plano *m.* diagram, map; floor plan **U5 (1)**

planta *f.* plant **PP (2)**

　planta baja ground floor **U8 (1)**

plástico *m.* plastic **U5 (3)**

　de plástico of plastic **U8 (2)**

plata *f.* silver **U5 (3)**

plátano *m.* banana **U7 (2)**

platicar (qu) to chat, talk

platillo *m.* small dish

plato *m.* plate, dish **U7 (2)**

　lavar los platos to wash the dishes **U8 (1)**

platónico/a platonic

playa *f.* beach **U4 (3)**

plaza *f.* plaza, town square **U5 (1)**

　plaza de toros bullring **U9 (2)**

plumero *m.* ballpoint pen

población *f.* population

pobre poor

pobrecito *m.*, **pobrecita** *f.* poor little thing

poco *m.* little bit; *adv.* little
  poco a poco little by little
  un poco a bit **SP (1)**
  un poco de todo a bit of everything **U7 (1)**
poco/a *adj.* little, not much
poder *irreg.* to be able, can **U6 (2)**
  ¿puede usted decirme dónde está... ? can you tell me where . . . is? **U5 (1)**
  ¿qué podemos decir? what can we say?
poema *m.* poem **U3 (3)**
  leer poemas to read poetry **U3 (3)**
poesía *f.* poetry
policía *m.* male police officer **U5 (1)**; *f.* police (*force*)
  mujer (*f.*) policía female police officer **U5 (1)**
política *f. sing.* politics
polo *m.* pole
pollo *m.* chicken **U3 (1)**
  pollo frito fried chicken
pon put
ponche *m.* punch **U7 (1)**
poner *irreg.* to put, place; to put on **U6 (1)**
  poner en orden to put into order
  poner la mesa to set the table **U6 (1)**
  poner música to put on music **U7 (1)**
  ponerse (la ropa) to put on (clothing) **U6 (1)**
  ponerse en forma to get into shape **U6 (2)**
pónga(n)se de pie stand up **PP (3)**
por by; for; through; during; per
  amigo (*m.*) por correspondencia pen pal
  hablar por teléfono to talk on the phone
  mañana por la mañana/

tarde/noche tomorrow morning/afternoon/evening, night **U4 (2)**
por ciento percent
por debajo de underneath
por dentro inside
por ejemplo for example **U3 (1)**
por eso therefore, that's why
por favor please **SP (4)**
¡por fin! finally! **U5 (1)**, **U6 (1)**
por la mañana/tarde/noche in the morning/afternoon/evening **SP (1)**
por la radio/televisión on radio/television
por lo general in general **U3 (3)**
por lo menos at least
por primera vez for the first time **U5 (1)**
por ser for being, on account of being
por suerte luckily
por supuesto of course **U7 (2)**, **U8 (2)**
por teléfono by phone, on the phone **SP (1)**
por todas partes everywhere
por todos lados everywhere **U1 (3)**, **U4 (2)**
por último finally **U6 (1)**
¿por qué? why?
  ¿por qué lo decimos así? why do we say it that way? **PP (1)**
porque because
portada *f.* title page (*of a book*); cover, jacket (*of a book*)
portarse bien to behave well
portátil portable
  radio (*m.*) cassette portátil portable radio cassette player **U5 (3)**

portero *m.*, portera *f.* goalkeeper
posesivo/a possessive
  adjetivo (*m.*) posesivo possessive adjective **U2 (3)**
posibilidad *f.* possibility
posible possible
posición *f.* position
postal: apartado (*m.*) postal post office box
  código (*m.*) postal zip code
  tarjeta (*f.*) postal postcard **U5 (1)**
  zona (*f.*) postal postal zone, district
postre *m.* dessert **U3 (1)**, **U7 (2)**
  de postre for dessert
practicar (qu) to practice **U3 (2)**, **U8 (3)**
  practica he/she practices, is practicing **SP (1)**
  practican they practice, are practicing **SP (3)**
  practicar deportes to play sports **U3 (2)**, **U4 (1)**
  practicar lucha libre to wrestle **U4 (1)**
práctico/a practical **U8 (2)**
precio *m.* price **U5 (2)**
preferencia *f.* preference
preferido/a preferred
preferir (ie, i) to prefer **U5 (2)**
pregunta *f.* question **PP (1)**
  hacer preguntas to ask questions **U3 (3)**
  hacer una pregunta to ask a question
  hazle estas preguntas a... ask . . . these questions **U1 (2)**
pregúntale ask (him/her) **SP (1)**
preguntar to ask
  pregunta he/she asks, is asking **PP (1)**

premio *m.* prize
preocupado/a worried
preocuparse to worry **U6 (3)**
  no te preocupes don't worry
  preocuparse por to worry about
preparación *f.* preparation
preparar to prepare **U3 (1)**
preposición *f.* preposition
presentar to present; to introduce **U4 (2)**
  te presento a... I introduce you to . . .
presente (*m.*) **progresivo** present progressive
preservar to preserve
presidente *m.*, **presidenta** *f.* president
  Día (*m.*) **de los Presidentes** Presidents' Day **U7 (3)**
prestar to lend
  presta atención pay attention **U1 (2), U6 (2)**
primavera *f.* spring (*season*) **U4 (3)**
primer, primero/a first **PP (1), U8 (1)**
  en primer lugar in the first place
  es el primero de it's the first of (*date*) **U4 (3)**
  lo primero que the first thing that **U3 (3)**
  por primera vez for the first time **U5 (1)**
  primer piso (*m.*) second floor
primo *m.*, **prima** *f.* cousin **U2 (3)**
principal principal, main
principio *m.* principle
probablemente probably **SP (1)**
probar (ue) to try; taste
problema *m.* problem
profesional professional **U4 (1)**

profesor *m.*, **profesora** *f.* professor, teacher **PP (1)**
  y ahora, con tu profesor(a) and now, with your teacher **SP (1)**
programa *m.* program **SP (4), U1 (2), U4 (2)**
  aprender un programa to learn a program **U3 (2)**
  programa de computación computer program
  programa de televisión TV program **U4 (2)**
progresivo/a: presente (*m.*) **progresivo** present progressive
prohibir (prohíbo) to prohibit
promedio *m.* average
pronombre *m.* pronoun
  pronombre personal personal pronoun **U3 (1)**
  pronombre reflexivo reflexive pronoun **U6 (1)**
pronto soon
  hasta pronto see you soon
pronunciación *f.* pronunciation **PP (1)**
propio/a *adj.* own
propósito *m.* purpose, intention
próspero/a: ¡Feliz Navidad y Próspero Año Nuevo! Merry Christmas and Happy New Year! **U7 (3)**
protección *f.* protection
protector(a): loción (*f.*) **protectora para el sol** sunscreen **U6 (1)**
protestar to protest
provenir (*like* **venir**) **de** to come from, originate from
próximo/a next **U4 (2)**

el próximo mes/año next month/year **U4 (2)**
la semana (*f.*) **próxima** next week **U4 (2)**
proyecto *m.* project
prueba *f.* quiz, test **U3 (3)**
  fallar en una prueba to fail a quiz **U3 (3)**
  prueba sorpresa surprise quiz
psicología *f.* psychology
psicólogo *m.*, **psicóloga** *f.* psychologist
publicidad *f.* publicity
público *m.* audience
público/a *adj.* public
pueblo *m.* town **U5 (2)**
puerta *f.* door **PP (3)**
  de puerta en puerta from door to door **U7 (3)**
puertorriqueño *m.*, **puertorriqueña** *f.* (*n. & adj.*) Puerto Rican
pues well **SP (1)**
pulgada *f.* inch
pulsera *f.* bracelet **U5 (3)**
punto *m.* point **U7 (1)**
pupitre *m.* student desk **U1 (1)**
puro/a: es la pura verdad that's the absolute truth

Q

que that; which; who **SP (2)**; what **SP (2)**
  lo que what
qué how, what
  ¡qué barbaridad! how awful! **SP (1), U1 (3)**
  ¡qué bueno! great! **SP (1), U1 (3)**
  ¡qué coincidencia! what a coincidence! **SP (3), U1 (3)**
  ¡qué lástima! what a pity! **SP (1), U1 (3)**
  ¡qué horror/ridículo!

qué (*continued*)
how awful/ridiculous!
U1 (3)
¡qué suerte! how lucky!
U5 (3)
¿qué? what? **PP (1)**; which?
PP (1)
**¿a qué deporte(s)
juega(n)?** what
sport(s) does he/she,
do you (*pol. sing.,
pl.*)/they play?
U4 (1)
¿a qué hora (es)... ? at
what time (is) . . . ?
U1 (2)
¿de qué talla... ? what
size . . . ? **U2 (1)**
¿por qué? why? **PP (1)**
¿qué fecha es hoy?
what's today's date?
U4 (3)
¿qué hora es? what time
is it? **SP (4)**
¿qué opinas de... ?
what do you think of /
about . . . ? **U4 (1)**
¿qué tal? how's it going?,
how are you? **PP (4)**
¿qué tiempo hace?
what's the weather
like? **U4 (3)**
y tú, ¿qué dices? and
you, what do you have
to say? **PP (1)**
quedarse to stay, remain
U6 (2), U8 (3)
quehacer *m.* chore, task
querer *irreg.* to want; to love
U5 (2), U7 (1)
querer decir to mean
te quiero I love you **U7 (3)**
querido/a dear
queso *m.* cheese **U3 (1)**
quien who, whom
¿quién(es)? who? **PP (2)**;
whom?
¿a quién le gusta... ? who
likes to . . . ? **U1 (3)**
¿a quiénes les gusta... ?

who (*pl.*) likes to . . . ?
U4 (1)
¿con quién? with whom?
U3 (1)
¿de quién? whose?
¿de quién es/son? whose
is it / are they? **U2 (3)**
¿de quiénes son? whose
are they? **U2 (3)**
¿quién diría... ? who
would say . . . ? **U1 (2)**
¿quién es... ? who is . . . ?
U2 (1)
¿quién tiene... ? who
has . . . ? **U2 (1)**
química *f.* chemistry
quince fifteen **SP (2)**
fiesta (*f.*) **de quince años**
party to celebrate
one's fifteenth
birthday **U7 (1)**
quinceañera *f.* girl
celebrating her
fifteenth birthday;
fifteenth birthday
celebration **U7 (1)**
quinientos/as five hundred
U5 (3)
quinto/a fifth **U8 (1)**
quiosco *m.* kiosk; stand
quiosco de periódicos
newspaper stand
U5 (1)
quitarse (la ropa) to take off
(one's clothing) **U6 (1)**
quitasol *m.* parasol
quiteño *m.*, **quiteña** *f.* native
of Quito, Ecuador
quizás perhaps

R

radio *m.* radio (*set*); *f.* radio
(*medium*)
estación (*f.*) **de radio**
radio station **U6 (3)**
radio (*m.*) **cassette
portátil** portable radio
cassette player **U5 (3)**
radiograbador *m.* radio

cassette player and
recorder
raíz *f.* (*pl.* **raíces**) root
ramo *m.* **(de flores)** bouquet
(of flowers) **U7 (3)**
rápidamente quickly **U6 (1)**
rápido *adv.* rapidly
rápido/a rapid, fast **U5 (2),
U8 (2)**
comida (*f.*) **rápida** fast
food **U6 (2)**
raqueta (*f.*) **de tenis** tennis
racket **U5 (3)**
raro/a strange **U1 (3)**
rascacielos *m. sing. & pl.*
skyscraper **U5 (2)**
raza *f.*: **Día** (*m.*) **de la Raza**
Columbus Day **U4 (3)**
razón *f.* reason
tener razón to be right
reacción *f.* reaction
reaccionar to react **U6 (3)**
realidad *f.* reality
realizarse (c) to be
performed
realmente really **SP (3)**
rebaja *f.* discount **U5 (3)**
rebajado/a reduced,
discounted **U5 (3)**
receso *m.* recess
recibir to receive **U2 (2),
U7 (1), U9 (1)**
reciclaje *m.* recycling
centro (*m.*) **de reciclaje**
recycling center
reciclar to recycle **U8 (3)**
recientemente recently
recolectar to gather, collect
recomendar (ie) to
recommend **U6 (2, 3)**
reconocer (reconozco) to
recognize
recopilar to compile
recordar (ue) to remember
U6 (3), U7 (3)
¿recuerdas? do you
remember? **U1 (2)**
recuerdo *m.* memory, recol-
lection **U9 (3)**
recuperación *f.* recuperation

referirse (ie, i) to refer
  se refieren they/you (*pl.*) refer **U8 (2)**
reflejar to reflect
reflexivo/a: pronombre (*m.*) **reflexivo** reflexive pronoun **U6 (1)**
refrán *m.* proverb, saying
refresco *m.* soft drink **U3 (1)**
refrigerador *m.* refrigerator **U8 (2)**
regalar to give as a gift
regalo *m.* gift, present **U5 (2)**
  ¿a quién le compras un regalo? whom are you buying a gift for?
  ¡es un regalo! it's a gift! **U5 (3)**
  gracias por el regalo thank you for the gift **U7 (3)**
  ¿para quién son estos regalos? whom are these presents for?
regatear to bargain, haggle **U5 (3)**
régimen *m.* (*pl.* **regímenes**) regimen
región *f.* region
regresar to return **U3 (3)**
regreso *m.* return
regular OK; nothing special **SP (1)**
reina *f.* queen
relación *f.* relation; relationship
  en relación a in relation to
relacionado/a con related to **U7 (1)**
relacionar to relate
religioso/a religious **U9 (2)**
reloj *m.* clock **SP (4)**; watch **SP (4)**
remedio *m.* cure, medication **U6 (2)**
repasar to review **U3 (3), U8 (3)**
repaso *m.* review
repetir (i, i) to repeat
repita(n) repeat **SP (4)**

reportero *m.*, **reportera** *f.* reporter
representado/a represented
representar to represent
requetebién very, very well
requetecansado/a very, very tired
res *f.*: **(carne de) res** beef **U7 (2)**
resfrío *m.* cold (*illness*)
residencia *f.* residence
resolver (ue) to solve
respectivo/a respective
respecto *m.*: **con respecto a** with respect to
resplandeciente radiant
respuesta *f.* answer **SP (1)**
restaurante *m.* restaurant **U1 (3)**
resultado *m.* result **U7 (1)**
retrato *m.* portrait **U1 (1)**
reunión (*f.*) **de familia** family reunion
revista *f.* magazine **U1 (3)**
revolución *f.* revolution
rey *m.* king
rezar (c) to pray
rico/a rich; delicious
ridículo/a ridiculous
  ¡qué ridículo! how ridiculous! **U1 (3)**
rincón *m.* corner (indoors) **U7 (1)**
riquísimo/a very delicious
ritmo *m.* rhythm
rizado/a curly hair **U2 (1)**
roca *f.* rock
rocinante *m.* worn-out hack or nag
rockero *m.*, **rockera** *f.* rocker, fan of rock music
rodeado/a de surrounded by
rojo/a red **PP (2)**
romántico/a romantic **U2 (1)**
rompecabezas *m. sing. & pl.* jigsaw puzzle; (*coll.*) puzzle, riddle
romper to break; to tear **U9 (1)**
roncar (qu) to snore

ropa *f.* clothing **PP (2), SP (3), U4 (3)**
  lavar la ropa to wash the clothes **U8 (1)**
  ponerse la ropa to get dressed **U6 (1)**
  quitarse la ropa to get undressed **U6 (1)**
  tienda (*f.*) **de ropa** clothing store **U1 (1)**
ropero *m.* closet **U8 (2)**
rosa *f.* rose
rosado/a pink **SP (3)**
rubí *m.* (*pl.* **rubíes**) ruby
rubio/a blond(e) **U2 (1)**
ruedas *f.*: **patinar sobre ruedas** to roller-skate **U4 (1)**
ruido *m.* noise
rutina *f.* routine
  rutina diaria daily routine **U6 (1)**

S

sábado *m.* Saturday **SP (2)**
  el sábado on Saturday **U1 (3)**
  los sábados on Saturdays **U1 (3)**
saber *irreg.* to know (*facts, information*) **U4 (1)**
  saber + *infin.* to know how to (*do something*)
saber to taste
  sabe bien/mal it tastes good/bad **U7 (2)**
¿sabías que... ? did you know that . . . ?
sabor *m.* flavor
  con sabor a banana banana-flavored
sabroso/a tasty
sacapuntas *m. sing. & pl.* pencil sharpener **U1 (1)**
sacar (qu) to take out **U8 (3)**
  sacar buenas/malas notas to get good/bad grades **U3 (3)**

sacar (*continued*)

    sacar fotos to take pictures **U4 (2)**

    sacar la basura to take out the trash **U8 (1)**

sagrado/a sacred

sala *f.* room; living room **U8 (1)**

salado/a salty

    está salado/a it's salty **U7 (2)**

salario *m.* salary

salchicha *f.* sausage **U7 (2)**

salir *irreg.* to go out; to leave; to come out **U1 (3), U6 (1), U9 (1)**

    salir a cenar to eat out

    salir a/de to go out to/from **U6 (1)**

    salir con... to go out with . . . **U1 (3)**

    salir para to leave for; in order to **U6 (1)**

salón *m.* room

    salón de clase classroom **U1 (1)**

salsa *f.* sauce, salsa **U3 (1)**; salsa (*music*)

saltamontes *m. sing. & pl.* grasshopper

salte(n) jump **PP (3)**

salud *f.* health **U6 (2)**

    cuidar de la salud to take care of one's health **U6 (2)**

    es bueno/malo para la salud it's good/bad for one's health

saludable healthful **U6 (2)**

saludar to greet

saludos *m.* greetings **PP (4)**

salvar to save

San, santo/a saint

    Semana (*f.*) **Santa** Holy Week **U7 (3)**

sandía watermelon **U7 (2)**

sandwich *m.* (*pl.* **sándwiches**) sandwich **U3 (1)**

sangre *f.* blood

santuario *m.* sanctuary

sapo *m.* toad

saque(n) take out **PP (3)**

satisfecho/a satisfied **U7 (1)**

se *refl. pron.* himself, herself, itself, oneself, yourself (*pol. sing.*); themselves, yourselves (*pol. pl.*) **U6 (1, 2)**

sé I know

    lo siento, pero no sé I'm sorry, but I don't know **U5 (1)**

    no sé I don't know **SP (1, 3)**

    ¡yo (lo) sé! I know (it)! **SP (4)**

secador *m.* dryer **U6 (1)**

secarse (qu) to dry oneself

    secarse la cara / el pelo / las manos to dry one's face/hair/hands **U6 (1)**

sección *f.* section **U5 (3)**

seco/a dry

secretario *m.*, **secretaria** *f.* secretary

secundaria *f.* secondary school, high school

secundario/a secondary

    escuela (*f.*) **secundaria** secondary school, high school

sed *f.* thirst

    tener (mucha) sed to be (very) thirsty **U3 (1)**

seguida: en seguida right away **U7 (2)**

seguir (i, i) (g) to follow **U9 (2)**

según according to **PP (2)**

segundo *m.* second (*time*)

segundo/a *adj.* second **SP (1), U8 (1)**

seguramente surely

seis six **SP (2)**

seiscientos/as six hundred **U5 (3)**

semana *f.* week **SP (2)**

    ¿cuántas veces por semana... ? how many times a week . . . ?

    días (*m.*) **de la semana** days of the week **SP (2)**

    esta semana this week **U4 (2)**

    el fin (*m.*) **de semana** weekend **U1 (3)**

    el fin (*m.*) **de semana pasado** last weekend **U8 (3)**

    la próxima semana next week **U4 (2)**

    la semana pasada last week **U8 (3)**

    la semana próxima next week

    Semana Santa Holy Week **U7 (3)**

    tres veces a la semana three times a week

semántico/a semantic

semejante similar

semestre *m.* semester **U1 (2)**

senador *m.*, **senadora** *f.* senator

sentarse (ie) to sit down **U8 (2)**

sentido *m.* sense **U6 (2)**

    (no) tiene sentido it does (not) make sense

    sentido del humor sense of humor

sentimiento *m.* feeling

sentir (ie, i) to regret

    lo siento I'm sorry **U2 (3)**

    lo siento, pero no sé I'm sorry, but I don't know **U5 (1)**

    sentirse to feel **U6 (3), U9 (2)**

    ¿cómo te sientes? how do you feel?

señalar to point to

señale(n) point to **PP (3)**

señor *m.* man; Mr. **PP (1)**

señora *f.* woman; Mrs.

señorita *f.* young woman; Miss **PP (1)**

separar to separate **U8 (3)**

separación *f.* separation

septiembre *m.* September
U1 (3)

séptimo/a seventh U8 (1)

ser *irreg.* to be U2 (1), U9 (3)
   por ser for being
   ser de to be from U2 (1)

sereno/a serene, calm

seriamente seriously

serie *f. sing.* series

serio/a serious U2 (3)

serpentina *f.* paper streamer
U7 (1)

servir (i, i) to serve U7 (2)

sesenta sixty U1 (1)

setecientos/as seven
hundred U5 (3)

setenta seventy U1 (1)

sevillanas *f. pl. lively dance
typical of Seville, Spain*

sexto/a sixth U8 (1)

si if SP (3)

sí yes PP (1)

siempre always

siénte(n)se sit down PP (3)

siesta *f.* nap U6 (2)
   dormir la siesta to take a
   nap

siete seven SP (2)

siga follow
   siga derecho continue
   straight ahead U5 (1)

siglo *m.* century

sigue follow SP (2)

siguiente following SP (3)

silbar to whistle

silla *f.* chair U1 (1)

sillón *m.* armchair U8 (2)

símbolo *m.* symbol

simpático/a pleasant, nice
U2 (1)

sin without U1 (2)
   sin embargo however,
   nevertheless

sincero/a sincere

sino but rather

sinónimo *m.* synonym U6 (2)

síntoma *m.* symptom

situación *f.* situation SP (1)

sobre about U1 (2)

sobrenombre *m.* nickname

sobrino *m.,* sobrina *f.*
nephew, niece U6 (3)

sociedad *f.* society

sociología *f.* sociology

sofá *m.* sofa U8 (2)

sofisticado/a sophisticated

sois you (*inf. pl. Sp.*) are

sol *m.* sun
   hace sol it's sunny U4 (3)
   lentes (*m.*) de sol
   sunglasses SP (3)
   loción (*f.*) protectora para
   el sol sunscreen U6 (1)
   tomar el sol to sunbathe
   U6 (2)

solamente only U1 (2)

soldado *m.* soldier U7 (3)

solicitar to solicit, ask for

sólo *adv.* only U5 (3)

solo/a *adj.* alone U4 (1)

solución *f.* solution U4 (2)

sombrero *m.* hat SP (3)

sombrilla *f.* parasol U9 (2)

somos we are

son they are PP (1)
   ¿cómo son? what are
   they like? U2 (1)
   ¿de quién(es) son?
   whose are they? U2 (3)
   son las... it's . . . o'clock
   SP (4)

sonar (ue) to ring (*a bell*)

sonrisa *f.* smile

soñar (ue) (con) to dream
(about)

sopa *f.* soup U3 (1)

soplar las velitas to blow
out the candles U7 (1)

sorbete *m.* juice

sorprender to surprise

sorpresa *f.* surprise U1 (3)
   fiesta (*f.*) sorpresa
   surprise party U7 (1)
   prueba (*f.*) sorpresa
   surprise quiz, pop
   quiz
   ¡qué sorpresa tan bonita!
   what a nice surprise!

sótano *m.* basement U8 (1)

soy I am U2 (1)

soy de... I'm from . . .
U2 (2)

Sr. *m.* (*abbrev. of* señor)
man; Mr.

Sra. *f.* (*abbrev. of* señora)
woman; Mrs.

Srta. *f.* (*abbrev. of* señorita)
young woman; Miss

su(s) *poss. adj.* his, her, your
(*pol. sing.*) PP (3),
U2 (3), U6 (3)

subir to go up; to get on
U9 (2)

sucio/a dirty U8 (2)

sudadera *f.* sweatshirt SP (3)

sueño *m.* dream
   tener sueño to be sleepy
   U6 (3)

suerte *f.* luck
   buena/mala suerte
   good/bad luck
   por suerte luckily
   ¡qué suerte! how lucky!
   U5 (3)

suéter *m.* sweater PP (2)

sufrir to suffer U9 (1)

sugerencia *f.* suggestion

sugerir (ie, i) to suggest

suizo *m.,* suiza *f.* (*n. & adj.*)
Swiss

sumar to add up
   suma add up U7 (1)

¡súper! super!, fantastic!,
wonderful! PP (4)
   estar/sentirse súper
   contento/a to be/feel
   extremely happy
   U6 (3)

supermercado *m.* super-
market

supervivencia *f.* survival

supuesto: ¡por supuesto! of
course! U7 (2), U8 (2)

sur *m.* south
   América (*f.*) del Sur
   South America
   metros (*m.*) sur de...
   meters south of . . .
   U2 (2)

sustantivo noun PP (2)

T

tabaco *m.* tobacco
tabla *f.* table, chart U1 (1)
taco *m.* taco (*tortilla filled with meat, vegetables*)
tal: ¿qué tal? how's it going?, how are you? PP (4)
talla *f.* size U2 (1)
  ¿de qué talla... ? what size . . . ? U2 (1)
tamal *m.* tamale (*dish made of corn meal, chicken or meat, and chili wrapped in banana leaves or corn husk*)
también also, too SP (1)
tampoco neither, not either U3 (3)
tan *adv.* so
  ¡qué sorpresa tan bonita! what a nice surprise!
  tan... como as . . . as U8 (2)
tanteo *m.* score
tanto *adv.* so much
  no vale tanto it's not worth that much U5 (3)
tanto/a *adj.* so much
  tantos/as *pl.* so many
tapas *f.* appetizers, snacks (*Sp.*)
tarántula *f.* tarantula U8 (1)
tardar (doce años) en + *infin.* to take (twelve years) to (*do something*)
tarde *n. f.* afternoon; *adv.* late U3 (3)
  buenas tardes good afternoon
  de la tarde in the afternoon, P.M. SP (4)
  dormir hasta tarde to sleep late U4 (2)
  en la tarde in the afternoon
  esta tarde this afternoon U4 (2)

mañana por la tarde tomorrow afternoon U4 (2)
  más tarde later
  por la tarde in the afternoon SP (1)
  ya es tarde it's late
tardísimo very late
tarea *f.* homework PP (3)
  me olvidé de hacer la tarea I forgot to do the homework U3 (3)
tarjeta *f.* card
  tarjeta postal postcard U5 (1)
tasca *f.* tapas restaurant *coll.*
taxi *m.* taxi U5 (2)
taza *f.* cup U7 (2)
te *d.o.* you (*inf. sing.*); *i.o.* to/for you (*inf. sing.*); *refl. pron.* yourself (*inf. sing.*) U6 (1), U7 (1, 3)
té *m.* tea U6 (2), U7 (2)
teatro *m.* theater U5 (2)
  obra (*f.*) de teatro play U5 (2)
tela *f.* cloth
  de tela of cloth U8 (2)
tele *f.* TV
teléfono *m.* telephone U1 (3); telephone number
  hablar por teléfono to talk on the telephone U1 (3)
  número (*m.*) de teléfono telephone number U2 (2)
  por teléfono by telephone, on the telephone SP (1)
telenovela *f.* soap opera
televisión *f.* television U1 (2, 3)
  canal (*m.*) de televisión TV channel U4 (2)
  mirar la televisión to watch television U1 (3)
  programa (*m.*) de televisión TV program U4 (2)
televisor *m.* television set U5 (3)

televisor de pantalla grande large-screen television set
tema *m.* theme
temperatura *f.* temperature
  ¿cuál es la temperatura máxima/mínima? what is the high/low temperature? U4 (3)
templo *m.* temple U7 (3)
temporada *f.* season
  temporada de lluvias rainy season
temprano early U3 (3)
ten paciencia be patient
tener *irreg.* to have U1 (2), U6 (2)
  tener... años to be . . . years old U2 (2)
  tener en común to have in common U3 (3)
  tener (mucha) hambre/sed to be (very) hungry/thirsty U3 (1)
  tener (mucha) suerte to be (very) lucky
  tener (mucho) miedo/sueño to be (very) afraid/sleepy U6 (3)
  tener que + *infin.* to have to (*do something*) U3 (2)
  tener razón to be right
  tener un hambre feroz to be starving
tengo I have U1 (2), U2 (1)
  tengo... años I am . . . years old U2 (2)
tenis *m. sing.* tennis U1 (3); *pl.* sneakers SP (3)
  jugar al tenis to play tennis
  raqueta (*f.*) de tenis tennis racket U5 (3)
tenista *m., f.* tennis player
tentación *f.* : ¡qué tentación! how tempting!
terapia *f.* therapy

tercer, tercero/a third **U2 (2)**, **U8 (1)**

terminar to end
termina ends **U1 (2)**

terraza *f.* outdoor café (*Sp.*)

terreno *m.* terrain

terror: película (*f.*) **de terror** horror movie

texto *m.* text **U1 (1)**
libro (*m.*) **de texto** textbook

ti *obj. of prep.* you (*inf. sing.*) **U5 (2)**

tiempo *m.* time; weather **U4 (3)**
a tiempo on time
hace buen/mal tiempo it's good/bad weather **U4 (3)**
¿qué tiempo hace? what's the weather like? **U4 (3)**

tienda *f.* store
tienda de comestibles grocery store **U5 (1)**
tienda de ropa clothing store **U1 (1)**
tienda de videos video store **U5 (1)**

tiene he/she has, you (*pol. sing.*) have **U1 (1)**, **U2 (1)**
(no) tiene sentido it does (not) make sense **U6 (2)**
¿quién tiene... ? who has . . . ? **U2 (1)**

tienes you (*inf. sing.*) have **U1 (2)**
¿cuántos años tienes? how old are you? **U2 (2)**

tierra *f.* earth

tigre *m.* tiger

tímido/a timid, shy **U2 (1)**

tío *m.*, **tía** *f.* uncle, aunt **U2 (3)**
tíos *pl.* aunt(s) and uncle(s) **U2 (3)**

típico/a typical

tipo *m.* type, kind

tira (*f.*) **cómica** comic strip

U3 (2); *pl.* comics, funnies
leer las tiras cómicas to read the comics, funnies **U4 (2)**

títere *m.* puppet

título *m.* title

tiza *f.* chalk **U1 (1)**

toalla *f.* towel **U6 (1)**

tocar (qu) (un instrumento) to play (an instrument) **U3 (3)**, **U8 (3)**

tocino *m.* bacon **U7 (2)**

todavía still, yet

todo *pron.* everything; *pl.* all; everybody, everyone **PP (3)**
un poco de todo a little of everything **U7 (1)**

todo/a *adj.* all; every
de todo everything **U5 (2)**
de todos modos anyway **U7 (1)**
por todas partes everywhere
toda la noche all night long **U4 (2)**
todas las mañanas every morning
todo el día all day long **U1 (3)**
todo el mundo everybody
todos los días every day **U1 (2)**

tomar to take; to drink **U3 (1)**; to eat **U1 (3)**, **U8 (3)**
tomar apuntes to take notes **U3 (3)**
tomar el autobús to take the bus **U3 (2)**
tomar el sol to sunbathe **U6 (2)**
tomar en cuenta to take into account; to notice
tomar helado to eat ice cream **U4 (2)**
tomar una bebida to drink a drink **U3 (1)**

tomar una clase de... to take a . . . class **U4 (2)**

tomate *m.* tomato **U3 (1)**

tontería *f.*: ¡**qué tonterías!** what nonsense!

tonto/a silly, foolish

toronja *f.* grapefruit **U7 (2)**

toro *m.* bull
corrida (*f.*) **de toros** bullfight **U9 (2)**
plaza (*f.*) **de toros** bullring **U9 (2)**

torre *f.* tower

tortilla *f.* tortilla (*thin, unleavened wheat or cornmeal pancake*) (*Mex.*); potato omelette (*Sp.*) **U7 (2)**

tortillería *f.* tortilla shop

tortuga *f.* turtle

tos *f. sing.* cough **U6 (2)**
jarabe (*m.*) **para la tos** cough syrup **U6 (2)**

tostado/a: pan (*m.*) **tostado** toast **U7 (2)**

tostón *m.* fried plantain patty (*Puerto Rico*)

total: en total in all, in total **U1 (1)**

trabajador *m.*, **trabajadora** *f.* worker
Día (*m.*) **del Trabajador** Labor Day **U7 (3)**

trabajar to work **U1 (3)**, **U8 (3)**

trabajo *m.* work

tradición *f.* tradition

tradicional traditional

traer *irreg.* to bring **U6 (1)**

tráfico *m.* traffic

tragar (gu) to swallow

traje *m.* suit **SP (3)**
traje de baño bathing suit **U4 (3)**

tranquilo/a quiet, calm

transportar to transport

transporte *m.* transportation

trasto *m.* household utensil

tratar to treat
tratar de + *infin.* to try to (*do something*)

travieso/a mischievous SP (1)

trece thirteen SP (2)

treinta thirty SP (2)

tremendo/a tremendous

tren *m.* train U5 (2)

   viajar en tren to travel by train

tres three SP (2)

trescientos/as three hundred U5 (3)

trigo *m.* wheat

triste sad

   me siento triste I feel sad

triunfo *m.* triumph

trofeo *m.* trophy U9 (1)

trueque *m.* barter, exchange

tú *sub. pron* you (*inf. sing.*)

   ¿y tú? and you? PP (1)

   y tú, ¿qué dices? and you, what do you have to say? PP (1)

tu(s) *poss. adj.* your (*inf. sing.*) SP (1), U2 (3)

tumba *f.* tomb

tuna *f. group of student serenaders (Sp.)*

turismo *m.* tourism

turista *m., f.* tourist U5 (2)

turístico/a touristic

túrnate take turns U7 (1)

   túrnate con tu compañero/a take turns with your classmate

tutú *m.* tutu (*ballerina's short skirt*)

U

u or (*used instead of* **o** *before words beginning with* **o** *or* **ho**)

ubicación *f.* location

¡uf! ugh!

último/a last

   por último lastly, finally U6 (1)

un, uno/a *indefinite article* a, an; one SP (2)

es la una it's one o'clock SP (4)

una vez once U3 (1)

   único/a only

   soy hijo único I'm an only child

unidad *f.* unit

unido/a united

   Estados (*m.*) **Unidos** United States PP (2)

uniforme *m.* uniform U1 (1)

universal: historia (*f.*) **universal** world history U1 (2)

universidad *f.* university U9 (1)

unos/as some

uña *f.* fingernail U6 (1)

   comerse las uñas to bite one's nails U6 (3)

   limpiarse/pintarse las uñas to clean/polish one's fingernails U6 (1)

uruguayo/a Uruguayan

usa uses U1 (1)

usar to use U6 (1)

usted (Ud., Vd.) you (*pol. sing.*)

   ¿cómo está usted? how are you? SP (1)

   ¿y usted? and you? SP (1)

   ustedes (Uds., Vds.) you (*pl.*) U3 (1)

   útil useful PP (1)

   palabras (*f.*) **útiles** useful words PP (1)

uva *f.* grape U7 (2)

V

va he/she goes, is going; you (*pol. sing.*) go, are going

vaca *f.* cow

vacaciones *f. pl.* vacation U3 (2), U9 (1)

   (ir) de vacaciones (to go) on vacation

vacío/a empty

vainilla *f.* vanilla U7 (2)

vais you (*inf. pl. Sp.*) go

valer (valgo) to be worth

   no vale tanto it's not worth that much U5 (3)

   ¡vale! OK! U5 (2)

valiente *m.* brave man

valioso/a valuable

valle *m.* valley

vamos we are going; let's go

   vamos a ver... let's see . . . U6 (2)

van they, you (*pol. pl.*) go, are going

vaqueros *m.* bluejeans

variar to vary

variedad *f.* variety

varios/as several SP (1)

vas you (*inf. sing.*) are going U3 (2)

vasco/a Basque

vaso *m.* (drinking) glass U7 (2)

vecindad *f.* neighborhood

vecindario *m.* neighborhood U5 (1)

vecino *m.*, **vecina** *f.* neighbor

veinte twenty SP (2)

veinticinco twenty-five

veinticuatro twenty-four

veintidós twenty-two

veintinueve twenty-nine

veintiocho twenty-eight

veintiséis twenty-six

veintisiete twenty-seven

veintitrés twenty-three

veintiuno/a twenty-one

vela *f.* candle

velita *f.* small candle; birthday candle U7 (1)

   soplar las velitas to blow out the birthday candles U7 (1)

velocidad *f.* velocity, speed

   bicicleta (*f.*) **de... velocidades** . . . -speed bicycle U5 (3)

vendedor *m.*, **vendedora** *f.* salesperson U5 (1)

vender to sell **U5 (3), U9 (1)**
   venden de todo they
     sell everything
venir *irreg.* to come
venta *f.* sale **U5 (3)**
ventana *f.* window
ver *irreg.* to see **U1 (3),**
   U5 (1), U9 (1)
   a ver let's see
   nos vemos see you later
   vamos a ver... let's see . . .
     U6 (2)
   ver una película to see a
     movie **U3 (2)**
verano *m.* summer **U4 (3)**
verbo *m.* verb **PP (1)**
verdad *f.* truth
   es verdad it's true
   ¿verdad? right?, correct?
     PP (1)
verdadero/a true
verde green **PP (2), U2 (1)**
   judías *(f.)* **verdes** green
     beans
verdoso/a greenish
verdura *f.* vegetable **U3 (1)**
versión *f.* version
vestido *m.* dress **PP (2)**
vestido/a dressed
vestir (i, i) to dress
   vestirse to get dressed
veterano *m.*: **Día** *(m.)* **de los**
   Veteranos Veterans'
   Day **U7 (3)**
vez *f. (pl.* **veces***)* time
   a veces sometimes **U3 (1)**
   alguna vez once, ever
   ¿cuántas veces? how
     many times? **U3 (1)**
   de vez en cuando from
     time to time **U3 (3)**
   dos veces twice **U3 (1)**
   en vez de instead of
   otra vez again
   por primera vez for the
     first time **U5 (1)**
   por última vez for the
     last time
   una vez once **U3 (1)**
viajar to travel

viajar en avión/barco to
   travel by airplane/boat
   U9 (2)
viaje *m.* trip **U9 (2)**
   agencia *(f.)* **de viajes**
     travel agency
   agente *(m., f.)* **de viajes**
     travel agent
   hacer un viaje to take a
     trip **U9 (2)**
   viajes espaciales space
     travel
vicuña *f.* vicuña *(South*
   American animal related
   to the llama); wool from
   the vicuña
vida *f.* life **U2 (2), U9 (3)**
video *m.* video(tape) **U1 (3)**
   tienda *(f.)* **de videos**
     video store **U5 (1)**
videocasetera *f.* VCR **U5 (3)**
videojuego *m.* video game
   U1 (3)
vidrio *m.* glass *(material)*
   de vidrio of glass **U8 (2)**
viejo/a old **U1 (1)**
viento *m.* wind
   hace viento it's windy
     U4 (3)
viernes *m. sing. & pl.* Friday
   SP (2)
violín *m.* violin **U3 (3)**
Virgen *f.* Virgin Mary
visita *f.* visit
visitar to visit **U1 (3)**
víspera *f.* eve
   víspera de Año Nuevo
     New Year's Eve **U7 (3)**
vista *f. :* **hasta la vista** see
   you later
vistazo *m.* glance **U1 (2)**
vitamina *f.* vitamin **U6 (2)**
¡viva... ! long live . . . !
vivienda *f.* housing
vivir to live **U2 (2)**
   ¿dónde vives? where do
     you *(inf. sing.)* live?
     U2 (2)
   vive he/she/you *(pol.*
     sing.) live **U2 (2)**

vives you *(inf. sing.)* live
   U2 (2)
vivo (en...) I live (in . . .)
   U2 (2)
vivito/a y coleando alive
   and kicking
vivo/a alive
   en vivo live **U9 (3)**
   estar vivo/a to be alive
     U6 (3)
vocabulario *m.* vocabulary
   PP (1)
voleibol *m.* volleyball
   U1 (3)
voluntario *m.*, **voluntaria** *f.*
   volunteer
vosotros/as *sub. pron.* you
   (inf. pl. Sp.) **U3 (1);**
   obj. of prep. you
   (inf. pl. Sp.)
voy I'm going **U3 (2)**
voz *f. (pl.* **voces***)* voice
   en voz alta out loud, aloud
vuelta *f.:* **dé/den una vuelta**
   turn around **PP (3)**

xilófono *m.* xylophone

y and **PP (1)**
   ...y cuarto/media
     quarter/half past . . .
     U1 (2)
   ¿y tú? and you? (how are
     you?) **PP (1)**
   ¿y usted? and you? (how
     are you?) **SP (1)**
ya already
   ya es hora... it's (already)
     time . . . **U6 (1)**
   ya mismo right away
   ya murió has (already)
     died
   ya no no longer
   ya sé I (already) know

yema *f.* yolk
yo *sub. pron.* I
yogur *m.* yogurt **U3 (1)**

Z

zacate *m.* hay (*Mex., Central America*)
zanahoria *f.* carrot **U7 (2)**

zapatería *f.* shoe store **U5 (2)**
zapato *m.* shoe **PP (2)**
zócalo *m.* plaza, square (*Mex.*) **U9 (2)**
zona *f.* zone, district
  zona arqueológica archaeological zone **U9 (2)**

zoológico *m.* zoo **U5 (2)**
  jardín (*m.*) **zoológico** zoo
zorro *m.* fox
zuato/a silly (*Mex.*)
zumo *m.* juice (*Sp.*)
zurdo/a left-handed

INDEX

This index is divided into two parts: Part 1 (Grammar) covers topics in grammar, structure, usage, and pronunciation; Part 2 (Topics) is grouped into cultural and vocabulary topics treated in the text, as well as functional language and reading and writing strategies.

PART 1: GRAMMAR

A

a + el = al, 195, 234, 289
a + noun, 103, 230, 234, 289, 307, 426
    personal, 103, 230, 289
¿a quién(es)?, 289, 307, 426
abrazar, 542
adjectives, agreement with noun, 34, 48–49, 126, 128, 249–250, 471
    comparative forms, 468
    demonstrative, 249–250, 471
    forms:
        plural, 48–49, 128
        singular, 34
        singular and plural, 48–49, 128
        gender, 34, 48–49, 126, 249–250
    ordinal numbers, 447, 457
    position before and after nouns, 49
    possessive, 155, 376
¿adónde?, 195, 197
agreement, article-noun, 40–41
    noun-adjective, 34, 48–49, 126, 128, 249–250, 471
    pronoun-noun, 320
    subject-verb, 34, 174–175, 178
al, 195, 234
algo, alguien, 492
almorzar (ue), 491, 542
alphabet, Spanish, 8
-ar verbs. *See* Verbs

articles, agreement with nouns, 14–15, 40–41, 145
    definite, 15, 40, 95, 145, 343, 358
    gender and number, 14–15, 40–41, 145
    indefinite, 14

B

buscar, 490, 542

C

cardinal numbers. *See* Numbers
comer, 179, 214, 454, 510, 551
commands, affirmative **usted, ustedes**, 20
    giving, 17–18, 20
    with pronouns, 17–18
comparisons, 468
comprar, 178
conjugation, 177–179
conmigo, contigo, 305
conocer (a), 397, 511
contractions, **al**, 234
    del, 287
correr, 199
costar (ue), 356
creer, 513, 543
¿cuánto/a/os/as?, 69

D

dar, 429–430, 511, 552
de, de + el = del, 287
    indicating possession, 153

    with prepositions, 286, 305
    with time expressions, 55
¿de dónde?, 132–133
¿de quién(es)?, 153
decir, 429–430, 552
definite article, gender and number, 15, 40–41
    with clothing and parts of body, 343, 358
    with days of week, 95
del, 287
demonstrative adjectives, 249–250, 471
diphthongs, 39
direct object pronouns, 320, 394, 413
    impersonal, 320, 413
    personal, 394, 413
    placement, 320–321, 394, 413
direct objects, defined, 320, 427
divertirse (ie, i), 373, 528, 544
¿dónde?, 192
dormir (ue, u), 356, 455, 528, 544, 554

E

el, la, los, las, 15
-er verbs. *See* Verbs
escribir, 213, 454, 510
ese/esos, esa/esas, 471
estar, emotional and physical condition, 34, 192
    expressions with, 24
    present progressive, 446, 454–455
    present tense, 24, 34, 36, 192, 454, 552
    preterite, 552

(*Credits continued from p. iv*)

353 (*left*) © Michael Grecco/Stock Boston; (*center*) © Wide World Photos; (*right*) © Richard Vogel/Gamma Liaison; *354, 355* © Beryl Goldberg; *392* © Robert Fried/Stock Boston; *408* © Beryl Goldberg; *416* (*bottom*) © Peter Menzel/Stock Boston; *422* (*bottom*) © Odyssey/Frerck/Chicago; *423* (*top*) Frank Tapia; (*bottom*) © Peter Menzel/Stock Boston; *429, 430* Lesley M. Walsh; *437* (*top*) © Greenpeace/Araneda; (*bottom*) © Bob Cranston/Norbert Wu Photography; *439* © Bob Cranston/Norbert Wu Photography; *451* © Anita Douthat/Photo Researchers, Inc.; *465* (*top left*) © Pablo Vengoechea; (*bottom left*) © Enrique Shore/Woodfin Camp and Associates, Inc.; (*bottom right*) © Odyssey/Frerck/Chicago; *466* © Beryl Goldberg; *507* (*left, right*) © Antoni Miralda; *508, 509* © Beryl Goldberg; *518* (*top left*) © Odyssey/Frerck/Chicago; (*bottom left*) © Leo de Wys, Inc./J. Messershmidt; (*bottom right*) © Leo de Wys, Inc./Steve Vidler; *520* © Odyssey/Frerck/Chicago; *523* (*top left*) © Odyssey/Frerck/Chicago; (*bottom left*) © M. Fogden; (*top right*) © V. Englebert/Photo Researchers; (*bottom right*) © Alon Reininger/Woodfin Camp and Associates, Inc.; *525* (*left*) Diego Velázquez, *Las Meninas* © The Granger Collection; (*top right*) Pablo Picasso, *El Guernica* © The Granger Collection.
Realia: *Page 5* © *Buenhogar*, Editorial América, S.A.; *31* © Quino/Quipos; *55* © FM Globo 105 MH2; *82* © Lecturas, Ediciones Hymsa; *87* TM & © 1993 Archie Comic Publications, Inc. All rights reserved.; *117* © Quino/Quipos; *122* © *Semana*; *135* © *Tú*, Editorial América, S.A.; *136* (*bottom right*) Reprinted with permission of Darryl H. Powell, M.D., brother-in-law to Angelica Plá; *143* © Quino/Quipos; *183* © El Colegio Congregación Mita; *188* © *Monóxido 16, Cambio 16*; *202* © Suiza Dairy Corporation, de las mejores... la mayor; (*right*) © Distribuidora Lumen; *222* (*top*) © *Diario 16*, May 5, 1993; (*bottom*) © WMDD, 1480 AM; *223* (*right*) Special thanks to Flexercise Aerobics, Dance, and Fitness Center; *237* (*top*) © By courtesy of BMG Ariola Spain; *249* © Quino/Quipos; *253* (*left*) © Colección Burundis, Altecard S.A. de C.V.; (*right*) Artwork and editorial: © Gibson Greetings, Inc. Reprinted with permission of Gibson Greetings, Inc., Cincinnati, Ohio USA 45237. All rights reserved.; *257* © *Diario ABC*, Madrid; *292–293* (*center*) © Metro Madrid; *297* © From City Guide and Map of Madrid; *298* © Nuestro Teatro; *329* (*right*) © Johnson & Johnson; *347* (*bottom left*) © Johnson & Johnson/Cilag; *350* © Pepto-Bismol; *351* © Burroughs Wellcome; *352* © *Buenhogar*, Editorial América, S.A.; *363* (*top left, right*) © Buena Salud; *368* © KQ 105 FM; *385* (*left, center*) Artwork and editorial: © Gibson Greetings, Inc. Reprinted with permission of Gibson Greetings, Inc., Cincinnati, Ohio USA 45237. All rights reserved.; *385* (*top right, bottom right*) © Hallmark Corporation; *388* Compliments of Natalie's Bridal Shop; *417* (*top*) Copied with permission © AGC, Inc.; *419* © Artwork and editorial: © Gibson Greetings, Inc. Reprinted with permission of Gibson Greetings, Inc., Cincinnati, Ohio USA 45237. All rights reserved.; *424* © From *Posada's Popular Mexican Prints* (Mineola, N.Y.: Dover Publications, 1972); *459* (*bottom left*) © Rainbow; *464* © Courtesy of Sears, Roebuck and Co.; *475* (*top left*) LOS MISE-RABLES, a musical by Alain Boublil and Claude-Michel Schönberg. Logo and artwork designed by DeWynters PLC London, TM © Cameron Mackintosh (Overseas) Ltd. Dramatic performance rights worldwide Cameron Mackintosh (Overseas) Ltd. 1 Bedford Square, London WC1B 3RA.; *517* (*left*) © Aerolíneas Argentinas; *537* © Univision Network Limited Partnership.